U1011243

食品工业发展报告

（2018年度）

工业和信息化部消费品工业司　组织编写

2019·7　中国·北京

中国轻工业出版社

图书在版编目（CIP）数据

食品工业发展报告. 2018 年度/工业和信息化部消费品工业司组织编写. —北京：中国轻工业出版社，2019. 7

ISBN 978-7-5184-2630-0

Ⅰ. ①食… Ⅱ. ①工… Ⅲ. ①食品工业-工业发展-研究报告-中国-2018 Ⅳ. ①F426. 82

中国版本图书馆 CIP 数据核字（2019）第 185641 号

责任编辑：伊双双　　责任终审：劳国强　　封面设计：锋尚设计
版式设计：王超男　　责任监印：张　可

出版发行：中国轻工业出版社（北京东长安街 6 号，邮编：100740）
印　　刷：三河市万龙印装有限公司
经　　销：各地新华书店
版　　次：2019 年 7 月第 1 版第 1 次印刷
开　　本：889×1194　1/16　印张：15
字　　数：390 千字
书　　号：ISBN 978-7-5184-2630-0　定价：100. 00 元
邮购电话：010-65241695
发行电话：010-85119835　传真：85113293
网　　址：http://www.chlip.com.cn
Email：club@ chlip.com.cn
如发现图书残缺请与我社邮购联系调换
190965K1X101ZBW

编委会

主　编

高延敏　工业和信息化部消费品工业司司长

副主编

孟素荷　中国食品科学技术学会理事长

贾志忍　中国轻工业联合会副会长

于学军　中轻食品工业管理中心主任

孙宝国　中国工程院院士、北京工商大学校长

蔡木易　中国食品发酵工业研究院院长

刘　治　中国食品工业协会常务副会长

刘文强　中国电子信息产业发展研究院副院长

成　员（按姓氏笔画排序）

卫祥云　王　旭　王　庆　王　欣　王　洁　王　甦

石维忱　代晓霞　白　燕　邢　兵　朱嘉心　刘昊宇

闫卫民　祁丽芳　许　华　孙　瑾　孙　璐　杜雅正

杜　鉴　李国有　李建军　李　洋　李　琪　李　强

何　勇　但晓雅　宋昆冈　张九魁　张兴华　张李浩

张京玉　张鑫磊　陆安静　范大明　范春艳　岳增君

郑　淼　柯润辉　查长全　钟金传　费洪涛　莫小曼

晁　曦　徐华锋　高　观　郭　畅　郭　明　郭　勇

黄忠民　黄建生　梅　宇　崔　林　崔　和　梁　晓

程　毅　鲁　军　楚玉峰　魏旭明

参 加 单 位

组织单位

工业和信息化部消费品工业司

主要牵头单位

中国食品科学技术学会

中轻食品工业管理中心

中国食品工业协会

中国食品发酵工业研究院

中国电子信息产业发展研究院

参与单位

中国肉类协会

中国乳制品工业协会

中国水产流通与加工协会

中国饮料工业协会

中国糖业协会

中国生物发酵产业协会

中国酒业协会

中国食品添加剂和配料协会

中国保健协会

中国罐头工业协会

中国焙烤食品糖制品工业协会

中国调味品协会

中国茶叶流通协会

中国淀粉工业协会

中国食品和包装机械工业协会

中国轻工机械协会

前　言

食品工业是传统民生产业，更是国民经济的支柱产业，已成为我国经济中高速增长的重要驱动力，在实施制造强国战略和推进健康中国建设中具有重要地位。2018年，是全面贯彻落实党的十九大精神开局之年，是打好三大攻坚战开局之年，也是迈向高质量发展新征程起步之年。面对复杂严峻的国内外形势，在党中央、国务院的关怀下，在社会各界大力支持和行业上下的共同努力下，食品工业认真落实中央加强和改善宏观调控、实现经济平稳发展的总体要求和部署，坚持新发展理念，坚持以供给侧结构性改革为主线，按照推动高质量发展要求，顺应市场变化，推进结构调整，抵御通货膨胀，确保生产平稳增长，产业规模继续扩大，市场供应较为充足，经济效益持续提高，食品安全形势总体稳定。

面对世界经济增速放缓、国际大宗商品价格大幅波动、国内经济下行压力加大、消费增速放缓等宏观形势不利因素，食品工业推进实施供给侧结构性改革和新旧动能转换，增加有效供给，这既是食品工业转型升级的需要，也是满足消费升级和人民美好生活的需要，更是高质量发展的需要。

工业和信息化部作为食品工业行业主管部门，始终坚持以“安全为先”，把保障食品质量安全作为促发展、惠民生的重点工作。通过制定和实施发展规划、产业政策和行业标准，推动食品工业优化结构和转型升级，不断提升产业发展质量；通过引导和支持食品生产企业实施技术改造，加快提升食品企业质量安全保障能力和智能化水平；通过推进食品工业企业诚信体系建设，督促企业树立诚信理念，完善诚信管理制度，落实主体责任，推动建立质量安全长效机制，促进食品工业持续健康发展。

为全面总结、客观评价食品工业2018年发展状况，展示发展成果，探寻发展方向，我司组织有关单位编写了《食品工业发展报告（2018

年度）》。本报告由综合篇、行业篇和附录三部分组成。综合篇对我国2018年食品工业发展的总体状况、基本特征等进行分析；行业篇对我国2018年食品工业的16个重点行业进行分析；附录汇总了2018年我国有关食品行业重大法律法规和管理文件、标准技术规范，以及参加编写单位简介等。

本报告的完成得益于各参与单位的高度重视和精心准备，得益于行业专家的热心支持，在此一并致谢。

由于编写时间仓促和经验有限，本报告难免有不足之处，欢迎读者批评指正。

工业和信息化部消费品工业司

2019年7月

目　　录

綜 合 篇

2018年食品工业发展回顾与2019年形势分析

2018年全国食品工业认真落实中央加强和改善宏观调控、实现经济平稳发展的总体要求和部署，顺应市场变化，推进结构调整，抵御通货膨胀，确保生产平稳增长，产业规模继续扩大，市场供应较为充足，经济效益持续提高，食品安全形势总体稳定。食品工业规模以上企业以占全国工业5.7%的资产创造了7.9%的主营业务收入，完成了8.7%的利润总额，较为顺利地实现了党的十九大开局之年的目标。2018年食品工业主要指标完成情况见表1①。

表1 2018年食品工业经济效益指标和投资情况

行业	主营业务收入/亿元	同比增长/%	利润总额/亿元	同比增长/%	主营业务收入利润率/%	成本费用利润率/%	投资同比增长/%
食品工业总计	80903.1	5.3	5770.9	10.8	7.1	7.7	—
农副食品加工业	47263.1	3.6	2124.4	5.6	4.5	4.7	0
食品制造业	18348.2	7.3	1552.2	6.1	8.5	9.2	3.8
酒、饮料和精制茶制造业	15291.9	8.7	2094.3	20.8	13.7	16.6	-6.8

一、发展状况

（一）生产平稳增长，增速有所回落

2018年，规模以上食品工业增加值按可比价格计算同比增长6.7%，高于全国工业增速0.2个百分点，比2017年收窄1.2个百分点。三大行业中，农副食品加工业增长6.5%，食品制造业增长6.3%，酒、饮料和精制茶制造业增长7.3%，分别比2017年收窄0.3、2.8、1.8个百分点。

（二）经济效益继续改善，利润增速有所回升

2018年，全国食品工业经济效益保持了平稳较快增长，40793家规模以上食品工业企业实现主营业务收入8.1万亿元，同比增长5.3%（表2），比全部工业低3.2个百分点，增幅比2017年收窄1.3个百分点；实现利润总额5770.9亿元，同比增长10.8%，高于全部工业0.5个百分点，增幅比2017年扩大2.3个百分点。每百元主营业务收入的成本为83.1元，比2017年降低1.9元；主营业务收入利润率为7.1%（表3），比2017年提高0.4个百分点。

① 除特别说明外，本报告所有数据均来源于国家统计局，涉及食品工业的数据均不含烟草制造业。

表 2　2018 年食品工业经济效益指标

行业	主营业务收入/亿元	同比增长/%	利润总额/亿元	同比增长/%
食品工业总计	80903.1	5.3	5770.9	10.8
农副食品加工业	47263.1	3.6	2124.4	5.6
食品制造业	18348.2	7.3	1552.2	6.1
酒、饮料和精制茶制造业	15291.9	8.7	2094.3	20.8

表 3　2018 年食品工业盈利能力变化情况　　单位:%

行业	2017 年		2018 年	
	主营收入利润率	成本费用利润率	主营收入利润率	成本费用利润率
全部工业平均水平	6.5	7.0	6.5	7.0
食品工业总计	6.7	7.2	7.1	7.7
农副食品加工业	4.9	5.1	4.5	4.7
食品制造业	8.0	8.7	8.5	9.2
酒、饮料和精制茶制造业	11.4	13.3	13.7	16.6

（三）投资总额微降，增速持续降低

2018 年，食品工业固定资产投资增速与上年相比 1 增 1 降 1 平，处于较低水平。其中，农副食品加工业增速为 0%，食品制造业增速为 3.8%，酒、饮料和精制茶制造业增速为-6.8%（表 4）。

表 4　2018 年食品工业固定资产投资情况

行业	同比增长/%
规模以上食品工业	—
农副食品加工业	0
食品制造业	3.8
酒、饮料和精制茶制造业	-6.8

（四）产销衔接稳定，食品价格由降转涨

2018 年，食品工业产销率 98.3%，同比微降 0.5 个百分点。产销平衡，衔接水平较高。其中，农副食品加工业、食品制造业及酒、饮料和精制茶制造业产销率分别为 98.3%、97.9%和 97.5%。

食品工业产销衔接良好与居民消费能力增加有直接关系。2018 年，食品消费支出比例（恩格尔系数）进一步降低，全国居民人均消费支出 19853 元，比 2017 年名义增长 8.4%，扣除价格因素，实际增长 6.2%。其中，全年全国居民人均食品烟酒消费支出 5631 元，比上年增长 4.8%，占人均消费支出的比例为 28.4%，比上年降低 0.9 个百分点。

消费市场的规模稳步扩大，消费模式不断创新，消费升级势头不减，消费贡献进一步增强。网上零售比例不断扩大，实体零售保持回暖态势。

从全国主要食品产量来看，大部分食品产量增长，小部分食品产量下降。产量增长最大的是成品糖；冷冻饮品、葡萄酒、果汁和蔬菜汁饮料、小麦粉、乳粉等食品产量有不同程度的下降（表 5）。

表 5　2018 年食品工业主要产品产量

产品名称	产量	同比增长/%
小麦粉/万 t	8874.96	-0.82
大米/万 t	9784.36	4.08
精制食用植物油/万 t	5066.00	4.18
成品糖/万 t	1553.99	10.94
鲜、冷藏肉/万 t	2729.32	1.28
冷冻水产品/万 t	663.53	-0.28
糖果/万 t	288.34	5.86
速冻米面食品/万 t	310.16	7.23
方便面/万 t	699.48	4.19
乳制品/万 t	2687.10	4.43
液体乳/万 t	2505.59	4.34
乳粉/万 t	96.80	-0.74
罐头/万 t	1027.99	-0.07
酱油/万 t	575.65	4.30
冷冻饮品/万 t	239.54	-16.05
发酵酒精（折 96 度，商品量）/万 kL	646.63	3.24
白酒（折 65 度，商品量）/万 kL	871.20	3.14
啤酒/万 kL	3812.24	0.50
葡萄酒/万 kL	62.91	-7.36
碳酸型饮料（汽水）/万 t	1744.56	8.14
包装饮用水/万 t	8282.19	9.48
果汁和蔬菜汁类饮料/万 t	1589.22	-2.51
精制茶/万 t	223.00	1.12

2018 年，居民消费价格指数（CPI）比上年上涨 2.1%，涨幅比上年扩大 0.5 个百分点，延续了 2012 年以来的温和上涨态势。其中食品价格由上年下降 1.4% 转为上涨 1.8%，对 CPI 的影响从下拉 0.29 个百分点转为上拉 0.35 个百分点，是 CPI 涨幅扩大的主要原因。全年食品出厂价格同比上涨 0.5%，其中，农副食品加工业上涨 0.3%，食品制造业上涨 1.6%，酒、饮料和精制茶制造业上涨 1.6%。

（五）进口增长快于出口，贸易逆差继续扩大

据海关统计，2018 年我国食品进出口总额 1.25 万亿元人民币，同比增长 4.9%。其中，出口 4586 亿元，增长 2.2%；进口 7918.6 亿元，增长 6.5%；逆差 3332.6 亿元，扩大 13%。受国内需求旺盛、关税下调力度增加、自贸协定红利持续释放等因素影响，我国食品进口持续增长。

就进出口产品种类看，水海产品、蔬菜、水果和坚果为主要出口产品，粮食、肉类、乳品为主要进口产品。2018 年，我国出口水海产品 1453.8 亿元，增长 3%，占同期我国食品出口值的 31.7%；出口蔬菜 832.4 亿元，下降 6.6%，占 18.2%；出口鲜、干水果及坚果 333.5 亿元，下降 2.2%，占 7.3%。此外，出口茶叶 117.4 亿元，增长 7.7%。同期，我国进口粮食 3013.3 亿元（其中，大豆占 8 成），下降 7.6%，占同期我国食品进口值的 38.1%；进口肉及杂碎 750.3 亿元，增长 12.7%，占 9.5%；进口乳品 703.7 亿元，增长 12.1%，占 8.9%；进口水海产品 794.4 亿元，增长 39.9%；进口酒类 369.5 亿元（其中，葡萄酒占近 7 成），增长 4.7%。

就进出口市场分布看，巴西、东盟和欧盟为前三大贸易伙伴。2018 年，我国对巴西进出口食品 2172.6 亿元，增长 31.1%，占同期我国进出口食品值的 17.4%，对巴西主要出口产品为水海产品，自巴西进口主要产品为大豆；对东盟进出口食品 2154.1 亿元，增长 7%，占同期我国进出口食品值的 17.2%，主要出口蔬菜、水果、坚果和水海产品，主要进口粮食、水果、坚果和食用植物油；对欧盟进出口食品 1360.5 亿元，增长 4.1%，占同期我国进出口食品值的 10.9%，主要出口水海产品和蔬菜，主要进口乳品和酒类。

（六）保障能力建设持续加强，质量安全水平保持稳定

2018 年 3 月新一届政府机构改革后，有

关部门按照“四个最严”的要求加强食品安全工作，在各地区各部门的共同努力下，食品安全水平和风险管控能力持续改善，2018年完成24.9万批次国家监督抽检任务，较2017年增加6.9%，覆盖全部33大类食品，样品平均不合格率为2.4%，与2017年持平。

工业和信息化部认真贯彻落实党中央、国务院部署，全面加强食品安全工作，以“四个最严”保障“舌尖上的安全”，不断提高人民群众的获得感、幸福感、安全感。一是进一步完善国家食品工业企业质量安全追溯平台建设。目前该平台为试运行阶段，可以查询伊利、蒙牛等17家婴幼儿配方乳粉企业或品牌的质量安全追溯数据。二是加强行业质量安全检测能力建设。2018年确定了第5批（4家）“食品企业质量安全检测技术示范中心”。三是稳步推进诚信管理体系评价工作。组织了食品工业企业诚信管理体系评价机构座谈会和食品工业企业诚信管理体系评价人员培训班，截至2018年年底，约有1025家生产企业通过诚信管理体系评价，其中2018年新增188家。推动国务院食品安全办公室将《食品工业企业诚信管理体系》国家标准培训宣贯纳入各省市食安办工作考核。四是持续深入推进“三品”专项行动。通过促进消费品行业增品牌、提品质、创品牌，中高端消费品供给水平有所改善，消费品品质进一步提升，品牌竞争力逐步提高，在增品种、提品质、创品牌方面，涌现出一大批卓有成效的企业。

（七）研发投入增加，科技成果突出

食品领域科技创新更加受到重视，食品作为独立的科技领域被纳入国家创新体系，科技部对食品科技项目的投入加大。国家重点研发计划“现代食品加工及粮食收储运技术与装备”重点专项持续推进，在2016—2017年启动实施30项、国拨经费91543万元的基础上，2018年启动实施14项、国拨经费24799万元，3年国拨经费累计116342万元；继2017年启动之后，2018年继续部署“食品安全关键技术研发”重点专项，公示立项24项、预算57713万元。国家自然科学基金食品领域资助费用逐年增加，2018年，食品学科资助面上项目、青年科学基金项目和地区科学基金项目数496项，资助直接费用20395万元，资助重点项目、国家杰出青年科学基金项目和优秀青年科学基金项目9项2008万元。其中，资助面上项目219项12794万元，青年科学基金项目222项5418万元，地区科学基金项目55项2183万元。

食品工业企业研发投入总量增大。2017年[①]规模以上食品工业企业研发经费522.5亿元，较上年增长19.4亿元，研发投入强度0.50%，较上年提高0.05个百分点。其中，农副食品加工业，食品制造业，酒、饮料和精制茶制造业分别为274.6亿元、148.1亿元、99.8亿元，研发经费投入强度分别为0.43%、0.64%、0.57%。

一批食品科研项目实现关键技术产业化的重大突破，获得国家科技奖励。“生物法制备二十二碳六烯酸油脂关键技术及应用”“耐胁迫植物乳杆菌定向选育及发酵关键技术”获国家技术发明奖二等奖；“半纤维素酶高效生产及应用关键技术”“特色海洋食品精深加工关键技术创新及产业化应用”“羊肉梯次加工关键技术及产业化”等项目获国家科学技术进步奖二等奖。

（八）“三品”行动全面落实，促进行业高质量发展

2018年是消费品工业贯彻落实《国务院办公厅关于开展消费品工业“三品”专项行动，营造良好市场环境的若干意见》（国办

① 2018年数据尚未公布。

发〔2016〕40号）的第三年。在前两年的基础上，食品工业坚持稳中求进，将增品种、提品质、创品牌与促进产业高质量发展相结合，各项工作取得积极进展。

增品种方面，继续以人民群众日益增长和不断升级的消费需求为导向，坚持创新引领作用，不断提升供给能力和水平。组织中国轻工业联合会编制发布了第四批、第五批《升级和创新消费品指南（轻工）》，其中食品行业6个产品入选升级消费品名单，18个产品入选创新消费品名单，涵盖了乳制品、发酵、酿酒、饮料、方便食品和水产品等多个领域。同时，食品工业各领域结合消费者需求和自身行业发展特点，加强研发力度，不断完善产品结构，如：加强环境友好型产品技术研发；提升技术工艺，更大程度地保留食品营养成分；开发功能性产品；不断开发婴幼儿食品、老年食品、特膳食品等；推出具有低热量、跨品类、个性化等特点的新品，适应消费者追求健康的消费理念和多样化需求。技术创新也为地方传统特色食品的工业化注入活力，更多的企业对我国传统饮食的工业化生产和品质提升进行了积极探索。

提品质方面，以标准引领质量提升，不断加强行业质量安全保障能力，促进产业转型升级。一是加强标准化工作。2018年发布食品安全国家标准36项，食品产品国家标准25项，行业标准32项。二是重视全面质量管理，加强检测技术、智能化水平提升，逐步提高食品质量安全保障能力。越来越多的食品企业积极采用先进的技术设备和严格的质量管理体系来提升产品品质，重视从原料采购到生产销售全流程质量管控；婴幼儿配方乳粉行业提高追溯体系建设，在前期9家试点企业的基础上，新纳入8家企业开展试点，实现了消费者通过智能手机、平台网站对试点企业婴幼儿配方乳粉产品相关信息的实时追溯和查询。截至2018年年底，已向平台数据库累计上传6.2亿条产品数据；工业和信息化部确定了第五批4家食品企业质量安全检测技术示范中心，组织示范中心为中小食品生产企业提供培训和检测等服务；推进智能制造，确定了第四批24家消费品工业智能制造试点示范企业，其中食品行业5家。

创品牌方面，企业品牌意识逐步增强，品牌培育形式多样，产品附加值和软实力逐步提升。一是完善品牌发展战略，提高品牌竞争力，培育知名品牌。增品种、提品质是食品企业提高品牌竞争力的基础，在保证产品质量安全的同时，食品行业和企业通过各种方式提升品牌形象，如行业内开展新品评选与发布，组织相关展览、论坛，积极打造特色区域、产业集群，指导区域品牌创建工作；企业积极参与中国品牌日活动，开展科普讲座、捐赠等公益性质活动，参与扶贫等工作，不断提升企业的社会影响力与健康形象。二是拓展宣传途径，丰富品牌文化内涵。企业各自探寻适合自身的品牌营销模式，定位目标人群，借助电商平台、网络媒体、赞助活动等线上、线下活动，扩大品牌的知名度；同时，行业、企业通过开展工业旅游项目，打造体验馆、博物馆，开展文化节、主题活动等方式，提升消费体验，丰富品牌文化内涵。三是不断完善品牌服务体系，重视品牌保护。工业和信息化部加强消费品工业“三品”战略专题网站和微信建设，全年专题网站共发布消费品“三品”信息2120条，微信公众号发布信息985条；推进食品诚信工作，食品行业累计已有880余家食品企业通过诚信管理体系评价；食品企业通过强化知识产权保护、申请国际商标、申报生态原产地保护产品等方式，积极进行品牌建设与保护，乳品行业目前已有十多种产品被国家质量监督检验检疫局批准为生态原产地保护产品。四是加强国际交流合作，推进品牌国际化。食品行业积极响应国家“走出去”战略和“一带一路”倡议，通过自主品牌出口、海外建立研发中心、投资建厂、合资、收购企业等方式，不断扩大国际影响力。世界品牌实验室发布的2018年《中国500最具价值品牌》中，食品企业品牌达93个。

二、产业地位与构成

（一）产业地位

2018年，规模以上食品工业企业资产占全国规模以上工业企业的5.7%，主营业务收入占7.9%（表6），利润总额占8.7%。经行业协会测算，2018年食品工业完成工业增加值占全国工业增加值的比例达到7.4%，对全国工业增长贡献率为7.5%，拉动全国工业增长0.5个百分点。上述数据指标比2017年均有下降。

表6　2018年食品工业主营业务收入及其地位与其他行业的比较

行业	主营业务收入/亿元	占比/%
总计	1022241.1	100
煤炭开采和洗选业	22660.3	2.2
石油和天然气开采业	8436.6	0.8
黑色金属矿采选业	3276.3	0.3
有色金属矿采选业	3682.7	0.4
非金属矿采选业	3383.2	0.3
开采辅助活动	1741.9	0.2
其他采矿业	30.8	0.0
食品工业	80903.1	7.9
烟草制品业	9291.2	0.9
纺织业	27242.3	2.7
纺织服装、服饰业	17106.6	1.7
皮革、毛皮、羽毛及其制品和制鞋业	12092.5	1.2
木材加工和木、竹、藤、棕、草制品业	9165.4	0.9
家具制造业	7011.9	0.7
造纸和纸制品业	13727.9	1.3
印刷和记录媒介复制业	6386.7	0.6
文教、工美、体育和娱乐用品制造业	13315.9	1.3
石油加工、炼焦和核燃料加工业	46296.9	4.5
化学原料和化学制品制造业	70147.5	6.9
医药制造业	23986.3	2.3
化学纤维制造业	7989.6	0.8
橡胶和塑料制品业	24427.1	2.4
非金属矿物制品业	48445.8	4.7
黑色金属冶炼和压延加工业	64006.5	6.3
有色金属冶炼和压延加工业	49996.6	4.9
金属制品业	33681.5	3.3

续表

行业	主营业务收入/亿元	占比/%
通用设备制造业	37688.9	3.7
专用设备制造业	29126.8	2.8
汽车制造业	80484.6	7.9
铁路、船舶、航空航天和其他运输设备制造业	11661.2	1.1
电气机械和器材制造业	62675.5	6.1
计算机、通信和其他电子设备制造业	105966.2	10.4
仪器仪表制造业	8091.6	0.8
其他制造业	1665.1	0.2
废弃资源综合利用业	4047.4	0.4
金属制品、机械和设备修理业	1087.6	0.1
电力、热力生产和供应业	61568.8	6.0
燃气生产和供应业	7271.2	0.7
水的生产和供应业	2473.3	0.2

（二）基本构成

从大类行业看，2018 年，农副食品加工业在主营业务收入和利润两方面占据第一位置，分别占整个食品工业主营业务收入和利润的 58.4%、36.8%。食品制造业，酒、饮料和精制茶制造业主营业务收入分别占整个食品工业主营业务收入的 22.7%、18.9%（图 1），利润总额分别占整个食品工业利润总额的 26.9%、36.3%（图 2）。与 2017 年比较，农副食品加工业的占比降低，其他 2 个行业占比提高，特别是酒、饮料和精制茶制造业增长较快，利润份额有大幅提高。

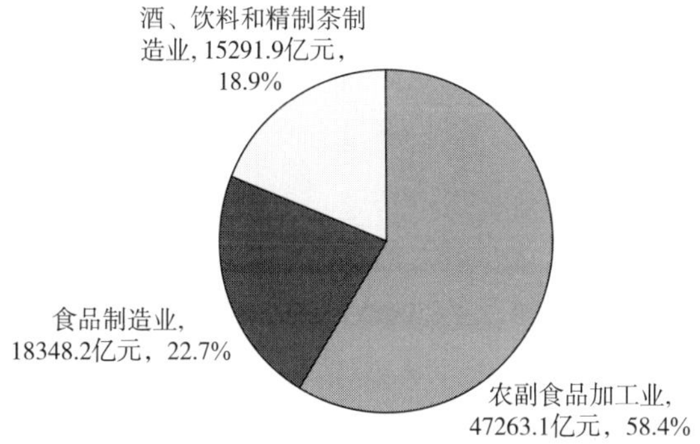

图 1　2018 年食品工业主营业务收入构成

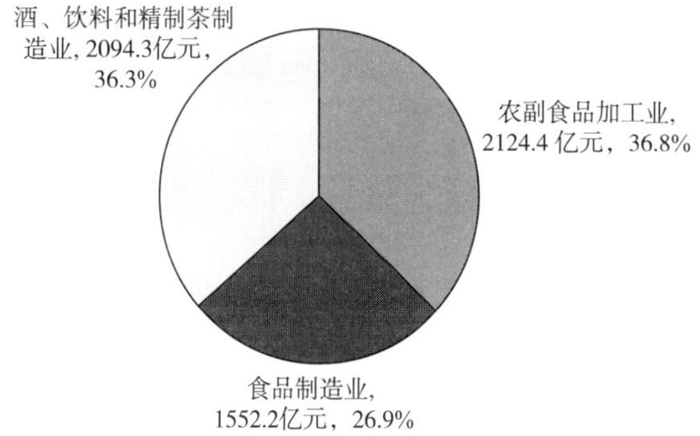

图 2　2018 年食品工业利润总额构成

从小类行业看，2018 年，主营业务收入排名前六位的食品行业分别为其他饲料加工、食用植物油加工、稻谷加工、白酒制造、肉制品及畜产品加工、牲畜屠宰，这六个行业主营业务收入分别占整个食品工业主营业务收入的 10.8%、9.0%、6.7%、6.6%、4.6%、4.2%（表 7）。

主营业务收入层面，2018 年，农副食品加工业，食品制造业，酒、饮料和精制茶制造业主营业务收入的同比增速分别为 3.6%、7.3%、8.7%，酒、饮料和精制茶制造业增速高于其他 2 个行业，也高于 2017 年同期水平；利润总额层面，农副食品加工业，食品制造业，酒、饮料和精制茶制造业利润的同比增速分别为5.6%、6.1%、20.8%，酒、饮料和精制茶制造业增速明显高于其他2个行业，在整个制造业中，这个增速也是名列前茅。

2018年食品工业各行业构成情况见表7。

表7　2018年食品工业各行业构成情况

行业	主营业务收入/亿元	同比增长/%	占比/%	利润总额/亿元	同比增长/%	占比/%
食品工业总计	80903.1	5.3	100	5770.9	10.8	100.0
农副食品加工业	47263.1	3.6	58.4	2124.4	5.6	36.8
稻谷加工	5460.0	3.5	6.7	243.3	11.3	4.2
小麦加工	2751.9	0.7	3.4	130.8	10.3	2.3
玉米加工	74.3	46.4	0.1	3.6	66.8	0.1
杂粮加工	122.0	-0.1	0.2	5.4	-6.2	0.1
其他谷物磨制	276.9	7.1	0.3	8.2	-12.5	0.1
宠物饲料加工	671.0	7.3	0.8	44.1	24.5	0.8
其他饲料加工	8734.2	4.2	10.8	397.7	4.5	6.9
食用植物油加工	7279.6	-0.6	9.0	250.4	21.1	4.3
非食用植物油加工	160.6	1.1	0.2	4.2	-12.2	0.1
制糖业	1150.7	6.5	1.4	55.7	-49.9	1.0
牲畜屠宰	3434.3	4.6	4.2	132.2	10.9	2.3
禽类屠宰	2236.8	11.1	2.8	58.8	26.4	1.0
肉制品及副产品加工	3718.8	5.3	4.6	224.5	10.4	3.9
水产品冷冻加工	2433.5	0.7	3.0	116.2	4.7	2.0
鱼糜制品及水产品干腌制加工	580.9	7.5	0.7	27.6	-2.8	0.5
鱼油提取及制品制造	35.0	-2.0	0.0	1.6	6.6	0.0
其他水产品加工	155.8	9.6	0.2	9.8	9.9	0.2
蔬菜加工	2340.8	1.9	2.9	138.1	3.0	2.4
食用菌加工	401.3	14.3	0.5	22.7	-4.2	0.4
水果和坚果加工	1252.7	0.5	1.5	73.2	-8.6	1.3
淀粉及淀粉制品制造	1974.1	4.8	2.4	58.4	-0.3	1.0
豆制品制造	722.7	9.9	0.9	42.5	11.6	0.7
蛋品加工	258.8	12.9	0.3	13.5	9.3	0.2
其他未列明农副食品加工	1036.3	4.9	1.3	61.6	16.9	1.1
食品制造业	18348.2	7.3	22.7	1552.2	6.1	26.9
糕点、面包制造	1139.7	8.9	1.4	132.1	9.0	2.3
饼干及其他焙烤食品制造	1294.9	6.5	1.6	103.9	21.1	1.8
糖果、巧克力制造	1242.8	11.3	1.5	110.3	14.6	1.9

续表

行业	主营业务收入/亿元	同比增长/%	占比/%	利润总额/亿元	同比增长/%	占比/%
蜜饯制作	376.4	-8.0	0.5	31.0	-3.9	0.5
米、面制品制造	896.6	5.3	1.1	47.4	5.4	0.8
速冻食品制造	736.0	5.2	0.9	47.6	24.9	0.8
方便面制造	810.7	7.0	1.0	86.4	27.4	1.5
其他方便食品制造	496.7	2.1	0.6	32.6	-9.8	0.6
液体乳制造	2721.4	9.1	3.4	183.0	-7.9	3.2
乳粉制造	514.1	18.6	0.6	37.4	39.5	0.6
其他乳制品制造	163.4	14.3	0.2	10.1	23.6	0.2
肉、禽类罐头制造	285.4	7.7	0.4	17.0	26.0	0.3
水产品罐头制造	95.3	6.1	0.1	6.6	18.9	0.1
蔬菜、水果罐头制造	903.6	3.0	1.1	44.1	-7.8	0.8
其他罐头食品制造	104.8	11.2	0.1	9.3	21.9	0.2
味精制造	386.3	7.4	0.5	35.8	-7.9	0.6
酱油、食醋及类似制品制造	725.1	5.2	0.9	99.8	12.3	1.7
其他调味品、发酵制品制造	1284.5	9.6	1.6	108.9	-3.4	1.9
营养食品制造	546.1	3.4	0.7	59.6	2.0	1.0
保健食品制造	787.5	9.1	1.0	139.0	10.5	2.4
冷冻饮品及食用冰制造	272.9	-1.7	0.3	16.7	6.9	0.3
盐加工	174.1	-0.4	0.2	15.0	8.8	0.3
食品及饲料添加剂制造	1543.0	5.3	1.9	104.9	-10.4	1.8
其他未列明食品制造	846.7	14.5	1.0	73.7	20.2	1.3
酒、饮料和精制茶制造业	15291.9	8.7	18.9	2094.3	20.8	36.3
酒精制造	512.8	13.6	0.6	10.8	-50.8	0.2
白酒制造	5363.8	12.9	6.6	1250.5	30.0	21.7
啤酒制造	1474.5	7.1	1.8	121.8	5.6	2.1
黄酒制造	167.5	5.4	0.2	17.2	-7.2	0.3
葡萄酒制造	288.5	-9.5	0.4	30.6	-9.5	0.5
其他酒制造	315.6	0.8	0.4	45.5	14.5	0.8
碳酸饮料制造	728.3	10.7	0.9	38.3	19.6	0.7
瓶（罐）装饮用水制造	1020.9	9.2	1.3	81.9	1.4	1.4
果菜汁及果菜汁饮料制造	788.3	6.3	1.0	55.4	7.5	1.0
含乳饮料和植物蛋白饮料制造	978.3	3.6	1.2	116.7	5.1	2.0
固体饮料制造	618.8	7.0	0.8	45.1	9.0	0.8
茶饮料及其他饮料制造	945.8	3.7	1.2	113.4	47.3	2.0
精制茶加工	2088.7	8.3	2.6	167.1	12.5	2.9

三、面临形势

（一）全球贸易局势不稳定，部分产品对外依存度依然较高

国际食品产业生产规模稳步扩大，多极化态势加剧，新兴市场快速崛起，广大发展中国家成为全球食品产业的重要增长点，中国、巴西、印度、俄罗斯等国食品生产能力年均增速高于美国、荷兰、德国、法国等传统食品工业大国。食品工业在全球总商品贸易中的地位稳步提升，所占比例由2012年的7.5%提高至2017年的8.4%。近年来，国际食品贸易局势不稳定，具有长期性和复杂性，我国部分食品行业的产业结构不尽合理，在原料、关键配料、产成品进出口方面对以美国为代表的西方国家依存度较高，亟须进行分析和调整，以增强风险防范能力，促进行业持续健康发展。如我国乳清粉、乳铁蛋白、1,3-二油酸-2-棕榈酸甘油三酯（OPO）结构脂等婴幼儿配方乳粉的生产原配料受国内产业结构（干酪产量低）、提纯制备技术及单体工厂产能影响，大多依赖进口，2018年国家乳铁蛋白进口标准调整后，主打乳铁蛋白配方的外资大品牌提前锁定国际核心供应商订单，导致我国企业“断粮”。

（二）资源综合利用水平提升，绿色发展任务依然艰巨

近年来，我国食品工业集团化发展趋势明显，在骨干企业的带动下，产业集中度有效提升，产业集群快速成长，推动循环经济加快发展，资源综合利用水平进一步提高，节能减排取得积极成效，技术装备加快升级，信息化、智能化水平不断提升；另一方面，我国食品工业生产体系庞大，企业数量众多，小微企业占比高达90%以上，在环境、资源约束日益加剧的情况下，这些企业的装备水平普遍落后，能源消耗与环境污染较为严重，副产物综合利用水平不高，清洁生产发展滞后；同时，广大中小企业的技术装备研发和资本运作能力有限，随着人工水电等工业生产成本上升、节能减排压力增加，利润空间压缩，生存压力加大。总体来看，食品工业物耗、综合能耗、水耗水平有待进一步降低，污染物排放总量依然较大，绿色发展仍需持续深入推进。

（三）转型升级步伐加快，食品安全短板问题依然存在

在国内经济下行压力加大、增速放缓的形势下，我国食品工业主动适应经济发展新常态，以消费升级为推动力，以科技创新为驱动力，加快结构调整和转型升级的步伐，进入高质量发展的新阶段。标准法规体系不断完善，随着《食品安全法》《保健食品注册与备案管理办法》《电子商务法》等一系列政策法规的制修订和实施，行业发展的规范性得到增强，工业和信息化部加快推动婴幼儿配方乳粉等行业质量安全追溯体系建设，深入贯彻实施《食品工业企业诚信管理体系》，市场监督管理总局拟对食品小作坊实行100%登记制度。我国食品安全状况持续稳中向好，粮、肉、蛋、乳等基础原料和大宗日常消费品的抽检合格率均处于较高水平。从抽检发现的不合格样品看，因微生物污染造成的超标不合格样品占总量的29.6%，农兽药残留造成的超标不合格样品占15.4%，源头污染、农兽药不合理使用、食品冷链物流建设滞后等影响食品质量安全的短板依旧存在。

（四）多元化产品需求旺盛，高品质产品供给相对不足

市场消费需求变化持续推动产业供给侧结构性改革，要求提供与之相适应的更加安全、健康、营养的高品质、多元化产品。我国人口老龄化进一步加剧，推动营养与功能食品、特殊医学用途配方食品及便捷化、专业化配餐市场发展；随着“二孩”政策全面实施，高品质的婴幼童食品需求保持刚性增

长；由于膳食结构不合理导致的超重、肥胖、糖尿病等慢性综合征发病率逐年提高，减脂、减盐、减糖、高营养密度产品和功能性食品更加受到消费者青睐；城镇化进程持续推进，居民收入水平提高，消费升级拉动一、二、三产业融合发展，带动绿色食品、有机食品、嗜好食品、休闲食品消费，推动“食品+文化创意”、定制消费、全球直采、工业旅游等新业态蓬勃发展。从整体来看，我国食品工业增品种能力不断加强，乳制品、饮料等重点领域的生产技术装备得到快速发展，但同质化产品所占比例仍旧较高，高品质食品供给相对不足，消费需求的响应能力有待提高，部分商品存在一定程度的消费外流现象。

四、政策建议

（一）优化产业创新环境，加快关键技术装备研发应用

针对部分关键原辅料、菌种、工艺技术、装备等生产要素呈现“卡脖子”的现状，鼓励企业与高校和科研机构开展合作，以订单式研发、技术合作、建立工程技术中心等方式，加快共性关键技术装备的研发应用。另一方面，健全科技成果转化和知识产权转让的体制机制，加速科研机构成果转移转化；加大财政在食品科技领域的投入力度，发挥政府资金对社会研发经费的引导和拉动作用；促进科技、产业、投资融合对接，推动银企合作，减轻企业融资难、融资贵等问题，鼓励银行机构发挥开发性金融、政策性金融作用，构建有力的金融服务平台；支持食品企业参与国际化研发和技术合作，建设海外研发中心或原料基地，实现跨区域的生产要素合理配置。深入推进简政放权、放管结合、优化服务改革，加强知识产权保护，加大对商标、专利技术等相关侵权假冒违法行为的惩治力度，指导各行业协会发起设立企业维权中心，提供全方位的配套援助服务，降低企业维权成本。

（二）推动产品创新开发，满足居民日益增长的消费需求

加快产品的创新投入，针对中式肉品工业化、米面制品工业化、特色果蔬加工等传统资源开发力度不足，同时老年食品、运动营养食品等新产品供给能力有限的问题，推动企业聚集智力、设备、技术等要素，以居民消费需求变化为核心，以创新研发为抓手，充分挖掘市场需求，针对不同消费人群，开展多系类的产品开发工作。树立行业一盘棋意识，鼓励行业组织或产业联盟完善信息交流共享机制，积极进行消费引导，推动重点产品的营养知识普及和消费习惯培育工作，促进产品结构持续优化。鼓励企业与国内外先进标准进行对标，主导或参与国家标准、行业标准制定，提升优质产品供给能力。结合“一带一路”战略，支持企业在境外建立生产体系，把握沿线国家和全球其他地区的食品需求动态，开拓产业发展空间；鼓励企业实施“走出去”战略，在与国际品牌的竞争中发展和提升产品竞争力。

（三）推进产业结构转型升级，补齐短板，提升发展质量

深入实施消费品工业“三品”战略，把增品种、提品质、创品牌与加快产业转型升级紧密结合，加快淘汰技术装备、质量安全、生产能耗等不达标的产能，推进食品智能制造和绿色制造试点示范，加快对重点行业企业的技术推广力度，提升工厂智能化和绿色化发展水平，支持食品加工园区的绿色化改造。鼓励企业兼并重组和产能合作，提高行业集中度，发挥龙头企业带动作用，推进原料基地、产品追溯体系建设工作，促进产业体系绿色化、标准化、集约化发展，推动生鲜乳等原料的质量标准及价格分级制度建立健全。针对源头污染、农兽药不合理使用等问题，加强各地方工业、农业、市场监管等有关部门在制度衔接、监管合作和信息共享等方面的沟通协作。完善食品质量追溯标准

体系，加大食品冷链物流体系扶持力度，降低公路通行成本，推动技术装备的电子信息化进程，完善行业监管机制。

（四）完善政策法规制修订，引导行业信息交流与品牌建设

结合科学研究最新成果、行业发展最新特点，加强与食品生产加工、流通相关的标准制修订工作，完善农兽药残留标准、食品安全国家标准、食品安全检测标准体系，对新食品原料、新技术、新工艺标准开展前瞻性研究。推进企业信用体系建设，加大对失信、违法行为的惩治力度，完善信用评级、动态预警和奖励机制，引导行业正向良性发展。针对消费者“主观食品安全”获得感不强的问题，构建高效的信息披露和风险交流体系，建立行业主管部门、行业协会、科研机构信息研判的权威发布渠道，鼓励和规范第三方民间风险交流平台建设，形成社会监督共治局面，让消费者在切实透明的信息中维护健康权益、增强消费信心。充分发挥行业组织在品牌宣传、推广、服务方面的积极作用，引导各类市场主体在品牌培育、市场开拓等方面开展合作，积极利用世园会以及冬奥会等系列赛事活动进行宣传推广。

行 业 篇

肉类及蛋品加工行业

2018年，受非洲猪瘟疫情影响，我国猪肉减产导致肉类产量下降，蛋品产量小幅增长；肉类进口减少，出口降幅较大，市场供应基本平稳，猪肉价格总体水平下降，牛羊禽肉及鸡蛋价格上升。全国肉类及蛋品加工行业供给侧结构性改革力度加大，规模以上企业数量明显减少，主营业务收入增加。

一、行业概况

2018年全国肉类及蛋品加工行业规模以上企业数量4105家，比上年减少264家。其中，规模以上屠宰及肉类加工企业3884家，比上年减少269家，降幅6.5%；规模以上蛋品加工企业221家，比上年增加5家，增幅2.3%。

（一）主要经济指标

1. 主营业务收入

2018年度全国肉类及蛋品加工行业规模以上企业主营业务收入稳步增长，达到9650.4亿元。其中，规模以上屠宰及肉类加工企业主营业务收入9389.9亿元，比上年增长6.34%；规模以上蛋品加工企业主营业务收入260.5亿元，比上年增长13.2%。

2. 利润

本年度全国肉类及蛋品加工行业规模以上企业利润达到429亿元。其中，规模以上屠宰及肉类加工企业实现利润总额415.5亿元，比上年的369亿元增加46.5亿元，增幅12.6%；规模以上蛋品加工企业实现利润13.5亿元，比上年的12.4亿元增加1.1亿元，增幅8.9%。

（二）行业发展分析

1. 价格

2018年以来，我国猪肉价格总体呈现“上半年下跌、下半年季节性回升、非洲猪瘟发生后产销区有所分化”的特征。一是猪价总体水平低于上年。据农业农村部监测，1—11月全国猪肉批发均价为每千克18.57元，同比跌12.7%。二是月度价格呈“W”型走势。2月份开始持续下跌至5月份的年内低点15.95元/kg，之后持续上涨至9月份，国庆之后又小幅回落，11月份为19.3元/kg，环比跌2.6%，同比跌4.3%，进入12月份又有所回升。三是地区间走势出现分化。8月份非洲猪瘟发生后，受活猪跨省禁运政策影响，区域间供需出现阶段性不平衡现象，产区跌、销区涨；随着各地改“调猪”为“调肉”，流通渠道逐渐通畅，国庆节后产销区猪价分化趋缓。12月份，猪肉价格持续回落，36个大中城市平均批发价格为每千克20.92元，环比下降0.4%，同比下降3.6%。

受产能调整、供给偏紧、消费趋旺等因素影响，牛肉、羊肉、鸡肉、鸡蛋价格普遍上涨，1—11月集贸市场均价同比分别涨3.7%、11.4%、7.2%、17.7%。12月份，牛羊肉价格继续走高，36个大中城市牛肉和羊肉平均批发价格分别为每千克56.33元和56.12元，环比分别上涨1.9%和2.9%，同比分别上涨9.7%和16.6%。鸡肉价格小幅上涨，白条鸡平均批发价格为每千克16.26元，环比上涨0.3%，同比上涨2%。鸡蛋价格有所回落，平均批发价格为每千克 9.4 元，环比下降 3.1%，同比上涨 2.2%（表 1）。

表 1　2018 年 12 月 36 个大中城市主要肉禽蛋产品平均批发价

单位：元/kg

主要产品	2017 年 12 月	2018 年 12 月	同比增长/%
猪肉	21.70	20.92	-3.6
牛肉	51.35	56.33	9.7
羊肉	48.13	56.12	16.6
白条鸡	15.94	16.26	2
鸡蛋	9.19	9.40	2.2

资料来源：商务部。

2. 市场

2018 年，我国肉禽蛋类市场供应总体上比较平稳，结构性变化明显。受非洲猪瘟疫情影响，猪肉减产，进出口下降；牛羊禽肉禽蛋增产，牛羊肉进口增幅较大，牛羊禽肉出口下降。

（1）肉禽蛋生产总量　据国家统计局公报，2018 年全国猪肉产量 5404 万 t，同比下降 0.9%；牛肉产量 644 万 t，同比增长 1.5%；羊肉产量 475 万 t，同比增长 0.8%；禽肉产量 1994 万 t，同比增长 0.6%（如果加上 114 万 t 杂畜肉，2018 年肉类总产量达 8631 万 t，比上年减产 23 万 t，下降 0.3%）；禽蛋产量 3128 万 t，同比增长 1%。

（2）肉类产品结构　2018 年猪肉、禽肉、牛肉、羊肉和杂畜肉在肉类总产量中所占的比例分别为 62.6%、23.1%、7.4%、5.5%和 1.4%（图 1）。和 2017 年相比，猪肉占比增加 0.6 个百分点；禽肉占比增加 1.1 个百分点；牛肉占比下降 1 个百分点；羊肉保持稳定；杂畜肉占比下降 0.7 个百分点。

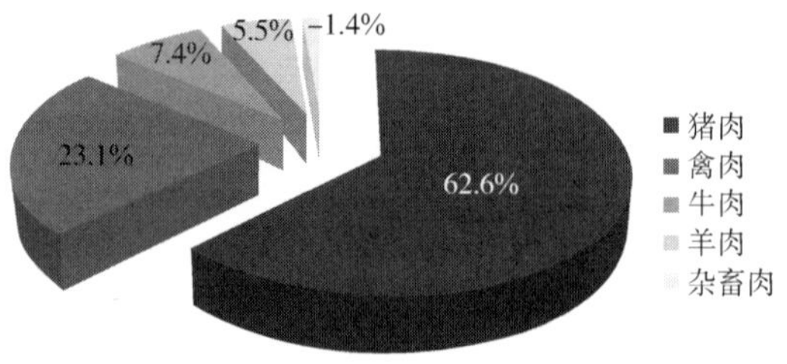

图 1　肉类产品结构

（3）肉类进口　受非洲猪瘟疫情的影响，猪肉消费和进口都有所减少。据国家海关总署公布数据，2018 年全国进口肉类 400.79 万 t，同比下降 2.2%。其中，猪肉 213.95 万 t，同比下降 14.4%，占进口总量的 53.4%；牛肉 106.27 万 t，同比增长 48.4%，占进口总量的 26.5%；羊肉 30.49 万 t，同比增长 22.4%，占进口总量的 7.6%；鸡肉 50.08 万 t，同比下降 0.3%，占进口总量的 12.5%。与 2017 年相比，猪肉、鸡肉进口占比下降，牛羊肉进口占比上升。牛羊肉仍然是我国肉类供应的短板。

（4）肉类出口　2018 年全国肉类出口 24.96 万 t，同比下降 74%。其中，猪肉 4.7 万 t，同比下降 85.4%；牛肉 416t，同比下降 98.3%；羊肉 2227t，同比下降 55.5%；禽肉 20 万 t，同比下降 60.6%。由于国内肉类减产，市场供不应求，肉类出口全面大幅下降（表 2）。

表 2　2018 年肉类进出口贸易逆差概览

	肉类出口/万 t	肉类进口/万 t	进出口贸易逆差/万 t	逆差增幅/%
2018	24.96	400.79	375.83	26.48
2017	92.53	409.90	297.14	-24.76
2016	72.25	467.16	394.91	90.54
2015	78.65	285.90	207.25	—

数据来源：国家海关总署。

（5）肉类市场供应总量　2018 年，我国肉类市场供应总量为 9006.83 万 t（国内肉类总产量加肉类进口量减肉类出口量），比上年的 8905.14 万 t 增加 101.69 万 t，增长 1.1%，市场供应总体平稳；全国人均消费肉类61.8kg，比上年的人均消费64kg减少2.2kg。

3. 投资

2018年全国肉类及蛋品加工业投资继续增加。据国家统计局数据显示，2018年，全国规模以上屠宰及肉类加工企业资产总计6094.6亿元，比2017年的5944.7亿元增加149.9亿元，增幅2.5%。蛋品加工业规模以上企业资产217.1亿元，比2017年的170.1亿元增加47亿元，增幅27.6%。

从投资情况看，屠宰业资产总额减少，肉制品加工业资产总额增速较快，蛋品加工业投资增幅最大。2018年，牲畜屠宰企业资产2246.9亿元，比上年的2260.2亿元减少13.3亿元；禽类屠宰企业资产1373.3亿元，比上年的1381.7亿元减少8.4亿元——二者减幅都是0.6%。肉制品及副产品加工企业资产2474.4亿元，比上年的2302.8亿元增加171.6亿元，增幅7.5%。

从投资结构看，牲畜屠宰企业资产比重下降，禽类屠宰和肉制品加工企业资产比重上升。2018年，牲畜屠宰企业资产在肉类行业的占比由上年的38%降至36.9%，下降1.1个百分点；禽类屠宰企业资产占比22.5%，比上年下降0.8个百分点；肉制品及副产品加工企业资产占比40.6%，比上年上升1.9个百分点（图2）。

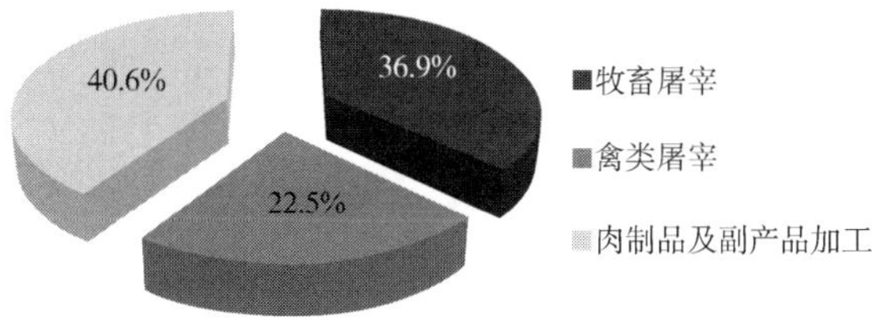

图2　2018年全国肉类重点行业资产分布结构

4. 重点行业

按照国家标准规定，屠宰及肉类加工业共分为三个重点行业。

一是牲畜屠宰业。2018年全国有规模以上牲畜屠宰企业1299家，比上年的1404家减少105家，减幅7.5%；占肉类企业总数的33.4%，比上年下降0.4个百分点。其主营业务即通常所说的“红肉”（猪肉、牛肉、羊肉等）销售收入3434.3亿元，比上年的3283.5亿元增加150.8亿元，增幅4.6%；占肉类行业主营业务收入9389.9亿元的36.6%，比上年的37.2%下降0.6个百分点。

二是禽类屠宰业。2018年，我国禽类屠宰行业规模以上企业数722家，比上年的778家减少56家，降幅7.2%；占肉类企业总数的18.5%，比上年的18.7%下降0.2个百分点。其主营业务即通常所说的“白肉”（鸡肉、鸭肉、鹅肉等）销售收入2236.8亿元，比上年的2013.4亿元增加223.4亿元，增幅11.1%；占肉类行业主营业务收入9389.9亿元的23.8%，比上年的22.8%增加1个百分点。

三是肉制品及副产品加工业。2018年，我国肉制品及副产品加工业规模以上企业1863家，比上年的1971家减少108家，降幅5.5%；占肉类企业总数的48%，比上年的47.4%增加0.6个百分点。其主营业务收入3718.8亿元，比上年的3532.9亿元增加185.9亿元，增幅5.3%；占肉类行业主营业务收入9389.9亿元的39.6%，比上年的40%下降0.4个百分点。

蛋品加工业：2018年，我国蛋品加工行业规模以上企业221家，比上年的216家增加5家，增幅2.3%；其主营业务收入260.5亿元，比上年的230.1亿元增加30.4亿元，增幅13.2%。

5. 包装与装备

（1）包装　随着我国肉类消费升级和需求结构的变化，2018年肉类食品生产和流通对包装材料、包装产品的需求也相应升级，结构发生了明显变化。主要表现为：

•用于超市、电商、专卖店零售的冷鲜分割肉高阻氧气调包装和热收缩包装快速增加。热收缩包装具有更长货架期、更好的保鲜能力，而气调包装更适合5~10d保质期的新鲜肉类。

•用于高端冷鲜肉和加工肉制品的真空贴体包装开始推广使用。以“盒马鲜生”线下超市和电商为代表，贴体包装在各类高附加值肉类食品得到大量推广。

•用于中央厨房、团餐、肉制品生产及进口冷鲜、冷冻肉的大包装、中转包装份额增加。

•具有更多便利性功能（例如，更便于打开、更便于重复封口、更便于加热调理、更便于保存等）的肉制品包装增加。

2018年，肉类食品领域的包装产业链继续保持良好的发展态势，随着肉类食品企业需要通过自动化包装提高生产效率、延长产品保质期、适应产品销售渠道的需求增长，对自动化、智能化包装设备的需求呈现快速增长趋势。国内相当一部分肉类企业引进了德国、美国、日本等国家国际品牌的包装设备，进口包装设备的引进台数在200台以上。同时，国内的包装设备企业也持续加大研发投入，陆续开发出功能优良、性价比相当高的包装设备，国产的自动化贴体包装、气调包装设备也开始被采用，少数企业还实现了设备出口，将中国制造的设备销售到发达国家和地区。包装设备与前道生产设备的集成化也得到提高，包装设备更多地参与到智能制造中来。

肉类食品的包装物料也得到明显增长，特别是专门用于肉类食品包装的内包装材料。总体看来，2018年用于冷鲜肉的包装材料比上年增长了25%以上；用于肉制品的包装材料比上年增长了10%以上。与肉类食品包装紧密相关的功能性共挤薄膜、真空热收缩膜、贴体膜等，国内部分厂家已实现技术突破，降低了对外资品牌的依赖，实现了行业所需的包装材料成本降低和供应保障，进一步推动了肉类食品包装的发展。2018年，纸张行业由于受到环保政策的影响，价格上涨明显，导致肉类食品行业的纸类包装成本增加25%以上。

（2）装备　改革开放后，随着肉类工业的高速发展，我国的肉类加工机械装备技术与创新也在突飞猛进的发展，并且呈跳跃式发展。我国近300家肉类加工设备企业生产95%以上的肉类加工设备，几乎覆盖了屠宰与分割、中式和西式肉制品加工、生鲜与速冻调理食品、包装与仓储技术、清洗消毒与卫生安全装置、制冷与节能装置、环保与综合利用等所有肉类加工应用领域。所制造的设备已有部分产品接近国外同类产品的先进水平。如机器人自动劈半机、柔性打毛机（猪）、12000只/h鸡自动屠宰生产线（含自动掏膛系统）等屠宰设备；盐水注射机、真空灌装（灌肠）机、烟熏炉、真空滚揉机、成型机、全自动裹涂上粉机、油炸机等加工设备；切丁、切条、切片、等量切割、等重切割、锯骨机等分切设备；连续式拉伸膜真空（充气）包装机、气调包装机、贴体包装机等。这些设备在我国肉类工业的发展中发挥了技术引领性作用，对我国肉食品加工技术的高速发展起到了积极的推动作用，使肉类产品的加工能力和品种多样化得到很大提高，缩短了与国际先进水平的距离，极大地推动了我国肉类工业的可持续、健康发展。

2018年以来，我国畜禽屠宰和肉类加工机械与装备的自动化、智能化技术需求明显增长，行业技术创新水平加速提升。

①畜禽屠宰装备：国产化家禽屠宰自动掏膛技术已成功应用于国内外市场。家禽自动分割生产线设备技术也有了重大突破，通过研究家禽胴体精准定位、多部位（腿、翅中、翅根、翅尖、脖、尾等）自动化精确切

分技术及仿生切分机构，研究刀具位置、旋向、摆角等关键技术参数，并应用集成光电感应、在线称重和智能控制等技术，研制分割产品在线精确分级系统，提高了分级精度和效率，解决了目前分割作业人员多、生产效率低等问题，全面提升了我国家禽加工技术水平。

继生猪机器人劈半技术的成功应用，牛自动化劈半和自动化剥皮技术也相继得到了开发，并很快会实现应用。

②肉类食品加工设备：国产肉类食品加工设备从外观、做工及自动化程度和性能上都有很大进步。如斩拌机，转速达4500r/min，刀头线速度可达126m/s；烟熏炉的实时数据监控与采集分析系统，能够随时自动进行合理的参数调节，任意地改变炉内循环风的交汇点，有效提高了产品色泽一致性；自动化分选系统，实现了混料自动识别及自动分配技术。

机械设备的传动部分正在用不锈钢代替碳钢，并采用免维护系统，更便于清洁卫生；免工具拆卸的结构创新与应用大大减少了清洗和维护设备的时间，并降低了工具及零件遗漏在现场或混入食品中的风险，同时解决了食品设备清洗中一些死角残留问题，能有效降低工人劳动强度、保障食品卫生安全。

在物料和产品的自动化输送技术方面有了较大提升，减少了人为干预和接触，提高了食品安全保障和生产效率。安全检测设备的智能化和检测精度不断提高，确保了每一份产品都是安全的，为食品安全把关再度提升了保障。

③包装设备：2018年，我们看到食品加工业的两大趋势——清洁标签和电子标签，也就是让产品承载更真实、更完整且更多、更大信息量的智能包装。在这样的一种趋势下，食品生产商意识到跟随清洁标签和电子标签带来的价值——清洁、透明的标签会带来更高的销售量和忠诚度。为此，包装设备的技术升级空间便呈现了出来。

无线电射频标签（RFID）是智能包装所采用的技术之一，能为企业带来更精准的市场预测、更贴合实际的销售计划、更少甚至零库存、便捷的产品使用及售后等信息，从而给消费者更放心的商品、更透明的生产过程，让消费者享受更多的商品服务。该技术能与温度、时间历史记录标识（TTI），被包装食品内微生物滋生指示标识（MGI），光致变色指示标识，受到物理冲击标识，渗漏、微生物污染标识，RFID，脱氧核糖核酸（DNA）标签等充分融合，将信息完整地记录，并可以采用当前先进的智能手机、互联网、物联网予以读取，从而使包装具有更大的信息容量。

一方面，消费者能获得更透明的商品信息，拓宽了选择余地；另一方面，智能包装也为食品生产商提供了一个与消费者直接见面的大容量平台。消费者通过扫描食品包装上的二维码可登入一个页面，在那里不仅可以看到所需的监管信息，还能看到产品的过敏原内含物、环境故事、转基因状态、生产来源、道德凭证、绿色效益以及该品牌的企业社会责任（CSR）成果等信息。

这样的包装可以准确地告诉我们产品保存时效或精确的食用时间，能指导及时消费与处理，在更大程度上减少浪费。这意味着所节约的时间、食品和成本因素，在商业、社会或是环境上，都将成为一个有利的竞争优势。对于消费者而言，智能包装技术具有更高的便捷性、可追溯性、透明度，从而增强了对产品的认可度和信任度。而对于生产商而言，这意味着更多的销售机会。

④信息化管理：肉类自动化生产车间、智能化工厂技术已开启广泛的探索与应用。通过人机接口（HMI）与分布式控制系统（DCS）、可编程控制器（PLC）的紧密结合，

实现生产流程实时数据采集和监控，对设备能力、均衡生产等各方面进行调度，并通过充分考虑生产中的交错、重叠和并行操作，来准确计算开工时间、完工时间、准备时间、排队时间以及移动时间，之后下达作业指令，并将作业指令转化为各个设备的操作指令和控制参数，保障整个自动化生产线的平衡性。

将企业管理系统（ERP）与上述系统有效融合，使生产信息化智控系统接收订单后，根据设备能力、工艺规程、生产成本等制约因素对销售订单进行科学拆分，形成可以直接进行计划排产的生产订单，同时追踪生产订单的执行过程，根据生产实际将生产订单与销售订单进行匹配，探索了产品个性化、订单化和生产精准化的发展路径。

通过 RFID 技术对生产过程进行无线射频识别，从而对生产过程中的数据进行采集，为企业实现制造数据管理、计划排程管理、生产调度管理、库存管理、质量管理、人力资源管理、工作中心/设备管理、工具工装管理、采购管理、成本管理、项目看板管理、生产过程控制、仓储库存监控、底层数据集成分析、上层数据集成分解等管理功能，最终形成集生产企业的大数据、信息化、智能化于一体的生产综合管理平台。

在仓储冷库技术领域，安全环保的二氧化碳制冷技术已成功应用。同时，基于仓库管理系统（WMS）的全自动智能冷库仓储技术也实现了应用；运用 RFID 技术，可使货物自动入库、自动上架、自动配位、自动出库，已能实现 2.5 万个以上的货位自动存取；通过系统记忆可将所有产品情况进行在线查询及风险预警，能够有效控制产品库存风险。以上技术的应用比传统冷库用人下降了 90%，大幅降低了人工劳动强度和职业病风险。

在云计算数据库的基础上，建立基于跨平台程序设计语言（java）和网络服务（web service）技术的数据交互网络平台，支持基于互联网的远程、多用户、多终端设备的可视化访问、投诉维权；为用户提供行业预警机制和部门监管通道；建立指数发布体系，可定期向政府和社会发布行业分析报告，满足消费者对肉类及其制成品的安全关注，提高消费者对厂家的信赖，提升行业的整体安全控制水平。

【案例】

周黑鸭国际控股有限公司是一家专门从事生产、营销及零售休闲熟卤制品的企业。主营业务为卤鸭、卤制鸭副产品、卤制红肉、卤制蔬菜、卤制家禽及水产类等产品。截至 2018 年 12 月，周黑鸭全国自营门店总数达 1288 间，覆盖中国 17 个省（自治区、直辖市）内 90 个城市。在湖北省、河北省以及广东省分别建有大型现代化生产中心，并正在推进全国五大区工厂布局。与此同时，公司不断升级生产车间设备，先后引入德国自动拉伸膜包装机、智能分选系统、螺旋冷却隧道、多头秤、蜘蛛手、码垛机、微波解冻隧道、注射腌制滚揉等自动化先进技术以及生产信息化管理系统。截至 2018 年 7 月，公司成功实现了湖北省、河北省工厂的智能化，车间达到 10 万级的洁净程度。

周黑鸭的车间主要分为化冰区、卤制区、分选区、包装区几大生产区域。

化冰区主要有微波解冻隧道、化冰机、清洗机、汆水机等设备，其中微波解冻隧道引进自美国，它可以把 -18℃ 的原材料在 2min 内解冻到 0℃，较传统的自然解冻和水浴解冻方式提高了近 30 倍的效能。卤制区主要有 RFID 智能分选线、智能数据采集、就地清洗（CIP）管道三大特色。RFID 智能分选线由自动清洗机、净箱输送线、成品箱输送线、回收箱输送线组成，看似简单的传输带，实际上不仅解放了人力，还能实现自动清洗、自动周转的功能；智能数据采集是每个传输产品的运送筐都装有芯片，可以实现对产品质量、批次等数据的采集；CIP 清洗管道比较智能，可以选择不同的清洗模式对设备以及环境进行打扫。分选区拥有智能分选系统、螺旋冷却隧道两大先进设备，分选机把产品和原料进行自动分选，分选好的产品会自动进入冷却隧道，随后，高达 60℃的产品能够急速冷却到 15℃以下。包装区分为一次包装区和二次包装区。一次包装区是高洁净区，洁净标准达到了制药的标准，具有 10 万级洁净度。它还包含了多头秤、包装机、传送带等先进自动化设备。从冷却隧道出来后的产品全程都是自动传送到多头秤、自动上料、自动称重、自动包装。二次包装区拥有金检机、动态称重机、贴标机、自动扫码机、装箱蜘蛛手、自动封箱捆扎机、码垛机等设备，其中蜘蛛手可以达到每分钟 70 盒的抓取速度。

自动、智能化的生产车间不仅高度解放了员工劳动力，也提高了生产效率。据保守估计，整条生产线较人工效能提高了 400%。

6. 产业扶贫

2018 年肉类及蛋品加工行业的一项重点工作是实施产业精准扶贫。许多肉类及蛋品加工的龙头企业，基于对中国农村养殖户的深入了解，发挥屠宰、加工、冷链物流及终端销售网络的产业资源优势，深入贫困乡村，带动贫困户发展畜禽养殖，取得了良好成效，受到贫困地区的广泛欢迎。

例如，2018 年，温氏精准扶贫项目覆盖近 20 个省（自治区、直辖市），投入扶贫资金总额约 1.87 亿元，对接建档立卡贫困人口 10 多万人，其中约 3.17 万人已达脱贫标准。总计开展产业发展脱贫项目 783 个，投入金额 1.68 亿元。温氏集团根据贫困地区实际情况，结合发展形势，对原有贫困户的自建自营、贫困户合股、贫困户承包等模式进行了优化，并对 2017 年提出的政府精准扶贫合作模式做了进一步发展。针对贫困农户缺资金、缺劳动力、缺技术等不同问题提供了多种“定制式”扶贫模式，形成更加完善的产业发展脱贫体系，助力贫困户达到短期增收、中期脱贫、长期致富的目的。以养猪业为例，2018 年，公司共带动约 10 万贫困人口通过自建自营、入股分红及承包养殖等方式，获得养殖收入约 2901 万元。

再如，河北双鸽集团积极探索产业扶贫的新路径和利益联结机制，把扶贫理念由输血、输氧到造血、造氧，由被动到主动，由单一到融合，通过“龙头企业+合作社组织+家庭农场”“基地+产业+园区”，把基地建在农区、把技能传给农民、把冷链延到农村、把市场连到农家，工业连农业，企业连产业，市场连基地，产业带区域，工业反哺农业，带动农村发展、农民致富，让广大农民真正享受到现代化产业融合带来的增值收益。2018 年，在前期于灵寿、赞皇、行唐等贫困县投资 2.4 亿元完成良种猪繁育体系项目布局、选址和筹建工作的基础上，由中央产业扶贫基金投资支持建设的存栏母猪 6000 头、年产仔猪 13 万头的双鸽灵寿二元母猪场正式投入运营，并配套建设大型沼气工程项目，对废弃物进行资源化循环利用。目前，已通过合作社在灵寿县、行唐县投放仔猪 4 批 3000 余头，整合利用产业扶贫资金 210 万元。该项目依托当地资源，结合建设现代化农业产业园区，形成了农业支持工业、工业反哺农业的养殖、种植、深加工、销售的产业链条，让产业链上下游企业和农户享受到产业联合规模发展所带来的增值收益，真正成为当地扶贫的支柱产业。

二、行业面临的问题

（一）非洲猪瘟疫情造成猪肉减产

我国自 2018 年 8 月 3 日首次发现非洲猪瘟疫情后，截至 12 月 30 日，共发生 99 起疫情，先后涉及辽宁、黑龙江、江苏、浙江、安徽、内蒙古、河南、吉林、天津、山西、云南、湖南、贵州、重庆、湖北、江西、四川、上海、北京、陕西、青海、广东、福建等23个省、自治区和直辖市。各地发现疫情后，均按照农业农村部有关要求，立即启动应急预案，对疫点养殖的生猪全部进行扑杀、生埋、无害化处理；对疫点周边地区的所有生猪进行封锁、扑杀、无害化处理，全国扑杀生猪超过85万头；全面实施流通管控，禁止疫区所有生猪、生猪产品流出，停止交易市场交易，停止生猪屠宰，切断非洲猪瘟病毒传播链条。这些措施对生猪生产和猪肉供应的稳定造成了很大影响。非洲猪瘟疫情叠加长期低价运行造成的亏损，使中小散户养殖环境恶化，纷纷清栏退养。农业农村部监测数据显示，2018年12月全国能繁母猪存栏同比减少8.3%，生猪总存栏同比减少4.8%。

（二）猪肉减产造成肉类保供稳价压力增大

由于猪肉在我国肉类消费总量中占62%以上，猪肉减产造成牛肉、羊肉、鸡肉、鸡蛋价格普遍上涨，1—11月集贸市场均价同比分别上涨3.7%、11.4%、7.2%、17.7%。12月份，牛羊肉价格继续走高，36个大中城市牛肉、羊肉平均批发价格分别为每千克56.33元和56.12元，环比分别上涨1.9%和2.9%，同比分别上涨9.7%和16.6%。鸡肉价格小幅上涨，白条鸡平均批发价格为每千克16.26元，环比上涨0.3%，同比上涨2%。

（三）生产成本上升影响企业经营利润

据国家统计局数据，2018年上半年全国规模以上牲畜屠宰企业（其中主要是生猪屠宰企业）1259家，比2017年底的1404家减少145家，利润总额同比下降0.86%，亏损企业亏损额同比上升27.34%。进入三、四季度以后，由于中美贸易摩擦、非洲猪瘟、市场变化等多重因素的影响，企业生产成本进一步上升，利润下降，亏损增加。在猪源不足、销售下降的形势下，企业采购、加工、销售都遇到一系列新的难题。特别是有些地区的病害猪无害化处理财政补贴不能足额到位，加大了企业公共开支负担，企业的经营状况更加困难。到2018年底，全国牲畜屠宰行业规模以上企业数1299家，比上年的1404家减少105家，降幅7.5%；亏损企业264家，比上年的250家增加14家，增幅5.6%；亏损企业亏损额21.9亿元，比上年的15.5亿元增加6.4亿元，增幅41.3%。从肉制品及副产品加工行业情况看，2018年，全国肉制品及副产品加工业规模以上企业数1863家，比上年的1971家减少108家，降幅5.5%；亏损企业亏损额14.7亿元，比上年的13亿元增加1.7亿元，增幅13.1%。亏损增加削弱了企业市场保供稳价的能力。

（四）代宰比例回升影响品牌战略实施与产业升级

近几年来，农业农村部为加强生猪屠宰行业管理做了大量工作。到2018年上半年，开始取得明显成效。政府属地管理责任得到强化，部门协同合力逐步形成，屠宰企业履责能力提升；屠宰监管执法能力增强，屠宰法律法规标准宣传进一步普及；通过加强日常监管、开展专项整治、强化监督检测、推进诚信建设、做好应急处置等措施，屠宰行业风险防控能力有所增强；通过完善屠宰准入管理、推进屠宰企业标准化改造、引导屠宰企业采用兼并重组等手段加快整合乡镇小型屠宰场点等措施，以代宰经营模式为主的乡镇小型屠宰场点进一步压减。这些措施使我国规模以上企业生猪屠宰量有了显著的回升。

但是，自2018年8月非洲猪瘟疫情发生以后，整个形势发生了很大变化。从自宰或代宰的角度看，主要表现为两大特点。

一是部分自宰-自销模式被迫改为代宰经

营模式。以北京二商大红门食品有限公司为例，作为一个肩负北京保供任务的国营企业，长期以来一直采取自宰-自销模式经营猪肉产品。受非洲猪瘟疫情影响，因生猪调运限制，工厂生猪屠宰量由过去的每天9000头降至1000头左右甚至更低。为保证北京市场供应，该企业现在只能委托外埠生猪产区的屠宰企业代宰。虽然10年前的“3.15”企业承诺从当天起全部取消屠宰、加工和销售代宰生猪的业务，但在生猪调运受限、“调猪改调肉”的环境下，这家企业自有的屠宰厂已经濒临停产，不委托产区屠宰企业代宰，就无法保持原有的产品质量标准和市场供应，也无法保证企业的生存。

二是代宰企业获得了很大的市场空间。以川渝地区为例，自8月以来，受限制生猪调运政策实施的影响，重庆主城区生猪屠宰量下降了70%，县区屠宰量下降了30%~40%。重庆旺峰公司原来全部自宰，非洲猪瘟发生后屠宰量下降95%，由过去每天2000~3000头降至100多头。由于重庆当地生猪和猪肉产品供不应求，市场价格大幅上涨，吸引了大量来自外埠的热鲜肉通过省道、县道、乡道等多种途径进入重庆地区，调运方式五花八门，沿途随地按需卸货，产品质量令人担忧。这些热鲜肉产品绝大部分是由代宰企业提供的。在这种情况下，一些原来不够规范的小型屠宰场点起死回生，市场占比逐步回升，私屠滥宰现象也有回潮，不仅给非洲猪瘟疫情防控工作带来很大的困难，而且给提高产业集中度、建立现代化肉类产业经济体系带来极大阻碍。

三、发展趋势

（一）非洲猪瘟疫情短期内难以根除

2019年一季度以来将近4个月的时间里，公布非洲猪瘟疫情30起。相比于2018年8—11月四个月公布78起，形势趋缓，有23个省（自治区、直辖市）疫情已经解除。但总体来讲，非洲猪瘟疫情形势还是比较严峻的。受疫情影响，规模猪场补栏慎重，中小散户加速退出，生猪和能繁母猪存栏数持续减少。据农业农村部监测数据，2019年3月份生猪存栏和母猪存栏出现了“双下降”。其中，生猪存栏环比下降1.2%，同比下降18.8%；母猪存栏环比下降2.3%，同比下降21%。下降的幅度、速度之快，也是近十年来出现的最大值。据欧洲防控非洲猪瘟的经验，中国解决这个问题至少需要5~10年时间。因此，防控非洲猪瘟将是一场持久战，会对我国生猪产业乃至整个肉类产业发展产生长期而深刻的影响。在这种形势下，牛羊禽肉及蛋品的生产将有更大的市场发展空间。

（二）肉类市场保供稳价的形势日益严峻

业内预判2019年中国猪肉产量将下降10%~20%，后期生猪供应趋紧，供求缺口在500~1000万t，四季度活猪价格可能突破2016年的历史高点。美国农业部发布数据显示，非洲猪瘟疫情可能使2019年中国的生猪出栏量由过去的7亿头左右下降到2亿多头。由于猪肉在中国肉类消费中占62%以上，因此猪肉市场如此大的供求缺口不可能靠任何国家进口、任何其他品种替代能够弥补。受此影响，不仅猪肉保供稳价的形势相当严峻，其他牛羊禽肉产品价格也会随之上升。扩大肉类进口将日益成为中国平衡市场供求的重要手段之一。按照国家“开放发展”的理念，如何利用国际国内两种资源、两个市场应对非洲猪瘟疫情风险，对于中国肉类产业的战略转型和保供稳价具有重要意义，对于全球肉类产业和贸易的发展格局也将产生重大影响。

（三）肉类产业结构调整步伐加快

总体来说，中国的肉类消费应该主要依靠本国产业的发展来满足。目前，按照农业农村部119号公告《非瘟期间全面开展生猪屠宰及生猪产品流通等环节非洲猪瘟病毒检测的公告》的要求，要把生猪屠宰作为产业质量提升和防控非洲猪瘟的重要环节，全面开展非洲猪瘟检测；市场监管总局、农业农村部、工业和信息化部于2019年4月3日发出17号公告《关于在加工流通环节开展非洲猪瘟病毒检测的公告》，强调“各级市场监管部门、畜牧兽医部门要加强对非洲猪瘟病毒核酸阳性产品的溯源调查，对负有责任的养殖厂（场）、屠宰厂（场）、猪肉制品加工企业、生猪产品经营者从严惩处。”这些措施定于2019年5月1日起实施。一些不具备非洲猪瘟检测能力、致使非洲猪瘟病毒核酸阳性产品流入市场的屠宰企业将被整改或关闭。

以非洲猪瘟防控为契机，生猪屠宰行业将加快落实2019中央一号文件和农业农村部办公厅关于印发《2019年畜牧兽医工作要点》的通知要求，坚决关停不符合设立条件的屠宰场点，维护屠宰行业发展秩序；优化屠宰产能布局，尽可能把屠宰加工产业链留在县域，改变农村卖原料、城市搞加工的格局；建立生猪产销区域化衔接机制，强化区域间沟通协调、联防联控；按照健全生猪一二三产业融合发展利益联结机制的要求，在养殖、屠宰、加工、物流等各环节，加快构建全链条兽医卫生风险控制闭环，补齐产业链中生物安全薄弱环节，着力提升动物疫病防控能力，通过深化供给侧结构性改革，重构猪肉供给体系，加快向集约、绿色、健康、循环发展的现代产业模式转型，让农民更多地分享产业增值收益。

（四）政府防控非洲猪瘟的措施将逐步改进和完善

由于我国首次发生非洲猪瘟，所以在防控措施、社会心理、产业准备等诸多方面还很不成熟。目前，为了保供稳价，中央及各地政府相关部门正在加强生猪产业调研、支持相关科学研究和舆论宣传，加快恢复生猪生产和调运秩序，促进防控非洲猪瘟政策措施的合理化，避免防控过度、社会恐慌和产业损失，减少不必要的资源浪费。对于目前生猪养殖、屠宰、加工和经营企业因防控非洲猪瘟遇到的各种困难，将出台相应的政策措施，以利于企业正常运营、市场供需平衡和价格相对稳定。

四、政策建议

预计2019年猪肉减产的数量很难用牛羊禽肉的增产来弥补，肉类供应不足和价格上涨很可能影响人民群众的生活质量和社会稳定。有效防控非洲猪瘟，促进生猪产业健康发展，是关系大局稳定和实现全面建设小康社会目标的大事，不容忽视。由于非洲猪瘟疫情短期内难以根除，我们需要制定长期的战略安排和应对措施。

（一）中期以恢复和稳定生猪生产为目标

建议国家首先考虑保护现有产能（母猪群），制定并实施母猪逃生计划，并采取临时措施增加母猪；其次是研究并实施新型饲喂模式和医疗保健体系，配套建设新型猪舍，提高猪群抗病能力，使之在非洲猪瘟常态化的环境里能够基本正常生产；另外，特殊时期采取特殊管制措施，对大型种猪场加强隔离防疫，严格管控人员和物料的进出也是减少猪群伤亡、提升存活率的有效手段。

在防控非洲猪瘟方面，一是要加大对非洲猪瘟防控工作的资金投入和人力投入，将风险控制在源头。二是对所有生猪养殖场进行血清学监测，检出非洲猪瘟病毒的，对养殖场生猪全部进行无害化处理，拔点灭源。为防止出现疫情隐瞒不报，造成疫情扩散，政府应及时足额将无害化处理补贴补助到位。地方财政补贴能力不足的，要尽快建立中央财政补贴机制。三是为防止生猪运输车辆造成疫病传播，由县级动物疫病预防控制机构建立洗消中心，负责按照统一的技术规范对生猪运输车辆进行清洗消毒。中央财政应对县级动物疫病防控洗消中心予以补贴。四是对已经按照 119 号公告要求建立非洲猪瘟检测实验室、开展非洲猪瘟病毒检测的生猪屠宰企业，给予相应的财政补贴。五是建议国家加大相关科研经费投入，力争精准防控，减少不必要的经济损失。

（二）短期以扩大肉类进口、发展禽肉等短周期替代品生产为主

扩大进口方面包括立即开展国内和国际市场调研、确定规格品质、组织价格、数量、交货期的谈判等。进口数量的确定应摸清国内库存和需求底数，然后进行总体规划、分步实施。替代品方面，为尽快弥补猪肉供需缺口，建议国家重点支持禽肉产业发展，力争使禽肉产量达到 2700 万 t 的水平；另外，也可以积极扩大牛肉进口。建议在大力扶持肉牛产业的同时，积极扩大牛肉进口，力争使牛肉市场供应量由现在的 700 多万 t 增至 1000 万 t，提高牛肉消费在整个肉类消费中的比重。

（三）长期以绿色发展、科学防疫、节约社会总成本为主要目标

综合考虑布局、规模、转运、上下游关系等具体环节，重建猪肉产业链。

中国肉类协会

乳制品工业

乳是营养非常丰富的食物，人均乳制品消费量是衡量一个国家人民生活水平的主要指标之一。在我国，随着人民生活水平的提高，乳制品消费不断提高，乳制品已经成为许多人日常饮食的重要组成部分。但与世界平均水平相比，目前我国乳制品消费仍处于较低水平，不到世界平均水平的三分之一、亚洲平均水平的二分之一，发展潜力仍十分巨大。

一、行业概况

2018 年，我国乳制品行业稳定发展，乳制品生产、消费取得了较好成绩，产品质量安全继续保持了稳定向好的发展态势，广大消费者对国产乳制品的信任度进一步提升。

（一）主要经济指标

据国家统计局数据（月报），2018 年 1—12 月，全国规模以上乳制品企业 587 家（2017 年为 611 家）；主营业务收入 3398.91 亿元，同比增长 10.72%（2017 年为 6.77%）；利润总额 230.40 亿元，同比增长 -1.41%（2017 年为-3.27%）；销售收入利润率为 6.8%（2017 年为 6.8%）。乳制品产量 2687.1 万 t，同比增长 4.43%（2017 年为 4.17%）。其中，液体乳产量 2505.6 万 t，同比增长 4.34%（2017 年为 4.53%）；乳粉产量 96.8 万 t，同比增长-0.74%（2017 年为 1.04%）。

2018 年 12 月底，全行业产成品存货总额 95.80 亿元，同比增长 14.36%（上年同期为 2.16%）。产成品存货总额占销售总收入的 2.8%（上年同期为 2.4%），库存增加，但仍为正常库存量。2018 年 12 月底，亏损企业亏损额为 66.15 亿元，同比增长 94.10%（2017 年同期为 80.94%）。行业亏损额与利润总额的比值为 1：3.5（2017 年同期为 1：7.5）。部分企业经济效益下降。

（二）行业发展分析

2018 年，行业原料乳价格继续高位运行，行业成本压力仍然很大，乳制品价格平稳增长。我国乳制品生产和市场消费对国际市场的依赖程度进一步加强，在进口产品低价冲击下，企业经营仍然困难。行业投资继续向上游养殖业和海外发展。

1. 价格

（1）原料价格　2018 年，国内奶源供应基本稳定，价格维持前低后高，高位运行，在产乳旺季价格出现小幅回落，旺季过后价格快速提高。

据农业农村部（原农业部）对内蒙古、河北等 10 个乳牛主产省（区）［河北、山西、内蒙古、辽宁、黑龙江、山东、河南、陕西、宁夏、新疆。2013 年 10 省（区）生鲜乳产量占全国总产量的 82.6%。］生鲜乳平均价格的调查数据，2018 年 1 月平均价格为 3.49 元/kg，4 月为 3.45 元/kg，8 月为 3.39 元/kg，12 月为 3.58 元/kg。2018 年 12 月全国主产区生鲜乳平均价格环比上涨 1.1%，同比上涨 1.7%（图 1）。

（2）乳制品零售价格　2018 年，乳制品消费价格随社会整体消费价格增长而增长。根据国家统计局的调查数据，2018 年 12 月，乳制品价格环比上涨 0.3%，同比上涨 2.6%；乳制品全年平均价格上涨 1.4%，而

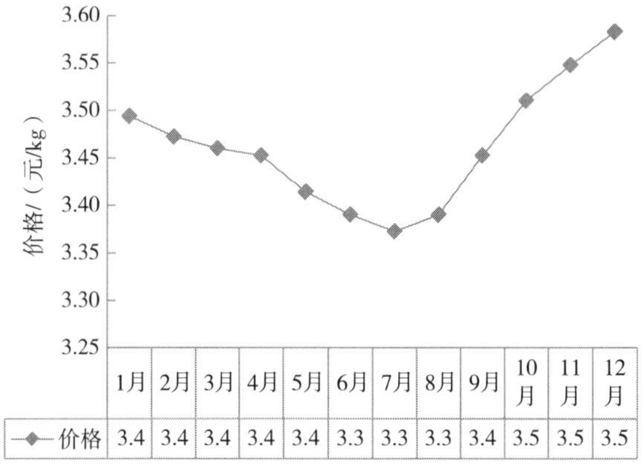

图 1　2018 年全国主产区生鲜乳平均价格变化情况

资料来源：农业部监测数据。

食品全年平均价格上涨 1.9%。

2. 市场

2018 年，乳制品消费增长有所恢复，但低价进口产品的大量进入，对国产乳制品，尤其是乳粉的销售仍然存在冲击。2018 年年底，行业应收账款为 349.53 亿元，同比增长 -2.43%；产成品存货 95.80 亿元，同比增加 14.36%，产成品存货总额占销售总收入的 2.8%（上年同期为 2.4%）。

3. 投资

根据国家统计局月报数据，2018 年 12 月，乳制品行业资产总计为 3145.84 亿元，同比增长 7.58%，增速同比降低 1.12 个百分点。全年乳制品投资增长较为平稳，投资继续向上游养殖业和海外发展，另外，为完成婴幼儿配方乳粉配方注册工作，部分投资用于婴幼儿配方乳粉工厂的建设。

4. 区域分布

分地区情况看，2018 年乳制品产量居前的省区为河北、内蒙古、河南、山东和江苏，五省区乳制品总产量为 1234.11 万 t，占全国的 45.93%，占比较上年下降 1.77 个百分点。其中，河北、河南、江苏 3 个省区处于正增长；产量处于负增长的省区有 11 个（上年为 15 个）。乳制品产量超过 100 万 t 的省区有 11 个，其中增长的有 8 个，同比增长幅度最大的为安徽省，为 24.89%；下降的有 3 个，同比下降幅度最大的为山东省，为 -6.37%。液体乳产量居前的省区为河北、河南、内蒙古、山东和江苏，五省区液体乳总产量为 1198.50 万 t，占全国的 47.83%，占比较上年下降 2.26 个百分点。液体乳产量超过 100 万 t 的省区有 10 个，其中增长的有 7 个，同比增长幅度最大的是安徽省，为 27.43%；下降的有 3 个，同比下降幅度最大的是山东省，为 -6.52%。乳粉产量前五位的省区为黑龙江、陕西、内蒙古、河北和湖南，五省区合计生产乳粉 77.20 万 t，占全国的 79.76%，占比较上年提高 7.56 个百分点。有 12 个省区乳粉产量超过 1 万 t，其中增长的有 5 个，辽宁省同比增长幅度最大，为 41.72%；下降的有 7 个，新疆同比下降幅度最大，为 -36.95%。各产品及省区产量情况见表 1、表 2 和表 3。

表 1　2018 年 1—12 月全国乳制品产量前五位省区情况

地区	产量/万 t	同比增长/%	占全国比例/%
全国总计	2687.10	4.43	100.00
河北	365.29	6.41	13.59
内蒙古	254.82	-4.55	9.48
河南	251.62	4.29	9.36
山东	204.37	-6.37	7.61
江苏	158.01	2.33	5.88

资料来源：国家统计局月度统计。

表 2　2018 年 1—12 月全国液体乳产量前五位省区情况

地区	产量/万 t	同比增长/%	占全国比例/%
全国总计	2505.59	4.34	100.00
河北	357.42	6.30	14.26
河南	251.57	4.31	10.04
内蒙古	237.10	-4.95	9.46

续表

地区	产量/万 t	同比增长/%	占全国比例/%
山东	197.23	-6.52	7.87
江苏	155.19	2.69	6.19

资料来源：国家统计局月度统计。

表 3　2018 年 1—12 月全国乳粉产量前五位省区情况

地区	产量/万 t	比上年同比增长/%	占全国比例/%
全国总计	96.80	-0.74	100.00
黑龙江	36.53	2.89	37.73
陕西	22.12	21.06	22.85
内蒙古	9.59	3.45	9.91
河北	4.99	-1.16	5.16
湖南	3.98	13.19	4.11

资料来源：国家统计局月度统计。

5. 行业集中度

根据中国乳制品工业协会统计，2017 年销售收入前十位的乳制品企业为：伊利、蒙牛、光明、君乐宝、雀巢、飞鹤、三元、完达山、新希望、圣元。2017 年，十大乳制品企业销售总收入 1876.9 亿元，占全行业的 52.3%，占比与上年基本持平；乳制品产量 1313.2 万 t，占全行业的 44.7%；液体乳产量 1263.2 万 t，占全行业的 46.9%；乳粉产量 32.5 万 t，占全行业的 26.9%，其中婴幼儿配方乳粉 18.2 万 t，占全行业的 20.2%；工厂总数 235 个，占全行业的 38.5%。

6. 进出口

据海关统计数据，2018 年 1—12 月，全国共进口各种乳制品 281.61 万 t，金额 106.94 亿美元，同比分别增长 8.03% 和 14.53%；进口乳制品总货值占国内乳制品工业销售总收入的 21.4%，占比较上年进一步提高了 4.2 个百分点。其中，乳粉、液体乳、乳清类产品、零售婴幼儿食品、乳糖、奶油、干酪进口量较大，都超过了 10 万 t。增速上看，液体乳增速放缓，原料类产品乳糖、酪蛋白、白蛋白、奶油、乳粉以及零售婴幼儿食品增长幅度较大，具体进口情况见表 4。

表 4　2018 年全国乳制品进口情况

商品名称	数量/万 t	同比增长/%	金额/亿美元	同比增长/%
进口合计	281.61	8.03	106.94	14.53
液体乳[1]	67.33	0.86	9.13	3.78
乳粉[2]	80.14	11.60	24.29	12.00
炼乳	2.75	7.51	0.49	5.21
发酵乳	3.08	-9.75	0.61	-9.13
乳清类产品	55.72	5.21	6.33	-4.94
奶油	11.33	23.72	6.97	39.31
干酪	10.83	0.25	5.13	3.15
乳糖	11.72	33.42	0.99	5.45
零售婴幼儿食品	33.31	10.12	48.89	20.07
酪蛋白	2.45	31.35	1.78	22.64
白蛋白	2.94	26.64	2.35	15.96

注：1. 液体乳数据不包括发酵乳。

2. 乳粉数据不包括婴幼儿配方乳粉。

数据来源：中国海关。

从进口来源看，新西兰仍然是我国最大的乳制品进口来源地，其次是美国、德国、荷兰和法国，我国分别从这些国家进口了 105.59 万 t、40.25 万 t、29.65 万 t、20.55 万 t 和 19.63 万 t 乳制品，五国合计占乳制品总进口量的 76.59%，占比较上年下降 3.77 个百分点（图 2）。

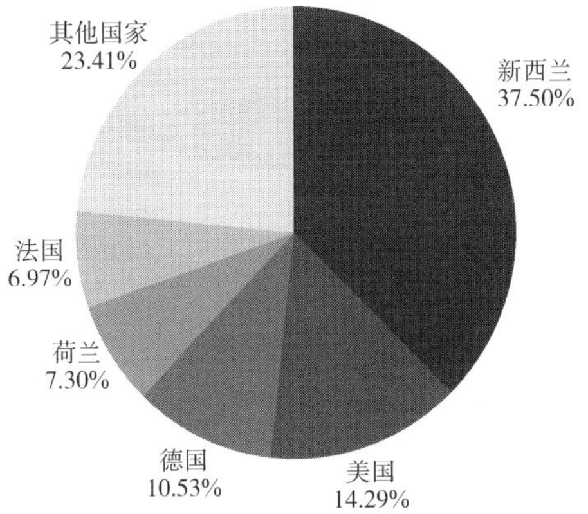

图 2　2018 年乳制品进口来源情况

资料来源：中国海关。

其中，液体乳主要来自新西兰、德国、澳大利亚、法国和波兰，进口量分别为 23.30 万 t、17.50 万 t、8.11 万 t、6.81 万 t 和 3.23 万 t，五国合计占液体乳总进口量的 87.56%，占比较上年下降 1.08 个百分点（图 3）。

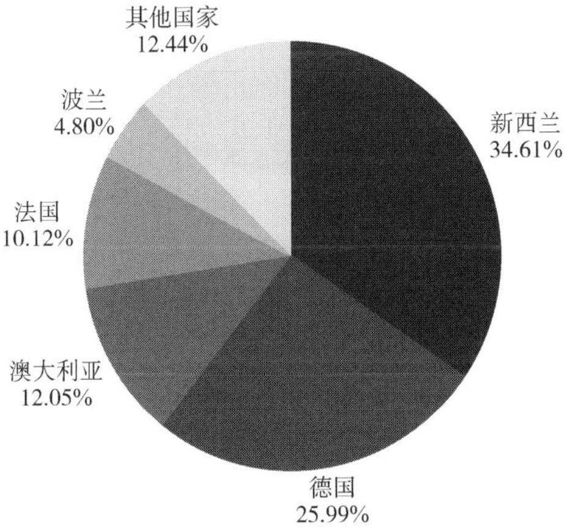

图 3　2018 年液体乳进口来源情况

资料来源：中国海关。

乳粉主要来自新西兰、澳大利亚、美国、德国和法国，进口量分别为 58.78 万 t、5.28 万 t、2.82 万 t、2.07 万 t 和 1.86 万 t，五国合计占乳粉总进口量的 88.35%，占比较上年下降 5.79 个百分点（图 4）。

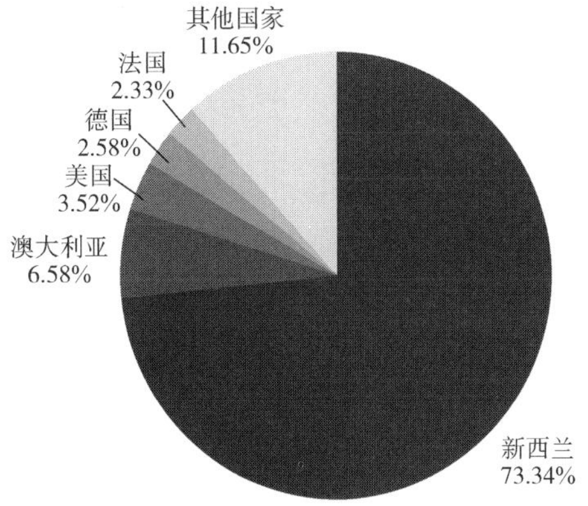

图 4　2018 年乳粉进口来源情况

资料来源：中国海关。

乳清类产品主要来自美国、法国、荷兰、波兰和白俄罗斯，进口量分别为 26.19 万 t、6.30 万 t、4.99 万 t、3.30 万 t 和 2.52 万 t，五国合计占乳清类产品总进口量的 77.72%，占比较上年下降 5.67 个百分点（图 5）。

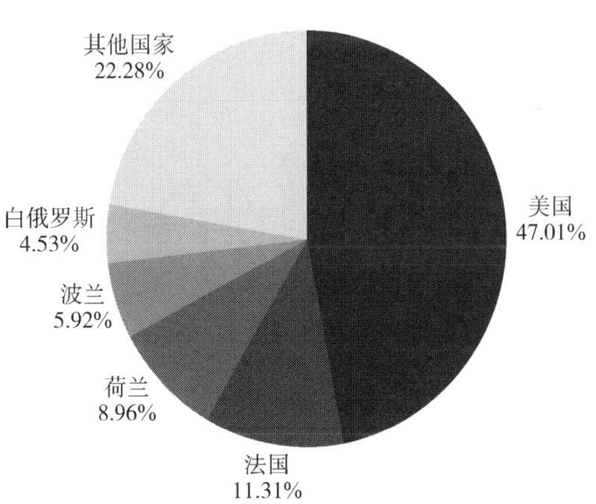

图 5　2018 年乳清类产品进口来源情况

资料来源：中国海关。

零售婴幼儿食品主要来自荷兰、新西兰、爱尔兰、法国和德国，分别进口 10.89 万 t、5.26 万 t、4.48 万 t、3.50 万 t 和 3.39 万 t，五国合计占零售婴幼儿食品进口量的82.63%，占比较上年提高1.74个百分点（图6）。

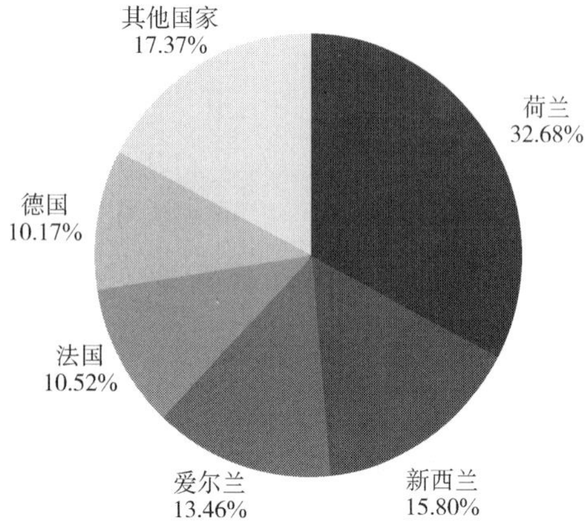

图6　2018年零售婴幼儿食品进口来源情况

资料来源：中国海关。

干酪主要来自新西兰、澳大利亚、美国、丹麦和意大利，进口量分别为5.50万t、1.98万t、1.20万t、0.45万t和0.38万t，五国合计占干酪总进口量的87.80%，占比较上年下降1.31个百分点（图7）。

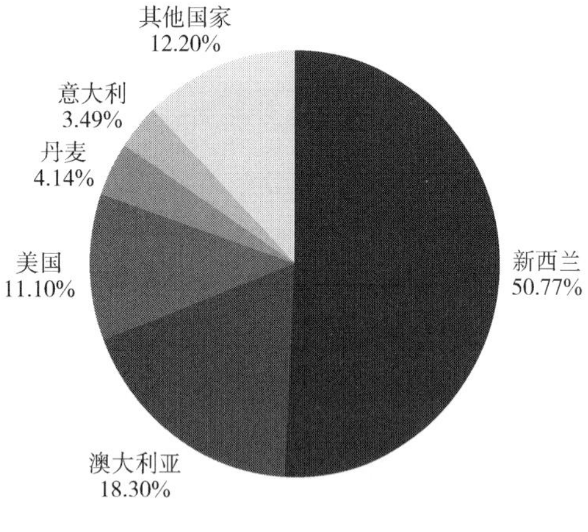

图7　2018年干酪制品进口来源情况

资料来源：中国海关。

乳糖主要来自美国、波兰、德国、荷兰和澳大利亚，进口量分别为8.54万t、1.02万t、0.87万t、0.49万t和0.23万t，五国合计占乳糖总进口量的95.14%，占比较上年提高0.28个百分点（图8）。

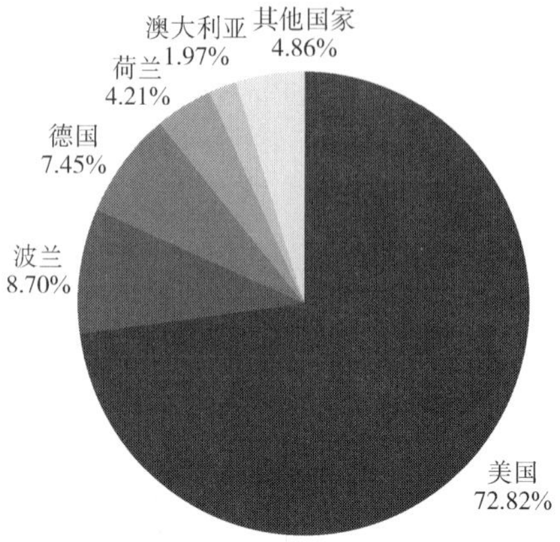

图8　2018年乳糖进口来源情况

资料来源：中国海关。

奶油主要来自新西兰、法国、澳大利亚、比利时和荷兰，进口量分别为10.04万t、0.50万t、0.20万t、0.19万t和0.11万t，五国合计占奶油总进口量的97.43%，占比较上年下降0.87个百分点（图9）。

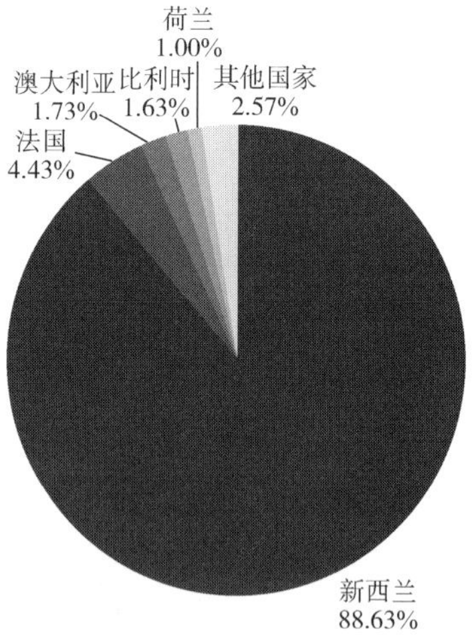

图9　2018年奶油进口来源情况

资料来源：中国海关。

酪蛋白主要来自新西兰、荷兰、法国、德国和丹麦，进口量分别为1.48万t、0.49万t、0.19万t、0.10万t和0.07万t，五国合计占酪蛋白总进口量的95.16%，占比较上年下降1.79个百分点（图10）。

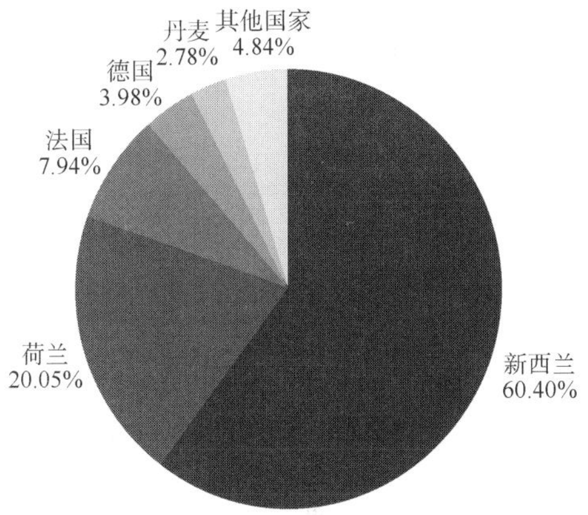

图 10　2018 年酪蛋白进口来源情况

资料来源：中国海关。

2018 年，具体产品进口价格情况见表 5。

2018 年，我国乳制品出口增长幅度较大。全年乳制品出口 5.66 万 t，货值 3.77 亿美元，同比分别增长 46.64% 和 184.34%。其中，液体乳、婴幼儿零售食品、乳粉、发酵乳、炼乳、奶油是出口的主要产品，具体出口情况见表 6。

我国乳制品出口主要是为中国香港和澳门地区提供产品，2018 年共向中国香港和澳门地区出口乳制品 4.66 万 t，同比增长 44.48%，占总出口量的 82.36%。

2018 年，我国乳制品进出口数量逆差 275.95 万 t，同比增长 7.45%；金额逆差 103.18 亿美元，同比增长 12.08%。

表 5　2018 年乳制品进口价格情况

商品名称	12 月价格/(美元/t)	同比增长/%	1—12 月平均价格/(美元/t)	同比增长/%
液体乳[1]	1272	-12.79	1355	2.90
乳粉[2]	2919	-10.10	3030	0.35
炼乳	1750	-8.97	1770	-2.14
发酵乳	1822	-6.39	1971	0.69
乳清粉	1205	6.54	1137	-9.65
奶油	6059	-4.94	6148	12.60
干酪	4684	-4.22	4739	2.89
乳糖	983	6.15	841	-20.96
婴幼儿零售食品	14274	11.16	14675	9.04
酪蛋白	7019	-11.85	7279	-6.64
白蛋白	9389	-13.44	8002	-8.44

注：1. 液体乳数据不包括发酵乳。

2. 乳粉数据不包括婴幼儿配方乳粉。

数据来源：中国海关。

表 6　2018 年全国乳制品出口情况

商品名称	数量/万 t	同比增长/%	金额/亿美元	同比增长/%
出口合计	5.66	46.64	3.77	184.34
液体乳[1]	2.71	17.10	0.25	21.22
乳粉[2]	0.31	10.33	0.10	3.86
炼乳	0.28	17.77	0.05	-2.09

续表

商品名称	数量/万 t	同比增长/%	金额/亿美元	同比增长/%
发酵乳	0.29	31.91	0.06	62.86
乳清粉	0.06	220.72	0.01	278.14
奶油	0.21	24.29	0.08	11.38
干酪	0.02	23.45	0.01	0.65
乳糖	0.11	144.39	0.03	12.70
婴幼儿零售食品	1.61	238.88	3.11	308.96
酪蛋白	0.05	-29.04	0.03	-27.61
白蛋白	0.00	-53.47	0.03	108.40

注：1. 液体乳数据不包括发酵乳。

2. 乳粉数据不包括婴幼儿配方乳粉。

数据来源：中国海关。

7. 乳制品质量稳定可靠

（1）国家监督抽检情况　根据收集到的国家监督抽检结果，2018 年，全国乳制品监督抽检共计 55126 批次，不合格批次 123 个，合格率 99.8%。2018 年，国家市场监管总局抽检婴幼儿配方乳粉 11064 批次，合格 11042 批次，合格率 99.8%。在 2017 年国家监管部门抽检的 32 大类食品中，乳制品、婴幼儿配方乳粉合格率都是最高水平。

2018 年，国家监督抽检到的质量不合格产品都是属于偶发性的质量问题，不具有系统性、普遍性或区域性的安全风险。这些不合格发生的原因，多数既不是工艺问题，也不是技术问题，而是由对标准理解不准确造成的。

（2）婴幼儿配方乳粉企业食品安全生产规范体系检查情况　2018 年度国家食品监管部门共计检查了 31 家企业，包括内资企业和外资企业，大型知名企业和小型企业，有牛乳粉企业，也有羊乳粉企业。存在的主要问题是：部分生产场所、设备设施未持续保持生产许可条件；部分食品安全管理制度落实不到位；部分项目检验能力不足。被检查企业除个别企业问题较多外，大部分企业情况良好，有 7 家企业基本无问题，一般是存在问题 3~5 项。

8. “三品”战略实施情况

2018 年，乳制品企业继续在增品种、提品质、创品牌“三品”战略上加大投入，努力提升。

（1）增品种　为了增品种，企业积极与国内外相关学术单位、科研机构建立合作关系，加大研发创新的力度。

作为研发的成果，企业专利数量不断增加，新产品陆续上市。2018 年，飞鹤乳业在乳清粉研发上实现新突破，建成并投产了一条脱盐乳清液生产线。蒙牛、三元等企业相继推出获得保健食品注册的发酵乳产品，满足了人们在保健方面的需求。

（2）提品质　行业企业大力弘扬“工匠精神”，不断提升产品品质。企业积极开展国际对标，从奶源到终端，以高标准严格要求。建立全链条质量管理体系，将食品安全和质量保证工作延伸至产业链条上的所有合作伙伴、所有关键环节，确保从原料验收到成品出厂每个环节责任清晰，管理不留死角。

原料乳质量是提升乳制品质量的基础。为提升原料乳质量和安全，企业大力建设和发展标准化、规模化、集约化牧场。目前，伊利、蒙牛、光明、三元、完达山、飞鹤等大多数骨干企业奶源中规模化、集约化养殖场占比都达到或接近100%。企业还把对乳牛的管理前伸到种植环节、用药环节、育种环节，如采取招标使用放心饲料，对兽药按药理成分进行归类并指导供方合规用药，实现统一准入、统一饲料、统一兽药、统一评估。企业积极进行乳业人才培养，提高合作养殖场牛乳质量，如伊利、蒙牛、雀巢、辉山等企业都开展了以乳牛养殖和牧场管理等内容为主的培训项目，仅蒙牛一家企业就累计免费培训牧场主超过3500人，开展了470多项牧场实用技术创新课题，帮扶牧场超过826家，使牛群结构、饲喂管理等得到显著提升。目前，行业原料乳质量已经得到大幅提升。据了解，目前好的牧场原料乳微生物含量低于5000CFU/mL、体细胞数小于18万个/mL，乳脂、乳蛋白含量分别在4.2%和3.4%以上。

加工过程控制是提升乳制品质量的关键。行业企业不断加强生产过程的技术创新和信息化发展，通过智能信息系统建立产品追溯程序和智能工厂，对产品从源头到终端的各个环节进行严格管控。如通过技术对生产各个工序的关键点相关信息和检验数据进行自动获取或实时记录，利用实时数据形成数据库，实现实时监控与预警和产品的快速追溯。加大技术科研投入，改善产品工艺，提高产品品质。

产品检测是对原料、加工过程的确认，是产品质量安全的保证。在加强各环节过程管理水平的同时，在产品与物料的检测方面，企业不断引入先进的检测技术，如引入企业管理和实验室信息管理的协同系统，利用实时数据形成数据库，通过数据监控平台实时监控与预警，有效杜绝了人为操作的失误。

企业产品逐渐得到国际认可，伊利、蒙牛、飞鹤等很多国内企业的产品获得国际相关奖项。

（3）创品牌　行业和企业通过各种方式不断提升企业品牌形象。如中国乳制品工业协会通过每年的“世界牛奶日”和“营养宣传周”活动、捐赠活动、相关展会等，推动乳制品营养知识普及和企业品牌度的提升；越来越多的企业开展乳制品企业工业游项目，敞开工厂大门，邀请媒体、普通消费者实地参观体验，打造网上智能交互平台，让消费者更直观地感受牛乳的生产过程，增强消费信心，提升消费体验；行业企业还积极开展公益活动，提升企业形象。通过不同形式的品牌活动，目前我国乳制品品牌建设取得了很大的成绩，涌现出一大批知名品牌。

继续积极开拓海外市场。近几年“走出去”的雅士利、伊利、光明、圣元、澳优等企业已经分别在大洋洲、欧洲、东南亚、中东等地进行投资建厂或收购企业，利用国外的资源进行产品生产，回补国内市场的同时，以国外工厂为依托进军国际市场，企业的品牌知名度得到提升。如伊利公司积极响应“一带一路”倡议，目前生产和销售已经扩展到印度尼西亚、新西兰、泰国等地，通过整合汇总全球优质资源，为消费者提供优质的产品和服务，持续提升企业的国际影响力。在荷兰合作银行发布的2018年度“全球乳业20强”榜单中，伊利、蒙牛继续双双进入前十，排名分别为第九、第十，是全球乳业前十中仅有的两家亚洲企业。

随着企业品牌影响力的不断提升，企业品牌销售收入不断提高。如目前伊利集团已拥有“伊利”母品牌及20余个子品牌，其中，有11个品牌年销售收入在10亿元以上；蒙牛、光明等企业也有不少年销售收入超过10亿元的品牌，如蒙牛特仑苏品牌销售额已超过100亿元；2018年，飞鹤乳业实现销售收入116亿元，同比增长超60%。

9. 智能制造

近年来，乳制品企业积极引进智能化技术及设施设备，通过智能工厂的建设，提升企业智能化管理、自动化运营水平，实现原料管理、研发、加工、物流、销售等全链条高效精细管理，优化外部供应链的协同，推动整个产业链向自动化和智能化的方向发展，使企业在资源配置、工艺优化、过程控制、产业链管理、节能减排及安全生产等方面的智能化水平得到显著提升。提升企业整体智能化管理水平，增强企业品牌影响力和核心竞争力，提高了企业质量安全保障能力和产品质量水平，降低了生产运营成本。有行业企业通过智能工厂项目，预期生产效率同比提高 20% 以上，运营成本同比降低 20% 以上，产品研制周期同比缩短 30% 以上，产品不良品率同比降低 20% 以上，能源利用率同比提高 10% 以上。

企业利用互联网和物联网技术，打造基于全产业链的智能化系统，通过对信息的采集、监控、分析，实现智能化控制和全程可追溯，为企业生产技术提升和产品研发提供依据，最终实现智慧化工厂运营模式。

10. 绿色制造

乳品企业引入 ISO 50001 能源管理体系，从源头控制能源消耗，减少污染物产生量，降低温室气体排放，保护生态环境。

加强碳管理体系建设工作，统筹公司低碳发展工作，制定低碳指标体系、评价体系、专项行动计划和年度工作计划。

进行设备的节能化改造，减少能源使用，如伊利优化 LED 灯具配置，每年可节约用电量 30 万度。加大清洁能源的应用，通过天然气、生物质、沼气、空气能等能源的广泛应用，实现多能互补，减少化石能源使用。大力发展中水循环使用，伊利、蒙牛公司通过中水二次回收利用和中水外供等方式，年节水量超过 150 万 t。积极开展自主清洁生产审核，不断改进完善。大力发展可持续包装研发，减少材料用量。2018 年，伊利通过对现有瓶型结构的改善，全年降低高密度聚乙烯（HDPE）材料使用量 400 多 t，降低包装纸使用量约 2000t，降低塑料使用量 1000t。坚持绿色采购，努力降低资源能源消耗和污染物排放。提高车辆使用率、提高周转效率、减少冷库面积及车辆数量，要求运输车辆进行尾气达标处理，降低环境影响。

加强对废水、废气及固体废弃物进行合规处理，持续改进绿色生产技术，应用清洁能源，有效降低废弃物产生。通过燃煤锅炉进行“煤改气”更换，进行脱硫除尘改造等措施，控制二氧化硫、氮氧化物、颗粒物浓度等大气污染物的排放。完善污水处理设施建设，实现污水达标排放。倡导固体废弃物的安全处置，将一般固体废弃物和危险废弃物进行分类收集，交由有处理资质的第三方处置。

2018 年，伊利旗下 5 家公司获评国家绿色工厂；蒙牛有 4 个国家绿色工厂，1 个省级绿色工厂，3 个省级节水型企业，7 个市级节水型企业。

二、行业面临的问题

2018 年，乳制品行业仍然面临着一些问题，值得行业高度关注，主要有如下几方面。

（一）我国生鲜乳价格仍明显高于国际平均价格，高成本制约行业正常发展

2018 年，我国生鲜乳价格维持在 3.50 元/kg 上下，随季节波动，价格仍然远高于同期国际平均价格。以 2018 年 12 月为例，据农业农村部对内蒙古、河北等 10 个乳牛主产省区生鲜乳平均价格的调查数据，12 月生鲜乳平均价格为 3.58 元/kg，而同期世界生鲜乳平均价格为 2.13 元/kg（IFCN 数据，美元/人民币元汇率按照 1/6.9 计算得出），我国价格比世界平均价格仍高出 68%。较高的原料价格造成我国乳制品生产成本高，市场竞争力

不足，在与进口产品竞争中处于十分不利的地位，制约了行业的正常发展（图 11）。

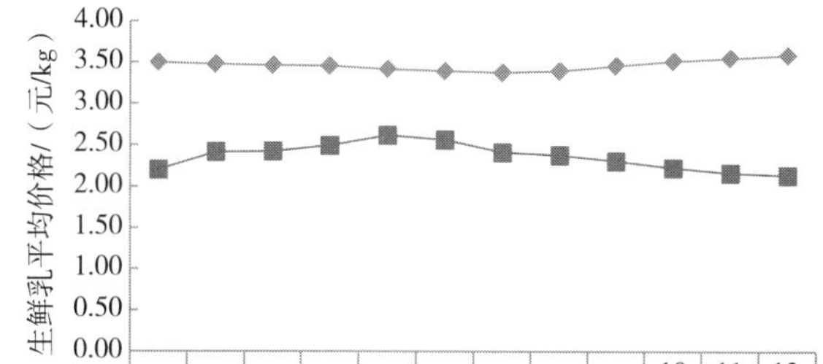

	1月	2月	3月	4月	5月	6月	7月	8月	9月	10月	11月	12月
国内	3.4	3.4	3.4	3.4	3.4	3.3	3.3	3.3	3.4	3.5	3.5	3.5
国际	2.2	2.4	2.4	2.4	2.6	2.5	2.4	2.3	2.3	2.2	2.1	2.1

图 11　2018 年我国与世界生鲜乳平均收购价格比较

资料来源：农业部监测数据，IFCN。

高企的生鲜乳价格造成国内产品价格偏高，竞争力不足，进口产品持续高速增长。2018 年，我国进口乳制品 281.61 万 t，货值 106.94 亿美元，同比分别增长 8.03% 和 14.53%，进口乳制品货值占国内行业销售收入的 21.4%，较上年提高 4.2 个百分点。乳粉、液体乳、乳清类产品和婴幼儿配方乳粉是进口的最主要产品。2018 年，进口液体乳 67.33 万 t，同比增长 0.86%，进口量约为国产液体乳的 2.7%；进口婴幼儿配方乳粉 33.31 万 t，同比增长 10.12%，进口量约为国产婴幼儿乳粉的 37.0%；进口乳粉 80.14 万 t，同比增长 11.60%；进口乳清类产品 55.72 万 t，同比增长 5.21%。进口的乳粉和乳清类产品均占据国内 90% 以上的市场。进口乳制品的价格普遍低于国产产品，对国内乳制品的销售造成很大冲击。以液体乳为例，目前许多超市中来自欧洲的灭菌乳售价仅为 8 元/L 左右，而国产产品如果卖这个价格几乎无利润甚至亏损。

受进口产品冲击，行业企业经营状况不佳。2018 年，行业利润总额 230.40 亿元，同比增长 -1.41%（上年为 -3.27%），销售收入利润率为 6.8%（上年为 6.8%）。企业亏损情况加重，全行业亏损企业 121 家，行业亏损企业比例达到 20.6%（上年为 18.0%），远高于食品制造业平均水平的 13.7%。亏损企业亏损额为 66.15 亿元，同比增长 94.10%（上年同期为 80.94%）。

（二）企业检测成本压力大

按照法律法规的要求，企业对原料乳、乳制品要按照安全标准设定的项目批批进行检验，原料乳检验过了，产品还要再检。比如生产巴氏乳，原料乳标准规定的项目有 14 项，加上农药残留、兽药残留，检验项目可多达几十项，经过杀菌灌装制成了产品——巴氏杀菌乳后要再检验一次，且项目一项不能少，并要有检验记录备查。这里面有许多项是重复检验，如脂肪、蛋白质、碳水化合物、环境污染物（铅、砷、汞、镉、硒）、真菌毒素、农药残留等在巴氏杀菌过程中不发生变化，特别是环境污染物、农药残留，属于较稳定的项目，一般变化不大。在食品安全标准实施之前的产品质量标准，属于定期监测项目，不进行批批检验。又比如三聚氰胺，本不属于牛乳固有成分，属人为犯罪添加。2008 年列为原料乳收购、乳制品出厂批批必检项目，这是非常时期的应急措施，是必要的。但时至今日已过 11 年，行业早已不见三聚氰胺的踪影，但其仍然是原料、成品批批检验的项目。检验已成为企业生产的主要环节，检验费占到产品成本的相当比例，检验人员占到员工总数的 15%~20%。

（三）产品结构还需进一步调整

目前，我国乳制品还是主要局限于以液体乳产品为主，产品结构单一，特色产品和干酪等高附加值产品很少，产品同质化严重。

我国是婴幼儿配方乳粉的生产和消费大国，婴幼儿配方乳粉的必需原料乳清粉、乳糖等都可以通过干酪生产的副产品乳清得到，但我国由于干酪产量很小，乳清粉、乳糖基本全部需借助于进口，不利于婴幼儿配方乳粉产业的健康持续发展。

（四）海外代购、跨境电商婴幼儿配方乳粉产品存在安全隐患

2008年以来，婴幼儿配方乳粉海外代购逐渐兴起，加之近几年发展的跨境电商，每年有大量执行国外标准的婴幼儿配方乳粉产品进入我国消费。婴幼儿配方乳粉是不能母乳喂养婴儿的主食品，其产品质量、营养素含量情况对婴儿生长发育至关重要，但有些国外产品并不符合我国标准要求，不适合我国婴幼儿营养需求；而且，海外代购、跨境电商还属于我国监管盲区，产品安全状况存在非常大的不确定性，存在安全隐患，如存在假冒伪劣、问题产品不能及时召回和售后及维权困难等问题。

三、发展趋势

综合目前乳业状况及发展趋势，预计2019年及今后一段时期，我国乳制品行业仍将进一步发展，但发展将受到一些条件的制约。

（一）企业自有奶源比例会进一步提高，规模化牧场会继续发展，生鲜乳整体质量会继续得到提升

近几年，乳制品生产企业不断加强自有奶源建设，通过自建、合资建设、收购、投资等方式获得优质奶源，加强对奶源质量的掌控。同时由于小型乳牛养殖户牛乳质量不稳定，难于监管，大型企业逐渐减少对这部分牛乳的收购，转为依靠规模化牧场。规模化牧场发展迅速，国内已出现了多家大型牧业公司，且对规模化牧场的投资热度仍在，可以预见，今后一段时间内，越来越多的小型乳牛养殖者将被规模化牧场逐步取代，企业自有奶源比例会进一步提高，生鲜乳质量会继续得到提升。

（二）国内乳制品行业受国际乳制品供求关系影响会更加明显

近年来，我国乳制品巨大的可预期增长潜力吸引了越来越多的乳业发达国家和地区关注，乳制品进口量逐年快速增长。另一方面，我国企业加快了国际化发展步伐，通过海外收购或建厂，为国内进口乳制品提供了更多选择。我国与国际乳制品业联系越来越紧密，国际市场已经是我国乳制品供应不可或缺的一部分，国内乳制品生产和市场消费对国际市场的依赖程度进一步提升，我国乳制品行业受国际乳制品供求关系的影响也会愈加明显。

（三）国内消费市场会得到进一步发展

我国人口基数大，发展基础低，目前人均乳类消费量仍处于世界比较低的水平，还不到亚洲人均消费量的1/2，不到世界人均消费量的1/3。特别是广大农村地区，曾受经济条件限制，很多人还没养成饮用乳品的习惯，随着农村经济条件的逐步提高，可拓展市场空间非常大。当下，乳制品早已成为一种大众消费品，并已经成为高品质食品的代名词，随着我国经济的发展和居民收入水平的不断提高，乳制品工业还有很大的发展空间，发展潜力很大。人们消费结构的变化，将促进干酪等产品的增长。

四、政策建议

面对行业问题，我们亟须做好以下工作。

（一）继续抓好奶源基地建设，扩大自有奶源比例

奶源是乳制品行业发展的根本所在，也是历来乳制品行业最容易出现问题的环节，因此，建议继续加强以下三方面工作，提高我国奶源的数量和质量。

第一，继续鼓励乳品企业提高自有奶源比例。通过企业自建、合建、收购、投资入股牧场等方式，加强对奶源的控制，鼓励生产企业与牧场企业互相入股，对企业、牧场间的互相参股给予信贷支持，使其形成利益连结共同体，共享发展成果，共担质量风险，促进企业奶源质量安全水平的不断提升。

第二，促进乳业的整合升级，鼓励小规模养殖户进行联合成立乳牛饲养股份制企业，降低饲养成本，提高饲养水平。中小规模养殖户饲养乳牛数量少，饲养技术普遍不高，成本和质量稳定性不如规模牧场。建议国家及地方政府畜牧主管部门引导这些养殖户进行整合和技术设备升级，采取规范化管理，减少设备设施的重复投资，减少牛的患病率，降低每头泌乳牛的设备设施使用成本，提高牛乳的生产效益，降低国内生乳价格，提高竞争力。

第三，鼓励国内良种乳牛的培育和推广，降低乳牛购进成本，扩大良种牛群，提高单产。

（二）促进乳制品消费增长

乳制品消费的增长是促进乳制品行业持续发展的根本所在，建议借助“健康中国2030”“国民营养计划（2017—2030年）”的实施，加快农村义务教育学生营养计划发展进度，加大支持力度；开展老年人等特殊人群的营养改善行动；着力进行乳品营养宣传，展示国产牧场、加工企业的发展成就，促进国产乳制品消费的增长。

（三）继续鼓励和支持企业走出去的发展战略

从我国资源条件及市场发展趋势看，从国外进口部分乳制品，利用国外奶源资源，是满足国内市场需求和生产需要的一条重要途径。进行海外投资、进行全球布局也是超大型乳品企业发展的必然选择，国家应予以鼓励和充分支持。近几年，伊利、光明、圣元、雅士利、澳优等多家企业已经向世界乳业发达国家进行了投资，利用当地奶源资源反补国内市场，并尝试进行国际市场的开拓，取得了不错的成绩。同时，与国外企业和研究机构共同成立研发中心，进行技术合作，有利于企业对国外先进技术的学习和引进。

（四）推动乳制品检验项目的研究，取消不必要的检验项目，降低企业成本

食品质量安全重在过程控制和原材料质量把控，企业本应在这方面投入更多的精力。但目前国内乳制品企业检验成本占比过大，繁重的检验任务消耗了企业大量的人力、财力资源，因此应尽快推动监管部门对检验要求的合理性进行研究，制定出更科学的检验措施要求，取消不必要的检验项目，降低企业成本。推动企业过程控制和原材料把控能力的发展，保证产品质量稳定和安全。

（五）推动产品结构调整

奶源供需不稳定、奶价高将是困扰我国乳业发展的根本问题，短期内仍然很难得到彻底解决。我国已进入世界高奶价行列，产品生产成本高，受国际市场的影响也越来越大，某些产品已经失去了竞争能力，如全脂乳粉、脱脂乳粉。加快产品结构调整，已是行业发展的必然。应积极发展干酪、乳清制品等产品，通过提升产品技术含量和附加值提升产品竞争力，努力实现产品结构多元化；提供多层次的产品供应，以适应不同人群的消费需求和消费能力。同时要不断提升牛乳的品质，把发展高端牛乳作为企业利润增长新的突破口和重要抓手，积极抢占高端市场。

（六）统一婴幼儿配方乳粉监管要求，拒绝不符合我国法规要求的婴幼儿配方乳粉进境消费，保护婴幼儿饮食安全

加强对海外代购和跨境电商的监管，统一所有进入我国的婴幼儿配方乳粉监管要求，如都需要进行工厂注册、配方注册等，与国产产品执行相同的检测要求等。拒绝不符合我国法规要求的婴幼儿配方乳粉进境消费，保护婴幼儿饮食安全。

中国乳制品工业协会

水产品加工业

2018年，我国渔业转型升级迈出了坚实步伐，渔业发展总体稳定向好，以渔业供给侧结构性改革为主线，坚持提质增效、减量增收、绿色发展、富裕渔民，进一步深化渔业改革开放，不断创新体制机制，加快推进渔业高质量发展，产业结构进一步优化，水产品质量逐步提升，水产品出口在国际竞争中仍有优势。水产品加工业更是取得了长足发展，在产业升级及品牌建设方面颇有成效，水产品加工能力进一步提升，加工技术、设备不断升级，全国水产品区域品牌建设和企业品牌建设力度加大，冷链物流体系不断完善，新零售模式在探索中前行，消费结构不断升级，水产品消费需求持续增长。同时，在国际贸易形势多变、国内减量增收、环保政策收紧的背景下，产业发展健康度明显提升。

一、行业概况

（一）主要经济指标

1. 渔业生产稳步增长，渔民人均收入增加

据中国渔业统计年鉴数据显示，2018年全国水产品总产量为6457.66万t，同比增长0.19%，已经连续29年居世界首位。其中，养殖产量4991.06万t，同比增长1.73%；捕捞产量1466.60万t，同比下降4.73%；养殖产品与捕捞产品的产量比例为77.3∶22.7。捕捞产量中，近海捕捞产量1044.46万t，同比下降6.11%；远洋捕捞产量225.75万t，同比增长8.21%。据对全国1万户渔民家庭当年收支情况调查，2018年全国渔民人均纯收入19885.00元，比上年增加1432.22元、增长7.76%。

2. 水产品加工结构进一步优化

2018年，我国水产品加工业实现总产值4336.79亿元，同比增长0.74%，占全国渔业经济总产值16.77%。加工品总量为2156.85万t，同比下降1.79%。其中，海水加工产品1775.02万t，同比下降0.73%；淡水加工产品381.83万t，同比下降6.46%。

2018年，用于加工的水产品总量为2653.41万t，水产品加工率为41.09%。其中，海水产品加工比例为63.58%，淡水产品加工比例为17.56%。在加工产品中，水产冷冻品为1514.96万t，同比上涨1.86%；鱼糜制品为145.55万t，同比下降5.61%；干腌制品为162.41万t，同比下降5.06%；藻类加工制品为110.66万t，同比上涨0.55%；罐制品为35.58万t，同比下降15.29%（图1）。

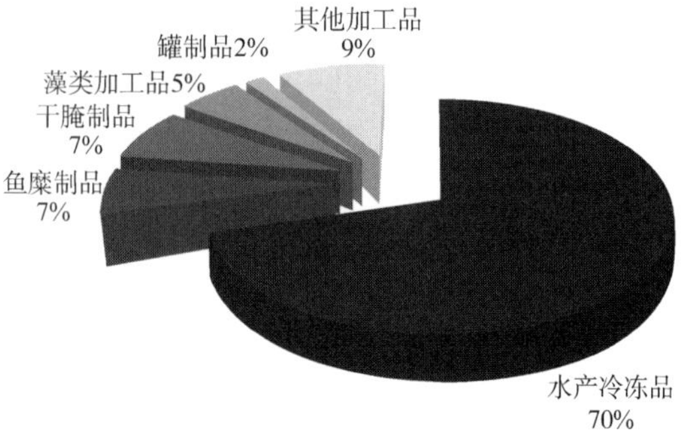

图1　我国水产加工品统计（按类别分）

资料来源：中国渔业统计年鉴。

（二）行业发展分析

1. 价格

据57家水产品批发市场成交情况统计，2018年全国累计成交水产品1124.44万t，同比增长4.8%；成交额2402.32亿元，同比增长4.5%。据对全国80家水产品批发市场成交情况统计，水产品综合平均价格整体上行，同比上涨2.79%，达到23.48元/kg。监测的49个品种中，有27个品种价格上涨，占比55.1%。其中，甲鱼、小龙虾、花蟹价格同比上涨幅度超过20%；11个品种价格下跌，鲫鱼、带鱼、紫菜、鳊鲂、草鱼、鲍鱼等价格跌幅在6%以上；11个品种价格稳定，涨跌幅度在1%以内（图2）。与其他肉禽产品价格相比，水产品价格波动较为温和，水产品价格对稳定菜篮子价格水平做出了重要贡献。

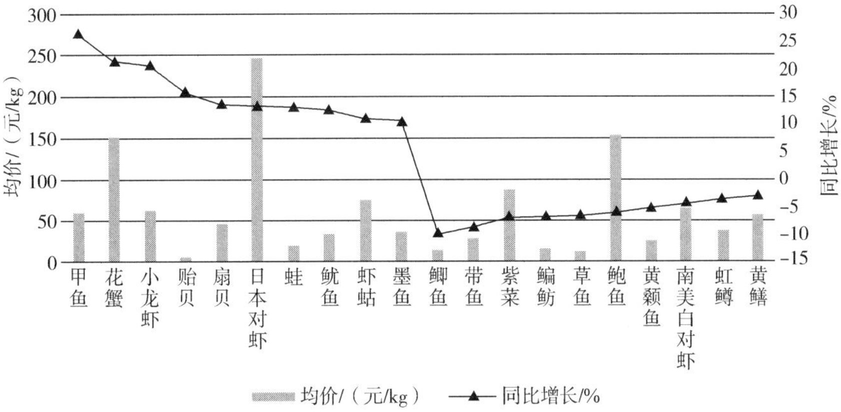

图2 2018年涨跌幅度较大的水产品种统计

2. 市场

中国是全球最大的水产品消费国，随着供给侧结构性改革深入推进，改革开放力度加大，国民收入增加，人民生活不断改善，支撑消费升级的社会基础不断夯实，国内市场对水产品的消费需求持续上升。根据2018年联合国粮食及农业组织（FAO）报告，中国2015年水产品消费量占全球消费总量的38%。2017年，我国水产品实际消费量达4700余万t，人均消费量约34kg。

随着人民群众对高质量水产品的需求和购买力日益提升，我国水产品进口量和进口额高速增长。其中，我国从俄罗斯进口水产品的量和进口额分别增加8.24%和42.85%，其中冻鳕鱼、冻大马哈鱼、蟹类等进口量和进口额涨幅较大；从东盟进口水产品的量和进口额同比分别增长30.01%和54.09%，其中自越南的进口量和进口额大增；从澳大利亚和厄瓜多尔进口水产品的进口额同比分别增加115.11%和177.97%，激增品种分别为龙虾和对虾（表1）。

表1 2018年水产品主要进口市场统计

进口国家和地区	占进口总额比例/%	数量/万t	同比增长/%	金额/亿美元	同比增长/%
俄罗斯	14.92	116.12	8.24	22.17	42.85
东盟	14.79	84.24	30.01	21.98	54.09
越南	4.92	31.84	36.91	7.31	83.77

续表

进口国家和地区	占进口总额比例/%	数量/万 t	同比增长/%	金额/亿美元	同比增长/%
印度尼西亚	4.91	34.91	24.92	7.29	48.87
秘鲁	9.96	88.58	-10.16	14.81	-0.89
美国	9.57	44.26	-16.94	14.23	-5.49
加拿大	6.82	11.90	3.70	10.13	34.45
智利	4.82	20.00	8.33	7.17	19.95
澳大利亚	4.58	1.75	25.38	6.80	115.11
挪威	3.95	17.58	-11.52	5.87	23.82
厄瓜多尔	3.59	10.79	36.67	5.34	177.97
欧盟	3.32	14.08	7.52	4.93	38.51

资料来源：中国海关数据。

同时，国内市场巨大的消费潜力吸引了一大批外贸企业积极转向国内市场，通过提高质量拓展渠道，完成了出口转内销的转型升级，极大丰富了国内消费者的餐桌。从出口市场来看，主要出口市场有起有落。2018年，我国对美国、欧盟、韩国、中国台湾市场出口均量额齐增，对日本、东盟市场出口则量减额增（表2）。

表2　2018年水产品主要出口市场统计

出口市场	数量/万 t	同比增长/%	金额/亿美元	同比增长/%
日本	60.96	-2.83	40.30	4.77
美国	56.13	1.28	34.28	6.42
东盟	60.56	-9.52	27.69	1.37
欧盟	55.57	0.84	25.32	6.66
中国台湾	14.27	3.42	19.45	7.89
韩国	54.01	12.72	19.04	19.93
中国香港	18.40	-1.54	17.63	-4.99

资料来源：中国海关数据。

3. 投资

2018年，我国各项自贸协定工作稳步推进，“一带一路”倡议为水产行业对外投资带来新机遇。通过“走出去”战略，完善了境外渔业合作开发配套服务设施；培育了一批具有国际竞争力的渔业企业；积极开展了水产养殖加工技术合作；打造了高素质的渔业科技人才队伍。2018年，我国水产企业在埃及、沙特、东盟国家的投资力度明显加大，开展了大量双边渔业合作。2018年5月，我国与欧亚经济联盟成员国以及欧亚经济委员会签署了《中国与欧亚经济联盟经贸合作协定》，提高了贸易便利化水平，为我国与联盟及其成员国水产品企业和人民带来实惠。我国与欧亚经济联盟水产品进出口总量、总额同比分别增加6.68%和35.65%，达127.33

万 t 和 27.81 亿美元。据统计，2018 年，我国与“一带一路”沿线国家水产品进出口总量为 311.43 万 t，进出口总额为 90.21 亿美元，同比分别增加 11.59% 和 26.27%，高于同年我国水产品贸易整体增速。

4. 区域分布与行业集中度

2018 年，我国从事水产品加工的企业有 9336 家，比 2017 年减少 338 家。规模以上水产品加工企业 2524 家，占水产加工企业总数的 27.04%，比 2017 年减少 112 家。

水产加工区域呈集中发展的态势，浙江、山东、福建、江苏、广东、辽宁、湖北、河北、江西和广西等十省（自治区）的加工量之和占全国加工总量的 94.43%，上述十省（自治区）的水产品加工企业数占全国水产品加工企业总数的 91.69%（图 3）。

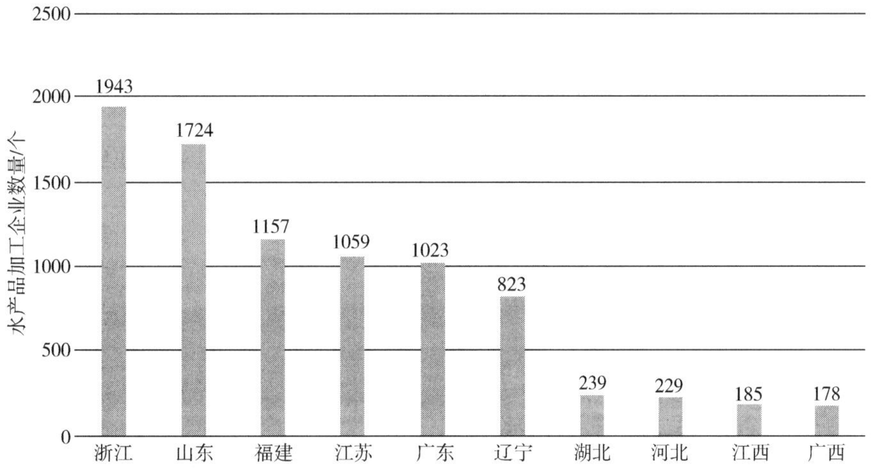

图 3　各地水产品加工企业数量统计

资料来源：中国渔业统计年鉴。

从出口情况看，山东、福建、辽宁、广东、浙江等沿海省份仍是我国水产品主要出口区，出口量、出口额分别占全国水产品出口总量、出口总额的 98.40% 和 96.86%。福建和山东继续位居主要出口省份水产品出口额和出口量排名首位；内陆省份中，江西、吉林和湖北依旧位列前三（表 3）。

表 3　2018 年水产品主要出口省（自治区）统计

省（自治区）	出口量/万 t	占出口总量/%	出口额/亿美元	占出口总额/%
沿海				
福建	91.96	21.28	63.74	28.55
山东	110.36	25.53	51.58	23.10
广东	60.40	13.97	35.83	16.05
辽宁	85.45	19.77	31.14	13.95
浙江	49.89	11.54	20.32	9.10
海南	14.50	3.36	4.52	2.03
江苏	5.33	1.23	4.48	2.01

续表

省（自治区）	出口量/万 t	占出口总量/%	出口额/亿美元	占出口总额/%
河北	3.16	0.73	2.60	1.16
广西	4.23	0.98	2.03	0.91
内陆				
江西	0.73	0.17	2.04	0.91
吉林	2.94	0.68	1.30	0.58
湖北	0.69	0.16	0.95	0.43

资料来源：中国渔业统计年鉴。

5. 进出口

据海关数据统计，2018 年我国水产品进出口总量 954.42 万 t，进出口总额 371.88 亿美元，同比分别增长 3.33% 和 14.44%，均创历史新高。2018 年，水产品出口量 432.20 万 t，同比减少 0.40%；出口额 223.26 亿美元，同比增加 5.56%。一般贸易出口呈量额双增，主要品种调结构成效显著。2018 年，我国水产品进口量 522.22 万 t，进口额 148.61 亿美元，同比分别增加 6.64% 和 30.99%。

一般贸易主要出口品种包括头足类、罗非鱼、鳗鱼、藻类和大黄鱼。鳗鱼表现抢眼，出口量和出口额同比分别增长 12.03% 和 31.21%，达 4.64 万 t 和 11.30 亿美元。大黄鱼强势扭转 2017 年量额双降的形势，出口量和出口额同比分别增长 24.39% 和 34.27%。罗非鱼出口企业成功开拓了非洲、墨西哥等其他国际市场，出口量和出口额同比分别增长 9.31% 和 11.64%。值得一提的是，淡水小龙虾面对供不应求的国内市场，出口量和出口额分别下降 42.45% 和 11.52%。来进料加工贸易出口量减额增。2018 年，面对生产要素成本上涨、加工原料价格大幅波动、东南亚等国同构竞争加剧等不利因素，我国来进料加工贸易顶住压力、迎难而上，出口额同比增长 5.80%，达 55.66 亿美元；出口量 105.96 万 t，同比减少 2.00%（图 4）。

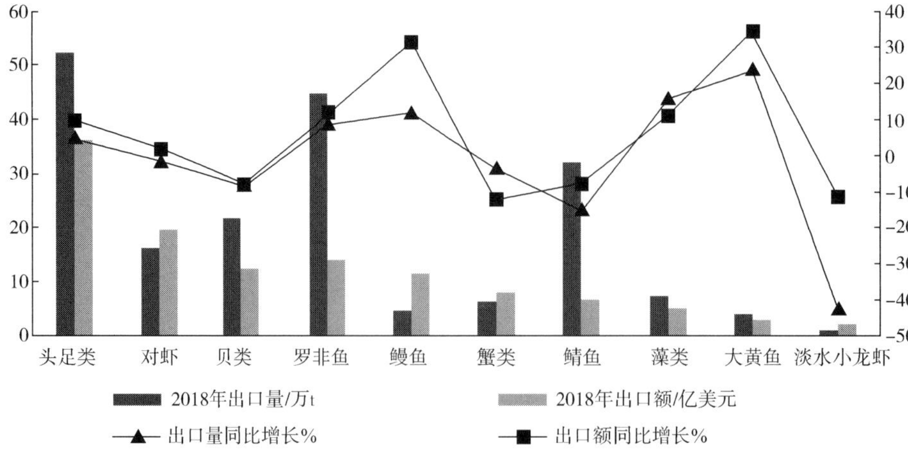

图 4　2018 年我国水产品一般贸易主要出口品种统计

资料来源：中国海关数据。

我国食用水产品进口大增，其中鳕鱼、墨鱼及鱿鱼、马哈鱼、鲱鱼、对虾、比目鱼、鲭鱼、鲶鱼、麒麟菜及鲣鱼进口量较大（图 5）。

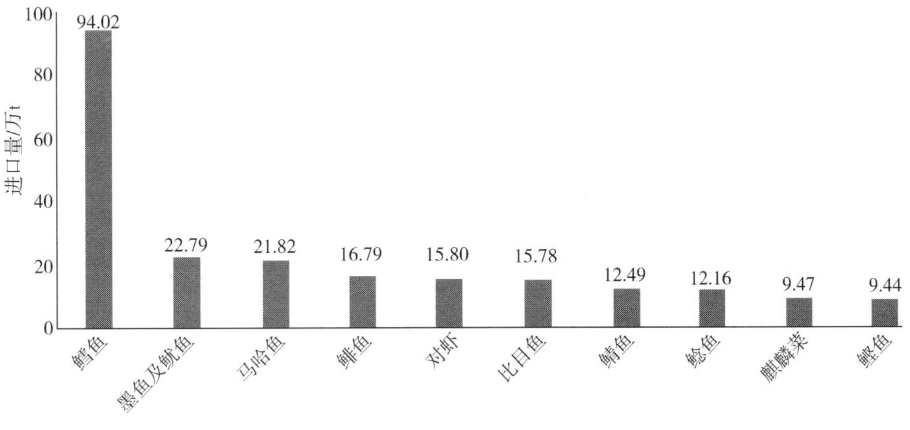

图 5　2018 年我国水产品主要进口品种统计

资料来源：中国海关数据。

6. “三品”战略实施情况

在 2017 年的良好工作基础之上，水产行业继续认真落实“三品”行动，2018 年在“增品种、提品质、创品牌”方面取得较好的成效。

（1）增品种　2018 年，继续加强与科研院所的合作，以行业创新为驱动力，加强环境友好型绿色水产品技术研发，创新产品形式，改良产品品种，丰富水产品消费形式，提高消费者对产品的体验满意度，以满足日益增长的消费需求，提高产品经济效益，提升企业创新能力及国际竞争力。水产品加工通常会产生大量的鱼头、内脏、虾壳、蟹壳、贝壳、鱼鳞、鱼骨等副产物，我国目前每年要产生至少 3500 万 t 以上的副产物，带来极大的环保压力。随着副产物加工技术的研发投入，我国在水产加工副产物的利用方面取得显著成绩，其中，多肽分子质量范围控制技术、胶原蛋白低温提取技术、生物活性物质快速富集技术等目前已处于国际领先水平。越来越多的副产物被综合利用，不仅降低了主导产品成本，提高了产品附加值，更减少了废水、废物排放，有利于保护环境，以取得更高的经济、生态和社会效益。如将虾壳、蟹壳等水产品下脚料研发为氨糖钙维 D 片、壳聚糖化妆品及壳聚糖内衣等；以海藻为原料，加工为海藻酸钠、海藻功能食品、海藻化妆品、海藻医用材料、海藻化肥等——多种多样的副产物高值化利用产品已广泛应用于食品添加剂、功能食品、化妆品、医学用品与农业种植等一二三产业领域。

（2）提品质　2018 年是农业农村部确立的农业质量年，政策导向由增产转向提质，发展方式由高速增长转为高质量发展，在农林牧渔各行业和农产品加工业全面推进质量兴农，并逐步贯彻到生产经营主体。深入开展农药残留、兽药残留、水产品“三鱼两药”等农产品质量安全突出问题专项整治，严厉打击违法违规行为。水产品质量安全水平总体稳定向好，连续六年产地监督抽查合格率都在 99% 以上，市场例行监测合格率也由 2013 年的 94.4% 提高到 2018 年的 97.1%，多年未发生区域性重大水产品质量安全事件。根据 2018 年国家市场监督管理总局的食品监督抽检情况来看（表 4），2018

年水产制品共抽检34642批次，合格率高达97.7%，较2017年水产品抽检合格率（97.5%）提高0.2%。

表4　2018年市场监管总局抽检水产制品情况

食品种类	季度	样品抽检数量/批次	合格样品数量/批次	不合格样品数量/批次	样品合格率/%
水产制品	一季度	7450	7300	150	98.0
	二季度	5286	5187	99	98.1
	三季度	8114	7908	206	97.5
	四季度	13792	13456	336	97.6
总计		34642	33851	791	97.7

资料来源：国家市场监督管理总局。

（3）创品牌　水产品生产的地域性、特产性比较明显，目前已有一系列区域品牌在消费者心目中具有较高的知名度和美誉度，如辽宁海参、威海刺参、阳澄湖大闸蟹、洪泽湖大闸蟹、潜江龙虾、盱眙龙虾、宁德大黄鱼、乳山牡蛎等。为了更好地推广和销售当地的水产品，各地政府和行业协会带领当地水产企业和渔民开展一系列节庆活动，如阳澄湖大闸蟹文化节、盱眙龙虾节等，在造势的同时，提升当地水产品区域公用品牌的知名度，打造区域名片。截至2018年，江苏省已经连续举办十三届中国洪泽湖国际大闸蟹节。2018年的洪泽湖大闸蟹节，开幕式与首届中国农民丰收节特别节目同台，还在央视七套进行播出，大大提升了影响力。除了有关政府和协会在生产端造节造势打造品牌影响力，近年来以天猫、京东为代表的电商平台也守正出奇，在销售端开展节庆活动，借助自身或第三方强大的冷链物流能力，促进水产品销售，水产品企业品牌也得到有效宣传。2018年，天猫生鲜携手红功夫、洪湖渔家等小龙虾品牌，优选湖北洪湖、监利、潜江及江苏盱眙等国内小龙虾优质原产地的小龙虾，联手打造“全球小龙虾狂欢节”，打造线上线下新零售的融合，用更有趣的创意贴近消费者需求，以“造节”模式引爆小龙虾热点。2018年5月16日，天猫聚划算上线“小龙虾超级囤货日”，只用了300s卖出100万只小龙虾。以洪湖渔家为例，活动期间只要关注洪湖渔家官方微博或者关注洪湖渔家天猫旗舰店，即可无限量免费吃虾，一个小时内吸引数千人围观疯抢，为品牌汇集了大量流量。

此外，水产加工企业也越来越重视品牌打造与推广活动，提升品牌知名度和市场竞争力。水产加工企业各自探寻了适合自身的品牌打造方式，如研发大单品、创新营销模式、创新消费体验等。如国联水产在南美白对虾方面已经做到国内领先水平，继而围绕南美白对虾开发了适合不同渠道的深加工产品，打造了龙霸水煮汉虾、龙霸带头熟虾、龙霸生虾仁、龙霸火锅虾滑、龙霸水晶虾饺等一大批明星产品，仅龙霸水煮汉虾一个单品的全年销售额就超过2亿元，成为水产品行业极具影响力的品牌。2018年11月，安井冠名美食心理学迷你剧《情绪料理·第二季》，全网上线，不到一小时点击量突破100万，首集《认真的歌手》讲述了歌手胡夏与安井鱼丸的故事：做认真的歌手，吃用心的鱼丸。该节目打造出“主播+网红+明星”的演出模式，以温柔暖心的格调，讲述那些令人难忘的喜怒哀乐。对于“压力山大”的当代年轻人来说，安井品牌不仅是美食的代表，更成为调节情绪的重要支柱。好当家与阿里拍卖联手，把海参产品通过竞拍的形式在线直播销售，在和全国消费者分享高品质有机刺参的同时，让买家参与整个拍卖过程，国内知名直播平台对竞拍进行了直播，让买家感受到“新零售”带来的全新的消费体验，在增加娱乐感的同时，也增加了消费者对品牌的亲近感。

7. 发展新亮点、新增长点

（1）新零售新动能，线上线下共赢共振

2018 年，以新零售为引领的新业态将上游生产端、渠道流通端、消费零售端高效链接，加速引领消费转型升级。同时，打通城市和农村的“最后一公里”，促进农民增收，为乡村振兴贡献力量。阿里盒马鲜生、京东 7FRESH、永辉超级物种、苏宁苏鲜生、美团掌鱼生鲜、大润发飞牛优鲜、步步高鲜食演义、国美生鲜店等新零售模式快速扩张，打造线上线下全时段立体消费方式，通过不断优化品牌销售和服务，打造个性化体验与优质品质，为消费者打造安全餐桌、便捷餐桌、品质餐桌。同时，在生鲜赛道上还涌现出了一种新的业态——社区团购，主打“爆款+预售+团购”的轻资产重运营路线，以微信自有流量池为运营中心，通过调动社会闲置资源的方式，利用线下的熟人关系网，达成最后一公里的近景零售，减少了中间环节，降低了营销成本，实现了企业和消费者的互惠、共赢，成为水产品消费新的增长点。

（2）“网红”时代，时兴消费快速发展

2018 年，随着年轻一代群体消费空间进一步扩大，一系列的“网红式”水产品受到极大推崇，成为消费时兴对象。小龙虾借助消费市场的东风迅速带动养殖业快速发展，乃至带动整个产业链条。2018 年，全国小龙虾产业经济总收入达 2600 亿元，餐饮服务业总产值 1000 多亿元，养殖业总产值 780 亿元，养殖面积突破 1200 万亩①，产量突破 112 万 t。小龙虾正式超越南美白对虾规模，彻底奠定了我国虾类霸主地位，成为我国名副其实的“虾王”；2018 年，大闸蟹消费产值首次突破 1000 亿元，京东、天猫等电商平台物流配送链条进一步完善，极大促进了浙江、江苏、华中等地区的河蟹养殖产业发展；除此之外，广西、广东珠三角、粤西、海南等地区的巴沙鱼养殖规模正以倍数速度扩展，销往轻食店；江西、湖北等地牛蛙养殖也开始形成产业规模，迎来年轻人的钟爱，成为新一代“宵夜名菜”。如今在消费市场，主攻巴沙鱼、小龙虾、牛蛙等的“探鱼”“探蟹”“堕落虾”“馋嘴蛙”等餐饮连锁品牌已随处可见，年轻一代群体消费空间大，使得市场需求快速扩大，未来消费端将进一步引发一系列“网红式”水产品种的养殖潮流。

（3）消费主体年轻化，消费需求转变

生活方式转变推动了特种水产品需求的日益递增。随着我国水产品养殖业的快速发展，“吃鱼难”的问题得到了有效解决，消费者不再满足于基本的物质生活需要，消费需求转向“质量型、健康型、便捷型”。消费市场对营养价值高、肉质细嫩、口感好、品种更为多样化的健康食品，如鳗鲡、石斑鱼、大黄鱼、鲍、海参、龟、鳖等特种水产品的消费需求将呈现不断上升的趋势。《2018 中国餐桌消费潮流趋势报告》中提到“80、90 后成为线上生鲜的主要消费人群，他们成长于互联网时代，是新时代的尝鲜一族”。食品安全、健康和新鲜是消费者购买水产品时最关心的内容；在产品形式上，年轻的消费者

① 1 亩 = 666.67m^2。

更追求产品的便捷化，经过初步加工、预包装和方便烹饪的水产品成为消费首选，倒逼加工企业调整产品开发方向。

二、行业面临的问题

（一）发展方式粗放，精深加工少

我国水产品加工业生产方式仍较为粗放，对水产品原材料、人工、资本等外在要素投入依赖性较高，属于劳动密集型，在加工技术改良、产品品质提升、产品创新等方面仍需提升，机械化、自动化程度低，成套加工生产线少，仍有约80%的前处理工序由人工完成，生产效率处于低水平，亟须向内涵式发展方式转变。从加工率上看，我国水产品加工率仅为34%，其中海水产品加工率和淡水产品加工率分别为50.2%和17.1%，远低于日本、加拿大、美国、秘鲁等水产发达国家的水产品加工率。我国水产品加工业以初级加工为主，高附加值、高技术含量的精深加工产品占比较少。2018年，我国水产加工品2156.85万t，其中仅冷冻水产品总量就达到1514.96万t，占全部水产品加工量的70.2%。如果再考虑其他的初加工方式（如冰鲜、腌渍等），我国水产品精深加工的比例更低，其中如鱼油制造、保健品研发与生产、化妆品、医药制剂和添加剂等比重极低。这意味着我国水产品加工业产业链、价值链延长和提升的空间还很大。

（二）品牌众多，但缺乏国际竞争力

我国水产加工品牌多，但竞争力仍较低。新一轮金融危机后，大规模水产品加工企业几乎没有增加。效益低下、开工率不足等问题突出，一批竞争力弱的企业濒临破产。由于准入门槛低，行业内的技术溢出效应较为明显，技术与商业信息极易在行业内扩散，重模仿轻创新成为行业转型发展的一大障碍，企业技术创新难以推进。同时，还存在无序竞争、内耗严重，专业、领导型、品牌化企业缺乏的现象。另外，随着我国劳动力、资本等要素成本的上升，印度尼西亚、越南、印度、马来西亚等国家水产品加工与我国有很大程度的同质性，但其成本比我国要低30%以上，我国水产加工品缺乏成本优势。

（三）加工利润收窄，市场开拓受限

据不完全统计，水产品加工业的利润率在5%左右。集中表现在产业链上游带来的成本上升压力，主要来源于渔业第一产业，包括劳动力、燃油、饲药、土地、资本等要素价格不断上升；加上近海渔业资源衰竭、自然灾害频发、厄尔尼诺现象等不确定因素，推动了水产品加工业原料进价进一步上升；另外，随着人口红利的消失，水产品加工业作为劳动密集型行业，劳动力成本逐年提高，压缩了水产品加工业行业利润空间，水产加工企业获利潜力收窄，制约了水产加工行业的发展。

（四）谣言不断，影响市场消费信心

近年来，水产品谣言在网络上的传播日益增加，且愈演愈烈。谣言传播者利用消费者专业知识不足，肆意散播水产品不安全性谣言，误导消费者，严重影响了水产品的消费信心。2018年，网络爆发了“海参抗生素事件”“鲤鱼寄生虫”“甲醛浸泡带鱼”“嗑药多宝鱼”“小龙虾寄生虫”“吃小龙虾得哈夫病”等谣言。中国水产流通与加工协会在农业农村部的指导下，采取了系列应对措施，发布了《关于水产品谣言制造与传播的追责声明》，对水产品谣言的制造者和传播者进行追责；组织专家编制了《关于小龙虾头胸部不能吃的相关传言解析》《“小龙虾”来自何方，如何食用最安全?》《关于小龙虾的谣言您都知情哪些?》《三文鱼产业呼唤媒体传播正能量》《三文鱼你知道多少》《鱼有了寄生虫还能不能吃?》等科普文章，并在微信公众号、网站等平台进行水产品相关知识的科普和宣传，提升消费者应对谣言的能力。

（五）环保压力下，行业面临洗牌

随着社会环保意识的逐渐加强，环保法律法规逐步完善。2018年，国家相继发布实施了《环境保护税法》《水污染防治法》《生态环境损害赔偿制度改革方案》等环保政策法规。在环保整治的高压政策和当前巡视督查工作的强力推行下，已有不少企业被迫整改、停产，但也有部分企业在建新厂，扩大产能，将部分订单转移到环保设施合格的大厂手里。目前企业两极分化逐渐变得严重，行业洗牌已初现端倪。去“小、散、乱”厂的力度不会减小，将有大批小工厂退出市场竞争，价格上涨也将是长期趋势。

三、发展趋势

我国水产品加工业正处于转型升级的关键时期，综合目前水产行业的状况分析，2019年，水产品加工业的发展仍然处于机遇与挑战并存的局面。

（一）水产养殖业绿色发展，产量增速放缓

水产养殖仍将是中国渔业生产增长的主要动力，养殖产量占水产品总产量的比重将持续增加。2019年，经国务院批准，农业农村部等十部委联合印发了《关于加快推进水产养殖业绿色发展的若干意见》，围绕加强科学布局、转变养殖方式、改善养殖环境、强化生产监管、拓宽发展空间、加强政策支持及落实保障措施等方面做出全面部署。生态环境的保护力度将持续加强，资源约束趋紧，水产品产量增长空间将受到限制，水产品产量增速将会进一步放缓。

（二）水产品消费持续增长，价格稳中有涨

随着具有加工竞争优势的水产大企业逐渐将关注点从出口市场转向内销市场，且国内消费地区从沿海地区向内陆地区不断扩展，加上中国中产阶级消费能力的崛起和电商平台消费习惯的养成，我国水产品消费内销市场发展空间巨大，潜力仍有待挖掘。另外，随着我国居民生活水平的提升，消费结构不断优化和改善，水产品在膳食结构中的比重不断增加，高品质、高附加值、高品牌化的水产品是行业发展的必然趋势。同时，在水产品消费需求不断增加和安全供给能力进一步增强的同时，水产品市场供需将保持基本平衡。在生产成本不断上升的支撑作用下，价格整体将保持稳中有涨态势。

（三）“一带一路”建设促进水产品加工业新发展

“一带一路”区域的市场潜力巨大，特别是海上丝路沿线国家，既有丰富的渔业资源，也蕴含着巨大的水产品消费潜力，有着较大的合作空间。随着国家“一带一路”战略的深入推进，为推动全球水产品市场准入，促进各国渔业合作共赢、开放发展提供了新思路、新路径。通过资源、市场、科技互补，将进一步推动水产品加工行业的发展。随着海关检验检疫合作不断深化，农产品快速通关“绿色通道”建设积极推进，外资准入领域进一步放宽，与沿线国家的自由贸易区网络体系逐步形成，贸易与投资自由化、便利化水平将不断提升，为我国水产品贸易营造了良好的国际营商环境；贸易方式创新进程进一步加快，跨境电子商务等新业态、新模式正逐步成为推动贸易畅通的重要新生力量，并将促进我国水产品贸易规模的持续扩大。

四、政策建议

（一）加快技术创新研发与推广应用，提升技术水平

加强水产品加工技术与装备研发资金投入与人才培养。优先和重点支持紧迫性、专业化、连续化、自动化、节能化、关键环节等技术与装备的研发，健全和完善国家资金投入研发激励机制，加大对相关专业人才队伍特别是青年科技人员的培养力度，多元化社会、个人、企业、科研院所等技术与装备研发投资渠道。同时，推进相关技术与装备

的成果转化和推广应用。

（二）开展品牌示范建设，促进水产品加工业转型升级

积极加强水产品加工品牌培育工作，通过水产加工品牌示范创建工作，发挥品牌引领示范作用，促进水产品加工业转型升级。加强水产品加工业品牌评价基础研究，开展品牌评价标准建设工作。参照品牌评价相关国家或国际标准，构建、完善品牌评价标准指标体系，制定操作规范，客观公正地开展品牌价值评价并发布结果以及品牌发展指数。积极推进水产品加工企业品牌建设进程，塑造一批在行业内具有影响力、领导性的专业品牌，促进水产品加工业转型升级。

以提升水产品加工企业核心竞争力为标准，推出一批水产品加工业精品，打造行业发展新标杆。优选一批水产品加工企业，形成加工业产业组织联盟，支持开展产品开发、技术创新、工艺改良等战略措施，鼓励企业采用水产加工先进质量管理方法，同国际标杆企业与国际标准接轨，提高水产加工品在线监测控制和产品质量追溯能力。

（三）以市场为导向，推进水产品加工业供给侧结构性改革

坚持以市场为导向，深化水产品加工业供给侧结构性改革，激发市场主体创新发展活力，推动传统水产品加工产业升级改造。一方面，通过提高水产品加工业产品技术含量，走深加工、品牌化之路，增强水产加工品创新能力和竞争力，支持和培育具有强大生命力的水产品加工企业。另一方面，坚持市场的决定性作用，淘汰一部分水产品加工产能过剩的企业。促进水产品加工主体适应市场变化，增加水产加工品中高品质、高技术含量、高价值产品所占比重，促进水产加工品的适销对路和多样化、丰富化供给。

（四）充分利用国际市场和资源，同时注重国内市场开拓

国际市场一直是我国水产品加工业的重要阵地，有利于走出去、引进来，以及充分利用国际市场和资源，发挥我国水产品加工业比较优势，实现资源的优化配置。在水产加工品贸易形势趋于严峻的状况下，在充分利用国际市场和资源的同时，必须关注国内水产加工品市场开拓。对于水产品加工企业而言，国内市场潜力巨大，市场消费能力有待进一步开发，开拓国内市场、转变优质产品出口导向的传统观点尤为重要，可以降低以国际市场为单一市场可能带来的贸易风险，提升市场风险抵御能力，有利于谋求长期稳定发展。

（五）完善国家政策扶持机制，加大行业支持力度

在推动一二三产业融合发展的大背景下，根据水产行业实际，积极落实促进水产加工方面的相关政策，在政策、财政及计划方面给予鼓励机制；对于中小型企业，政府可举办地区性的技术培训，指导企业进行相应技术培训、政策科普和经验交流，增加“产加销”的互联互通，落实政策引导融合；发挥行业协会等组织的力量，为企业之间的交流合作以及上下游产业的链接提供平台支持，及时收集、整理、分析、发布水产行业信息，对内促进行业自律，避免同行业之间的恶意竞争和血本竞销，对外加强同其他国家行业协会的联系。

中国水产流通与加工协会

饮料工业

作为轻工业、食品工业重要的组成部分，经过30多年的高速发展，饮料行业发展成就显著，为做大做强我国轻工业、为满足人们日益增长的物质需要贡献了重要力量。但是最近几年，随着国民经济整体增速趋缓，消费者需求变化加快，新商业模式兴起，饮料行业产量增速出现了较明显的下滑。从行业内部分析原因，主要有两个：一是消费者对饮料品类健康要求的提升由量变逐渐达到质变；二是消费需求多样化、个性化激增，产品定位差异化不够明确的产品失宠。两个原因叠加共同造就了中国饮料行业的增速下滑，同时也倒逼饮料工业进入转变发展方式、优化结构调整、全面提升产业素质和产业升级的新的发展阶段。

一、行业概况

（一）主要经济指标

2018年全国饮料行业总产量为15679.21万t，比上年同期下降13.14%。其中碳酸饮料产量1744.56万t，比上年同期增长0.01%；果蔬汁类及其饮料产量1589.22万t，比上年同期下降28.69%；包装饮用水产量8282.19万t，比上年同期下降13.15%（图1）。

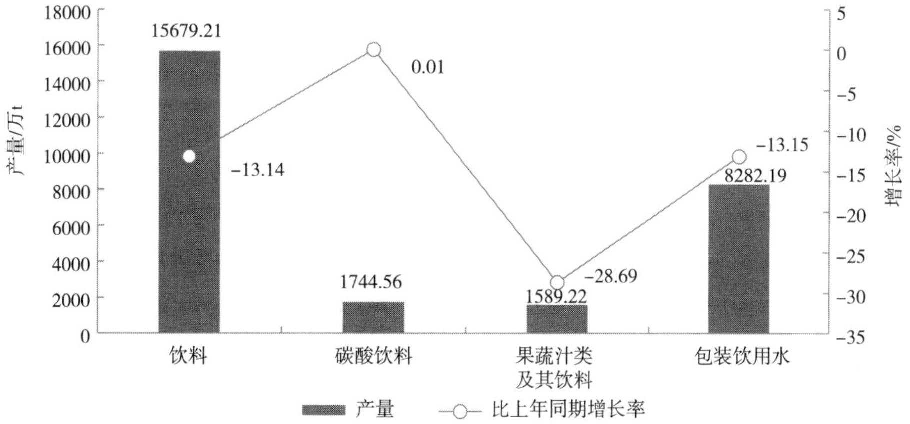

图1　饮料分品种产量及增长率

资料来源：中国饮料工业协会。

各饮料品种产量所占比重情况，包装饮用水占到52.82%，比上年同期减少0.01个百分点；碳酸饮料比重为11.13%，比上年同期增加1.47个百分点；果蔬汁类及其饮料比重为10.14%，比上年同期减少2.21个百分点（图2）。

2018年，饮料行业销售收入5080.42亿元，利润450.81亿元，销售收入利润率为8.87%。其中，碳酸饮料销售收入728.26亿元，利润38.30亿元，销售收入利润率为

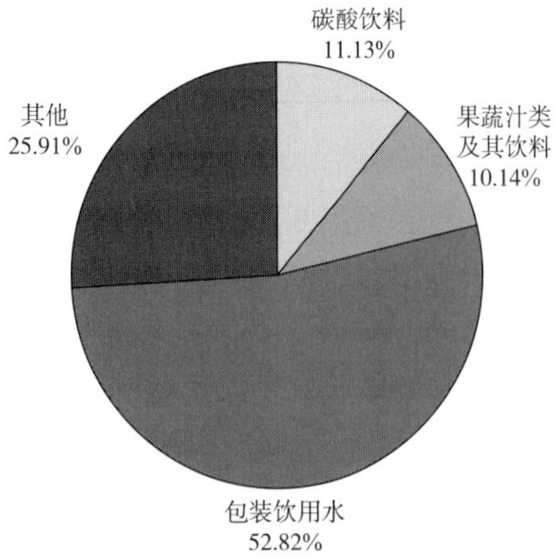

图 2　饮料分品类产量占比情况

5.26%；果蔬汁类及其饮料销售收入 788.30 亿元，利润 55.43 亿元，销售收入利润率为 7.03%；包装饮用水销售收入 1020.91 亿元，利润 81.89 亿元，销售收入利润率为 8.02%。

（二）行业发展分析

1. 价格

2018 年饮料行业总体平均价格为 3240 万元/t，比 2017 年下降 4.5%。从品种结构上看，造成这一现象的原因是在饮料总产量中占比较高的果蔬汁类及其饮料的产量下降突出，果蔬汁类及其饮料平均价格为 4960 万元/t，远高于行业总体平均价格，它在饮料行业的产量比重下降了 2.21 个百分点，拉低了行业总体价格水平。

饮料行业产品价格弹性较高，产品可替代性强，市场竞争充分，价格变化较为平稳。但近年来食糖、水果、茶叶、包装等原辅料价格升高，劳动力成本上涨，给生产厂商带来了不小的经营压力。

2. 市场

随着中国综合国力及影响力在国际上不断增强，中国的产品也越来越受到国外消费者的欢迎。饮料行业的不断发展已经让企业意识到应增加对国际市场的关注，向国外推介中国品牌产品，尝试借力国外资源，以期获得更长远的进步。

2018 年，昆仑山雪山矿泉水首次出现在法国本土足球比赛现场，正式进军欧盟市场。王老吉首个海外凉茶博物馆于纽约曼哈顿隆重开馆，通过丰富的文字史料及实物，全方位展示了中国凉茶文化的独特魅力。中粮可口可乐推出“中可·堪察加”矿泉水，水源取自俄罗斯远东地区堪察加半岛上三面环海的堪察加冰川带。该款新品已在自动售货机、超市以及便利店渠道上架开售。

3. 投资

我国经济仍处在上升阶段，人均饮料消费量与发达国家相比还有一定差距，饮料市场仍有很大的发展潜力，以中西部地区尤为突出。也正是基于这种认识，饮料企业 2018 年不断加大在中西部地区的投资建厂。

北京汇源集团与新疆阿克苏地区乌什县签订建设果汁果浆深加工生产基地和优质林果种植基地项目协议，项目投资 5 亿元，计划在乌什县建设大型果汁果浆生产线，建设 10 万亩优质林果基地。

云南太古可口可乐饮料有限公司新厂在昆明高新区新城高新技术产业基地正式投产，新厂占地面积 293.4 亩，计划投资额超过 7 亿元。

娃哈哈广元第二生产基地一期工程建成，产能比原来提升两倍，两期工程全部竣工投产后，预计可实现年销售收入 18 亿元，税收 9000 万元，提供 500 个就业岗位。

广药集团与兰州市人民政府签署合作框架协议，计划投资约 8 亿元，规划建设王老吉大健康兰州生产基地，同步建设王老吉大健康（甘肃）研发中心和开展王老吉凉茶（西北）品牌及文化建设项目，预计总投资人民币约 8 亿元。

4. 区域分布

饮料行业主要集中在经济较发达的东部地区，2018 年产量占全国比重为 45%，中部和西部地区占比分别为26%和28%。2017年以前，东部地区和中西部地区的差距在逐年缩小，东部占比不断降低，中西部占比不断上升；2017年和2018年此种趋势开始小幅调整，东部占比略有回升，与2017年相比，2018年东部占比上升2.5个百分点（东部地区：北京、天津、河北、辽宁、上海、江苏、浙江、福建、山东、广东、海南；中部地区：山西、吉林、黑龙江、安徽、江西、河南、湖北、湖南；西部地区：内蒙古、广西、重庆、四川、贵州、云南、西藏、陕西、甘肃、青海、宁夏、新疆）。

5. 行业集中度

2018年饮料行业规模以上企业数量2098家，比上年减少63家。中国饮料工业“二十强”企业产量占全行业比重近几年不断增加，2018年占全国产量的比重达43%。总体来讲，饮料行业集中度在不断增强。

6. 质量安全与标准法规

2018年，国家市场监督管理总局（原国家食品药品监督管理总局）在全国范围内共抽检饮料117009批次，样品合格率为97.01%，较2017年饮料产品合格率略有提高。

2018年6月，《食品安全国家标准　包装饮用水生产卫生规范》（GB 19304—2018）和《食品安全国家标准　饮用天然矿泉水》（GB 8537—2018）两项饮料相关的食品安全国家标准发布。这两项标准在原标准的基础上修订完成，更加注重从水源到包装整个生产过程的食品安全控制，调整和从严了部分理化指标，为加强包装饮用水的食品安全管理提供了有力保障。

饮料行业的国家标准、行业标准制修订继续开展，2018年发布国家标准《饮料通则》（GB/T 10789—2015）第1号修改单和国家标准《果蔬汁类及其饮料》（GB/T 31121—2014）第1号修改单。

饮料行业2018年发布两项团体标准：《中国饮料行业实践社会责任优秀企业考核评价通则》（T/CBIA 003—2018）、《中国饮料行业节水、节能优秀企业考核评价通则》（T/CBIA 004—2018）。

7. “三品”战略实施情况

2018年，饮料行业在实施“三品”战略方面主要的表现是：推出低热量新品，适应消费者追求健康的消费理念；推出跨品类产品，通过“混搭”创新口味，满足消费多样化需求，取得了良好效果。

中粮可口可乐公司推出零热量、富含膳食纤维的新品——“雪碧纤维+”。每瓶含有7.5g膳食纤维，相当于两个苹果，可满足成人日需约30%的膳食纤维。

2018年6月，农夫山泉推出新品——“泡泡茶”，广告语为“好喝到冒泡的茶”。新品将果汁、茶、碳酸相结合，打造出一个新的品类——果汁碳酸茶饮料。共有三种口味：柠檬茶风味、柚子茶风味和清酒茶风味。其中，清酒茶风味“泡泡茶”蕴含着满满清酒香，但却不含酒精。

2018年，王老吉宣布推出一款“中西”结合的饮品——王老吉可乐。据介绍，这款饮品是王老吉在其原有配方的基础上添加了二氧化碳等食品原料，进而实现了王老吉凉茶与汽水的完美结合。

2018年，统一企业发布了3款需要冷藏且保质期较短（只有21d）的新品饮料：茶饮“茶·瞬鲜”、果汁饮料“果重奏”以及奶茶饮料“爱混”，均采用杯装。

8. 绿色制造、智能制造

2018年，饮料行业持续加大在节约资源和保护环境方面的工作力度，践行生态文明建设和绿色循环低碳发展模式，不断降低经营活动对环境的影响，倡导回收和再循环理念，促进饮料制造业的绿色升级。

（1）大力推进可再生电力的使用，减少

碳排放 2018年，山东潍坊娃哈哈公司分布式电站正式并网。该项目装机容量2.1MW，占用屋顶面积28000m^2，预计年发电量可达244万kW·h。娃哈哈二期70MW分布式光伏发电项目群是迄今为止中国最大的分布式光伏项目群，整体装机容量达70MW，遍布包括安徽、山西、江苏、陕西、山东、内蒙古、新疆、青海、甘肃、河南、江西、湖北、广东、云南、西藏、重庆、贵州、四川、吉林、黑龙江、辽宁、天津与河北在内的全国23个省（自治区、直辖市）。据介绍，这23个发电项目全部并网后，年发电总量预计可达8000万kW·h。项目模式均为“自发自用，余电上网”。届时，娃哈哈集团每年预计可节约标煤2.6万t，每年减少二氧化碳排放7.2万t。云南太古可口可乐饮料有限公司新厂房在屋顶安装了光伏发电设备，预计年均发电量约5万kW·h，富余电能可并入国家电网。达能中国饮料西安工厂5.2MW光伏发电项目顺利并网运行。该光伏系统预计在25年生命周期内可减少二氧化碳排放总量约11.7万t，减少二氧化硫排放量约45t，减少水消耗约150252t。

（2）践行建筑节能 2018年两家可口可乐工厂获得“美国能源与环境设计先锋”（LEED）认证。其中云南太古可口可乐新厂房获得金奖认证，中可华中公司获LEED最高等级铂金认证。云南太古可口可乐新工厂办公楼墙体采用具有双向隔热功能的特殊玻璃，75%的厂房屋顶采用高反射材料，夏季可有效阻止热量导入，减少耗电。生产区、仓储区采用屋顶自然光照明，在照明亮度不够时将自动启用智能照明系统。此外，工厂还建有600m^3的雨水收集系统，用于厂区绿化及道路冲洗。厂内自建的废水处理系统，每天可净化约3120m^3水，达到国家城市杂用水排放标准。部分处理过的废水回收利用，用于厂区绿化和卫生间。

9. 发展新亮点、新增长点

2018年，饮料企业积极探索新零售方式，纷纷与京东、阿里巴巴等电商达成合作协议，努力开拓线上市场。

达能旗下高端水品牌依云与京东超市达成深度合作，双方宣布将围绕数据开放与共享、品牌营销、智慧零售等领域展开更为紧密、深度的合作。

可口可乐中国、中粮可口可乐与京东新通路在上海签订战略合作协议。三方达成了一个非常有建设性的合作内容，将从厂商直送、联合升级传统食杂售点、共建快消品大数据监测平台等多个方面展开深度合作。

星巴克与阿里巴巴在上海宣布达成新零售全面战略合作。双方将共同打造具有突破意义的星巴克线上新零售智慧门店，基于天猫新零售方案，横向打通星巴克和阿里生态系统的多个数字化消费者运营平台，实现全域消费场景下会员注册、权益兑换和服务场景的互联互通，突破零售消费生活的时间空间限制，为中国消费者提供一店式、个性化的升级体验。此外，星巴克将依托饿了么配送体系，正式上线外送服务。同时，基于“盒马”以门店为中心的新零售配送体系，共同打造星巴克“外送星厨”，为中国消费者打造随时随地的新零售体验。

王老吉与京东新通路正式签署未来战略合作协议，共同探讨在新零售领域的纵向布局。此次合作，王老吉看中京东新通路能够打响品牌、全方位配合物流、多渠道发放等优势资源，能进一步提升品牌销售时效，扩大市场覆盖率和纵向深度下沉。此外在数据方面，京东新通路共享了慧眼大数据系统，融合王老吉大数据平台，将产品贯通到数据中，针对消费者购物行为进一步解剖，有效地解决了品牌商与零售终端之间的信息不对称、无互动的问题。

二、行业面临的问题

（一）政策与市场

饮料行业目前面临的主要问题有以下几点。一是部分饮料产能过剩，同质化现象突出，产品结构仍需调整，创新力度仍要加大。二是食糖、水果、茶叶、包装等原辅材料价格升高，劳动力成本上涨，对饮料企业经营造成较大压力。三是多数品牌缺乏内涵，缺乏消费忠诚度，与国际著名品牌差距明显。四是环保法规日趋完善，监管执法严格，环保投入需求加大。五是饮料装备稳定性、整线效率、自动化程度、在线监测能力与先进标准有差距，装备升级势在必行。六是产品真实性检测方法标准有待进一步提升。果蔬汁、茶饮料、谷物饮料、蛋白饮料等产品特征成分的定性和定量检测方法标准尚存在不完善的地方，如果蔬汁含量测定、蛋白质来源鉴定等，产品的诚信水平和产品标准的可执行性受到了一定制约。七是冷链物流及销售终端的体系建设制约高质量冷藏饮品的发展。八是消费者教育及科普有待加强。

（二）科技创新

1. 基础研究与功能创新需要进一步加强

2016 年 10 月 25 日，中共中央、国务院印发《“健康中国 2030”规划纲要》，以推进健康中国建设，提高人民健康水平。2017 年 6 月 30 日，国务院办公厅印发《国民营养计划（2017—2030）》，明确“双蛋白食品”是发展食物营养健康的重要产业。在国家和消费者日益关注健康的背景下，饮料应最大程度发挥营养素载体的功能，饮料行业应进一步加强对于植物原料、蛋白原料、发酵工艺、营养保持加工工艺的基础研究，围绕植物饮料、蛋白饮料、发酵饮料、果蔬汁饮料、营养素补充饮料等品类进行研究，创新产品功能。

2. 检测鉴别技术有待加强

饮料中特征性成分定性定量的检测鉴别方法还有待加强，需要鼓励国内外有关科研机构合作，为产品标准制定提供技术支撑，为监管提供方法。

3. 冷链物流需要加强规范

2016 年 3 月，国家发展和改革委员会特别提出“十三五”期间要加快冷链物流的发展，冷链物流及销售终端的体系建设不足制约了高质量冷藏饮料产业的发展。现阶段同发达国家比较，我国冷链物流水平的差距还比较大，还有很大的发展空间，但需要以技术支撑，规范化发展。

4. 加强柔性制造能量

随着消费者年龄分层细化、圈层化、个性化的深入和消费场景越来越多样化，饮料产品的种类越来越多，而单个产品的销量越来越少。单条生产线也不再需要很大的产能，考虑到中国巨大的人口规模，未来的单线产能将以中等为主。

在单线产能需求降低的同时，对生产线产品种类兼容的需求却急剧增加。这对生产线具有灵活性/柔性化的要求极高。而且随着竞争的加剧和年轻消费者喜好的快速变换，产品的迭代速度将越来越快，生命周期越来越短，这对生产线通用性、灵活性/柔性的要求提出了很高的要求。

三、发展趋势

（一）有着更好文化认同的本土饮料有良好的发展趋势

随着中国整体实力的提升，中国人的自信心开始恢复，对自己文化的认同感和自信心使得我们不再盲目迷信源于发达国家的饮料产品。源于中国传统饮食文化的、更接近中国人饮食喜好的食品、饮料开始回归。那些已经深深融入我们基因中的本土饮食将是未来的发展方向之一。然而这种本土饮食的回归并不是传统饮食的简单复制，而是结合新的工艺、新的场景、新的文化需求进化后的产物。如以某些中草药为原料的功能性饮料和以大豆、核桃等农作物为原料的更符合中国人体质的植物蛋白饮料等。

（二）赋予更多价值的功能性饮料发展潜力巨大

目前，饮料中除包装饮用水以外的大部分品类都是属于享受型产品，可喝可不喝，今天喝这种明天就换一个花样，它的刚需特性较差。而如果想保证一个产品长久的生命力，把产品变得更加刚需、更加有价值就成为不二选择。这其中，“健康化”是近年饮料新品研发的主要方向，营养是健康化的核心要素，能决定这个产品走多远。因此，营养素补充饮料、低糖低热量饮料、益生菌发酵饮料、基于传统中医养生理念的植物饮料等都将成为饮料企业产品研发的重点。

四、政策建议

（一）建议《外商投资产业指导目录》将饮料产业列为“鼓励类”产业

由于饮料产业对于提高人民生活质量，为国家增加税收、拉动就业、服务三农有重要意义，因此建议《外商投资产业指导目录》将饮料产业列为“鼓励类”产业。

（二）加大对原料涉农企业的支持力度

农产品价格上涨是提高农民收入的重要手段，是国家的“三农”大政，但饮料企业加工农产品原料不得随成本上升而涨价，为保护涉农饮料企业的积极性和发展后劲，国家应建立对涉农饮料企业农产品原料价格上涨的补贴机制。

（三）加大对重点浓缩果汁企业的支持力度

维持浓缩苹果汁出口退税率由13%提高到15%；将浓缩果蔬汁列入农产品初加工范围，享受所得税优惠政策；加大对浓缩果蔬汁企业流动资金贷款的扶持；国家对企业实行原料涨价补贴，给予土地使用、基地建设等方面的资金扶持；加强对垄断性并购行为的项目审查。

（四）鼓励中西部地区发展饮料工业

近年来西部地区的一些特色资源（如矿泉水、冰川水、葡萄、番茄等）因资金、技术等原因未能得到有效开发，国家应鼓励有实力的饮料企业到西部地区投资建厂，在财政税收方面给予优惠，在土地使用、基础设施配套方面给予支持，在服务方面给予方便。

中国饮料工业协会

制糖工业

2017/2018 年制糖期①，国家对进口食糖产品采取的保障措施进入第二个制糖期，全国食糖产量连续第二个制糖期恢复性增长，消费增加，进口平稳，但是，受国际食糖市场冲击，国内食糖价格大幅下跌，制糖行业再度出现亏损。为促进糖业健康稳定持续发展，建议继续加强食糖宏观调控，加强食糖进口管理，贯彻落实好食糖保障措施，严厉打击食糖走私，加大对糖料生产和制糖企业的财税金融支持力度，加快糖料生产现代化进程，促进糖业转型升级。

一、行业概况

（一）主要经济指标

1. 制糖行业亏损，农民收入增加

2017/2018 年制糖期，食糖销售价格大幅下跌，制糖行业由盈利转为亏损，财政税收减少。根据中国糖业协会统计，2017/2018 年制糖期，全国制糖行业实现销售收入 677 亿元②③（图 1），比上个制糖期增加 18.8 亿元；实现利税总额 11 亿元，比上个制糖期减少 55.3 亿元，其中，上缴税金 30.2 亿元，比上个制糖期减少 4.1 亿元；亏损 19.2 亿元。

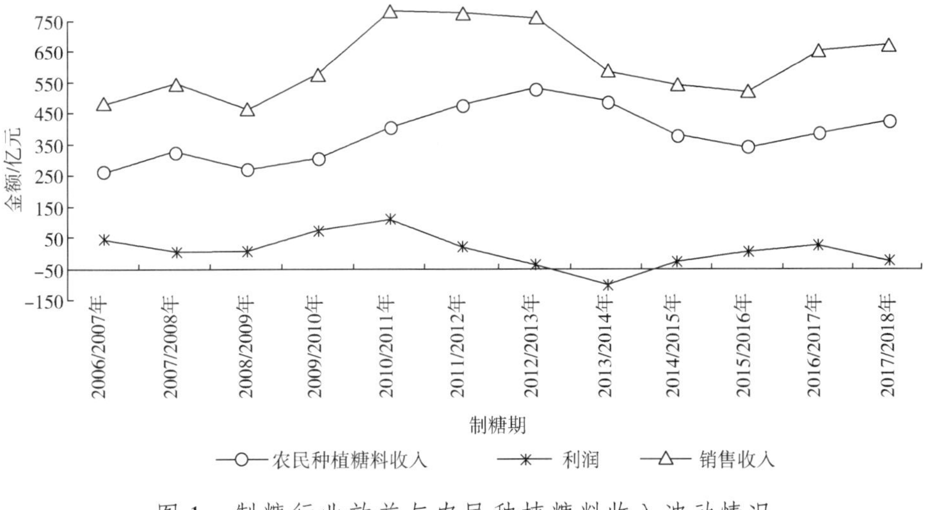

图 1 制糖行业效益与农民种植糖料收入波动情况

数据来源：中国糖业协会（CSA）。如无特别说明，以下数据来源相同。

---

① 制糖期是自每年 10 月 1 日至翌年的 9 月 30 日。例如，2017/2018 年制糖期是自 2017 年 10 月 1 日至 2018 年 9 月 30 日。

② 数据来源于中国糖业协会（CSA）。如无特别声明，以下相同。

③ 数据仅包括以国产甘蔗或甜菜为原料生产食糖的制糖企业，不包括单一原糖进口加工企业。如无特别声明，以下相同。

糖料收购价格上调或者稳定，糖料量增加，农民种植糖料收入增加。例如，广西将2017/2018年制糖期的普通糖料蔗收购首付价由2016/2017年制糖期的480元/t上调至500元/t。2017/2018年制糖期，农民种植糖料收入426.5亿元，比上个制糖期增加39.1亿元，增长10.1%。

2. 加工产能下降，糖料单产上升

开工生产时间方面，2017/2018年制糖期始于2017年9月20日中粮屯河新源糖业公司正式开机生产，至2018年6月10日南华孟定糖厂最后一个停机，历时263d，比上个制糖期多生产4d。

开工糖厂方面，2017/2018年制糖期全国开工制糖生产企业（集团）46家，开工糖厂216间。其中，甜菜糖生产企业（集团）4家，糖厂29间；甘蔗糖生产企业（集团）42家，糖厂187间；单一原糖进口加工企业16家。与上个制糖期相比，开工制糖生产企业（集团）相同，开工糖厂减少5间，其中甘蔗糖厂减少8间，甜菜糖厂增加3间。

加工产能方面，2017/2018年制糖期全国制糖生产企业（集团）日加工糖料能力105.7万t，比上个制糖期增加0.2万t。其中，甘蔗日加工能力97.5万t，比上个制糖期下降1.1万t；甜菜日加工能力8.2万t，比上个制糖期增加1.3万t。

单产方面，2017/2018年制糖期甘蔗平均单产4.45t/亩，比上个制糖期增加0.33t/亩；甜菜平均单产3.68t/亩，保持稳定。

产糖率方面，受不利天气影响，广西产区甘蔗产糖率下降，进而导致全国甘蔗均产糖率下降至11.8%，比上个制糖期降低0.3个百分点。其中，广西甘蔗产糖率11.9%，比上个制糖期降低0.5个百分点。有利天气提升甜菜产糖率至12.7%，比上个制糖期上升1.9个百分点。

（二）行业发展分析

1. 食糖产量回升，食糖消费增加

全国甘蔗种植面积减少，甜菜种植面积增加。2017/2018年制糖期，全国糖料种植面积2064万亩，比上个制糖期减少30万亩，减幅1.4%。其中，甘蔗种植面积1801万亩，比上个制糖期减少37万亩，减幅2%；甜菜种植面积263万亩，比上个制糖期增加7万亩，增幅2.7%。

全国食糖产量连续第二个制糖期回升，其中，甘蔗糖产量增幅略高于甜菜糖产量增幅。2017/2018年制糖期，全国食糖产量1031万t（图2），比上个制糖期增加102万t，增幅11%。其中，甘蔗糖产量916万t，比上个制糖期增加92万t，增幅11.2%；甜菜糖产量115万t，比上个制糖期增加10万t，增幅9.8%。

国民经济增长、人民生活水平提高，尤其是城镇化率提升以及农村居民可支配收入增长，有利于食糖消费增加。对糖精等高倍化学合成甜味剂的严格管理，稳定了食糖消费空间。食糖价格大幅下跌，刺激了食糖消费，减少了食糖消费替代。但是，城市居民食糖消费观念及消费习惯变化和人口老龄化趋势影响了食糖消费增速以及食糖消费结构。2017/2018年制糖期，全国食糖消费量回升至1510万t（图2），比上个制糖期增加20万t，增幅1.3%；年人均消费量持稳，约10.9kg。食糖消费总量中，民用消费量占比上升至42%，比上个制糖期扩大1个百分点；工业消费量占比58%，比上个制糖期收窄1个百分点。

2. 食糖进口增加

2017/2018年制糖期，全球食糖产量增加，尤其是印度食糖产量超预期增长，国际食糖产需过剩压力加剧。巴西等全球食糖主要出口国货币贬值，以美元计价的美国纽约11号原糖期货价格大幅下跌，并在制糖期末创出 9.83 美分/lb[①] 的逾十年新低，最终报收于 10.35 磅/lb，比上年同期下跌 23.3%。整个制糖期，纽约原糖期货价格的波动区间为 9.83~15.49 美分/lb。

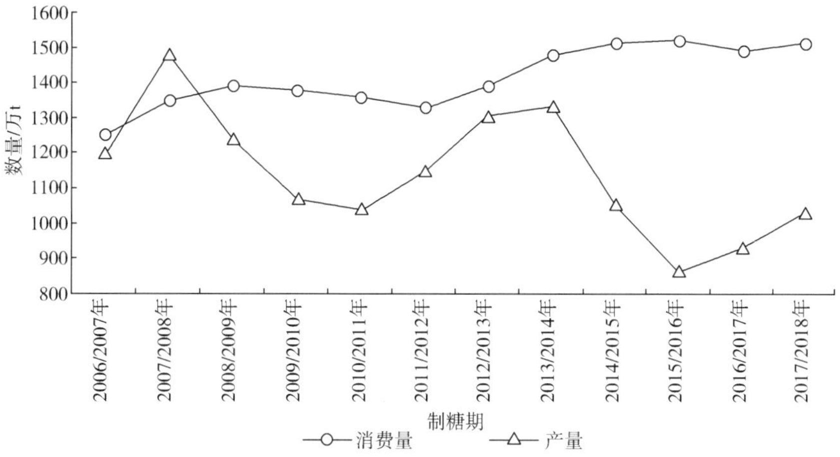

图 2　全国食糖产量与食糖消费量变化

2017/2018 年制糖期，食糖进口数量回升。就年度看，海关统计数据显示，2018 年全国累计进口食糖 280 万 t[②]（图 3），增加 51 万 t，增幅 22%；累计出口食糖 19.6 万 t，增加 3.8 万 t，增幅 23.9%。

就制糖期看，根据海关数据统计，2017/2018 年制糖期，全国累计进口食糖 243 万 t，增加 15 万 t，增幅 6.6%；累计出口食糖 18.4 万 t，增加 5.9 万 t，增幅 47%。

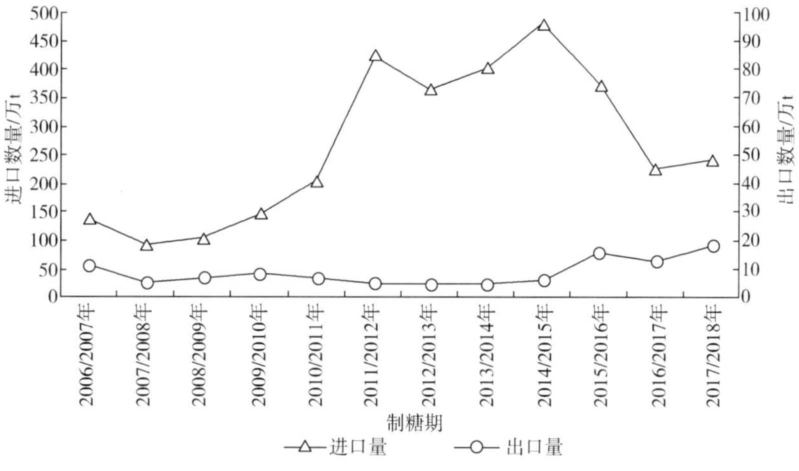

图 3　全国食糖进、出口数量变化

数据来源：海关总署，中国糖业协会（CSA）。

3. 糖料收购价格持稳，食糖价格大幅下跌

2017/2018 年制糖期，甘蔗平均收购价格（地头价，不含运输及企业对农民各种补贴费用等，下同）490 元/t（图 4），比上个

① 1lb = 0.4535924kg。

② 进口食糖种类包括原糖和白砂糖等。为分析方便，本文未考虑进口食糖种类的差异。

制糖期减少 7 元/t，减幅 1.4%；甜菜平均收购价格为 491 元/t，比上个制糖期上涨 18 元/t，涨幅 3.8%。

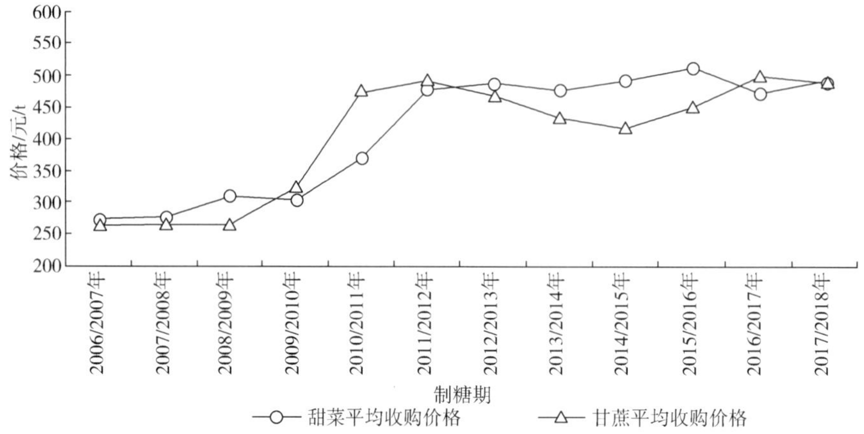

图 4　糖料收购价格变化

国家对进口食糖产品实施保障措施，明显缓解了国际食糖价格大幅下跌的压力。与国际食糖市场相比，国内食糖价格下跌速度放缓及下跌幅度收窄。如图 5 所示，反映全国食糖平均价格水平的中国糖业协会食糖综合价格在 2017/2018 年制糖期为 5938 元/t，较上个制糖期下跌 789 元/t，跌幅 11.7%。

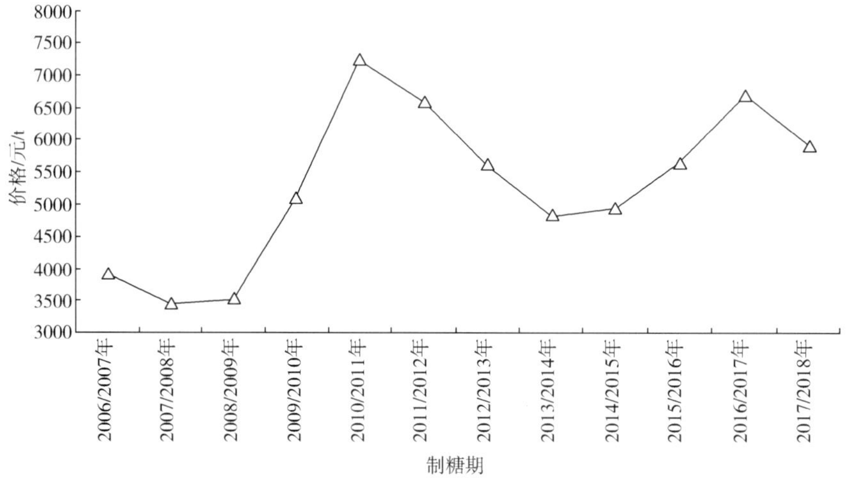

图 5　全国食糖综合价格变化

4. 进口食糖产品继续实施保障措施并取消例外国家名单

2017 年 5 月 22 日，商务部发布《关于对进口食糖采取保障措施的公告》（商务部公告 2017 年第 26 号），自 2017 年 5 月 22 日起对进口食糖产品实施保障措施。保障措施采取对关税配额外进口食糖征收保障措施关税的方式，实施期限为 3 年，自 2017 年 5 月 22 日至 2020 年 5 月 21 日，实施期间措施逐步放宽。

2017/2018 年制糖期，保障措施关税税率由 45% 下调至 40%。

2018 年 7 月 16 日，商务部发布《关于取消不适用食糖保障措施国家（地区）名单的公告》（商务部公告2018年第58号，以下简称《公告》）。《公告》称，保障措施实施已届满一年，公告所附《不适用保障措施的发展中国家（地区）名单》（以下称“不适用名单”）中进口占比低于3%的国家（地区）的进口份额累计超过9%，符合取消“不适用名单”条件。自2018年8月1日起，取消“不适用名单”，对所有配额外食糖进口统一适用保障措施。

2018年，我国对关税配额外食糖进口继续实施自动进口许可管理措施。

全国打击走私综合治理办公室、海关总署缉私局、中国海警局和公安部等执法部门严厉打击了食糖走私，维护了正常的食糖市场秩序，保障了食糖市场运行的基本稳定。

5. 食糖主产省区生产份额有所波动

我国既生产甘蔗糖，又生产甜菜糖，其中，甘蔗糖产区主要分布在广西、云南、广东湛江地区和海南等省区；甜菜糖产区主要分布在新疆、内蒙古和黑龙江等省区。食糖主产省区均是我国老少边贫地区。

2017/2018年制糖期，上述七省区的糖料种植面积和产糖量占全国比例分别是99.3%和99.2%，分别比上个制糖期上升1.5个百分点和1.4个百分点。

与上个制糖期相比，2017/2018年制糖期广西产糖量居首，其甘蔗种植面积及产糖量份额双双提升，分别拓宽1.7个百分点和1.4个百分点（表1，表2，图6，图7）；云南产糖量位居第二，但其甘蔗种植面积及产糖量份额均有所下降，分别收窄1.1个百分点和0.2个百分点；广东产糖量列第三，其甘蔗种植面积及产糖量份额分别扩大0.3个百分点和0.1个百分点；新疆产糖量列第四，其甜菜种植面积及产糖份额持稳；内蒙古产糖量列第五，其甜菜种植面积份额扩大0.2个百分点，但其产糖量份额收窄0.3个百分点；海南产糖量列第六，其甘蔗种植面积份额及产糖量份额分别收窄0.3个百分点和0.1个百分点。

表1　全国食糖主产省区糖料种植面积份额变化　单位：%

	全国	广东	广西	云南	海南	黑龙江	新疆	内蒙古	其他	七省区小计
2016/2017年	100	8.6	53.5	22.1	2.2	0.5	5.3	5.7	2.2	97.8
2017/2018年	100	8.9	55.2	21.0	1.8	1.2	5.3	5.8	0.7	99.3
同比变化	0	0.3	1.7	-1.1	-0.4	0.7	0.0	0.1	-1.5	1.5

表2　全国食糖主产省区产糖量份额变化　单位：%

	全国	广东	广西	云南	海南	黑龙江	新疆	内蒙古	其他	七省区小计
2016/2017年	100	8.3	57.0	20.2	1.8	0.3	5.2	5.0	2.2	97.8
2017/2018年	100	8.5	58.4	20.1	1.7	0.7	5.2	4.7	0.8	99.2
同比变化	0	0.2	1.4	-0.1	-0.1	0.4	0.0	-0.3	-1.4	1.4

6. 行业兼并重组步伐不断推进

为了提高竞争力，各主产糖省（区）不断推进制糖企业兼并重组，产业企业结构不断优化。例如，2018年3月，广西湘桂糖业集团有限公司（以下简称湘桂集团）与永鑫集团完成战略重组，湘桂集团成为永鑫集团的控股股东，永鑫集团更名为广西湘桂华糖制糖集团有限公司；2018年8月，广西农垦

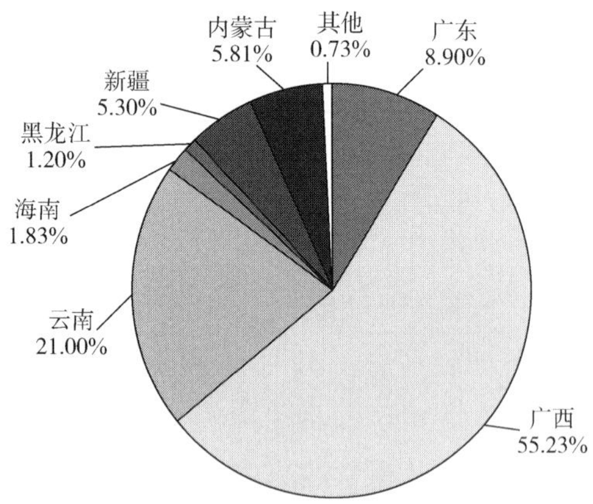

图6　2017/2018 年制糖期全国主产糖省（区）糖料面积份额

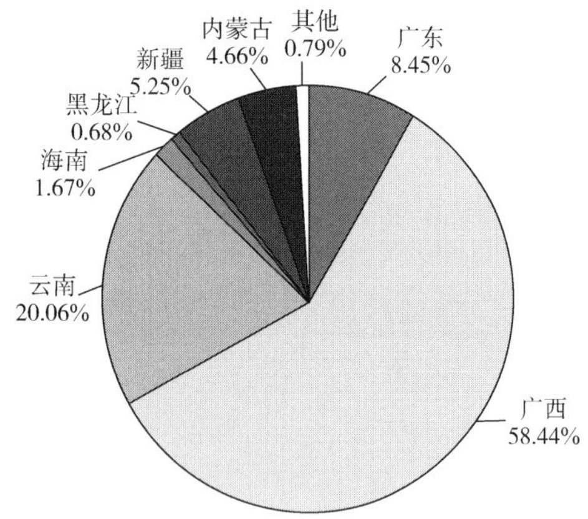

图7　2017/2018 年制糖期全国主产糖省（区）产糖量份额

集团联合广西华盛集团、广西建工集团、广西荣桂物流集团、广西柳工集团，共同出资设立广西糖业集团有限公司。

2017/2018 年制糖期，前 10 家制糖企业（集团）的产量占全国食糖产量 77.2%，比上个制糖期扩大约 4.5 个百分点。单个制糖企业平均日榨能力达到 4896t，比上个制糖期增加 124t。

7. 行业节能减排和技术进步等工作取得进展

2017/2018 年制糖期，在工业和信息化部的大力支持下，制糖行业积极贯彻落实《糖业转型升级行动计划（2018—2022 年）》（以下简称《行动计划》），继续开展"绩效同业对标"活动，不断推进企业间的比学赶超，对照先进典型，树立标杆意识，加快技术进步、行业转型升级和降本增效。根据中国糖业协会统计，2017/2018 年制糖期，全国甘蔗糖厂平均百吨甘蔗耗标煤 4.722t，吨蔗耗新鲜水 0.744t，吨糖化学需氧量（COD）排放量 0.229kg；甜菜糖厂方面，全国平均百吨甜菜耗标煤 6.937t，吨菜耗新鲜水 1.141t，吨糖 COD 排放量 0.55kg。

8. 发展新亮点、新增长点

为抓住实施食糖保障措施的机遇，中国糖业协会在《行动计划》中提出力争用五年时间全行业实现"两个 300 元"目标。自《行动计划》实施以来，全行业积极响应，各制糖企业自觉按照计划开展生产活动，糖业转型升级初见成效。

首先，降本增效成果显著。与上个制糖期相比，2017/2018 年制糖期甘蔗单产提高了 9.7%，吨糖耗新鲜水降低了 14.4%，吨糖 COD 排放量降低了 11.9%；甜菜含糖量提高了 8.7%，甜菜糖厂糖分回收率提高了 4.5%，优、一级品率提高了 8.6%，吨糖耗新鲜水降低了 24.8%，吨糖 COD 排放量降低了 24%。

其次，"两个 300 元"目标取得阶段性成果。表现在农民增收方面，根据中国糖业协会数据，2017/2018 年制糖期，全国甘蔗平均单产提高到 4.45t/亩，按照甘蔗平均收购价格估算，糖农每亩可增收 162 元。在企业降本方面，根据制糖行业"绩效同业对标"结果显示，2017/2018 年制糖期，全国制糖企业平均制造成本 4764 元/t，比上个制糖期下降 106 元/t。其中，甘蔗制糖企业平均制造成本 4802 元/t，比上个制糖期下降 79 元/t；甜菜制糖企业平均制造成本 4462 元/t，比上个制糖期下降 316 元/t。

第三，全国食糖生产形势向好，食糖产量继续回升且增幅扩大。根据中国糖业协会统计，2017/2018 年制糖期，全国食糖产量比上个制糖期增加 102 万 t，增幅 11%。其中，甘蔗糖产量增加 92 万 t，增幅 11.2%；甜菜糖产量增加 10 万 t，增幅 9.8%。

9.“三品”战略实施情况

根据工业和信息化部《关于印发 2017 年消费品工业“三品”专项行动计划的通知》（工信厅消费〔2017〕24 号），制糖行业积极贯彻落实“三品”战略，延伸糖产业链，提高精深加工水平，提升了食糖的有效供给能力和有效供给水平。

（1）增品种　为满足消费者的多样化需求以及增加企业效益，制糖企业加强了对食糖产品研发和生产，积极开发生产特种糖、营养糖、功能糖和液体糖等多样化产品以及酵母、蛋白饲料、木糖醇等高附加值新产品。

例如，广西湘桂华糖集团所属湘桂都安糖业有限公司依托广西都安瑶族自治县独特的自然地理环境优势，建立优质甘蔗种植基地，选用优质品种，施用有机生物肥和富硒肥料，采用赤眼蜂、性诱剂等生物防治病虫害技术，使用澄江河的优质水源灌溉，生产优质甘蔗，采用公司自有的黄金砂糖生产技术和高品质浓缩甘蔗浆生产工艺，生产“都鑫”牌黄金砂糖。该黄金砂糖充分提取甘蔗原有营养成分，富含多酚、黄酮、多糖等抗氧化物质及钙、铁、锌、镁等微量元素，保留了提高人体免疫力的功能性物质二十八烷醇。产品自推出以来，获得了良好的经济效益。

（2）提品质　制糖行业积极推广先进质量管理模式和管理体系，深入开展全面质量管理，加强从原料采购到生产销售全流程质量管控，开展自动化、智能化工厂技术改造，推广工艺参数及质量在线监控系统，加强质量安全检测能力建设，同时积极采用新技术，不断提高食糖产品质量。

例如，广西广业贵糖糖业集团有限公司和广东广垦糖业集团有限公司分别与广西大学、中国科学院过程工程研究所等单位合作，开展膜法制糖技术研发试验，为提升食糖品质、实施绿色制糖做了有益的尝试，并取得了阶段性成果。

（3）创品牌　制糖企业增强品牌意识，加强品牌建设，着力整合企业资源，打造企业品牌，提升食糖产品附加值和企业竞争力。例如，云南英茂糖业（集团）有限公司通过探索制定“英茂”品牌建设三年行动计划，制定工作目标，明确主要工作任务，提出保障措施，推进品牌建设。通过完成制糖工艺提升、综合利用挖潜、完善奖惩与激励机制和加大品牌市场推广力度等主要工作任务，扩大了“英茂”品牌的知名度和信誉度，扩大了品牌影响力，打造出价值定位明确、形象识别清晰、内涵丰富、消费者信赖、投资者青睐的品牌，使其成为具有市场竞争力、占有率与覆盖率的强势品牌。

二、行业面临的问题

（一）政策与市场

2017/2018 年制糖期，我国食糖产量连续第二个制糖期恢复性增长，同时，农民种植糖料收入增加，农民生产积极性稳定，但是，制糖行业再度陷入亏损，制糖企业生产经营困难，糖业健康稳定持续发展受到冲击。

究其原因，市场方面的主要原因是，作为高度扭曲的世界食糖市场，其食糖市场机制放大了世界食糖周期性供求不平衡，世界食糖价格大幅波动，且长期维持在世界主产糖国家（地区）的生产成本以下波动。虽然对进口食糖产品采取了保障措施，加征了保障措施税，但是，我国当前食糖进口关税水平还是难以完全抵挡国际食糖价格大幅波动的冲击。另外，食糖走私现象仍然存在。随着国内食糖市场国际化、金融化程度不断提高，金融市场放大了国际食糖市场波动及食糖走私等因素影响，加剧了国内食糖价格大幅波动，给我国制糖企业生产经营造成很大困难。

政策方面的主要原因有以下三点。一是世界各国都对本国糖业实施有效保护，我国糖业发展面临着巨大的挑战和压力。无论是发达国家、发展中国家，还是欠发达国家，都没有完全放开食糖市场，都通过关税壁垒等政策对本国糖业实施有效保护，美国、日本和欧盟对糖业的保护力度尤其突出。相比之下，我国对糖业保护的力度非常有限。二是我国食糖进口关税水平难以完全阻挡国际食糖市场冲击。自 2017 年 5 月 22 日起，国家对进口食糖产品实施保障措施，对关税配额外进口食糖征收保障措施关税。在实施保障措施的 3 年期间，对关税配额外进口食糖的关税水平分别提升至 95%、90% 和 85%。但是，其平均进口关税水平仍然难以完全阻挡国际食糖市场冲击，国际市场上的过剩食糖还是很容易涌入我国，我国糖业生存空间难以摆脱食糖进口的持续冲击和挤压。三是我国糖业缺乏法律法规和统一协调高效的管理机制。我国是世界上少数没有制定糖业法律的主要产糖国之一。对于产业发展、价格形成、利益分配、宏观调控等糖业管理缺乏法律规范，需要建立统一协调高效的管理机制。

（二）科技创新

1. 自然资源禀赋条件约束，糖料生产成本高

制糖行业是传统的农产品加工产业，已经形成了以重点制糖企业（集团）作为龙头企业的农工紧密结合的产业模式。但是，由于主产糖省（区）的自然资源禀赋条件及土地制度的约束，糖料生产现代化水平难以明显提升，始终是影响我国糖业国际竞争力的瓶颈。

我国主产糖省（区）位于老少边贫省（区），制糖行业已经成为这些省（区）的支柱产业之一，这是经过 20 年来的东糖西移和产业结构调整，由社会经济发展水平所决定、自然形成的结果。这是因为，上述老少边贫省（区）的土地、气候和水等自然资源禀赋条件适宜种植糖料，更重要的是食糖生产产业链完整、有市场空间、市场风险小、工业反哺农业的支持力度大、农民及地方财政收入稳定，与粮食和其他经济作物相比，具有明显的比较优势。但是，我国甘蔗绝大部分种植在丘陵旱坡地带，土壤贫瘠、土地分散，水利和道路等基础设施条件比较差。

糖料生产自然资源条件差，加之劳动力成本刚性上涨，人工成本高，机械化程度低，糖业生产成本居高难下。当前我国糖料主产区广西和云南甘蔗生产综合机械化率分别为 46.9% 和 10.3%，而耗工最多的甘蔗砍收环节的机收率仅为 4.3% 和 0.3%。甘蔗人工砍收成本达到 150 元/t 左右，占到甘蔗种植总成本 35% 左右。为了稳定农民收入，履行糖业脱贫攻坚使命，维持糖农种植积极性，全国糖料收购价为 500 元/t 左右，而巴西、印度和泰国等世界主产糖国家的甘蔗收购价仅为 170~300 元/t，按 8.5t 糖料产 1t 糖估算，仅原料成本一项就高出上述国家 1700 元/t 以上。

2. 制糖生产单耗有降低空间

制糖行业“绩效同业对标”指标显示，与最近 6 个制糖期平均水平相比，2017/2018 年制糖期我国甘蔗糖厂平均吨糖耗甘蔗 8.61t，减少了 0.01t；甜菜糖厂平均吨糖耗甜菜 8.21t，减少了 0.34t；吨糖耗标煤、吨糖耗水和吨糖 COD 排放量等指标也取得了一定进步。但是，无论是甘蔗糖厂平均吨糖耗甘蔗和甜菜糖厂平均吨糖耗甜菜，还是吨糖耗标煤、吨糖耗水和吨糖 COD 排放量等指标，都还有降低余地。

3. 制糖生产装备水平低，技术投入不足

我国制糖企业大多于 20 世纪八九十年代

建成投产，工艺设备现代化水平不高，特别是自动化水平低，大部分还处在单元控制阶段。2017/2018制糖期，制糖行业亏损，制糖企业缺乏财力，导致技术改造投入不足，技术更新换代步伐缓慢，影响了我国制糖行业发展进步。例如，我国有企业采用进口的离子交换系统生产精制糖，但是，大部分精制糖都是自韩国和日本进口的。事实上，国内的离子交换设备价格是国外的三分之一，且技术也已成熟，只是需要配备上合理的自动控制系统即可投入使用。另外，在产品研发方面，制糖企业缺乏加大投入去开发新产品的动力。

4. 副产物的综合利用单一，未能充分提高产品附加值

大部分制糖企业精深加工和综合利用能力低，对副产品和废弃物的资源化利用深度不够，企业综合利用产品少，产业链条没有得到有效地延伸。糖厂废蜜主要用于生产酒精和酵母等传统发酵原料；甘蔗渣以作燃料为主，少量用于造纸；甜菜压粕主要生产颗粒粕，部分湿粕供当地作牲畜饲料；甘蔗糖深加工方面，除少量生产蔗果低聚糖和生产冰糖、糖浆外，其他新产品不多。

5. 国际竞争力低的问题难以得到根本解决

糖料生产成本占食糖生产成本70%左右，糖料生产成本高低决定了食糖生产成本的高低，糖料生产成本是影响我国糖业国际竞争力的关键因素。但是，如果单纯从我国的自然资源禀赋条件和社会经济发展水平等国情特点判断，我国糖料种植成本将长时间高于巴西和泰国等世界其他糖料主产国家和地区。

其次，农工环节建立根本利益的联系需要制度创新。土地流转政策决定了制糖行业能否摆脱农工“两张皮”的发展模式。一方面，制糖企业需要加强对产区土地资源和生产原料掌控能力，增强工业反哺农业的信心和力度；另一方面，要提高农民推广良种良法积极性，高度重视高糖品种的推广应用。

三、发展趋势

展望新制糖期，在食糖生产方面，糖料种植面积尤其是甜菜种植面积恢复增加，预期食糖产量将维持恢复性增长。在食糖消费层面，国民经济增长、人民生活水平提高、人口增长和城镇化程度提高以及高倍化学合成甜味剂加强管理等因素，还有食糖价格保持低位，均有利于食糖消费增加。但是，食糖替代消费、食糖消费方式和消费观念变化以及人口老龄化的加快，影响食糖消费增加。

综合来看，预期在新制糖期，全国食糖产不足需，食糖生产存在发展空间。同时，食糖产需缺口可以通过食糖进口及储备糖投放得到弥补，食糖供应能够得到保障。国际方面，市场普遍预期全球食糖产需过剩，国际食糖市场压力增加，国内制糖行业生产经营形势面临严峻挑战。

四、政策建议

（一）加强完善宏观调控，促进食糖供求总量基本平衡

食糖供求总量基本平衡是市场保持稳定、促进糖业健康稳定持续发展的基础。

1. 做好储备食糖投放工作

把握好储备食糖的投放时机、数量和价格以及投放方式，采取措施，杜绝市场恶意炒作和市场过度投机行为，充分发挥储备糖投放在宏观调控中的作用。

2. 加强食糖进口管理

做好食糖自动进口许可管理相关工作，贯彻落实好食糖保障措施。

3. 对食糖走私保持高压态势，持续严厉打击食糖走私行为

对重点省区尤其是重点销区采取跨省打击联合行动，严厉打击经销使用走私食糖、假冒食糖商标的违法犯罪行为，打击窝案、打击大案，切断食糖走私经销和使用的利益链。

4. 加强食糖市场有效监管

加强对期货、现货食糖市场的有效监管和惩处力度，切实防范过度投机炒作，充分发挥白糖期货市场服务糖业实体经济发展的功能。

（二）加大中央及地方财税金融支持力度

国家发展和改革委员会、财政部、农业农村部设立糖料生产专项资金，重点支持企业和科研机构从事良种繁育、栽培管理、病虫害防治及全程机械化建设；国家发展和改革委员会、工业和信息化部、财政部设立技术装备改造专项资金，重点支持制糖企业技术改造、产业升级及“三品”战略实施。各主产糖省（区）政府加大相关配套政策和资金支持。

加大对制糖企业的财税金融支持力度，解决制糖企业融资难和融资贵等问题。根据食糖季产年销特点，向制糖企业提供匹配预期产糖量规模的政策性工业信贷资金，实施工业短期食糖储存计划，满足制糖企业正常生产经营的资金需求，确保农民糖料款及时兑付，保障农民利益；通过制糖企业向种植糖料农民提供包括优惠信贷资金在内的金融服务产品。

（三）加强糖精等高倍化学合成甜味剂管理

高倍化学合成甜味剂在食品中添加使用有严格的范围和数量限制，关系到食品安全问题，应该加强监管，严禁滥用、超量使用。将安赛蜜、阿斯巴甜和甜蜜素等其他高倍化学合成甜味剂统筹纳入到整体甜度市场的监管当中。做好糖精限产限销工作，规范市场销售和使用。

（四）尽快实施糖料生产补贴政策

实施糖料生产补贴政策是糖业长期持续稳定发展的必要条件。食糖生产集中度高、糖料与制糖企业联系紧密，农民种植的糖料必须通过制糖企业加工成食糖才能实现价值，通过制糖企业反哺农业，促进糖料生产发展，形成良性循环。借鉴大豆生产补贴政策的经验，糖料生产补贴政策的操作成本会更低，更易于管理，更容易实施并能够取得良好成效。

（五）启动糖业立法程序

世界主要产糖国家的经验证明，从根本上保护农民的合法权益，保障食糖供求基本平衡，实现糖业健康稳定持续发展，必须通过制定法律和法规。借鉴巴西、泰国、澳大利亚、欧盟、美国、日本等世界主要产糖国家和地区糖业法律的核心内涵，我国糖业法律的主要内容应包括：糖业管理基本模式和统一管理机构；规范的农工利益关系；国家采取的常规和临时性措施以及相关产业的管理政策等。

中国糖业协会

方便食品制造业

方便食品是以米、面、杂粮等为主要原料加工制成，可直接食用或只需简单烹制即可食用的食品，传统方便食品以主食类居多。2018年，我国方便食品行业发展整体保持良好的增长态势，在“实施创新驱动发展战略”中已迈出坚定的步伐。

一、行业概况

2018年是中国改革开放40周年，经过40年快速发展，我国已成为世界上最大的农产品及食品生产国和消费国之一。改革开放40年来，我国食品行业从市场匮乏到物质丰富，从品种单一到特色频出，产品产量极大增长，许多新品填补了空白。食品科技创新层出不穷，成为推动行业转型升级的全新动能，并在向自动化、数字化、网络化、智能化领域进军。

高质量发展已成为新时代轻工业转型升级的主题词。随着“三品”专项行动、消费品质量提升、“一带一路”建设、传统工艺振兴等一系列国家战略逐渐深入实施，新一轮技术革命和产业革命交织背景下的质量变革、效率变革、动力变革正在同步推动轻工业产业升级和消费升级，轻工业深化供给侧结构性改革、提高供给体系质量也迎来历史性机遇。安全化、营养化、功能化、便捷化、个性化和精致化的食品正走进千家万户，不断满足人民对日益增长的美好生活的需要。

（一）主要经济指标

2018年，全国方便食品制造行业规模以上企业累计完成主营业务收入2940.1亿元，同比增长5.2%。主要经济运行情况如表1所示，其中，米面制品行业896.6亿元，同比增长5.3%；速冻食品行业736亿元，同比增长5.2%；方便面行业810.7亿元，同比增长7%；其他方便食品行业496.7亿元，同比增长2.1%。

表1　2018年全国方便食品制造行业经济运行情况

产品名称	规模企业数量/家	主营业务收入/亿元	利润/亿元	企业资产总计/亿元
米面制品	663	896.6	47.4	503.4
速冻食品	522	736	47.6	668.9
方便面	143	810.7	86.4	673.2
其他方便食品	266	496.7	32.6	337.9

资料来源：国家统计局。

（二）行业发展分析

1. 价格

2018年方便食品制造业利润总额同比增长14.4%，领先于食品行业6.1%的总体增幅，更是大幅领先于轻工行业5.8%的增幅。由此可见，在轻工行业整体向高端化、智能化迈进的过程中，方便食品制造业在控制成本、合理经营方面走在了前列。

2. 市场

经党中央批准、国务院批复，自2018年起，将每年农历秋分设立为“中国农民丰收节”。我国是农业大国，重农固本是安民之基、治国之要。我国农民丰收节的设立具有重大的现实意义和深远的历史意义，有利于进一步彰显“三农”工作的重要地位。而大量农副产品转化为方便食品，为改善民生、保障“三农”利益及满足市场需求做出了重要贡献。

方便食品制造业作为我国改革开放40年间从无到有的全新行业，近年来，行业整体呈增长态势，经济规模不断提升，产品方便性、安全性、健康性、营养化不断增强，市场竞争力持续提升。同时，随着餐饮行业跨入4万亿元的新时代，“互联网+餐饮”迫切需求兼具“营养、安全、快捷、标准化”的方便食品，以解决市场高速发展引发的“燃眉之急”。冷冻食品行业率先抓住机遇，比对消费需求，研发出一系列能与厨师手工制作相媲美的家庭美食。如南方家家逢年过节必备的蛋饺，已由工业化生产替代了厨房繁琐的制作过程，如今短时间内即可呈现于消费者眼前。方便食品行业提升加工技术水平，正式开启与现代餐饮业深入对接之路。整个方便食品业与餐饮业对接中最活跃的两支力量是速冻鱼丸火锅料产品和咸味香精调味料。当网络快餐业急速发展时，不断上升的房租成本、人工费用和各分店的餐品质量与口味不统一等弊端让方便食品行业提供标准化的半成品成为可能。此外，当下餐饮企业呈现出对独有的、私人订制产品的青睐过于突出的现象，一些爆品或者老字号的产品都是独有的，导致研发和生产成本居高不下，这也是餐饮企业一直以来的一大痛点。方便食品企业可从中找到机会，帮助餐饮企业独有的爆品实现工业化和标准化。

3. 投资

2018年全国规模以上方便食品制造企业资产总计2183.4亿元，比上年同期增长5.2%。其中，流动资产总计1036.5亿元，比上年同期增长1.2%。

目前，我国方便食品行业正处于消费理念、产品结构、生产技术、销售渠道等多因素“共振”的调整期，随着我国供给侧结构性改革的深入、人们消费水平的提高，方便食品行业在多因素的作用下更加充满活力。而消费需求的多元化、不同层次人群对方便食品需求的个性化，以及对品质追求的一致化都影响着我国方便食品行业的发展方向，也推动其创新与变革。随着市场的扩大及资本的介入，未来方便食品制造业仍会保持较高的投资热度。

4. 行业集中度

方便食品制造业目前主要以中小型企业为主，而方便面和速冻食品已表现出较高的行业集中度。据中国食品科学技术学会数据，2018年方便面行业排位前三的企业产量占所统计企业的64.6%。中华全国商业信息中心的数据显示，速冻食品前三大企业2018年市场占有率为66.2%。挂面行业集中度多年以来一直较低，国内市场同比增长约4%，但行业分化趋势明显，中小企业占比下滑约10%，前十大规模企业占比上升约7%。在近些年快速崛起的辣条行业也同样面临着产业集中度低的问题，但区域性明显，河南、湖南两地生产企业占到了全国生产总量的90%以上。未来该行业仍然面临着进一步的整顿与整合。

5. 进出口

过去一年，虽然受到人民币汇率震荡，进口成本提高，跨境电商税改新政，增值税、消费税取代行邮税等影响，进口方便食品依然在快速发展的物流和互联网经济下保持较好的态势。2018年，我国方便食品制造行业累计完成出口交货值66.2亿元，同比增长

6.6%。而随着我国市场开放程度的不断加深以及鼓励进口政策的颁布，相关产品需求存在缺口，未来各类方便食品进入我国市场的步伐还将加快。

6. 重点行业

2018年，我国方便食品重点行业的主营业务收入均实现了不同幅度的增长。

（1）米面制品　以大米、面粉为原料，经粗加工制成，未经烹制的各类米面产品，工业化生产主要以挂面、粉丝等为主。随着我国食品工业的消费升级和健康转型，2018年挂面行业有胆识地推动了行业的产业创新和动能转化。营养强化以及蔬菜等健康食材的混搭和荞麦等杂粮食品的添加等，既赋予了产品天然多姿的色彩，同时也丰富了挂面的营养价值。

（2）速冻食品　速冻食品是食材经前处理及加工，结合快速冻结，使产品温度控制在-18℃以下，并运用冷链运输、销售及流通的预包装食品。通过对中华传统特色食品的开发，并加大与餐饮等业务市场的对接，速冻食品正以最大限度地保留食材的鲜香和营养回归家庭厨房的美味，迎来新的发展机遇。

（3）方便面及其他方便食品　方便面是传统食品工业化进程中最典型的代表产业，也是面制品在食品工业领域自动化水平最高的代表。我国方便面产量已列世界首位，但就总体而言，方便面行业的发展面临着时代需求变化下的瓶颈期，总体规模一直停滞不前。随着城市化步伐加快，城乡居民收入提高，外卖市场便捷丰富，方便面行业在消费升级的大趋势下，需凭借自身的创新实现行业触底回暖。

7. “三品”战略实施情况

（1）增品种　近年来，随着外卖餐饮业的飞速发展，对我国方便食品业带来了巨大的冲击，但同时也为行业的创新打开了新的思路。针对市场上层出不穷的工艺上不断精进的产品，行业开始更多地用工业化手段还原地方美食，借助当代高速发展的物流传递到全国各地。实现“地方小吃”传统食品工业化，成为方便食品行业创新发展的又一方向。2018年，各种尽显异域风情和地方特色的经典风味在方便面、速冻食品和咸味香精调味料等领域纷纷呈现。

四川绵阳的特色美食米粉，在工业化企业的推动下，走上大规模生产之路；郑州原汤羊肉烩面也开始走出河南。速冻食品以工业化生产的方式推出了榴芒脆皮炸奶、黄金蛋饺、培根卷饼、鱼籽包等，并成为餐饮的“爆品”。速冻水饺馅料品种的创新也是2018年的一大特色，如猪小里脊搭配荠菜、马兰头搭配新鲜猪肉等。挂面行业在相对简单的载体上也在努力创新，包括多食材混搭、精致的包装和以小朋友作为消费人群的特殊造型等。科技创新突破了时空的界限，不同地域特色创新方便食品的加入使各制造商避开了同质化竞争。

（2）提品质　在全面推进“健康中国”国家战略的关键时期，方便食品行业顺势而为，不断推出兼具营养与美味的创新产品，最大程度减少了“工业味儿”，使产品回归传统与天然。2018年，方便食品行业在对我国传统饮食的开发及品质提升上进行了重要探索。如方便面行业以工艺革新创制蒸煮面，最大程度地保留了中国传统煮面条的营养和口感。挂面行业通过新工艺向面体中添加新鲜蔬菜、杂粮以及天然营养物质，以满足人们对营养健康的诉求。汤是传承我国古老饮食文化的最好体现，鲜汤往往是真材实料再经长时间熬煮之后的精华之物。方便面的创新产品在汤和配料中注重营养的搭配。枸杞、虫草花、人参等食材结合传统菜系的煲汤工艺，既保留了食材自然的鲜醇口味，又满足了消费者对地方特色口味的需求，不仅丰富了产品的口味，也提升了营养价值。而有的产品加入了黑蒜油包，在提升产品特色风味的同时，赋予了产品更多健康、营养的理念。

（3）创品牌　消费升级时代，消费者已不满足于商品的丰富度和价格优惠，在生活品质的驱动下，人们追求丰富多彩的精神文化生活和各种特定的社群、圈子。当今方便食品的主流消费群体无疑就是所谓的“90后”“00后”年轻消费者，如何精准营销到该群体中去，是对方便食品行业的挑战。

2018年11月11日，白家食品旗下“阿宽”品牌食品在天猫超市和京东超市的销量相较2017年同比分别增长了约70%和100%，在短短数月跻身全网方便面、粉丝品牌排名第七，方便面品牌排名第三；网红单品红油面皮产品排名方便面、粉丝单品销量第五，“双十一”当天销量约500万份。白家食品生产的“阿宽”系列关东煮、甜水面、酸辣粉、螺蛳粉、凉皮、勾魂米线、红油面皮、钵钵鸡等系列产品的陆续面市，不仅极大地满足了个性化市场的需求，还巧妙地传承和发扬了地方特色美食文化，堪称妙招频出。像这些多元化又极具特色的产品，不仅抓住了年轻人的胃，也成功撩动了年轻人的心。

8. 绿色制造、智能制造

随着我国经济的迅速发展，尤其是生活节奏的加快，促使人们改变了传统的生活方式。对于方便食品而言，这意味着新一代的消费群体在不断壮大。而行业巨大产值的背后，是我国食品机械装备的快速提升发挥了“助推器”般的作用。当前我国方便食品机械装备业的创新重点聚焦于增效、环保、高速和稳定，整体突破了诸多关键技术瓶颈，开始向高速、高效、大批量和精准化方向发展，并初步形成了自有的核心技术体系，为中国方便食品机械装备业提升自动化水平，进一步向智能化方向发展奠定了重要基础。

9. 包装与装备

我国方便食品行业巨大产值的背后，正是由于中国食品机械装备的快速提升发挥了“助推器”的作用。我国挂面行业装备已有质的飞跃，实现了工业化、高效化、自动化发展，智能化水平也在不断提升，同样挂面花色品种和多样化也发展迅速。

而在速冻食品方面，目前虽然整体处在较好的增长趋势下，但行业智能化工程技术水平亟待提高，并存在新技术研发、应用和推广滞后的问题，如真空预冷技术、电位水减菌技术、深层冻结技术、液氮和液化二氧化碳冻结技术、裸冻技术、冰点冻结技术、分段冻结技术等新型技术的应用滞后，新型节能冷冻技术应用缓慢。

10. 发展新亮点、新增长点

当前美国、英国、韩国以及中国等多个国家都开始流行素食，为迎合素食潮流，方便食品企业及时抓住商机，推出以“素”为亮点的创新产品。不论是素拌面还是素香精，均以精准的定位聚焦多元化市场中的特定群体。

如五谷道场在2018年推出了一款素拌面，素食产品推出后的再度火热为企业自身赢得了发展空间，同时也迎合了现代人更注重健康和营养的生活理念。

二、行业面临的问题

（一）政策与市场

1. 生产企业总体规模小，研发能力不足

食品行业是一个门槛较低、竞争十分充分的行业。不同类型食品之间的替代性较强，除了产品本身的品质和对消费者需求的满足之外，品牌是食品行业较为重要的竞争手段之一。因此，对于一般的食品企业，如果作为食品行业的新进入者，或在市场的知名度不高、品牌效应还不是特别强时，将会面临激烈的市场竞争，有在市场中被淘汰的风险。

而目前方便食品行业中主要以中小企业

为主，由于其自身研发与创新能力有限，因而存在产品同质化较为严重的问题，同时也在一定程度上限制了行业整体的发展。如何在“互联网经济”的大环境下，根据企业现有特色，找到合适的推广渠道，成为企业谋求突破的关键点。

2. 标准化水平还需进一步提升

2018年，国家卫生健康委员会推动制修订及发布多项方便食品行业食品安全国家标准。其中，中国食品科学技术学会参与了多项标准的制修订，包括正在修订的《食品安全国家标准　速冻面米制品》（GB 19295—2011）已完成行业内征求意见，《食品安全国家标准　速冻食品生产和经营卫生规范》（GB 31646—2018）于6月21日发布。2018年11月29日，第一届食品安全国家标准审评委员会第十四次主任会议审议通过了23项食品安全国家标准（含修改单），包括《食品安全国家标准　辣条》，这些标准的制修订及发布，将为规范方便食品的食品安全管理水平起到积极作用。

而近年开始流行的“自热火锅”等自热食品的相关标准还没有出台。目前发热包成分多为氧化钙、铝粒、碳酸氢钠、氧化钙、铝粉、碳酸钠、氢氧化钠等。尽管主流厂家有自己的企业标准，但是各个企业标准并不一致，因而需要加强对相关产品的标准化管理，以确保消费者能够放心选购、放心食用。

3. 原料规模化生产和质量稳定亟待加强

地域对食品行业的限制作用天然地影响着规模化生产，除了不同地区的饮食习惯各异之外，还因不同地区提供的食物制作原料不同所致。由于农作物、牲畜等农业在我国分布十分不均匀，具有地域特色的食品加工所在地往往选择这类食品原料产出较为集中的地方。因此，中国传统主食行业地域特色明显，跨区域经营无法保证所谓的“原汁原味”。食品企业需要结合当地的原料供应情况，对于方便食品制造更是如此。

4. 虚假信息传播管控及知识产权保护力度依然不够

方便食品虽存在安全隐患，但在互联网传播高度发达的现阶段，有不法分子会发布食品安全谣言，拍摄非真实的食品安全视频，恶意中伤相关食品行业以谋取利益，这同样值得关注与重视。

比如“塑料紫菜”“棉花肉松”“橡胶面条”等谣言小视频，就在不同程度上影响了老百姓的消费选择，进而波及相关行业，造成不少企业的经济损失。如今，谣言配上小视频这一“助推器”，更是令人防不胜防。

根据《中华人民共和国食品安全法》规定，“任何单位和个人不得编造和散布虚假食品安全信息”；“编造、散布虚假食品安全信息，构成违反治安管理的行为，由公安机关依法给予治安管理处罚”。此前“馒头掺卫生纸”“吃大盘鸡感染H_7N_9死亡”“海鱼用福尔马林保鲜”等谣言的制造者都已经被警方依法予以拘留。

目前，公安部联合门户网站微博推出的“全国辟谣平台”已经上线，各地都有以省、市命名的“网警巡查执法”，用户可通过截图等方式对各种网络平台上的谣言进行举报。中国健康传媒集团也联合首批地方食药监管部门，启动了“食品安全谣言治理行动”。

（二）科技创新

在历经40年改革开放之后，中国食品工业已经进入了“粮食安全—食品安全—营养与健康安全”的营养与健康时代，发展质量有了跨越式提升。产业高质量发展的背后，离不开人才培养和科研基础的夯实。科技创新对于方便食品行业整体提升的重要性不言而喻。

1. 行业自动化、智能化装备改造有待提升

经过20多年的发展，我国方便食品行业

机械化水平明显提升，如速冻食品行业的大宗产品——饺子、汤圆、馒头等的生产设备已实现部分自动化。但由于部分工艺过程的关键技术和设备不能自动化生产，所以还未实现全自动化。随着工业4.0的到来，智能化生产也已走进现代工厂，生产过程的工艺参数偏差自动反馈、修整，原材料的在线快速无损伤检测、准入，成品、半成品品质稳定的自动反馈、放行，智能化设备的使用，将极大提高行业产品质量的稳定性和促进行业效能的提升，缩小同国际社会先进水平的差距。而方便食品行业因是以中华传统食品的工业化为载体，所以主要靠我们自己去解决设备的技术问题。为此，政府应针对涉及民生的食品工程，出台资金支持、税收支持、技改支持的政策，尽早纳入智能制造的试点示范项目，开展自动化技术和装备的研发工作，全面提升行业智能化、自动化水平，推动行业快速发展。

2. 院企科研成果的转化对接力不强

近年来，院校科技工作者以“跳出窗外”的思维，启动对营养学、生命科学、基因工程、中医药学、生物工程和智能制造的交叉研究，探讨中国传统食品的质构、功能和机理，用前瞻性的视角和活跃的科学实践，引领和创新中国食品产业的未来。

但随着人们对营养健康食品需求的日益增长，对方便食品创新的需求也不断在提升。大型方便食品企业纷纷设立技术研发机构，有的也与知名院校开展科研合作，比如安井食品就与江南大学等高校保持长期合作开发关系。此外，部分企业还自行研发冷库、冷藏车，助力速冻食品向县城、乡镇市场下沉。目前存在着院校及科研院所对方便食品的创新研究力度和深度远不及企业，而方便食品企业大多为民营企业，对机理研究又不足的情况，行业亟须有效对接，以提升全行业的技术创新和生产力水平。

三、发展趋势

伴随着食品消费的便利性、快捷性需求日益提升，个性化食品消费以及特色食品消费越来越明显，方便食品的细分品类也有多种发展方向。如老年食品消费市场值得关注，老年人更需要营养平衡，更需要通过丰富多样的食物来达到营养需求。同时，消费者对于食品需求是时刻变化的，有的产品可以从满足一些生理的需求着手，通过不同食用人群的分析，找到产品的核心价值利益。

（一）行业发展趋势

1. 方便食品主食进一步发展，完成厨房工程社会化

随着生活节奏的不断加快，家庭规模在缩小，人们希望能够从繁重的厨房工作中解放出来。因此，方便食品主食系列将会迎来发展，如速冻食品的鱼香肉丝、榨菜肉丝、梅菜扣肉、速冻蔬菜、净菜、冷却猪肉、牛肉等都受到都市消费者的喜爱；方便食品型粮食加工向更精细化发展，如用于煮粥的豆类混合米、米饭速煮米、面包自发面粉、炸鸡脆粉、油条专用粉等速食食品。

2. 微波型方便食品将会有发展契机

微波型方便食品具有时间短、经济实惠、不破坏食品原有风味等特点。美国、日本等发达国家已经有微波型方便食品发展的成功经验，考虑到我国消费市场、饮食结构、消费方式、生产工艺、消费水平等实际情况，应将国民喜爱的主食、点心、地方性特色小吃、风味菜肴作为微波型方便食品重点研究和开发的对象。

微波型方便食品实际就是微波技术的竞争。微波技术需要从食品自身微波热特性方面进行技术革新，加强技术创新。微波型方便食品在冷冻、解冻、加热等过程中，如何保持方便食品的良好品质，并能满足消费者对方便、营养、美味的需求，也是需要解决

的技术课题。

3. 中华传统特色食品开发呈现强劲的发展态势

中华传统特色食品以工业化的方式进入市场，深受各地消费者喜爱，方便食品行业也由此得到快速发展。中华传统特色食品品种繁多，如江西的修水哨子、陕西的凉皮和荞面饸络、杭州的桂花糯米藕、云南的竹筒饭和苗家粉蒸肉等，让消费者方便地体验到中华区域传统美食，这也将是方便食品行业创新发展的方向。

4. 方便食品种类多样化

方便食品原料的多样化决定了方便食品种类的丰富多彩，目前除了米粉、面粉、马铃薯等原料外，还出现了一些新兴的食品原料（如果蔬干、牛肉干等）；在风味上，由于现在人们需求日益多元化、个性化，再加上香精香料行业的发展，方便食品风味出现了多元化格局；随着科学的发展，方便食品的加工工艺也将呈现多元化趋势，低温真空油浴技术、烘烤技术、微波膨化技术等现代加工工艺越来越受到方便食品公司的青睐。

5. 方便食品需求多元化

随着方便食品生产工艺的革新，食品种类更加多样化，食品包装也追求具有观赏性，以在满足品味要求的同时，满足消费者对美的需求。方便食品正朝着趣味化、时尚化的路径发展。

（二）产品创新趋势

市场需求的变化，使得企业在产品创新方面做出了很多改进，在不同领域都呈现出不同的特点和趋势。

1. 方便面行业

一是还原面馆风味，使消费者身临其“店”。方便面产品越来越餐饮化，无论是风味还是形态，都更加接近于面馆里刚出锅的一碗面，香气更加诱人。近年来，方便面企业如康师傅、统一、今麦郎、白象、日清等，更是利用创新技术改进工艺，逐步去除方便面工业痕迹，回归自然、回归厨房，让消费者即使在家里，也能体验到与面馆相同的风味与品质，如今麦郎的“老范家面馆面”“日清一风堂豚骨拉面”等。

二是尽显地域风味，传承经典。各种尽显异域风情和地方特色的经典风味在方便面领域纷纷呈现。运用科技创新突破地域界限，开发不同地域特色的创新产品，如白象酱拌面和日清意面等。

三是强化营养概念，以健康为本。康师傅的“豚骨”系列和统一的“汤达人”系列等各类行业内中高端产品将方便面进行营养方面的强化，已经得到了普遍认同，在汤和配料中更加注重营养的搭配。

四是对接休闲食品，求新求变。伴随着人们消费方便面场景的变化，方便面也在消费者的生活中逐渐变换着角色。方便面作为代餐的功能在弱化，与休闲食品之间的边际正在模糊。很多方便面产品从包装、名称、食用方法等多个方面，力求能有新意，有所突破。

五是满足多元化需求，紧跟时尚。为迎合消费群体的多元化、个性化需求，方便食品行业开始专注于特定人群的产品研发，同时在产品中多方位多角度不断融入创新元素，丰富产品品类，助推行业可持续发展。

2. 米面制品行业

2018 年，挂面行业的创新十分活跃，亦由此形成了各具优势的差异化竞争格局。特色产品、健康需求、小众多元、追求时尚、跨界交叉，已成为 2018 年挂面行业的亮点。

中小企业新增产能主要为生产特色面。“健康、便捷、营养、儿童”，成为挂面产品四大趋势。

3. 速冻食品行业

近几年来，消费者对速冻食品的需求不断增加。一方面，现今的生活节奏越来越快，而传统烹饪环节多而复杂，导致年轻人下厨时间较少。外卖虽然越来越便捷、普遍，但常被曝出各种健康、卫生问题。速冻食品一方面既满足了容易烹饪、食材营养的要求，又顺应了年轻人懒、宅的心理。另一方面，速冻食品不添加防腐剂，依靠低温来保鲜保质，符合人们追求健康、卫生的消费观念，因而在家庭餐桌上愈加常见。

随着速冻食品行业的竞争日益加剧，依附于零售终端的销售模式已难以满足速冻食品企业的快速发展。加大对餐饮渠道的开发力度，将是业内各企业的迫切之选。速冻食品进入餐饮渠道，除了传统的火锅店、饺子店，速冻鱼糜制品、速冻肉制品还先后打入了关东煮、麻辣香锅、麻辣烫等餐饮业态，一些速冻面条制品还进入了焖面店、粥铺。借此契机，速冻食品在外卖餐饮中的需求快速增长，特别在麻辣烫、烧烤、冒菜、速食便当等餐饮形态中使用广泛。

4. 生产装备智能化，提升食品安全与营养

近年来，增效、环保、高速、稳定成为方便食品行业机械设备的创新主流，配料生产装备的连续化、智能化成为趋势。如通过装备智能化提升，让挂面行业可以与其他种类产品相互融合，实现交叉与延伸发展，并逐渐向更高质量、更高附加值的方向发力，使营养、健康成为挂面行业的趋势。此外，通过现代工业化方式演绎传统风味也成为挂面行业创新的一大趋势。

四、政策建议

近年来，人们的食品消费模式正逐渐从生存型向享受型转变，消费者对休闲食品的需求也从过去纯粹追求口感逐步向多元化方向发展。同时，国家连续出台了一系列扩大消费和支持方便食品产业的政策措施，鼓励对方便食品企业进行改革和升级，建立开放、规范、诚信、安全的电子商务发展环境，实现了进一步推动方便食品行业规模的持续增长。为实现方便食品行业的稳定健康增长，仍需要瞄准以下几个方面，逐步完成行业内的改革。

（一）保持东方食品特征

方便食品在发展中注重产品的精致化、高端化和品牌化固然重要，但特色化、本地化方能在让产品保有生命力。这也就意味着，我国方便食品的制造一定要有区别于其他国家和地区的原创性产品，能体现传统中华饮食文化精髓。

（二）增加产品附加值

随着快速消费时代的到来，消费者对于食品的健康和营养也会持续投入更多的关注。企业在开发中高端产品时，首要考虑的就是通过提高产品营养价值的方式。以挂面行业为例，高蛋白面条可以实现挂面在概念、健康及口感方面的多方升级。伴随健身产业的迅猛发展，低脂高蛋白饮食作为配套生活方式被广泛接受。越来越多高蛋白宣称的产品已经开始在市场上涌现。乳蛋白是公认的优质动物性蛋白质来源之一，是优质必需氨基酸来源，可以弥补谷物蛋白必需氨基酸缺陷。在挂面产品中添加一定比例的浓缩乳清蛋白，可以补足赖氨酸，并使终产品具有更好的质构和感官特性。

（三）对接餐饮业，谋求新发展

对连锁餐饮来说，对餐食标准化的需求很高，工业化的食品企业通过标准化生产半成品就是一个比较好的切入点。新餐饮成为餐饮增长的主要驱动力，这也恰好给很多速冻食品中小企业提供了在新的食品潮流中试身的机会。

（四）加强方便食品质量安全建设

食品安全问题一直是全国人民关注的焦点，政府部门必须加强监管。要按期检查商家所售食品的质量安全，加大对商户的法制教育力度，同时加大对违法犯罪的处罚力度，

规范商家行为。

以冷链运输为例，当前，我国冷链物流发展严重不足，物流设施分布失衡，冷库大多集中在东部沿海地区，中西部地区严重短缺。易腐食品冷链运输率低，相关食品安全事件屡屡发生，冷链物流落后引发的食品质量安全威胁亟须重视。为加快提升我国冷链物流发展水平，保障食品质量安全，相关部门应统筹基础设施建设，建立高效物流网络；加强对技术装备的研发应用，推进电子信息化进程；加快完善标准体系，健全服务规范制度；完善行业监管机制，建立企业信用体系。

（五）全产业链安全风险防范、预警体系亟待完善

方便食品行业中应用的农产品种类繁多，原料的微生物污染问题、重金属问题、农业兽药残留问题，加工过程有害物质产生问题，流通过程微生物增殖问题，都会对企业及行业造成不可挽回的损失。因此，应完善全产业链的安全防范、预警体系，从源头防范，全链条防范，及时预警，才能保证行业健康发展。

（六）加强食品安全科普

加强食品安全科普教育，用老百姓听得懂的声音去传递食品安全科学知识，促进全社会食品安全基本认知的形成，是我国食品安全体系建设、促进食品产业持续健康快速发展基本战略的重要组成部分。

开展食品安全科普教育就是要给消费者一双慧眼，引导公众正确看待食品安全问题，提高人们对食品安全常识的知晓程度，不仅告诉人们哪些食品不能吃，还要告诉人们哪些食品能吃，从而不被一些不负责任的负面新闻或坊间流传所误导，增强人们对食品安全的自我防范意识和辨别能力，推动全社会食品安全共治局面的形成。

中国食品科学技术学会

生物发酵产业

2018 年，生物发酵产业继续调整发展思路，坚持以提高发展质量和效益为中心，以深化拓展供给侧结构性改革为主线，深化创新驱动，以市场需求为导向，注重产品结构的调整，保持多品种、个性化、专一化、高附加值发展方向，同时不断提高产品质量和产品应用技术服务水平，有力地促进了行业经济平稳健康发展。

一、行业概况

（一）主要经济指标

1. 整体经济形势发展稳中有升

2018 年生物发酵行业整体经济运行稳中有升，主要行业产品产量约 2961.6 万 t，与 2017 年相比增长约 4.1%；总产值 2472 亿元，同比增长 3.4%（表 1）。其中，氨基酸增长幅度在 10% 以上，主要增长贡献为赖氨酸及苏氨酸产品；有机酸增长率 9.4%，主要增长贡献为葡萄糖酸产品；淀粉糖、多元醇、酶制剂、酵母、功能发酵制保持了小幅稳定增长；食用酵素行业处于稳定发展阶段，2018 年食用酵素①设计产能、产值基本保持在 2017 年水平。

表 1　2018 年生物发酵主要行业产品产量

序号	分类	产量/万 t	同比增长/%	产值/亿元	同比增长/%
1	氨基酸	600.0	10.7	545	22.5
2	有机酸	245.0	9.4	200	33.3
3	淀粉糖	1397.0	1.6	423	0.7
4	多元醇	163.0	1.2	133	2.3
5	酶制剂	145.0（标吨）	4.3	33	10.0
6	酵母	36.6	4.5	78	4.0
7	功能发酵制品	360.0	1.4	760	1.3
8	食用酵素	15.0	—	300	—
	合计	2961.6	4.1	2472	3.4

数据来源：根据行业协会统计数据。

2. 产品出口量、出口额继续保持增长趋势

根据海关 2018 年进出口数据统计，生物发酵主要行业、主要产品出口量 491.09 万 t，较 2017 年同期下降 2.1%；出口额 53.53 亿美元，较 2017 年同期增长 25.1%（表 2）。

① 仅统计中国生物发酵产业协会入会酵素生产企业。

表 2　2018 年生物发酵主要行业、主要产品出口量、出口额

序号	分类	出口量/万 t	同比增长/%	出口额/亿美元	同比增长/%
1	谷氨酸产品	59.69	-3.9	6.09	5.0
2	赖氨酸产品	40.54	9.0	4.50	12.5
3	其他氨基酸产品	26.78	10.1	9.53	18.5
4	柠檬酸产品	115.57	6.0	8.88	-5.2
5	乳酸产品	5.88	10.0	0.70	27.2
6	葡萄糖酸产品	18.11	2.8	1.27	20.7
7	淀粉糖产品	165.64	-8.3	9.55	1.1
8	多元醇产品	36.69	16.7	6.50	8.1
9	酶制剂产品	9.31	-0.4	3.71	3.7
10	酵母产品	12.88	-7.0	2.80	-4.6
	总计	491.09	3.9	53.53	25.1

数据来源：根据 2018 年海关统计数据。

出口量方面，除谷氨酸产品、淀粉糖产品、酶制剂产品和酵母产品出口量小幅下降之外，其余产品出口均保持上涨趋势，其中其他氨基酸产品、乳酸产品、多元醇产品出口量增幅在 10% 及以上，其余产品保持在个位数的增长速率。淀粉糖产品出口下降幅度最大，达到 8.3%，主要原因是受菲律宾政府对果葡糖浆征收糖税的影响，果葡糖浆出口量大幅下降。

出口额方面，赖氨酸产品、其他氨基酸产品、乳酸产品、葡萄糖酸产品出口额增幅较大，增幅达两位数，其中乳酸产品、葡萄糖酸产品增幅达到 20% 以上；柠檬酸产品和酵母产品出口额出现负增长。

出口平均价格方面，谷氨酸产品、赖氨酸产品、其他氨基酸产品、乳酸产品、葡萄糖酸产品、淀粉糖产品、酶制剂产品、酵母产品比 2017 年同期都有不同程度的增长，其中乳酸产品、葡萄糖酸产品价格增长幅度较大，侧面反映出我国发酵产品国际议价能力增强。

（二）行业发展分析

1. 价格

由于玉米加工业产业政策全面放开，政策影响减弱，玉米的定价将逐步趋于市场化，市场供需关系主导价格走势，国内玉米价格稳步上涨。2018 年上半年主要原材料成本（尤其是玉米、煤炭价格）上升。2018 年下半年由于环保压力或部分企业季节性检修的影响，行业内企业开工率持续下降，产品供应偏紧，带动整个玉米市场的消费需求，玉米价格走强。

（1）氨基酸　氨基酸大宗产品的价格持续多年低迷。我国味精（谷氨酸钠）已达到供销平衡产销饱和状态，2018 年上半年市场竞争加剧，味精价格不断下跌，一度触及行业历史以来的最低点。年中由于环保压力部分企业停产限产，市场需求得不到满足，味精价格出现较大上涨，在 8 月中下旬达到年度高点后出现回调。味精行业的竞争格局日益明确，行业总供给稳中有降，而需求则保持相对稳定。味精市场摆脱长期以来“供大

于求”的局面。

（2）有机酸　2017年6月与7月出口价格接近900美元/t，是近年来价格最高点，但自2017年8月份开始出口价格逐月走低。2018年延续了2017年的走低趋势，12月份价格达到670美元/t以下，是十年来的最低点。该价位已经低于成本价，造成了2018年柠檬酸行业出口量较大幅度增长，可是出口额却有较大幅度降低，全年出口平均价格下降108美元/t，下降幅度12.81%，行业由盈利转为亏损状态。

（3）淀粉糖醇　全年来看，淀粉糖各产品生产呈平稳上升的趋势，开工率较为稳定，四季度受玉米价格上升影响，价格呈现两头高中间低态势。果葡糖浆价格全年在2500～2800元/t震荡，总体利润不甚理想，企业竞争激烈，压价竞争明显，这是淀粉糖行业面临的最大困局，加上蔗糖价格由2018年初的6500元/t回落至5200元/t左右，再加上出口受阻，对果葡糖浆价格有一定影响。麦芽糖浆全年价格在2200～2600元/t震荡，市场稳中偏强，原料成本压力导致成交价格被动上调，盈利较低。麦芽糊精价格在3200～3700元/t，虽然原料玉米价格上调，成本增加，但麦芽糊精盈利情况较好。结晶葡萄糖全年价格在2800～3500元/t，出货价格比较稳定，盈利稳定。

（4）酶制剂　近年来，由于市场竞争激烈，酶制剂的价格呈现逐年下降的趋势，提浓并未带来价格的增加，有些传统酶种的价格已经直逼生产成本，反映出市场同质化现象严重，市场竞争激烈。但对于有特定性能的酶制剂产品，价格尚存在一定的利润空间。

2. 市场

（1）氨基酸　2018年谷氨酸钠（味精）总产量约为275万t。赖氨酸、赖氨酸酯及盐2018年总产量约为246万t，比2017年增长21.5%。苏氨酸2018年总产量约为75万t，比2017年增加15%，其中出口量比2017年增长31%。色氨酸2018年总产量2.2万t，比2017年减少近一半，产品50%以上用于出口。其他氨基酸产品2018年总产量10万t左右，50%产品出口。

（2）有机酸　2018年柠檬酸行业总产量165万t，较2017年同比增长8.55%。柠檬酸行业产量随着中粮（榆树）公司的开产，以及日照金禾公司、英轩实业公司的生产线改造完成，2018年有较大幅度增长。2018年乳酸产量15.5万t，较2017年同比增长5.63%，2018年下半年中粮格拉特公司逐渐停产。2018年，我国葡萄糖酸产量60万t，与2017年相比有较大幅度增长，同比增长13.21%。衣康酸近几年来产量变化不大，2018年全年总产量约5万t。

（3）淀粉糖　据中国生物发酵产业协会淀粉糖分会统计，2018年全国淀粉糖总产量1397万t，比2017年增长1.6%。其中固体糖492万t，液体糖905万t。2017年，在国家放开玉米深加工审批限制、取消玉米托市政策、蔗糖价格高企等因素影响下，淀粉糖行业迎来发展的曙光，产量回升，生产成本大幅下降，价格竞争优势凸显，市场份额逐步扩大，产销量增加，企业利润水平有所提高。进入2018年，新扩建产能还未完全建成投产，同时由于环保压力及资金问题，部分企业产能彻底退出市场，总产量的增长幅度不大，行业日渐集中在大型企业集团和经营管理、技术竞争能力强的企业，行业集中度明显提升。

（4）多元醇　多元醇行业2018年运行状况良好。山梨醇产量平稳，价格略升，2018年以来在环保政策趋严、供给改善、产能向大企业高度集中、龙头企业议价能力大幅提高等因素驱动下，维生素C产品多次出现阶段性上涨，在一定程度上带动了山梨醇市场。麦芽糖醇、赤藓糖醇、甘露醇、木糖醇生产状况良好，产品效益在多元醇产品中属于利润率相对较高的产品。赤藓糖醇2018年出现供不应求局面，主要因其低热量、抗龋齿、耐受性高等特性逐步显现出优势，应用市场扩大。木糖醇价格仍保持在高位，主要是由于国内环保政策收紧，中小型木糖厂因环保问题关停，导致国内木糖原料紧缺，进而影响木糖醇的价格提升。目前国内几家大的木糖企业不仅在环保方面更加关注，同时也在积极开发新的原料生产木糖，目前已有用纺织行业进口的木浆造丝后的半纤维素液生产的木糖投入运行，增加了国内木糖市场供应。

（5）酶制剂　2018年我国酶制剂产量约为145万（标）t，较2017年同比增长约4.3%，产品总产值约为33亿元。目前国产酶制剂上市品种约40种。总的产能在不断增加，除几家原有企业扩产外，一些新企业加入酶制剂生产行列，市场竞争愈加激烈。企业继续加大创新投入，行业知识产权保护意识增强，专利数量快速增长。企业不仅注重新应用市场的开拓，对现有酶制剂的改造和提升也加快了步伐，对于国产酶制剂在中国市场的份额重新分配起到了积极作用。研究、生产、应用三方的合作越来越紧密，酶制剂的研究与改造提升越来越有目标性和针对性，紧跟市场需求。企业差异化发展战略在行业内得到了认同。

（6）酵母　2018年，酵母行业基本保持平稳发展态势。中国酵母类制品产销约36.6万t，同比增加4.5%。其中活性酵母类25.1万t，酵母抽提物类9.5万t，其他酵母制品2万t。产能利用率88%，产销规模继续保持小幅增长，全行业产值约78亿元。

3. 投资

2017年4月，国家发展和改革委员会取消了玉米加工审批限制，各地特别是东北等地玉米加工新建、扩建产能急速增加。为了充分利用东北的玉米产能优势，一些氨基酸生产厂纷纷在东北建厂。阜丰公司2018年年初在黑龙江齐齐哈尔市建设的龙江基地二期工程于2019年1月开始投产，新增年产30万t淀粉糖及20万t赖氨酸。2018年第四季度梅花公司在吉林白城的一期工程——年产40万t的动物营养氨基酸项目投产试车。

玉米加工新建、扩建产能急速增加，柠檬酸行业跟风现象严重，中粮搬迁、英轩改造、金禾新增，七星柠檬、珲春协联各自计划新增50万t，其中七星柠檬一期年产10万t设备已经基本就位。近几年，聚乳酸行业在国内不断地被提及，2018年中粮长春、金丹乳酸新建聚乳酸厂，丰原集团和多方合作也进入实质发展阶段。聚乳酸的发展引发了乳酸行业的发展需求，金丹、百盛、丰原等纷纷拿出发展规划和实际动作，丰原集团更是一期确立15万t乳酸、10万t聚乳酸的发展目标。

国家放开玉米深加工政策以来，加上玉米主产区政策优惠扶持及国家玉米去库存的压力，很多原有淀粉糖企业和行业外企业扩建及新建了淀粉糖项目，目前全国淀粉糖产能已达2200万t左右。2018年部分项目处在建设期，投入市场产能有限，对原有市场未造成太大的影响。

2018年，安琪持续发展酵母主业和推进国际化，赤峰酵母绿色制造集成项目顺利投产，宜昌细胞源（酵母）营养健康食品数字化车间、埃及年产12000t酵母抽提物项目正在施工建设，计划2019年投产。2018年，乐斯福中国总产能保持稳定，来宾工厂技改项目整体已完成70%，预计2019年完工；崇左工厂改扩建项目已于2018年年底试生产，2019年投产。山东圣琪食品原料及添加剂以及甘薯渣固态发酵酵母培养物生产线在2018年9月完成，风味化酵母抽提物、无味精酵母抽提物调味料、酵母类功能食品等项目也在2018年年底前完成。佰惠生生物年产能

10000t 项目 2018 年仍处于试生产。广东江门生物因地处市区内污染重点防治区域，厂区土地被规划利用，2017 年 12 月以后停产整修，2018 年 6 月 1 日正式停产。天香苑公司湛江五洲工厂改扩建 5000t 项目 2018 年下半年投产，总产能达到 10000t。

4. 行业集中度

（1）氨基酸　经过近几年的行业整合，全国发酵氨基酸总产量 600 万 t。目前我国谷氨酸钠（味精）重点生产企业有 8 家，赖氨酸在产企业有 10 余家，苏氨酸在产企业有 8 家，色氨酸在产企业有 4 家，其他氨基酸在产企业有 10 余家。我国氨基酸产品种类较多，大宗型产品，如谷氨酸钠、赖氨酸、苏氨酸、色氨酸等产品的原料主要为玉米，因此，这此产品的生产企业主要分布在原料产地，如新疆、山东、辽宁、黑龙江、内蒙古、宁夏、福建等地。其他小品种氨基酸生产受原料影响较小，生产分布较为广泛，如武汉、湖北、湖南、浙江、辽宁、新疆、山东、黑龙江、内蒙古、宁夏等地。

（2）有机酸　近年来，柠檬酸（盐）企业变化不大，柠檬酸酯发展较快。2018 年国内柠檬酸发酵生产企业有 7 家。

5. 进出口

由于玉米临储政策取消，玉米价格重新市场化，我国玉米的价格逐渐与世界玉米价格接轨。随着玉米价格的回归，玉米深加工产业进一步市场化，产品竞争力将继续回升，生物发酵产品出口扩大成为我国玉米去库存的新渠道。

（1）氨基酸　我国是世界第一氨基酸生产大国，氨基酸产品进口数量相对较少。2018 年谷氨酸类产品进口量 2091t，进口额 600 万美元；谷氨酸类产品出口量 59.6 万 t，出口额 6 亿美元。2018 年赖氨酸、赖氨酸酯及盐进口量 1335t，进口额 370 万美元；出口量 40 万 t，出口额 4.5 亿美元。2018 年苏氨酸出口量约为 46 万 t，比上年增长 31%。

（2）有机酸　2018 年柠檬酸产品总进口量 2992t，同比减少 6.43%；总进口额 1373 万美元，与 2017 年比上升 18.06%。出口量为 115.57 万 t，同比上升 6.00%；总出口额 88753 万美元，同比减少 5.24%。2018 年乳酸及其盐和酯进口量 16578t，同比增长 91.23%；进口额 2926 万美元，同比上升 62.92%；出口量 58813t，同比上升 9.98%；出口额 8200 万美元，同比增长 21.23%。2018 年葡萄糖酸及其盐和酯进口量 1263t，同比增长 57.68%；进口额 305 万美元，同比增长 34.36%；出口量 18.11 万 t，同比增长 2.84%；出口额 12688 万美元，同比增长 20.66%。

（3）淀粉糖　根据海关 2018 年的进出口统计数据，2018 年淀粉糖相关产品出口量 165.6 万 t，较 2017 年同比下降 8.33%；出口额 9.55 亿美元，较 2017 年同比上升 1.10%；进口量 45.7t，同比上升 8.38%；进口额 4.67 亿美元，同比上升 18.55%。国内淀粉糖生产技术、装备已达国际先进水平，产品质量稳定，具有很强的品牌竞争力。2018 年出口量出现下降，主要受果葡糖浆出口量下降的影响，2018 年果葡糖浆出口量减少 24.4 万 t，同比下降 44.69%。最主要的减少国是菲律宾，受菲律宾政府征收糖税的影响，使我国果葡糖浆的出口受到较大阻力。

（4）多元醇　根据海关 2018 年的进出口统计数据，2018 年多元醇相关产品出口量 36.7 万 t，较 2017 年上升 16.68%；出口额 6.50 亿美元，较 2017 年上升 8.1%；进口量 44.3 万 t，同比上升 14.72%；进口额 6.14 亿美元，同比上升 18.85%。2018 年多元醇相关产品进出口均保持上升态势，出口量达到 2008 年以来的最高点，进口量自 2017 年恢复上升态势，2018 年继续保持增长，进口额持续提升，幅度超过进口量增幅。

（5）酶制剂　与 2017 年同期相比，2018 年酶制剂产品进口量和进口额均有所增加。其中，进口量同比增长 8.1%，进口额同比增长 4.1%，进口的平均价格降低；出口方面，2018 年酶制剂产品出口量同比降低 0.4%，出口额同比增长 3.7%，出口平均价格上升。我国酶制剂出口价格远低于进口价格，反映了国产酶制剂仍以传统酶制剂种类为主，缺少高端酶，有些酶种的国外依存度依然很高，产业化进程需要加快。

（6）酵母　2018 年酵母类产品进口量 1467t，同比减少约 8.70%；进口额 1542 万美元，同比增加 14.30%。其中活性酵母和发酵粉的进口量同比下降幅度较大；活性酵母、非活性酵母两类产品进口额同比增长较大，发酵粉的进口额持平。三类产品的单价均有所增加。国际市场，2018 年酵母出口较 2017 年所有减少。据海关统计，2018 年酵母类产品出口量 12.9 万 t，同比减少 7.0%；出口额 2.8 亿美元，同比减少 4.6%。

6. “三品”战略实施情况和典型案例

（1）增品种　企业普遍重视产品研发的投入，企业研发新产品的主动性和积极性都在不断提高，新品开发速度明显加快。一切围绕消费者，满足消费者不断变化的需求，回归市场，加强市场研究，加强供给侧改革，不断提升企业的软实力，才能逐步改善消费市场供需失衡的矛盾。

①重点项目推介活动：中国生物发酵产业协会每年在上海举办的国际发酵技术装备展同期举行重点项目推介活动。该活动围绕创新驱动，解决院校研究机构新产品新技术转化难的问题，满足企业转型、产品结构增项和延伸等需求，从而推进产业转型升级。活动遴选的项目已完成小试、中试，并满足以下要求：现有技术成果或专利技术，具有产业化、商业化应用前景；适应社会发展需求，有利于高新技术产业链的形成，对发酵行业经济增长、产业结构优化升级与关联产业发展有推动作用；符合当前国家重点鼓励发展的产业、产品和技术目录等；具有较广阔的市场前景，有较好的经济效益、社会效益和生态效益，符合低碳经济、可持续发展的要求；具有前瞻性，对产业未来发展有指导性。2018 年主要推介了生物催化合成重要 α-酮酸关键技术、一种用于加快作为种子萌发的生物激活剂、高品质果醋发酵关键技术、药食同源原料发酵生产酵素产品等项目。

②以市场需求导向创新开发产品：企业愈加重视市场需求导向产品的开发，健康成为人民群众日益关注的重点，健康产品也成为企业研发的新焦点，具有生理活性和益生特性的产品不断推陈出新，如含有益生菌的各种终端消费品的开发，含有益生元的终端消费品的研制，酵素产品品种类型的不断丰富，部分高校和企业对阿洛酮糖等稀少糖的研究和生产，不断满足和引领健康需求和健康潮流，促进消费升级。

（2）提品质　在提品质方面，引导和培育、弘扬精益求精的工匠精神，企业通过树立质量为先、信誉至上的经营理念，在生产工艺、节能减排、技术水平等方面找差距、补短板，提高质量管理水平，推动中国制造加快走向精品制造，赢得大市场。2018 年安琪酵母获得“中国质量奖提名奖”，其在质量管理模式、管理方法和管理制度领域、创新能力、品牌影响、经营绩效等方面取得了一定成绩；保龄宝生物股份有限公司将全面质量管理作为加强企业管理的重要抓手，深入推进卓越绩效管理，产品质量、服务质量和企业发展质量同步提升，2018 年获得山东省质量管理优秀企业。

积极开展标准制修订工作，通过标准规范、引领、带动行业发展和质量提升，2018 年开展了 10 余项食品安全国家标准、国家标准、行业标准和 20 余项团体标准的制修订工作，以产品标准为主要类型，约占制修订标准总数的80%以上，其他涉及方法标准和生产规范等类型。行业中的重点企业都能够积极参与到标准的制定工作中，企业越来越重视标准的作用，在制标中的参与度和话语权逐年提升。

（3）创品牌 品牌是企业的第一生产力，是开拓市场的制胜关键。行业企业通过加强创新能力、增加研发投入、维护知识产权，创造更多的终端品牌，提高品牌竞争力。由工业品规模发展转向消费品品牌发展，加大产品延伸推广，发展下游产品，提高产品价值，实现产品差异化竞争优势。从国内品牌向国际品牌挺进，拓展品牌的国际影响力，提升品牌价值。安琪酵母积极拓展品牌的国际知名度和社会影响力，积极响应国家“一带一路”政策，2018年在俄罗斯建设的第二家海外工厂试运行，打造海外品牌形象，以我国酵母产品国家标准为质量标杆，实现了建立“俄罗斯最先进酵母工厂和安琪最先进酵母工厂”的双重目标，为中国生物发酵制造品牌的国际化添砖加瓦。安琪酵母荣获“2018中国上市公司口碑榜消费产业最具成长性上市公司”奖，进一步提升了品牌价值与影响力。

在2018年山东省质监局联合省发展和改革委员会等八部门共同发布的“2018年度山东省制造业百家高端品牌培育企业名单”中，保龄宝生物股份有限公司、山东福田药业有限公司、山东西王糖业有限公司榜上有名，将更进一步促进企业的品牌培育和品牌价值的提升。

7. 绿色制造

进入“十三五”以来，在工业和信息化部的大力推动下，我国加快了绿色制造进程，大力推进制造业绿色制造体系建设。

在绿色制造方面，行业积极响应国家生态绿色发展需要，企业在技术改造、节能降耗减排方面每年都投入大量资金，同时国家在绿色制造方面也给予政策、项目、资金支持，使得行业绿色发展取得了显著进步。以柠檬酸行业为例，近年来柠檬酸的技术指标每年都在持续进步，资源消耗逐年降低。2018年，柠檬酸行业的平均产酸率为16.88%，上升了0.21%；行业平均发酵周期为60.42h，缩短了0.53h；平均成品粮耗为1.69t/t，较2017年节粮1.74%；平均汽耗为2.48t/t，较2017年节约10.79%；平均耗电616度/t，较2017年节电5.95%；平均水耗15.59t/t，较2017年节水3.17%。

2018年行业启动“绿色制造”标识认定工作，目的是推动生物发酵产业绿色产品、绿色工厂建设，推动行业走高效、清洁、低碳、循环的绿色发展道路。通过评审，8家企业获得第一批使用“绿色制造”标识的许可。2018年行业企业继续申报国家绿色工厂和绿色集成专项，秦皇岛骊骅淀粉股份有限公司、山东润德生物科技有限公司、诸城东晓生物科技有限公司、日照金禾博源生化有限公司等9家企业获评“国家级绿色工厂”；山东润德生物科技有限公司（氨基葡萄糖绿色关键工艺项目）、呼伦贝尔东北阜丰生物有限公司（高附加值发酵制品高效绿色制造关键工艺集成）、河南飞天农业开发股份有限公司（小麦精深加工产品绿色设计平台及示范线建设）等企业获得国家绿色集成及其他专项支持。

8. 发展新亮点、新增长点

行业科技创新日益活跃。发酵行业是技术密集型行业，科技创新带动行业技术进步和经济增长，近几年在产业结构性过剩及大经济环境的影响下，在供给侧改革和市场需求变革的推动下，行业大中型企业的科技创新意愿和研发投入日益增强，产学研用结合得越来越紧密。传统行业的技术改造和技术革新、新兴产品的技术研发和应用研究不断开创新成果，不断转化为生产力，促进企业实力不断增强，行业经济不断增长。

2018 年，协会配合中国轻工业联合会组织完成 4 项科技成果鉴定，分别是河南巨龙生物工程股份有限公司、浙江华康药业股份有限公司、中粮生物化学（安徽）股份有限公司等企业分别联合天津科技大学、吉林大学、浙江工业大学、中国科学院天津工业生物技术研究所等高校、科研院所共同完成，涉及羟基化氨基酸生物合成、嘌呤核苷及其衍生物代谢调控、高果糖浆与结晶果糖新一代生产技术、柠檬酸绿色低碳制造新技术等方向。

2018 年，发酵行业推荐华东理工大学、浙江工业大学、河南巨龙生物工程股份有限公司、吉林中粮生化有限公司、山东阜丰发酵有限公司、山东扳倒井股份有限公司等单位完成的涉及玉米淀粉、淀粉糖、氨基酸、嘌呤核苷行业的 9 项科技成果申报了“中国轻工业联合会科学技术奖技术进步奖”，获得中国轻工业联合会技术发明奖一等奖 1 项，技术进步奖一等奖 3 项，技术进步奖二等奖 3 项，技术进步奖三等奖 1 项。成果水平较往年有较大提升。推荐安琪酵母股份有限公司申报国家知识产权局“第二十届中国专利奖”，获得“中国专利优秀奖”。

行业内的高校院所在共建行业技术中心建设方面也投入了极大的关注和参与度，北京联合大学共建了中国生物发酵产业协会发酵制品健康评价与推广中心（北方），浙江工商大学共建了功能食品感官与消化测试评价中心，这些共建项目将进一步加强行业内的交流和为行业服务，增强解决行业在功能食品与发酵制品健康评价等方面的共性技术问题的能力，为行业发展提供发酵制品健康评价、功能发酵食品消化与营养评价技术保障。

行业内企业也积极申报中国轻工业联合会组织的首批“中国轻工业工程技术研究中心”。中国生物发酵产业协会经认真组织、筛选、审查，推荐山东隆科特酶制剂有限公司、保龄宝生物股份有限公司、日照金禾生化集团股份有限公司、内蒙古伊品生物科技有限公司、山东天力药业有限公司、山东润德生物科技有限公司 6 家企业申报工程技术研究中心，并通过中国轻工业联合会评审、认定。西王集团与国家粮食和物资储备局科学研究院共建了“国家玉米深加工产业技术创新中心”，于 2018 年 11 月挂牌。

二、行业面临的问题

（一）政策与市场

1. 税费方面

（1）出口退税　目前，玉米深加工大部分产品的出口存在相同产品商品编码不同、执行出口税率不同的情况，影响了企业产品的出口。如山梨醇（固体，商品编码 29054400）和液体山梨醇（商品编码 38246000）；麦芽糖醇（固体）归在商品编码 29400090 分类中，液体麦芽糖醇归在商品编码 3824909990 分类中；赖氨酸（商品编码 2922.4110）和赖氨酸脂和赖氨酸盐（商品编码 29224190）。根据中国生物发酵产业协会对我国山梨醇、麦芽糖醇、赖氨酸、赖氨酸盐的出口情况分析，固体山梨醇、固体麦芽糖醇、赖氨酸的出口量占比很小，大部分出口产品为液体山梨醇、液体麦芽糖醇和赖氨酸盐，因此，目前的出口退税政策对于这几种玉米深加工产品的外销等问题产生了很大的不利影响，中国生物发酵产业协会也多次向有关部门反映该问题，还没有得到有效解决。

（2）资源综合利用产品增值税优惠目录　2015 年 6 月，国家税务总局与财政部联合印发了《资源综合利用产品和劳务增值税优惠目录》（以下简称《目录》），“木糖、阿拉伯糖”列入《目录》中的“类别四：农林剩余物及其他”项下的4.2：综合利用产品。在《目录》执行过程中，国内木糖、阿拉伯糖生产企业未能享受增值税即征即退的优惠政策。原因是：虽然4.2“综合利用产品”中列出了“木糖、阿拉伯糖”，但是在同一序列号“综合利用资源名称”中列的是“三剩物、次小薪材、农作物秸秆、沙柳”，并未将“玉米芯”列入。但是，玉米芯是生产木糖、阿拉伯糖、低聚木糖的主要原料（占99%以上），年消耗玉米芯约100万t，年创造产值约30亿元，并呈现逐年上升趋势。玉米芯生产木糖、阿拉伯糖、低聚木糖，不仅将农林剩余物综合利用创造了价值，也有效带动了农民增收和劳动力就业。

（3）其他税费　玉米深加工生产过程中产生的综合利用副产品税费过高，制约了行业发展，建议适度减免税收。

生物发酵产业投资属于重资产投资，投资设备的进项税额一般三年多才能够使用完毕，不能够盘活沉淀在固定资产进项税额的资金，影响企业现金流，在一定程度上制约了生物发酵企业的发展。

2. 法规和标准实施和完善方面

一是涉及微生物工程菌生产的酶制剂等产品，由国家卫生健康委员会统一受理酶制剂新品种行政许可申请，受理后转农业农村部组织开展微生物安全评价，评价结果反馈后，再由国家卫生健康委员会按程序进行相关审批工作，评价程序不明晰、周期较长，目前尚未看到有通过评价的微生物工程菌酶制剂新产品的相关公示，使得这些行业在新产品创制应用和新技术推广上受到影响。

二是酵素产品和一些功能发酵制品在原国家食品药品监督管理总局发布的《食品生产许可分类目录》中无相应类别，导致企业无法正常申请生产许可证，从而使得市场存在混乱局面，产品归口五花八门。

三是氨基酸产品在《食品安全国家标准 食品添加剂使用标准》（GB 2760—2014）中被归类为香精香料，导致在国内应用市场的使用受到极大的限制，生产的氨基酸产品大部分出口到国外，严重影响了国内氨基酸行业的发展和产品的市场销售。

四是在已批准的部分功能糖产品标准中对产品形态的描述限制了企业生产和销售。目前，已批准的部分功能糖产品执行标准中产品形态只有一种（固态或液态），但该产品在下游应用过程中，因应用领域及应用方式不同，两种形态均被需求（仅产品形态差异，其他指标一致，或者说仅产品中含水量不同）。受限于产品执行标准中产品形态的规定，使其另一种形态无法办理生产许可。如抗性糊精，执行标准“卫生部公告2012年第16号”，产品形态为固态，按此执行标准，液态产品无法办理生产许可；食品添加剂低聚半乳糖，执行标准“卫生部公告2016年第8号”，产品形态为液态，按此执行标准，固态产品无法办理生产许可；低聚半乳糖，执行标准“卫生部公告2008年第20号”，产品形态为液态，按此执行标准，固态产品无法办理生产许可。

五是行业新产品更新速度快，标准不能满足行业日渐丰富的产品需求。如功能发酵制品行业，新开发产品在市场准入方面受到标准滞后的制约，影响新产品上市销售。

（二）科技创新

1. 核心技术自主创新能力仍不足

一是生物发酵产业研发水平和成果转化能力虽有所提升，但仍达不到理想水平，大部分以低水平的跟踪和仿制为主，自主开发的产品不足，某些产品的供给只能满足普通需求。

二是在高通量筛选、合成生物、代谢调控等方面的技术水平与欧美等发达国家和地区相比还存在差距，某些产品不能满足高端市场的需求。

三是酵素行业部分企业现有产品仍以模仿日本、泰国和中国台湾酵素为主，关键技术和装备创新力度相对较弱，部分企业仍然采用较为粗放的发酵设备与技术。

四是产品新的应用领域开发不足，缺乏配套应用研发体系，一味在现有应用领域进行残酷的价格战，损害行业利益，供给结构不适应中高端需求的新变化。

2. 关键装备水平亟待提升

影响我国发酵工业整体快速、稳定发展的重要因素之一是工艺和装备上的制约。尽管近年来国产装备研发投入比例明显增加，但与国外相比仍显不足，导致我们的关键技术装备创新力度相对较弱，一些关键装备的水平亟待提升。例如，连续离交及色谱分离用的均粒树脂，目前国内厂家生产均粒树脂主要采用筛分技术，无法直接生产统一粒径产品，国内相关产品的性能及单耗指标弱于进口产品，企业大量采购国外进口的均粒树脂，对我国分离提取行业的发展存在较大制约；又如膜分离装备所需的关键分离膜，国内高端过滤膜的核心技术主要掌握在美国等先进国家，国内的技术水平仍有待提升；再如自控系统软件基本以国外为主，对我国生物制造产业的自主发展将会是一大制约因素。

三、发展趋势

（一）新扩建产能的陆续释放，将带来更加激烈的行业竞争

国家放开玉米深加工政策以来，加上玉米主产区政策优惠扶持及国家玉米去库存的压力，很多企业存在扩产及新建玉米深加工项目的趋势，主要集中在燃料乙醇、淀粉糖、氨基酸等行业。2018 年大部分项目处在建设期及试生产期，对原有市场未造成实质影响。2019 年，新的产能将陆续进入市场，对已饱和的淀粉糖、赖氨酸等行业将带来较大的冲击，行业竞争将更加激烈，或将面临新一轮的洗牌。

（二）绿色制造、智能制造成为企业后续发展动力

国家推动《绿色制造工程实施指南（2016—2020 年）》《工业绿色发展规划（2016—2020 年）》《智能制造发展规划（2016—2020 年）》《国务院关于积极推进“互联网+”行动的指导意见》等配套政策的落实实施，地方政府相关政策的陆续出台，为企业加快提升绿色制造和智能制造水平起到助推作用。行业企业积极行动，抓住发展机遇，努力成为绿色工厂示范企业，实现可持续良性发展。

（三）环保压力不断加大，不断推动新技术的应用

国家对环境保护、资源能源消耗的要求逐年提高，部分地区限期实施更严格的排放标准，设定 COD、总氮、磷等排放指标最低限值。行业企业在解决污染物排放问题方面持续投入，清洁生产、末端治理和资源综合利用新技术在行业内得到推广应用，全行业资源、能源利用效率和清洁生产水平得到了广泛提升。

四、政策建议

生物发酵产业是关系国家发展与未来国际经济地位的战略性新兴产业的一部分，但目前产业影响力仍比较有限，需要政策、金融、市场、科技等方面的大力支持。

（一）加强生物发酵产业发展指导

一是通过《产业结构调整指导目录》、清洁生产标准、环保标准等产业政策、法规标准等提高行业准入门槛，鼓励新的细分产业发展，限制结构性过剩行业的盲目发展，淘汰行业落后产能。

二是在玉米政策放开的情况下，国家部门及地方政府应做好本地区玉米供求形势监测分析，加强玉米深加工项目建设事中事后监管，促进玉米供需平衡，保障国家粮食安全，避免低水平、盲目重复建设。

（二）出台相关产业政策助推发展

一是采用税收优惠或其他财政支持手段，择优支持具有自主知识产权、技术示范和推广效应显著、市场发展前景较好的企业，促进技术升级和优势领域的形成。

二是对生物发酵制品的出口给予更大的扶持和激励，统一和增加行业出口退税产品目录，鼓励企业出口创汇；建议将生产木糖、阿拉伯糖、低聚木糖所用的主要原料“玉米芯”列入《资源综合利用产品和劳务增值税优惠目录》序号4.2的“综合利用的资源名称”中，将“低聚木糖”列入4.2“综合利用产品”中；推动生物发酵企业享受在一定时期内未抵扣完的进项税额予以一次性退还的政策。

三是健全对生物发酵企业节能环保奖励机制，进一步扩大节能减排财政政策补贴标准。对目前对国外产品依赖度高的酶制剂、低聚糖、益生菌等行业给予政策和科技发展的支持，扶持行业发展壮大。

四是支持生物发酵行业加快结构调整、促进产业升级，对国家重大工程、科技重点专项等给予支持，加大对生物发酵行业绿色制造支持力度，鼓励企业开展绿色技术和装备研发平台、绿色设计与技术评估平台、绿色标准体系及示范线建设。

（三）及时制订和完善有关制度及法规、标准

一是对于食品工业用酶制剂，现有农业转基因生物安全评价管理办法不适用此类产品的安全性评价，建议由食品管理、监督部门制定颁布针对微生物工程菌来源的食品工业用酶制剂品种生物安全性评价方法；或在国家农业转基因生物安全委员中增加从事食品行业管理和技术研发等的相关专家，参与微生物工程菌来源食品工业用酶制剂的管理体系、审评方法制定，以及生物安全评价工作。

二是随着生物发酵领域创新能力的不断提升、新技术的突破，为生物发酵行业产品优化和新产品诞生起到重要支撑，建议监管部门加强调查研究，组织开展相关研究，尽快出台有利于产业发展的行政审批制度，促进国内新技术的应用，增加国内企业国际市场竞争机会，提升产业竞争力。

三是及时修订和完善系列产品标准，科学分类，提升产品技术含量，完善标准中产品形态等指标，强化推广力度；加强检测方法、生产规范和清洁生产等标准的制定；尽快建立食品安全与营养标准体系，贯彻落实《国民营养计划（2017—2030）》，启动制定国民营养领域相关标准。

（四）持续支持行业高级技术人才培养

人力资源和社会保障部设立的专业技术人才知识更新工程-高级研修项目，为行业高级技术人员集中学习新知识、新实践提供了机会，通过理论授课、案例分析和分组讨论，聚焦影响我国产业整体快速、稳定发展的重要共性技术、工艺和装备，着力培养和提升专业技术人才在核心技术和装备突破方面的创新能力，将对助力产业整体技术水平升级起到重要的作用。政府有关部门应加大力度，持续支持。

中国生物发酵产业协会

酿酒工业

2018年，我国酿酒产业整体经济效益稳定，并向高质量阶段发展挺进。从产量规模来看，在向企稳回升的态势发展，行业结构的深度调整在稳固有序地进行。全行业更加注重产品结构的优化和产品品质的提升，产量与市场需求基本保持在合理增长空间。

一、行业概况

根据国家统计局数据（图1～图4），2018年，全国酿酒行业规模以上企业完成酿酒总产量5631.93万kL，同比增长1.17%。其中，饮料酒产量4985.30万kL，同比增长0.90%；发酵酒精产量646.63万kL，同比增长3.24%。

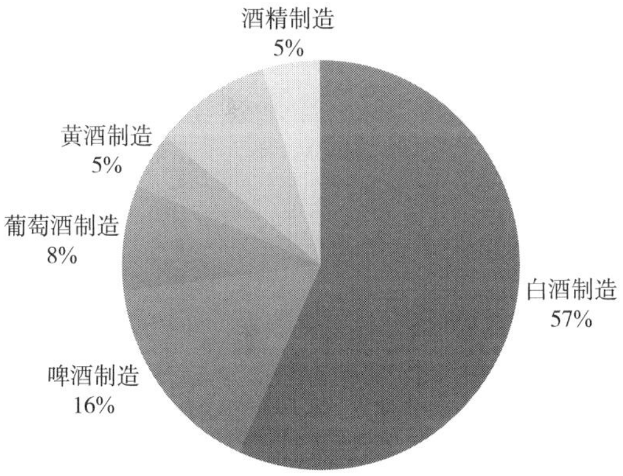

图1　2018年酿酒行业企业数量分布情况

资料来源：国家统计局。

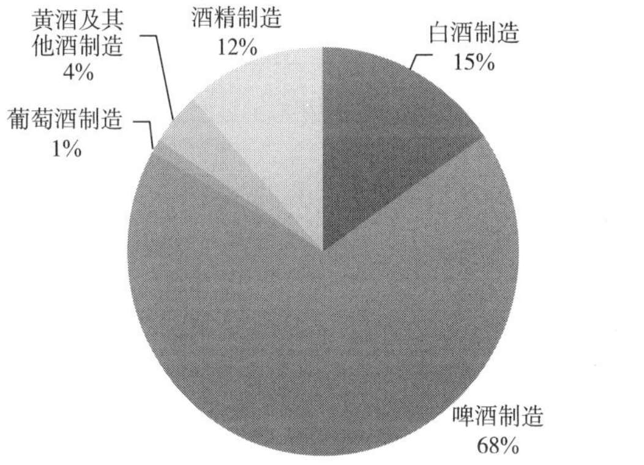

图2　2018年酿酒行业产品产量分布情况

资料来源：国家统计局。

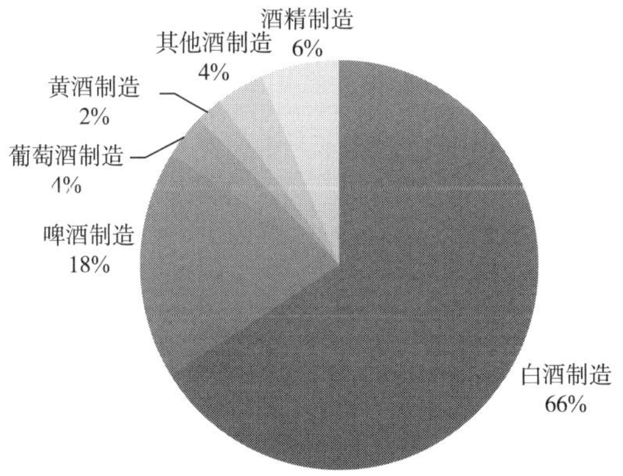

图3　2018年酿酒行业销售收入分布情况

资料来源：国家统计局。

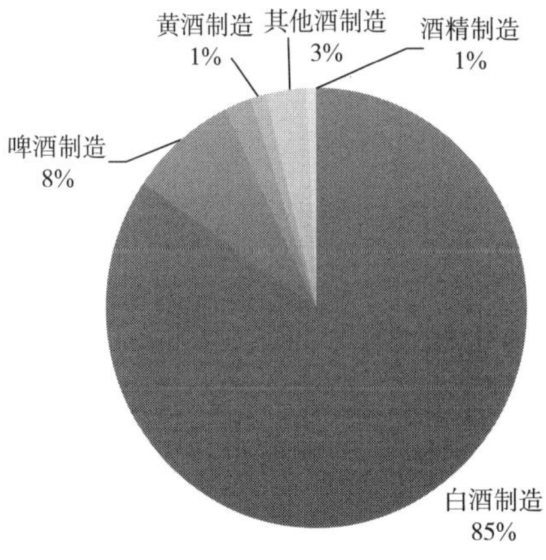

图4　2018年酿酒行业利润分布情况

资料来源：国家统计局。

（一）主要经济指标

1. 主营业务收入

2018 年，全国酿酒行业累计完成销售收入 8122.74 亿元，与上年同期相比增长 10.20%。其中，白酒行业完成销售收入 5363.83 亿元，同比增长 12.88%；啤酒行业完成销售收入 1474.52 亿元，同比增长 7.08%；葡萄酒行业完成销售收入 288.51 亿元，同比下降 9.51%；黄酒行业完成销售收入 167.45 亿元，同比增长 5.42%；其他酒行业完成销售收入 315.63 亿元，同比增长 0.85%；发酵酒精行业完成销售收入 512.80 亿元，同比增长 13.61%。

2. 利润

2018 年，酿酒行业累计实现利润总额 1476.45 亿元，同比增长 23.92%。分行业看，白酒行业实现利润总额 1250.50 亿元，同比增长 29.98%；啤酒行业累计实现利润总额 121.85 亿元，同比增长 5.61%；葡萄酒行业累计实现利润总额 30.63 亿元，同比下降 9.46%；黄酒行业累计实现利润总额 17.24 亿元，同比下降 7.20%；其他酒行业累计实现利润总额 45.46 亿元，同比增长 14.51%；发酵酒精行业累计实现利润总额 10.76 亿元，同比下降 50.85%。

由 2018 年酿酒行业经济效益数据（表 1）并结合产量情况（表 2）看出，饮料酒行业总体经济效益向好，而部分行业则出现不同幅度的下降。

表 1　2018 年我国酿酒行业销售收入和利润变化情况

酿酒行业	销售收入/亿元	同比增长/%	利润总额/亿元	同比增长/%
发酵酒精制造	512.80	13.61	10.76	-50.85
白酒制造	5363.83	12.88	1250.50	29.98
啤酒制造	1474.52	7.08	121.85	5.61
黄酒制造	167.45	5.42	17.24	-7.20
葡萄酒制造	288.51	-9.51	30.63	-9.46
其他酒制造	315.63	0.85	45.46	14.51
合计	8122.74	10.20	1476.45	23.92

资料来源：国家统计局。

表 2　2018 年我国酿酒企业分酒种产品产量情况

酒种	总产量/万 kL	同比增长/%
发酵酒精（折 96 度）	646.63	3.24
饮料酒	4985.30	0.90
其中：白酒（折 65 度）	871.20	3.14
啤酒	3812.24	0.50
葡萄酒	62.91	-7.36
黄酒及其他酒	238.95	1.71

注：根据《饮料酒分类》（GB/T 17204—2008）并结合国家统计局所统计的类别，饮料酒包括 13 种，即麦芽酿造的啤酒、葡萄汽酒、鲜葡萄酿造的酒、味美思酒、黄酒、蒸馏葡萄制得的烈性酒、威士忌酒、朗姆酒、杜松子酒、伏特加酒、利口酒及柯迪尔酒、龙舌兰酒、白酒。

数据来源：国家统计局。

（二）行业发展分析

2018年，我国酿酒产业紧跟消费升级趋势，趋稳向好，酿酒总产量稳步增长，经济效益整体趋好，产品、渠道、商业模式等创新步伐加快，市场进一步稳定。酿酒产业继续保持新常态，产业和产品结构持续调整，酒产品价格调整以适应市场和经济大环境，流通体系变革持续发酵，多元化消费潮流不断升级。2018年酿酒行业主要经济效益指标增速变化情况如表3所示。

表3　2018年酿酒行业主要经济效益指标增速变化情况　　单位:%

指标	1—3月	1—6月	1—9月	1—12月
产品产量	3.52	1.92	1.23	1.17
产品销售收入	13.56	12.18	9.96	10.20
利润总额	29.25	28.74	21.80	23.92
亏损额	-4.33	-10.64	-5.22	-1.43

资料来源：国家统计局。

1. 价格

2018年，白酒、啤酒、其他酒制造业利润总额均有上升，黄酒、葡萄酒和发酵酒精制造业利润总额有所下降。从单位产品利润上看，白酒、啤酒制造业大幅上升，葡萄酒和发酵酒精制造业有所下降（表4）。酿酒行业仍处于调整阶段，酒类产品价格仍体现酒类市场资源配置和市场调整状态。

表4　2018年酿酒子行业单位产品销售收入和利润情况

	销售收入/(元/L)	同比增长/%	利润/(元/L)	同比增长/%
发酵酒精制造	7.93	10.04	0.17	-52.41
白酒制造	61.57	9.44	14.35	26.02
啤酒制造	3.87	6.54	0.32	5.08
葡萄酒制造	45.86	-2.32	4.87	-2.28

资料来源：国家统计局。

以经济指标占比最大的白酒为例看价格走势。2018年我国规模以上白酒企业累计完成销售收入5363.83亿元，与上年同期相比增长12.88%；累计实现利润总额1250.50亿元，与上年同期相比增长29.98%。白酒行业呈现产量稳增、收入增长、效益增加、活力增强的良好态势，整体上开始由复苏期进入到发展新周期。经历五年调整期后，白酒价格总体上基本恢复到2012年白酒行业调整前水平。2018年全国白酒批发价格总指数上涨6.64%，涨幅较上年同期扩大3.13个百分点，创下了新高。

分月来看（图5），2018年全国白酒批发价格总指数延续了自2016年7月以来的上涨趋势，到2018年5月达到高点，同比上涨7.82%。此后涨幅开始收窄，6月份上涨7.6%，较高点缩小0.22个百分点后，7月份再度缩小至7.34%，逐月收窄，直至12月达到5.11%。虽然涨幅已较高点减少了2.71个百分点，但这一涨幅仍高于2018年前任何一个月的同比涨幅，显示当前白酒价格指数仍在高位运行。

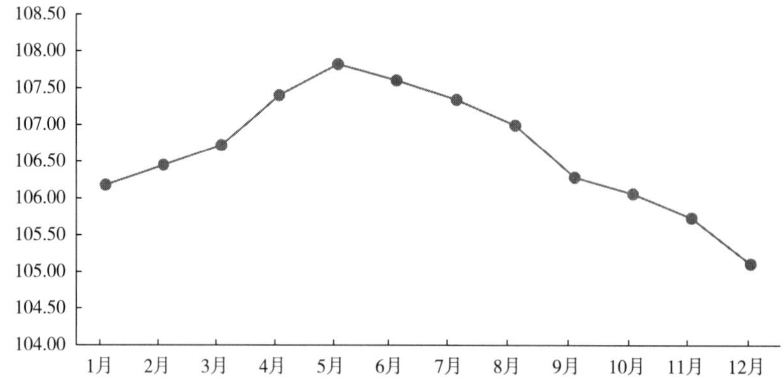

图 5　2018 年全国白酒批发价格同比总指数

资料来源：《2018 中国白酒价格运行报告》。

分类来看（图 6），分类来看，名酒、地方酒、基酒价格走势都较强，但名酒走势明显更为强劲。2018 年全国名酒批发价格指数上涨 9.44%，涨幅比同期全国白酒批发价格总指数高 2.8 个百分点，比地方酒高 5.28 个百分点，比基酒高 7.41 个百分点。不过分月来看，名酒批发价格指数虽然涨幅更大，但受 2018 年 1 月底国家发展和改革委员会白酒价格告诫会影响降温，指数出现冲高回落。自 5 月份增长至 11.11% 后，涨幅逐月收窄，到 12 月只上涨 6.66%，较当年高点已下滑 4.45 个百分点。地方酒因为价格天花板被突破，纷纷跟涨，填补价格带真空，地方酒批发价格同比总指数一度出现单边上扬之势，到 7 月份见顶 5.9% 后，涨幅才有所收窄，到 12 月只上涨了 3.88%。而基酒受益产业复苏，以及高粱等原料成本增加影响，同比涨幅也明显扩大，最高达到 2.54%，较 1 月份年内低点扩大 2.05 个百分点。值得注意的是，基酒价格运行稳定性较高，全年 12 个月有 7 个月不变。

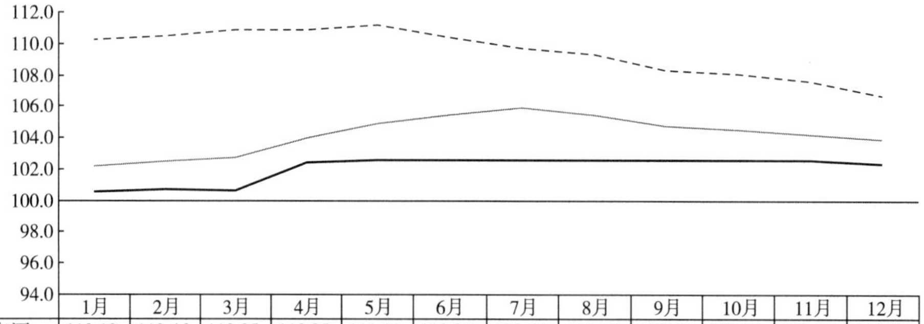

	1月	2月	3月	4月	5月	6月	7月	8月	9月	10月	11月	12月
----名酒	110.19	110.46	110.85	110.85	111.11	110.37	109.65	109.26	108.31	108.02	107.59	106.66
—地方酒	102.14	102.45	102.70	103.91	104.84	105.44	105.90	105.38	104.71	104.48	104.14	103.88
—基酒	100.49	100.67	100.63	102.40	102.54	102.54	102.54	102.54	102.54	102.54	102.54	102.33

图 6　2018 年全国名酒、地方酒和基酒批发价格同比指数

资料来源：《2018 中国白酒价格运行报告》。

从判断价格长期走势的定基指数（图 7）看，2018 年 5 月全国白酒批发价格定基总指数增至 100.42，自 2012 年以来首次突破 100。随后继续攀升，直到 11 月份达到 101.11，创下新高。虽然 2018 年全国白酒批发价格定基总指数涨幅不大，但随着定基指数转正，显示当前白酒整体价格已基本与 2012 年行业调整前持平。

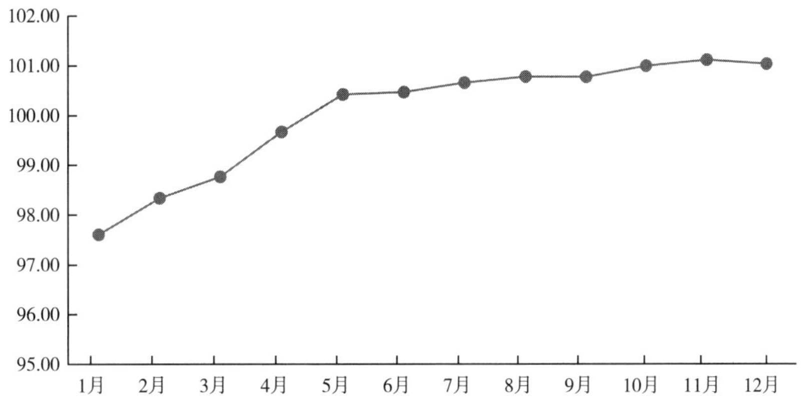

图7　2018年全国白酒批发价格定基指数

资料来源：《2018中国白酒价格运行报告》。

2. 市场

在宏观经济、产业生态、消费升级等不断变化的大背景下，2018年，酒业市场基本面大为改善。目前，酒类消费已从基本消费逐步转变为个性化、多样化的高品质消费阶段。再加上追求养生、健康消费等时代消费特征的出现，“少喝点、喝好点”逐渐成为一种新的消费理念与消费趋势，扩充了高品质高端酒的市场容量。同时随着大众消费逐渐常态化，各种新型消费场景不断涌现，全方位、多角度满足大众的美酒消费需求成为了常态。从市场运行的角度来看，主要有如下特点。

（1）二元三新　2018年的酒类市场运行特点主要体现为二元状态：一方面更有钱、更传统、更讲究的老年人，他们更青睐于有大品牌文化加持的经典品牌，如茅台、五粮液、青岛、张裕等；另一方面更年轻、更潮流、更个性化、更多维的年轻消费群体，他们更加偏好个性化的产品体验。三新，即新富、新中产、新生代的崛起，促使以“新产品、新品牌、新渠道、新互动”为核心的新营销效力升级。“二元三新”这一特征在2018年逐渐成为市场区分消费者的分类方法，企业更是依据如此逻辑进行市场布局，以精准化定位消费人群。

（2）名优引领　品质竞争时代，加速聚焦放大了名优企业的引领作用，行业聚集效应不断凸显。2018年上市企业年报显示，白酒企业上市公司仅一家亏损，其余都实现了高质量发展。啤酒、葡萄酒领军企业在2018年也有着不错表现，名优企业的引领作用助推中国酿酒产业进入新的发展周期。

价格新周期——白酒行业以茅台为首的高端白酒价值链不断上移。啤酒、葡萄酒、黄酒领军企业在高端酒打造上也相继发力，可谓是打破了酒价层层天花板，为酿酒产业高端酒发展提供保障的同时，量价齐升成为高端酒新的发展趋势。

品类新周期——2018年，白酒行业领军企业相继推出鸡尾酒、封坛定制酒；啤酒领军企业则发力精酿啤酒等，可以说，酿酒产业也正在迎接新的品类周期。

产品品质表达新周期——2018年，各大酒种都在推出自己的品质表达体系，并在相关领军企业的带领下出台了相关品质表达体系，这些都有力提升了酒类价值。

除此之外，在2018年酒类市场，文化新周期、消费场景新周期等均在持续上演。但这一切均是名优企业在引领，可以预见，酿酒行业的名优企业引领作用将越来越大，标杆作用更加明显。

（3）渠道变革　纵观2018年酒类市场，流通渠道发生巨变，具体体现为：餐饮价值回归，特别是风味特色店、城市综合体餐饮大量涌现；销量向主流品牌、主力产品集中，导致名烟名酒店的减少；酒企开始涉足新零售，与天猫新零售、京东新通路新零售渠道合作，真正寻求线上线下融合，与现代物流相匹配，实现了产品流通方便快捷服务消费者；酒企开始让多种渠道融合，实现社群营销、圈层营销与新零售终端结合，有效达到了酒类产品的推广与销售。

总之，在2018年，酒类在市场终端建设上开始更加注重餐饮、酒行、商超、社群等的全渠道系统营销，开始整合营销发力。在传播推广上，也更加注重移动多屏的内容营销与内容传播。这些都是酒类渠道生变的生动写照。

3. 投资

2018年，酿酒行业总体资产投资总额增加10.74%，各子行业资产总额均有所增加，其中其他酒制造业增长14.73%，增幅最大。全国酿酒行业规模以上企业共亏损416家，亏损面为10.74%，亏损企业累计亏损额34.79亿元，比上年同期下降2.46%（表5）。截至2018年12月底，行业资产负债总额达4655.21亿元，负债率达42.13%，较上年同期下降3.85%。

表5　2018年酿酒行业亏损及其变化情况

酿酒行业	企业数量/个	资产总额增长/%	亏损面/%	同比增长/%	亏损额/亿元	同比增长/%
白酒制造	1445	14.10	12.66	15.28	11.03	-1.83
啤酒制造	415	2.26	26.51	-10.92	19.71	-10.44
葡萄酒制造	212	1.69	22.64	53.46	2.26	77.9
黄酒制造	115	1.62	6.96	110.43	0.31	266.37
其他酒制造	240	14.73	9.58	46.74	1.48	38.74
酒精制造	119	9.78	36.97	61.46	13.45	1.35
合计	2546	10.74	17.14	20.98	34.79	-2.46

资料来源：国家统计局。

4. 区域分布

2018年我国酿酒产量最大的五个地区：四川、山东、广东、河南、黑龙江五省酿酒总产量2321.78万kL，比上年同期增长5.16%，占全国酿酒总产量的41.23%（表6）。其中，四川省酿酒总产量最大，达到619.47万kL，同比增长12.02%，增速最快；山东省酿酒总产量567.85万kL，同比增长0.61%；广东省酿酒总产量421.57万kL，同比下降2.86%；河南省酿酒总产量367.44万kL，同比增长6.71%；黑龙江省酿酒总产量345.45万kL，同比增长10.35%。

表6　2018年重点省份酿酒产量情况

	产量/万kL	同比增长/%
全国	5631.93	1.17
四川省	619.47	12.02
山东省	567.85	0.61
广东省	421.57	-2.86
河南省	367.44	6.71
黑龙江省	345.45	10.35

资料来源：国家统计局。

5. 行业集中度

酿酒行业属于传统行业，既有白酒、黄酒等本土酒种也有啤酒等舶来酒种。一直以来，我国酿酒产业的重心是伴随我国经济重心的变化而变迁的。自 2012 年以来，我国酿酒产业的集中度进一步提高，但由于各酿酒子行业发展状况不同，集中度也有所差别，整体表现为企业数量众多、单体规模偏小。目前，啤酒已经形成了具有较高集中度的产业格局，白酒的品牌集中度近年来也在进一步提高。

数据显示，2018 年，白酒上市企业前五家营收占到了白酒上市公司总营收的 85%。由此可见，白酒产业集中度正在进一步提高。茅台、五粮液、洋河、泸州老窖、劲酒、汾酒、郎酒、古井贡、牛栏山销售收入均超过百亿，白酒行业百亿规模企业已达 9 家。白酒行业的品牌集中度越来越高。其中，品牌集中度的一个最重要指标便是“利润增速和占比”，即品牌的溢价能力。从市场占有率来看，十大优势产区的品牌基本实现了品牌的全国化，将会获取更大的市场份额。

啤酒行业集中度自上年出现微幅下降后，2018 年有小幅回升。2018 年，华润雪花、青岛啤酒、百威英博、燕京啤酒和嘉士伯啤酒五大集团的总产销量为 3222.84 万 kL，同比上升 1.64%，占总产销量的 84.54%，比 2017 年小幅上升 1.2 个百分点。葡萄酒、黄酒等其他酿酒子行业集中度不高，市场竞争结构离散，短时间内集约化进程缓慢，集中度也均处于较低水平。

6. 进出口

根据海关总署数据，2018 年饮料酒及发酵酒精制品累计进出口总额 73.91 亿美元，同比增长 22.71%。其中，累计出口额 16.09 亿美元，同比增长 22.72%；进口额 57.82 亿美元，同比增长 22.70%。白酒 2018 年出口量同比增长 3.61%，与上年同期（0.35%）相比显著增长。啤酒 2018 年进口量同比增长 14.63%，较上年同期（10.8%）增长幅度略有升高。葡萄酒进口量同比下降 6.24%，较上年同期（17.13%）显著回落。由进出口数据可以看出，我国酒类商品进出口贸易在 2018 年进一步回暖（表 7）。

表 7　2018 年酒类商品进出口贸易情况

商品名称	出口				进口			
	出口量/万 kL	同比增长/%	出口额/亿美元	同比增长/%	进口量/万 kL	同比增长/%	进口额/万 kL	同比增长/%
白酒	1.72	3.61	6.57	39.79	0.30	25.00	1.02	45.71
啤酒	38.60	6.93	2.50	9.65	82.10	14.63	8.90	18.67
葡萄酒	0.61	-33.36	5.49	26.29	68.70	-6.24	28.55	5.20
黄酒	1.44	-5.88	0.24	-4.00	0.0013	-35.00	0.0006	-60.00
其他饮料酒	0.35	19.44	0.59	-4.88	9.38	10.48	13.96	21.59
酒精	8.65	-38.25	0.69	-23.66	104.47	3075.45	5.39	1696.48
合计	51.36	-5.75	16.09	22.72	264.95	68.85	57.82	22.70

注：（1）根据《饮料酒分类》（GB/T 17204—2008）并结合海关总署所统计的类别，其他饮料酒包括：葡萄汽酒（未加香料）、小包装的味美思酒及类似酒（容器容量≤2L；加植物或香料的用鲜葡萄酿造的酒）、装入>2L 的容器的味美思酒等酒、蒸馏葡萄酒制得的烈性酒、威士忌酒、朗姆酒及蒸馏已发酵甘蔗产品制得的其他烈性酒、杜松子酒、伏特加酒、利口酒及柯迪尔酒、龙舌兰酒、未改性乙醇（按容量计酒精浓度<80%）及其他蒸馏酒及酒精饮料。

（2）酒精包括：未改性乙醇（按容量计酒精浓度≥80%）、任何浓度的改性乙醇及其他酒精。

资料来源：海关总署。

7. 重点行业

（1）白酒　从近几年白酒产量的情况来看，白酒产量基本保持着稳定增长的态势。2018 年，全国白酒产量 871.2 万 kL，销售额同比增长 12.88%，利润总额同比增长 29.98%，均实现了两位数的增长。2015 年以来，白酒行业利润总额年均增长率为 19.81%。多年来，白酒行业销售收入以及累计实现利润占据酿酒行业绝对地位，显示出其在酿酒行业中的优势，强化着白酒在整个酿酒行业中的地位。

从产销率来看，2017 年白酒产销率为 97.8%，同比 2016 年增加 0.9 个百分点；2018 年白酒产销率为 99.3%，同比 2017 年增加 1.5 个百分点。数据侧面反映出，2017 年白酒市场进入去库存阶段，近几年行业企业控量保价，去库存措施效果初显。

从市场细分来看，800 元以上的酒品中，茅台、五粮液、泸州老窖和梦之蓝牢牢占据了大部分市场，特别是茅台、五粮液两大白酒领军企业合占 80%～85%的高端市场。现阶段次高端品牌酒企尚未形成全国性强势品牌，同时，随着高端品牌纷纷提价，区域性品牌也将向上延伸到 300～800 元价格带。同时，随着三四线城市的消费升级加速，促使各大名酒企业开始强化渠道下沉，深耕三四线城市，乃至县域市场。区域性品牌较为聚集的鲁、豫、辽、湘等板块，均陆续出台了以政府、地方行业协会和龙头企业主导的“省级白酒振兴计划”，谋求抱团发展。这一措施的推进，为区域企业规避恶性竞争、资源共享、政策引导等提供了有效帮助，成为今后推动白酒产业发展的一份重要力量。

2018 年，以产区作为白酒品质和价值新的表达方式，构建和优化产业协同平台，提升产业集成水平，带动产业创新、转型、升级发展成为各界人士关注的焦点。2018 年吕梁产区举办了“产区引领下的中国白酒国际化之路”大型论坛，世界十大烈酒产区代表到场，共议产区价值；遵义产区更是以“产区”名义在全国多地举办了品牌推广，均收到了良好效果。白酒企业比较集中的所在地的地方政府，也开始在白酒产区建设上做文章，以求为地方经济做出政绩。总的来说，产区已经成为世界酒类品质表达的代名词，未来产区建设将会在白酒产业高质量发展进程中发挥更加重要的作用。

（2）啤酒　2018 年，在酿酒行业呈现继续复苏的态势下，啤酒市场呈现出市场容量顶部徘徊、市场结构深度变革的现象。

一是啤酒消费习惯向中高端化加速推进。啤酒业在出现连续四年负增长之后，业内人士的心态逐渐趋于平稳。人们对行业产销量是否增长的态度，逐步从关注市场容量向市场结构变化趋势的重心转移。近年来，随着消费升级和我国消费者群体构成、消费口味、观念的变化，我国啤酒市场消费结构也随之改变，低端啤酒产品的市场份额在逐年下降，中高端啤酒的市场份额则在快速增长。

二是啤酒单位产品售价提升明显。数据显示，啤酒产品的议价能力连续两年得到提升。其中有主动因素和被动因素，主动因素源自啤酒产品结构调整，中高端产品比例提高；被动因素源自生产成本变动，年初包装价格大幅上涨，年底进口大麦价格上涨，各大啤酒企业几乎同时上调了价格。和国际市场相比，目前，我国啤酒单位产品售价偏低，结合中国当前啤酒消费中高端化加速进程，以及各家啤酒产商的大力推动，中国啤酒业有明显的议价能力和空间。

三是啤酒产品结构碎片化进一步放大，消费更加注重场景化。当今已进入消费者主权时代，消费者更加倾向于追求个性化产品，这一点在啤酒市场中体现得极为明显，消费者对个性化啤酒产品的需求继续加大。同时，消费者对个性化产品的追求与健康、环保、便捷紧紧联系在了一起，并且不同年龄段的消费者消费诉求也有着较大差别。啤酒市场的消费特征、消费水平、消费诉求都发生了变化，从单纯的追求数量向介入场景过渡，“悦己型”体验式消费盛行；社交分享型逐步减少，个人享受型越来越多。淡爽型啤酒产品消费量继续下降，适合个人享受的浓醇型啤酒产品显然更具说服力。

四是啤酒原料对外依存度高，具有较大的不确定性。啤酒行业的原料对外依存度较高的风险逐渐开始显现，2018年11月和12月，商务部提出了对澳大利亚大麦“反倾销”和“反补贴”立案调查的公告，进口大麦的形势一时间变得较为严峻。由澳大利亚大麦“双反”所带来的影响对啤酒行业而言也未必都是坏事，可以引起行业对依存度过高不以为意、没有下决心改变现状的重视；可以凝聚更多的行业力量为改善国产大麦供应局面增加动力。但是，这是一项系统工程，不是可以一蹴而就的工作，涉及工业、农业、科研等多方的力量，而且短期内无法被彻底改善。此外，还有物流、汇率以及进口国的产情等影响因素，都可能对进口大麦的供应和价格产生影响。

五是进口啤酒和工坊啤酒增长较快。进口啤酒经过前几年的高速增长，目前占国内啤酒消费量的2.2%，近两年增速回落，但仍远高于国内啤酒消费量的增幅。工坊啤酒在近几年一直被寄予厚望，被称为“啤酒业未来的新增量”。目前国内乃至国际上对工坊啤酒（市场称谓：精酿啤酒）并没有一个准确的定义，国内的工坊啤酒仍属于高速发展阶段，其市场在快速成长的同时，需要进一步规范化发展。工坊啤酒虽然投资规模相较于主流啤酒厂要小很多，但毕竟属于食品制造业，有着自身的行业定位、产品属性、工艺标准、生产条件、卫生环境、质量控制以及社会文化属性等。

六是对生产制造体系进行优化布局。最近几年主流啤酒集团开始对落后产能进行淘汰，对生产制造体系进行优化布局。采用集约化生产模式，产能得到了优化，有效降低了生产、制造和管理成本，对产品质量控制和能源消耗等都是有利的。但是，与主流啤酒集团的关停相反，小微型啤酒工厂的新建是另外一道风景，除了个别工厂的规模对外声称达10万kL以上，普遍规模较小，基本在5万kL以下。由此看来，随着小微型工厂的陆续投产，行业新增产能可能会相对放大。

总体来看，中国啤酒市场的消费容量将处于底部波动蓄势，啤酒消费市场总量趋稳。消费升级所带来的消费结构转型仍将持续，可引导啤酒市场结构和产品结构转变速度加快。随着啤酒优势文化逐步建立、普及和完善，中国消费者对国产啤酒也会逐渐树立信心。

（3）葡萄酒　国家统计局数据显示，2018年我国葡萄酒行业无论是产量、销售额都出现了不同程度的下降，但在产品品质和产品结构调整方面取得了长足进步。具体表现出以下特点。

一是国产葡萄酒行业深度调整初步探底，复苏可期待。葡萄酒行业经过2001—2012年的加速发展阶段以后，在2013年进入调整期。2014年和2015年出现短暂回暖后，自2016年起，产量、销售额和利润等主要经济指标出现三连跌，尤其2017年，产量、销售额和利润出现了近三成的断崖式下跌状况；2018年，产量、销售额和利润的下跌趋势逐步收窄，降幅控制在一成；2019年前2个月，产量逐步回升，初步判断国产葡萄酒行业深度调整初步探底，有望复苏。

二是进口葡萄酒数量首次回落，但前景依然明朗。我国进口葡萄酒的数量从2014年的38.4万kL增长到2018年的68.7万kL，年均增长15.8%；虽然2018年进口量有少许回落（与2017年进口量过大以及2019年实施澳大利亚葡萄酒零关税有关），但从整体趋势来看仍然处于增长态势。

三是在扩容式增长的背景下，“高大全”的领军企业与“小而美”的酒庄相互补充，共荣共生。目前，葡萄酒行业还处于扩容式增长阶段，各个品牌都有机会。随着实施聚焦中高端、聚焦高品质、聚焦大单品“三聚焦”战略的张裕和践行“风土是根，文化是魂”的中粮长城等“高大全”的领军企业在产品结构和品牌战略等方面的调整到位，将逐步引领行业在市场发力，集体突围；而讲究个性化和极致化的楼兰、迦南美地和戎子等“小而美”的酒庄，将是葡萄酒大产业发展的催化剂。

四是产品品质大幅提升，产区效应开始凸显。经过多年的努力，现在各产区都已出现了一些品质优良并具有个性的产品和品牌，目前已有多个产区的多个产品在国际国内大赛中获得荣誉；以产区为依托进行整体宣传与推广已成为常态；葡萄酒一、二、三产业融合的特点逐步显现，宁夏、蓬莱和秦皇岛等产区的葡萄酒旅游已初步发挥作用。

五是葡萄酒行业文化建设不完善，流通领域存在乱象。我国葡萄酒发展出现断代且近代工业化葡萄酒发展历程短，没有形成自己的葡萄酒文化体系和品鉴标准；企业缺乏正确的市场定位和产品体系及定位；缺乏与消费者的良好互动；市场推广能力弱。此外，在进口葡萄酒领域，个别从业者利用信息不对称，通过电商和商超等渠道，通过以次充好、虚标价格、假冒伪劣等手段赚取不当利益，损害了消费者利益，危害了行业的健康发展。

（4）黄酒　通过国家统计局数据和行业广泛调研来看，2018年中国黄酒产业看似利润出现下滑，但这背后折射出的是黄酒产业正在加快产业结构调整与市场投入，这种短期利润下滑的现象将在未来发展中得到缓解。

黄酒市场逐渐扩大，线上销售开始升温。整体而言，黄酒市场正在不断扩大，从原来的江浙沪地区逐渐向全国范围辐射；产品消费结构从低档黄酒向中高端产品升级；消费人群也在从之前的中老年人群向年轻人群扩散，消费群体一直在扩大。特别是黄酒线上销售量涨幅明显，销售额实现了超130%的增幅。

黄酒的全国化趋势正在逐步形成。长期以来，大家一直把黄酒定位为一个区域化产品。经过多年的努力，除了江浙沪等优势区域的市场增长，目前甘肃、河南、山东、福建、陕西等地黄酒企业实现了社会效益、经济效益双丰收，可以说黄酒行业在全国化发展上取得了一定突破。福建的红曲黄酒连续两年高速增长，利润率远远高于其他黄酒，说明黄酒的全国化发展正在形成，市场扩容已成共识，消费者教育和把握文化自信也成为行业的一个共识。

市场议价能力和盈利水平蓄势待发。黄酒行业2018年销售收入增长5.42%，利润下降7.20%。其原因来自于黄酒行业在消费市场扩大的同时，市场推广费用大幅提高，销售成本提高了6.28%，销售费用提高了12.42%，导致行业整体盈利水平下降，也说明黄酒行业的市场议价能力还有待提升。此外，黄酒行业产品结构层次不清、高端人才缺乏、技术进步不快等问题亟待改善，这些不足得到改善之后，将来也将逐渐在行业的业绩中显现出来。

（5）果露酒　近年来，果露酒行业一直保持着较快的发展速度。2018年，果露酒规模以上企业240家，销售额315.63亿元。

果露酒行业市场需求增速放缓，但仍有空间。2016年前，果露酒行业尤其是保健酒行业一直保持较高的增长速度。在整个酿酒行业中，果露酒销售收入、利润及税收等增速都是最高的。从 2013 年到 2018 年，果露酒销售收入同比增长比例分别为：15.46%、19.34%、19.48%、4.63%、-9.86% 和 0.85%。2017 年，销售收入和利润出现双下降情况，但销售收入的降幅要远远大于利润的降幅；2018 年，销售收入开始回升，且利润的增幅大于销售额的增幅，这说明果露酒行业的产品结构得到一定的优化。长期看，果露酒市场需求增速放缓，而且随着国内宏观经济形势和酒业整体情况的变化，未来行业的微增长、负增长将是常态。

果露酒行业的生产格局仍然没有改变，强者恒强。整个行业生产格局仍没有变化，领头企业比重继续增大，与第二层次的差距仍然在拉大。2018 年，劲酒仍然是果露酒行业市场份额最高的龙头老大；除此之外，如五粮液、茅台等的果露酒产品处于第二集团，市场规模在 10 亿元左右；椰岛鹿龟酒、张裕三鞭酒、竹叶青、宁夏红等品牌维持在第三集团，市场规模在 1 亿~5 亿元；大多数中小企业营收维持在千万元左右。果酒企业以区域性、小规模企业为主，大部分企业没有纳入国家统计局统计范畴，通过对部分代表性果酒企业进行调研，目前果酒行业销售规模在 10~20 亿元，整体行业还处于萌芽期。

（6）发酵酒精　2018 年，我国发酵酒精行业呈现产量增长速度和利润水平“双下降”现象，同时也表现出“一快一慢”和“一多一少”两大特点：乙醇产能增长速度快，而生物燃料乙醇推广速度慢，远低于原有预期规划；玉米酒精产量和比例增多，而全行业利润水平、木薯酒精产量和比例大幅减少。

2018 年，全国发酵酒精总产量 851 万 t，同比增长 2.86%（行业统计数字），累计实现利润总额 10.76 亿元，与上年同期相比下降 50.85%（国家统计局数字）。到 2018 年年底，全国发酵酒精总产能突破 1600 万 t，2018 年新增产能达 150 万 t 以上。由于玉米深加工补贴额下降（150 元/t 玉米）和补贴时间缩短（2018 年 4 月到 5 月中旬），以及乙醇产能进一步过剩，再加上工业酒精需求下降明显、食用酒精需求也所减少，行业整体利润水平大幅下降。

2017 年 9 月，国家发展和改革委员会、国家能源局、财政部等十五部委下发了《关于扩大生物燃料乙醇生产和推广使用车用乙醇汽油的实施方案》。2018 年 8 月，国务院常务会议确定了生物燃料乙醇产业总体布局，决定除原有 11 个试点省（自治区、直辖市）外，2018 年进一步在北京等 15 个省（自治区、直辖市）推广。但只有天津市于 2018 年 10 月底封闭推广了乙醇汽油，燃料乙醇推广速度远低于原有预期规划。但是，在国家鼓励玉米深加工发展产业政策和燃料乙醇投资热情的推动下，2017 年到 2018 年年底，我国新增发酵酒精产能约 150 万 t，一批在建和计划产能正在路上，但新增乙醇消费能力仅是天津市不足 30 万 t 的年消费量，短期内加剧了行业产能过剩局面。

2017 年以来，由于我国传统的木薯进口地区东南亚的木薯产量下降和当地木薯产业的发展，导致可供出口到我国的木薯总量大幅下降，进口木薯价格一直较高，而 2017 年以来玉米价格基本回归市场主导，玉米价格有所下降，木薯酒精同比没有成本优势，木薯酒精开工率全年不足 40%，产量同比下降 31.5%，而玉米酒精同比增长 5%。

8. “三品”战略实施情况

2016 年 5 月，国务院正式发布《关于开展消费品工业“三品”专项行动营造良好市场环境的若干意见》，部署开展消费品工业增品种、提品质、创品牌“三品”专项行动，提出通过营造良好市场环境，更好满足和创造消费需求，不断增强消费拉动经济的基础作用，促进消费品工业迈向中高端。酿酒行业“三品”战略实施情况主要体现在以下三个方面。

（1）增品种　支持企业深度挖掘用户需求，适应和引领消费升级趋势，在产品开发、外观设计、产品包装、市场营销等方面加强创新，积极开展个性化定制，丰富和细化酒类产品种类。

以啤酒行业为例，随着我国经济水平的发展和消费需求的转变，小微型啤酒酿造模式兴起。小微型啤酒在国外被称为 Craft beer（手工啤酒），我国啤酒市场多称之为“精酿啤酒”，我国业内则将其定性为“工坊啤酒”，其年产量为 200～3000kL/年。如今国内啤酒行业竞争格局基本趋于稳定，中国啤酒消费量趋于饱和，未来啤酒行业发展的重点将着眼于产品结构的改变和行业格局的再造，更加多元化、个性化的中高端啤酒产品需求将持续扩大，工坊啤酒具有投资小、产品种类丰富、风味突出、销售链条短等特点，与规模化企业生产的啤酒产品相比，具有一定的优势。随着全球以及我国啤酒市场个性化和碎片化的发展趋势，我国小微型啤酒企业将进入快速发展期。2018 年，国内工坊啤酒占据了啤酒总产销量 2.2%的市场份额，预计未来三至五年，其市场份额将成长至约 3%，生产单位超过 3000 家。

2019 年 4 月 8 日，国家发改委公布了《产业结构调整指导目录（2019 年本，征求意见稿）》，征求意见稿中取消了“生产能力小于 18000 瓶/h 的啤酒灌装生产线”（属限制类）和“生产能力 12000 瓶/h 以下的玻璃瓶啤酒灌装生产线”（属淘汰类）的规定。《产业结构调整指导目录（2019 年本）》正式发布后，《工坊啤酒及其生产规范》团体标准发布在即，这使工坊啤酒纳入生产许可审查单元将进一步成为可能。届时，工坊啤酒行业将迎来真正规范化发展的春天。

（2）提品质　重点培育和弘扬精益求精酿造的工匠精神，引导企业树立质量为先、信誉至上的经营理念，立足酒类产品走以质取胜的发展道路。

以葡萄酒行业为例，2018 年葡萄酒产区效应凸显，产品质量大幅提升。经过多年的努力，现在各产区都已出现了一些品质优良并具有个性的产品，目前已有多个产区的多个品种在国际大赛中获得荣誉。首先，原料基地建设成果显著。如蓬莱产区，截至 2018 年，全产区标准化酿酒葡萄基地已达 8 万亩。基地内倡导大行距、中密度、嫁接苗、干型架式的标准化种植模式，亩株数控制在 350 株左右；种植酿酒葡萄 39 个品种，培育重点优势品种赤霞珠、马瑟兰、美乐、霞多丽、贵人香、小芒森等；建成自动气象观测站 4 个，实现葡萄基地气象预警网络全覆盖。其次，加强质量管理体系建设，建立全过程可追溯的质量控制体系。企业参照国际先进安全标准，选取最严格指标制定企业内控标准，采用先进的生产、管理技术，建立了从葡萄种植、收购、加工到成品酒生产全过程可追溯的质量控制体系。张裕斥资 25 亿元，建成烟台张裕国际葡萄酒城生产中心，还建立了全球最大的葡萄酒与白兰地酒类单体生产厂房，生产设备、规模、工艺、效率和管理水平都得到了极大提升。再次，加大技术投入，提高检测水平。蓬莱市拥有一个第三方检测平台——蓬莱市检测中心；烟台市内还有国家白酒、果露酒、葡萄酒质检中心、国家级企业技术中心——张裕技术中心等，为蓬莱产区的发展提供了坚实的技术支撑。

（3）创品牌　深入发掘酒类品牌背后的人文底蕴和文化价值，夯实品牌发展基础，提升酒类产品的附加值和软实力，推动中国产品向中国品牌转变。

以白酒为例，全行业加强品牌梯度培育，强化品牌重塑，建立结构清晰的品牌，提升品牌号召力，2018 年品牌建设成果凸显。无论是茅台、五粮液等一线企业，还是衡水老白干、今世缘、西凤等二线企业在品牌聚焦方面都动作频频。意在加快品牌梳理和精准定位，构建适应市场化需求的清晰产品结构，聚焦品牌优势和资源优势，强化品牌口碑。一系列行之有效、科学得当的措施为企业提供了最强保障。以西凤为例，西凤酒成立专门委员会，升级品牌管理，同时通过品牌资产管理、法律手段保护品牌等方式构建产品体系。企业也非常注重品牌梯度培育，各有定位，各有目标，层次清晰，保持品牌力和产品力与目标人群的对应性。

现在越来越多的消费者已经具有强烈的品牌意识，在消费品牌化的大背景下，为提升品牌号召力，在品牌建设方面，实施重大战略升级是行业企业2018年常见的动作。目的都是通过提升品牌文化与消费者形成一致的生活思维方式，占领消费者的心智。具体表现为顺时而为，符合时代潮流，反映时代精神，品牌文化更贴近当代人的生活和体验。例如，景芝酒业创新性地提出“景芝景阳春山东精气神”的品牌新主张；迎驾成功构建的六大生态品牌理念等也是如此。酒企愈来愈重视产品品牌的辨识度，企业品牌及产品品牌对消费者购买意向均具有显著的正向影响，在产品品牌强度相同的条件下，消费者对具有较强企业品牌的产品购买意向更为显著。

9. 绿色制造、智能制造

加强绿色制造，推动产业生态化、绿色化发展是酿酒工业转型升级的内在要求。2018年，啤酒行业各企业加大科技投入，在水资源保护与再利用、能源管理与节能、污染物减排、废物的资源化利用等方面成果显著。2018年行业在节水方面的重点举措包括：采用洗瓶机喷淋缩径与连锁控制，进行水处理反洗水、反渗透浓水回收与再利用；采用冷凝水回收利用改造等节水技术，进一步降低水耗。污水处理采用精细化管理模式，注重源头削减和过程控制，采用国内先进的工艺技术，实现污水100%达标排放。2018年继续按照国家节能减排计划，持续推进节能项目改造和节能新技术的应用，通过全面推进高浓酿造与减热工艺、杀菌机冷热平衡等新工艺新技术，使单位产品综合能耗大幅下降。实施煤改气、超低排放、脱硝等技术改造，实现废气达标和废气排放量的减少。青岛啤酒2018年六家工厂投资2700万元，淘汰燃煤锅炉13台，新建天然气锅炉23台，积极采用天然气清洁能源，进行锅炉超低排放改造和脱硝改造。废物的资源化利用秉承“减量化、再利用、资源化”原则，实现资源回收最大化、节约最大化和利用最大化。

白酒传统酿造在过去几年发生了巨大变化，在“中国白酒169计划”“中国白酒158计划”引领下，部分传统的生产方式被机械化、自动化取代，促进了白酒产业技术升级和装备升级。同时，全行业加大白酒酿造的基础科学研究，将智能技术引入产业，以白酒酿造智能化实现高品质酿造。劲牌公司自2006年起，与北京大学、华中科技大学等科研院所开展产学研合作，启动小曲白酒酿造新工艺项目，在全面使用自动化机械生产代替传统手工劳动方面迈开了实质性的一步。首创加压蒸粮、固态培菌、控温糖化、低温槽车发酵、机械上甑蒸馏等新技术，实现了酿造过程的机械化和信息化的有效融合，原料全程不沾地、不与操作人员接触，减轻了员工劳动强度，提高了生产效率，消除了人为因素对生产过程的影响，标志着白酒酿造告别传统作坊式生产，迈进工业化，并逐步实现了机械化、自动化酿造生产模式转变。

10. 包装与装备

我国酿酒装备不断通过转型升级寻求在技术、运营和管理上的突破，装备技术水平与国际先进水平的差距不断缩小。酒类包装和装备企业科技创新能力显著增强，企业间、企业与科研院所间技术合作日益频繁。酿酒装备、灌装装备、酿酒配套辅助装备的制造技术和能力已经达到一定水平，新建厂中装备配套和高精度机械制造已经基本实现自给。此外，包装材料，包括硅酸盐玻璃、分离材料、造纸、印刷等行业的生产和供给也达到了国际要求。随着我国整体消费水平的提高、物流和互联网的发展，差异化、个性化、便携化的酒类包装形式将越来越受到消费者的青睐，酒类包装和装备产业发展形势良好。

我国啤酒装备制造业已建立起了比较完整的装备制造体系，低速贴标装备和低速灌装装备基本实现了国产化，但高速贴标和灌装关键部件质量与国际顶尖水平差距较大，国产高速灌装设备尚在研究或实验阶段，未见啤酒厂使用。其他设备如杀菌机、洗瓶机、麦芽处理设备等已基本实现了国产化，质量已接近或达到国际水平。国际装备智能化尚在研究和实验阶段，啤酒厂真正应用很少，随着劳动力成本的上升，是未来的发展趋势。葡萄酒行业的装备进步迅速，关键设备已经基本实现国产。作为我国传统产业，大部分白酒企业的生产工艺技术装备水平相对落后，多数工序环节仍采用传统的手工或半机械化生产方式，行业整体机械化水平较低。通过使用信息技术和智能化技术改造提升传统装备，结合实验和检测先进技术的推广应用，白酒机械制造业的整体水平得到提高。黄酒行业 20 世纪 70 年代曾发起机械化、大罐发酵、黄啤合一等技术革新，其后少数企业机械化蒸饭、大罐发酵、机械化压榨和煎酒等工序得以保留，但再未有实质性跨越性进展，技术水平和装备水平基本停留在原有状态。

11. 发展新亮点、新增长点

(1) 白酒国际化　将白酒推广到世界是中国酒业一直努力的目标。在多年积淀基础上，2018 年中国白酒国际化积极发展，呈现出新亮点。首先产品创新，以中国白酒作基酒，调制新颖鸡尾酒，打破世界鸡尾酒以威士忌、伏特加等国外烈酒作基酒的惯例，以世界语言形式描述白酒，积极探索国际化表达方式。其次，领军企业积极拓展国际市场，形式多样。例如，茅台酒企业深入研究“一带一路”沿线国家和地区的市场特点、消费习惯，在“一带一路”沿线国家已经布局 10 余个国家；五粮液积极建设欧洲、亚太、美洲三大营销中心，扩大营销辐射能力。白酒企业参与大型国际性展会、交易会、洽谈会。此外，白酒企业共同努力主动对接国外、国际标准。在清香型白酒国家标准修订研讨会上，汾酒、牛栏山、红星等企业围绕检测方法、感官标准等，积极探索如何更科学、更合理地与国际接轨。

尽管中国白酒企业在“走出去”方面进行了有益尝试，并取得一定进展，但无论从国际市场还是国内产能看，白酒国际化的发展空间仍然巨大。从绝对量上看，白酒出口量和出口额都呈现出增长趋势，但相对比来看，中国白酒出口量在国内产量的比重仅为 0.12%，出口金额占白酒当年销售收入比重仅为 0.5%。现今国际市场上，中国白酒出口还是以日本、韩国等亚洲国家为主，且消费人群多为华侨华裔，欧美市场上的白酒不仅种类少，数量也偏少，从这方面来说，中国白酒并未真正被主流市场认可。未来，中国白酒的国际化应以主流社会认知为目标，不应仅仅限于一种文化和社会层次的范围之内。借势和整合多通道支持势在必行。充分运用资本运作加快国际化进程，国内成熟的、有实力的大型白酒企业可开展海外并购，通过工艺传承与技术创新，生产出既具有中国白酒独特风格又适合国外消费者口感的产品。也可积极主动与国外大型的酒类贸易商形成战略联盟，利用国外企业成熟的品牌和原有的渠道资源，使国内白酒产品在国外得到展示，国外消费者将能够更大范围地接触中国白酒，进而真正建立起中国白酒国际影响力。

（2）产区建设 2018年，产区建设成为酿酒产业提升产品品质，带动产业创新、转型、升级，实现高质量发展的新亮点和增长点。

2018年，产区建设在白酒产业出现新的变化，名酒的影响力在传递给产区的同时，产区已经开始形成独立的品牌影响力，而且更多地以产区形态在行业中崭露头角，并且将旗下名酒的发展纳入产区发展的大局当中。以泸州产区为例，泸州市在《泸州市千亿白酒产业三年行动计划（2018—2020年）》中提出，未来三年，将围绕建设优质白酒品牌聚集区，全力打造泸州老窖、郎酒、川酒集团三大龙头企业，实现泸州产区白酒产值再攀新高。越来越多的酒类生产区域开始加入产区化发展的进程中。如仁怀在2018年多次在全国进行产区推广；湘酒之前并未出现以名酒为核心的产区，在2018年也开始借助产区的力量寻求抱团发展；以原酒生产知名的邛崃产区也焕发出勃勃生机。由此看来，产区对于白酒产业发展的重要性已在白酒产业达成前所未有的共识。葡萄酒产业在产区建设上也有新的亮点。2018年，中国葡萄酒领军企业纷纷发力布局多样化产区、多样化风土和多样化品种，精准研究中国消费者口感，为国产葡萄酒注入了更多产区自信。可以说，中国葡萄酒正在通过强化产区建设，引领国产葡萄酒实现高质量发展，带动产业崛起，以产区魅力为东方葡萄酒正名。

二、行业面临的问题

我国酿酒行业经济发展基本平稳，增长方式发生转变，产业结构深度调整，产品结构进一步优化，消费市场回归理性，整个酿酒产业实现了由快速增长向平稳增长的过渡。但是，在发展过程中显现的政策、市场和创新方面的诸多问题和所面临的困难依然严峻，需要继续深入关注和探讨。

（一）政策与市场

1. 政策调整应强化自主调节，引导企业自律生产经营

我国法律法规特别是食品安全有关法律进一步完善。2015年新的《中华人民共和国食品安全法》实施，强调充分发挥消费者、行业协会、媒体等监督作用，形成社会共治格局。然而，随着酒类市场消费形势的不断变化，适应酒类生产流通特点的专门性法律法规仍然十分缺乏；涉及检测、流通等方面的标准仍然较少。立法和标准的滞后，造成对酒类商品的监管困难，需要进一步加快相关工作的进行，并应着力强调行业协会的作用，引导企业自律生产经营。

2. 社会舆论关注提升，预警机制亟待健全

随着人民生活水平的提高，人们的食品质量安全意识不断加强，作为特殊食品的酒类产品备受社会各界的关注。酒类产品的质量安全关系到生产企业的命脉，关系到整个酿酒产业的健康发展。特别是白酒行业，舆论关注度高，影响面大，公众美誉度亟待提高。面对行业热点与社会误读，行业与企业仍欠缺快速应变能力和有效的危机公关能力。尽快建立健全行业预警机制，有效组织与引导企业开展行业自律，加强消费者教育，普及酒文化知识，倡导理性饮酒，强化社会责任意识，树立行业正面形象，努力营造行业的社会美誉度，应该作为全行业的重要工作。

3. 产业发展不平衡，转型升级刻不容缓

目前，酿酒产业已走出调整期，但是无个性、同质化、缺乏性价比的产能过剩仍是产业转型发展的绊脚石，产业发展不平衡、不充分，美酒稀缺，供需矛盾长期存在。此外，产业普遍存在重复建设、资源配置不合理、产业规模过于松散的现象，也是酿酒产业转型升级、转变经济增长方式过程中应深

刻思考的课题。转型升级、转变经济增长方式是中国酒业未来发展战略的核心之一，是提高综合竞争力的关键。转变经济增长方式一定是从提高供给质量出发，由不可持续性向可持续性转变，加强优质供给，减少无效供给，扩大有效供给。

4. 中小企业经营困难，产业结构亟须优化

2018 年，全国酿酒产业规模以上企业的亏损面为 16.34%，与 2017 年的 12.08% 相比较，亏损面在逐步扩大，说明企业间盈亏情况发生显著变化，呈现出利润向少数企业集中的趋势。在特色经济区域建设中，产业企业整体竞争力不强，主要依靠知名企业名酒品牌和少数骨干企业做支撑，大量中小企业经营处境非常困难。同时，知识产权侵权、产品同质化严重，产品品质良莠不齐、影响整体产区形象的现象也很普遍。产业结构亟须优化，产业集群建设也需要梳理好大、中、小企业的关系，实现大、中、小企业协同发展。

（二）科技创新

酿酒行业的科技创新能力明显不均衡，啤酒、葡萄酒行业通过引进吸收国外技术装备，促进了生产水平的提升，但自主研发和自主创新能力尚有不足；白酒、黄酒行业通过加大机械化生产试点，在一定程度上提高了生产效率，但与机械化、自动化、智能化、信息化先进水平差距仍然较大；发酵酒精行业规模企业通过升级改造，技术水平和产品质量逐步提升，但在全面实现循环经济、资源重复利用，进而提高产出效益方面尚无重大突破。科学建立行业创新机制，加大力度提高自主研发能力，树立传统产业向现代工业迈进的坚定信心，推动酿酒行业现代化工业进程，是我国实现“中国制造 2025”的需要，也是整个酿酒产业的重要任务。支持具有一定规模和实力的装备生产企业，将其培育成为水平较高的龙头骨干企业；支持中小企业走专业化、配套生产之路。同时紧紧抓住“中国制造 2025”实施的契机，大力发展具有自主知识产权的酿酒设备，促进行业向集成化、智能化、高端化发展。

三、发展趋势

我国酒类行业发展呈现新变化和新趋势，产业调整将持续纵深，转型升级也将不断得到强化，推动产业经济高质量发展，为未来发展提供新机遇、新引擎、新活力。

（一）政策与市场稳中求进，经济效益保持增长

2019 年中央经济工作会议对经济工作作出了全面部署，提出坚持稳中求进，坚持新发展理念，坚持推动高质量发展，坚持以供给侧结构性改革为主线，为 2019 年经济发展指出了方向。酿酒产业脱离不了整体经济形势的影响，也必然要遵从宏观经济政策的指导。从高速发展到效益低迷，再到当下的平稳发展，酿酒产业作为整个国民经济中的组成部分，与经济形势的走势较为吻合。

当前，中国酒业经济发展效率正在改善，发展动力正在转换，促进酿酒产业经济高质量增长的积极因素正在持续积累。未来酿酒产业经济增长的韧性仍强，将继续运行在合理区间内，预计未来酿酒产业会稳中求进，经济效益保持增长。

（二）转型升级，转变经济增长方式

综合来看，酿酒产业在走出困境、由疲转兴的基础上，转型发展呈现良好态势，打开了经济转型发展新局面。未来，转型升级、转变经济增长方式是酿酒产业提高综合竞争力的关键，共建共享、竞合发展也有利于推动产业实现良性、优质、高效的发展。竞合发展是一个产业高水平发展、高格局竞争的体现，竞合的核心是合作、共建、共享。未来，我们可以探讨在酿酒原料、包装、辅料等需求上共享需求、降低成本，在物流配送、

装备、服务、信息等方面共享资源、节约成本，树立共享经济，共享产业成长。

转型升级，也要以科技创新为驱动力。坚持走新型工业化道路，加大科技投入，推动技术进步和自主创新能力；促进产业转型升级，积极开展信息化和工业化深度融合，以技术创新支撑装备升级，加强科技研发，改善制造工艺，实现酒类装备的机械化、自动化、智能化和信息化。

（三）集群发展，构建产业经济新格局

目前，酿酒产业已形成了一批具有代表性的酿酒产区集群，这些产业集群的形成与壮大，引领和规范了产业的发展，在实现空间聚集、整合优势资源、推动结构调整、促进产业升级等方面发挥了推动作用。

未来产业集群的建设将对梳理好大、中、小企业的关系发挥举足轻重的作用，实现大、中、小企业协同发展。白酒行业、葡萄酒行业中小型酒企发展小酒庄，做酒庄文化体验，让自身优势通过“小而美”的演绎获得消费者的喜欢，发展出自己的特色，走小众化、个性化道路。对于产区特征较为明显的黄酒行业而言，产区集群建设可以使中小企业拓展生存发展空间，找到自身位置，做出特色与差异化。将来大量的中小企业有了生存能力，品牌侵权、产品同质化等市场、流通、竞争不规范现象自然会逐渐消失。

酿酒产业上下游相关产业链范围非常广泛，产业集群的建设也有利于集政府、企业、协会产业力量于一身，开展全产业链专业服务，有效推动产业协调发展。打造产业合理的生态圈，形成从农户、种植基地、包材企业、生产企业、渠道成员直到最终消费者的良好利益共享和分配链条，解决种酿脱节、原料供应和上下游协作不稳定等问题。

（四）结构优化，培育经济增长点

酿酒产业经济结构不断优化，经过产业内外的重组、并购、整合，企业集团化、规模化不断壮大，构建面向未来的产业结构已成必然。未来，积极优化产业结构，寻找新的经济增长点，是保障产业稳步发展的必修之路。

我国各地酒类生产企业数量众多，产业集中度仍存在明显的提升空间。2018年各酒种亏损额方面，除啤酒外，白酒、葡萄酒、黄酒、发酵酒精均呈现加大趋势，说明市场竞争激烈，优胜劣汰的产业格局逐步加快，企业集中度得到进一步提升，产业结构正在发挥作用，产业呈现强者越强、弱者越弱的两极分化态势。未来，规模实力型企业通过兼并重组、资源整合，将不断实现企业集群化、集约化发展，通过规模效应进一步降低生产经营成本。争原料、争资源、争市场、争资金的庞大低端企业将逐渐被淘汰出局。

（五）拆旧巷建新巷，满足消费者消费全景需要

互联网新兴业态、互联网与线下的有机结合、互联网+连锁+名优品牌+全景体验+创意定制+传播吸粉+物联网是酒类未来主流服务模式。这种服务把“酒巷子”送到消费者面前，为消费者提供“酒巷子”，酒类消费所有需求在新的“酒巷子”里可以找到，满足了消费者对酒类产品的全景需要。

随着移动通信和互联网越来越便利和紧密的结合，互联网+营销模式创新发展不断深化。最瞩目的应该是互联网+酒类连锁经营组织形式。互联网+线下连锁的融合发展模式将成为酒类分销体系转型发展的重要方向。消费者可通过平台网络方便、实惠地购酒，同时，依托其数量众多的线下实体店连锁体系、服务体系和仓储体系，让厂家将产品直接发到门店，然后通过门店的配送员送给消费者，通过线上线下融合发展实现供应链的整合。

美酒作为特殊的嗜好性消费品，物质属性和精神属性并存。作为风味食品，包含感官冲击、嗅觉、味觉、视觉、消费场景、仪

式体验等的实体体验的强大作用无可取代。也可以说，无体验无销售。虚拟技术的便捷、直达，信息的丰富，同样可以实现更低成本、更快捷服务和更全面认知，消费者可以全景感受到美酒的魅力。美酒历史、文化可以穿越时间走进消费，美酒酿造可以穿越空间走进消费，从远古到今天，从美酒产区到消费者餐桌，从产品介绍到消费体验，全景展现酒巷子的魅力。

四、政策建议

（一）提升传统产业文化宣传，推进民族品牌建设

五千年文明史造就了我国传统产业拥有深厚的文化内涵，民族品牌代表着民族文化，更是民族实力和国家影响力的象征，国家应该着力提升传统产业文化宣传，对传统产业民族品牌进行保护、鼓励和支持，推进民族品牌建设。在保留深层次文化基因的基础上，创新发展适应时代潮流、符合科学理念的"新文化"。在产业升级、产品结构调整继续深化的同时，加大对传统产业企业文化、品牌文化、消费文化等方面的引导、开发与探讨。

（二）积极引导企业践行社会责任，实现行业可持续发展

行业和企业社会责任现已成为行业健康、可持续发展的重要推动力，行业协会及业内企业近年越来越重视社会责任的践行。青岛啤酒、茅台集团等业内大型集团每年都发布企业社会责任报告，协会每年均针对其报告进行点评，但发布企业占比很小。建议针对酿酒行业企业社会责任报告制定相关发布政策，规定符合相应标准的企业均应每年发布社会责任报告，以推动整个酿酒行业健康发展。

（三）推进理性饮酒政策建设，规范行业引导

国家相关政令法规的持续推动，使得理性饮酒推进不断深化。建议出台相关政策法规，以便于行业引导更加规范、合理、有效，有利于将理性饮酒推广及酒类知识普及社会化、透明化，有利于推动酿酒产业健康发展，有利于科学引导消费者健康消费。

（四）调整酿酒行业税收政策，引导行业健康发展

近年来，中国酒业协会积极关注酿酒产业税收调整和变化，维护行业竞争环境，引导产业健康发展，积极推动酿酒产业税制改革。通过努力，相关部门取消了酒精消费税，解决了酒精行业多年来税负不公平的竞争现象，使行业走向良性发展。现今，随着市场环境和消费环境的变化，建议对白酒和啤酒等税收政策进行研究并给予调整，以推动行业的有序、合理、良性竞争，促进行业健康发展。

中国酒业协会

食品添加剂和配料工业

食品添加剂行业是我国食品工业的重要组成部分，食品添加剂产品在提升食品品质、改善食品口感、延长保质期、确保食品安全、助推食品工业的技术创新等方面发挥着不可替代的重要作用。伴随着我国食品工业的快速发展，食品添加剂行业也不断成长和壮大，产品品种更加丰富，产品质量不断提高，企业集中度也越来越高，在食品加工和生产中的作用及重要性日益突出。2018 年，食品添加剂和配料行业与我国各工业行业的发展趋势一致，保持稳定发展、稳中向好的态势。

一、行业概况

2018 年，食品添加剂和配料行业在新常态经济形势下整体呈现稳定发展的态势。主要品种产量和产值波动不大，部分品种产能还处于过剩状态，少数品种受外部因素影响出现短时性紧缺，但很快恢复供需平衡。近年来国家对食品添加剂监管越来越严，虽然消费总量受到一些影响，但对于那些有技术、有品牌、有市场的正规企业销售额反而有所增长。市场上一些产品的混乱状况有了很大改观，企业的生产经营也越来越规范，客观上限制了假冒伪劣产品和不规范小企业的生产，从而净化了市场环境，规范、促进了食品添加剂行业的发展。

（一）主要经济指标

1. 主营业务收入

据协会对各专业委员会和行业骨干企业所报数据的统计和分析，2018 年食品添加剂主要品种总产量达到 1200 万 t，比 2017 年增长约 6.7%；销售额达 1160 亿元，比 2017 年增长约 6.2%；从主要数据看，2018 年行业总体上仍呈现平稳发展的态势，而且国内外食品市场对食品添加剂产品的需求没有明显的变化（图 1）。

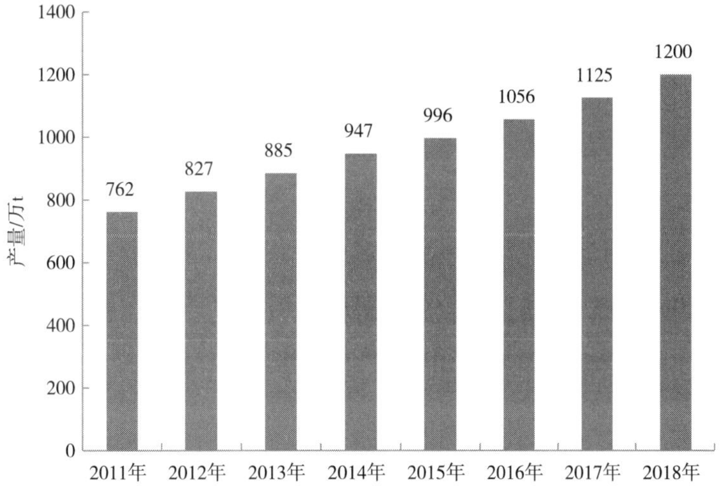

图 1　近些年来中国食品添加剂产量示意图

数据来源：中国食品添加剂和配料协会。

2. 利税

由于食品添加剂品种繁多，利税难以统计。总体来看，全行业总利税率在15%左右。大宗产品竞争激烈，利润水平低，小品种产品利润水平高一些。

（二）行业发展分析

随着现代食品工业的发展，我国食品添加剂和配料行业也向着系统化、规范化、标准化、国际化方向发展，食品添加剂已经进入了保证食品安全规范发展的时代。

我国食品添加剂行业是食品工业中与国际法规和标准接轨最直接、最完全的行业，我国现在是国际食品添加剂法典委员会（CCFA）的主席国，与国际发达国家一样，我国也制订了一系列较为完善的食品添加剂生产、使用和管理的法规和标准。

目前，我国已批准使用的食品添加剂品种共2600余种，几乎涵盖了所有的加工食品。食品添加剂中主要的常用品种在国内都有生产，且大多数产量都居世界前列，产品除满足国内市场外，许多产品出口也较多，有些产品在国际市场上占主导地位。2017—2018年，行业企业整体数量没有发生大的变化，行业的产量和销售额却都有增长，说明行业企业的规模和实力在不断增长。近年来，行业企业通过扩大产能、技术改造和技术升级、在原料基地附近设立分厂等方式使得产能和销售额都有明显增长。另外，行业企业的整体素质有了进一步提高，通过媒体曝光的一些事例和国家对食品业监管的加强，行业企业普遍认识到企业要可持续发展，必须在生产经营中诚信自律，必须严格遵守国家的法律、法规和标准。行业企业在运营中更加关注行业发展动向，注重标准工作，积极参与国家标准的制定，通过中国食品添加剂和配料协会积极向政府有关部门反映行业情况，配合政府做好行业监督和管理工作。

尽管近年来行业企业的生产经营受到原材料和劳动力成本上涨、环保压力增大等多种外界因素的影响，压缩了企业的利润空间，但大多数行业企业都把困难化作动力，坚持抓科技进步和管理创新，把提高产品质量、降低成本、新品开发、改进和提高销售及技术服务力度等作为工作重点，取得了良好成效。许多行业企业在国内外大环境诸多不利因素的困扰下，软硬件实力进一步提升，继续保持稳定发展。

1. 价格

由于食品添加剂品种较多，产品价格没有系统统计，总体产品价格平稳。2018年主要产品价格波动不大，但由于产能过剩，很多产品价格下降，再加上员工成本增加等因素影响，使得企业效益也同比下降。

2. 市场

总体上，目前我国食品添加剂产销两旺，能满足国内外市场发展的需要。行业基本实现产量和销售的同步增长，但出口由于受国际经济增长复苏乏力、贸易战、需求减少和国内出口产品退税政策调整等因素的影响，增长放缓。

3. 投资

食品添加剂是市场化较早的行业，投资多以民营或外资为主，在食品添加剂行业快速发展过程中，行业竞争十分激烈。食品添加剂的企业一般都较小，投资不大，当一个产品市场好的时候很容易吸引资本进入，企业价格战的情况时有发生，一些出口产品竞争更加白热化，个别产品市场前景还不明确，很多企业就已蜂拥而上，整个产业都没有利润。但是经过多年的市场竞争，国家以及行业的积极引导，行业自律加强，很多产品的发展已趋于平稳，产业结构较以前已有明显改观。

2018年，全行业新增投资不多，只是个别行业和个别企业在技术改造和科研开发上有些投入，新增产能不大。一方面市场变化不大，绝大多数产品产能已经过剩，市场竞争激烈，产能没有扩大的空间。另一方面，从国家政策上对食品添加剂行业限制增加，新品种审批放缓，现有产品的扩大使用范围和扩大使用量也非常困难，企业投资愿望不足。虽然从产量、产值上看，食品添加剂行业在食品工业中所占的比例为2%左右，但其在食品工业发展中的作用是不容忽视的。食品添加剂行业品种繁多，单一产品的产量不大，所以生产企业也就以中小企业为主，企业的规模小，比较分散，企业发展基础不强，在融资能力和贷款等资金方面遇到了许多困难。由于资金短缺，企业很难开展技术改造，产业升级困难，大多徘徊在低水平竞争上。新产品开发更是力不从心，当市场好的时候扩大生产也不容易。所以资金短缺的问题是行业遇到的普遍问题，一直制约着行业的发展。

4. 区域分布

我国食品添加剂工业是改革开放后首先由东部沿海城市迅速发展起来的，在很长一段时期内，仅有少数几个省份较发达、活跃，而大多数中西部省区都很少有食品添加剂产业的发展。近几年，除广东、上海、浙江、山东、江苏、北京、天津等省市外，一些中西部地区充分发挥各自资源优势和国家扶持政策或地域优势，开发出了一些性价比较高的食品添加剂产品，规模和数量都有明显上升。同时受能源和原料的影响，一些耗能大、原料成本比重大的产品也逐步向中西部转移，许多产品已经形成了区域优势。如山东禹城是“中国功能糖城”，河北曲周县是“天然色素产业基地”，高倍甜味剂主要集中在江苏，香精、香料产品主要集中在广东、上海等沿海城市等。

5. 行业集中度

随着《中华人民共和国食品安全法》及其修订稿的颁布实施，行业的生产经营管理日益规范，行业企业的规模和产品生产集中度进一步提高。据有关数据统计，2018年行业现有取得许可的食品添加剂生产经营企业3300家，按照取得生产许可类别分为：食品添加剂生产企业1623家，食用香精生产企业720多家，复配食品添加剂企业957家。单纯从企业数量来看，近五年不但没有明显增长，而且有一定程度的下降，尤其是一些小企业因成本、竞争力等因素退出行业。尽管企业数量减少，行业产品的产量和销售额却均有近30%的增长，这说明行业企业仍旧在通过扩大产能、技术改造和技术升级、在原料基地附近设立分厂等方式增加产能和销售额。同时，行业的骨干企业通过兼并、重组等方式扩大企业规模或组成企业集团，使行业企业的规模实力不断增强。据不完全统计，目前行业在国内（包括中国香港）上市的公司有20家，其中市值为百亿以上的公司（集团）有6家；市值50~100亿元的公司有5家；市值30~50亿元的公司有2家；市值10~30亿元的公司有6家；市值10亿元以下的公司有1家；近五年行业新上市的公司有5家，还有一批行业骨干企业正在积极运作上市。

6. 进出口

我国食品添加剂工业是一个年轻但发展快速的行业。目前我国食品添加剂总产值已约占国际贸易额的10%。我国大多数食品添加剂产品在国际市场上占有主导地位，特别是一些大宗产品的生产量和国际贸易量均居世界前列，但以较成熟的产品居多，高端产品和新产品不多。其中，柠檬酸、苯甲酸钠、山梨酸钾、糖精、木糖醇、维生素C和维生素E、乙基麦芽酚等品种在国际贸易中已起到举足轻重的作用，处于领先地位。我国拥有丰富的植物资源，目前国内的天然抗氧化剂如茶多酚、天然甜味剂如甘草提取物、天然色素和天然香料等天然提取物受到国际市场的青睐。

根据中国食品添加剂和配料协会对行业骨干企业数据的统计分析，2018 年食品添加剂和配料行业主要品种出口额 36.2 亿美元，与 2017 年持平。由于 2018 年大部分国家和地区面临经济复苏缓慢、增长乏力的大环境，食品添加剂和配料产品的出口整体增速有所下降。在相对困难的经济环境下，以民营企业和股份制企业为主体的各行业企业并没有因经济环境的恶化和实体企业的困境而止步不前，相反各企业面对困难，充分挖掘企业潜力，努力开拓国际国内市场，升级改造现有生产技术，研发食品市场需求的新产品，充分保证了食品工业发展对食品添加剂和食品配料的需求，扩展了行业在社会中的正面影响力，保持了行业的稳定发展。特别是在国际贸易争端频发、贸易壁垒增加、关税和出口退税不断变化的情况下，保持行业产品出口额没有下降。

7. 重点行业

（1）着色剂　根据对 2018 年着色剂行业数据统计和分析，2018 年着色剂销量达 42.4 万 t，销售额 37.7 亿元；出口量 22399t，同比增长 133%；出口创汇总额 2.67 亿美元，同比增长 11.5%。在着色剂三大类产品中，合成色素销量 0.4 万 t，同比持平；天然色素销量 2 万 t，同比增长 25%；焦糖色素销量 40 万 t，同比持平（图 2）。

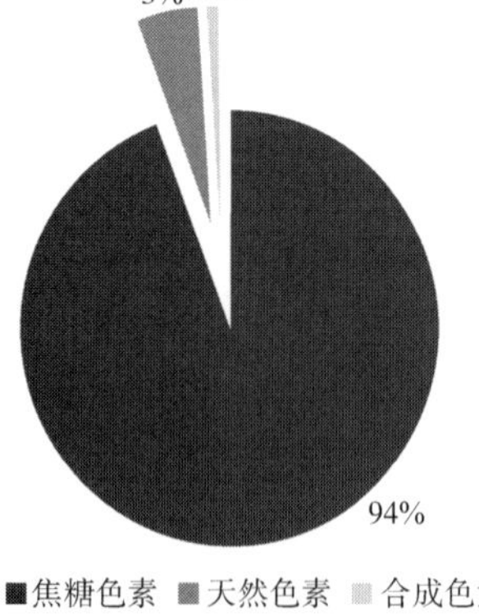

图 2　2018 年着色剂产品产量

数据来源：中国食品添加剂和配料协会。

着色剂行业整体而言是合成色素生产经营保持平稳发展；焦糖色素全年价格保持平稳态势，目前实际产能与市场需求基本吻合，行业的利润率维持在一定的合理空间。焦糖色素出口量有了大幅提高，主要向东南亚国家出口，规模达到了 1 万 t，形势喜人。天然色素行业发展过程中，各品种有喜有忧。在天然色素大宗产品中辣椒红色素、红曲红色素、万寿菊-叶黄素产业、栀子黄产业、姜黄色素发展形势如下所述。①辣椒红色素：出现连续三年的高速增长。2018 年产销量达到 8000t，同比增幅达到 33.3%；由于前几年的去产能、结构优化调整，使辣椒红色素加工产业集中度越来越高，优势产业资源得到了发挥，行业发展稳定增长，形势乐观。②红曲红色素和红曲黄色素的产销量同比分别增加 25% 和 19%。目前，红曲色素的产销量出现了拐点，向增长方向进步，说明去产能效果明显，趋势乐观。③万寿菊-叶黄素产业：在出现连续三年下降后，开始出现反弹。2018 年，产销量同比增加近 50%，价格也开始回升。万寿菊的基地已出现新的变化，云南已占到全国万寿菊基地的 70% 以上，使万寿菊的种植加工产业出现了南移，新一轮的产业竞争更为残酷，也更为集中。④栀子黄产业：2018 年全年运行平稳，同比增长 16.7%。栀子蓝、栀子红表现更为突出，增幅达到 50% 和 100%。⑤姜黄色素：2018 年全年表现良好，增幅达到 44%。姜黄的功能性得到世界的认可，应用扩大，产量和出口额都有较大幅度的增长。

其他小品种的水溶性花色苷色素（紫甘薯、甘蓝红、萝卜红等）行业运行维持在良好状态，增幅喜人，上升空间巨大。但需要合理控制产能，避免盲目扩产和投产。

（2）甜味剂　主要产品是功能糖醇和高倍甜味剂产品。

高倍甜味剂：2018 年我国高倍甜味剂行

业产品的销量达11万t（不含复配产品），同比2017年基本持平。糖精（钠）1—11月销售量约2.5万t，2018年国内销售价格在4.5~6.0万元/t，销售和价格总体平稳；甜蜜素国内的生产能力在3.9万t左右，由于受到消费量下降等因素的影响，产销量有所下滑，销售价格总体稳定；安赛蜜产量约为7000t，同样受到消费量下降等一系列因素的显著影响，产量和销量减少，企业利润和效益相应下降；阿斯巴甜产量约1万t，85%~90%都出口到欧洲等地，价格总体稳定；三氯蔗糖产量有所上升，全年超过4000t，由于国际市场对三氯蔗糖的需求增加明显，销量应进一步提高，但是，2018年部分生产企业受政府环保监督影响，生产和出口受到一定限制，目前价格维持在30万~40万元/t；甜菊糖国内产量约4500t，国内销售量与2017年相比有所增加，受美国市场消费量增加的影响，出口量略有增长；罗汉果苷产量有所增长，但与市场需求仍有一定的差距，价格仍然较高。

糖醇类产品：2018年，木糖产量约6.5万t，木糖醇5.5万t，木糖的价格从年初的2万/t上升到2.3万/t，木糖醇从年初的2.8万/t上升到3.1万/t。约80%的木糖醇用于出口，出口比例与2017年相同。2018年木糖生产情况不够稳定，主要是受环保监督的影响，企业经常停产，时间大约占全年的五分之一，影响了木糖醇产品的供应。尽管开化、濮阳等一些企业增加了产量，行业整体还处于供不应求的状态，能够正常生产的企业均有盈利，效益较2017年均有提升。2019年木糖醇市场会继续保持比较稳定的状态。成本高一直是困扰木糖醇企业的老问题，近几年由于创新力度不大，成本下降不多，市场增长率不高。

低聚木糖产品已进入食盐、饮料等新领域，出口形势良好，在美洲的市场进一步扩大；在欧盟获得了新资源食品认证，销售渠道也进一步拓宽。

（3）食用香精香料　食用香精香料行业全年经济运行走势稳中有升。食用香精产品销售额比2017年同期增长近8%；香精产品价格略有提高，其销售额同比增长高于10%。食用香料销售量和销售额较2017年有小幅上升。国际市场对食用香精的需求有所上升，出口略有增长。对香料产品的需求有所下降。国内市场竞争仍相当激烈，骨干企业在培育研发科技含量高的新产品，并在产品应用技术服务方面继续加大投入，提升了品牌核心竞争力，拓宽了国内和国际市场。

一年来，全行业尤其是香料行业企业在加大环保投入、切实解决高能耗高污染问题的同时，对产品结构做了优化调整，取得了一定成效。在技术改造、节能减排、产品结构调整等方面的工作主要体现在积极采用绿色环保的生产工艺对原有产品的生产工艺进行了改进，如改变起始原料，提高原料利用率；改变生产工艺，尽量采用催化技术，减少或避免废物的产生；降低物耗和能耗，提高材料的转化率或综合利用能力；提高产品质量，全面增强企业的竞争力。

（4）防腐剂和抗氧化剂　2018年防腐剂和抗氧化剂产品的产销量与2017年相比增长25%。苯甲酸和苯甲酸钠产销量达10万t，同比增长超过20%；国家批准苯甲酸和苯甲酸钠可用于饲料生产，增加了其用量，发展潜力增大。行业集中度进一步提高，骨干企业武汉有机实业有限公司搬迁新厂，生产逐步进入良性循环阶段，产能大幅释放，产销量占全行业的80%以上。而环保不达标的小企业逐步退市，市场秩序日趋规范。

山梨酸钾、山梨酸、脱氢乙酸产量同比略有增加，总体保持平稳增长；对羟基苯甲酸乙酯、对羟基苯甲酸乙酯钠和对羟基苯甲酸甲酯钠销量同比平均增长超过10%，国内外市场均好于2017年，市场需求稳中有升。脱氢醋酸钠在馅料等传统产品中的市场稳定，肉制品中的使用量近年有所增长，2018年产销量和销售额同比略有增长。

天然防腐剂三大主要产品乳酸链球菌素、纳他霉素和聚赖氨酸有较快增长，发展势头良好。乳酸链球菌素产销量和销售额分别同比增长22%和20%；聚赖氨酸产销量和销售额增长幅度巨大，同比增长分别达200%和140%，成为天然防腐剂的一个增长亮点；纳他霉素小幅增长，产销量增长达6%，销售额下降3%。

（5）增稠剂、乳化剂和品质改良剂 2018年增稠剂、乳化剂和品质改良剂行业产销量同比持平，发展基本平稳。乳化剂主要品种（单甘酯、司盘、吐温）总销量5.2万t，同比持平，销售额5亿元左右，同比持平；增稠剂（不包括淀粉产品）销量1.8万t，同比增长10%，销售额增长7%；变性淀粉销量49万t，销售额23.5亿元，同比持平；面粉改良剂销量11万t，同比持平，销售额10亿元，同比增长9%；磷酸盐产品销量4万t，同比持平，销售额6亿元；复配膨松剂（泡打粉）销量3.5万t，同比下降5.4%，销售额1.67亿元，同比下降1%。

（6）营养强化剂 国家大力推进营养产业的发展，同时，我国居民越来越重视健康营养，市场的需求和政策导向的落实大大促进了营养健康产业的平稳发展。2018年，营养强化剂单品和复合营养素类产品的产销稳步增长。维生素C、维生素E、维生素D_3等继续在世界上占有领先优势，骨干企业浙江新和成公司、新昌制药厂等企业相关产品的销售额和利润均稳步提高。维生素E价格上涨，企业效益提升，其中合成维生素E产销量同比持平，因价格上涨，销售额有较大增长；天然维生素E市场需求旺盛，产品供不应求。随着国家食品安全、环保监管力度的不断加强，中小企业生存越来越难。营养素产品正在向高品质微胶囊化方向发展，产品的应用技术在不断提高，对于企业的规模、研发水平都提出了更高的要求，产业集中度不断提高是大势所趋。

目前，我国的食物营养强化与发达国家相比差距还很大，今后应大力宣传和贯彻《“健康中国2030”规划纲要》，积极开展营养与健康教育，推进国家标准的制修订，加强营养强化剂及特种营养食品的科学研究与创新，促进企业与营养健康产业的发展融合。随着社会的发展和“健康中国”国策的落实，营养强化剂及特种营养食品产业定会向着更加健康的方向发展，为保障国民健康发挥不可缺少的重要作用。

8. 食品添加剂的发展方向及新的增长点

（1）我国植物提取物出口需求旺盛 我国作为全球主要的植物提取物供给和需求市场之一，虽然目前行业发展还存在一些问题，但市场规模总体保持了较好的增长态势。

我国植物提取物行业国内需求相对较小，主要销往国外市场，是中药产品出口最主要的形式之一。受益于国外市场对中国植物提取产品的旺盛需求，近些年我国植物提取物行业基本保持增长的态势，由2005年的近3亿美元提高到2015年的21.6亿美元，自2010年以来复合增速超过20%。植物提取物占我国中药产品出口的比重也随着其出口的快速增长而提高，由2005年的约35%提高到2015年的57%。

另外，全球植物提取物也进入持续增长期，市场销售额由2006年的72亿美元增长至2016年的217亿美元，年均市场发展增速约为11%。

我国植物提取物市场目前总体上还属于出口导向性产业，出口约占市场总销售规模的65%左右。近年来随着国外市场尤其是欧美市场对植物提取物需求的持续增长，作为主要植物提取物出口国家之一，我国将受益于国际市场的增长。

（2）新型甜味剂市场前景可期　近些年，新型的高倍甜味剂正在迅速兴起。有数据显示，甜菊糖、三氯蔗糖等新型甜味剂在 2009 年至 2018 年期间，消费量以每年大约 12% 的速度快速增长，而且预计未来这种情况将持续。

在众多的新型甜味剂中，甜菊糖无疑是未来最有潜力的甜味剂之一。作为一种天然甜味剂，其优点是具有与蔗糖相似的口感，可以与其他甜味剂搭配使用，适用于各种食品，不少国际知名企业都发布了含有甜菊糖的新产品。另外，如罗汉果甜苷、三氯蔗糖等产品也都有着良好的前景，销售量逐年增长。帝斯曼、嘉吉、谱赛科、Kerry、泰莱在内的企业，目前都在不断通过各种创新技术来实现高倍甜味剂的扩产。

新型甜味剂市场正在蓬勃发展，但也需要克服许多挑战，主要是在口感、成本、监管审批方面。预计新型甜味剂市场在未来几年将获得持续的高速增长。

9．“三品”战略实施情况

当前，世界经济进入了一个低速增长时期，主要经济体的增长预期都处于历史较低水平，保护主义势力在抬头，国际贸易和投资低迷，多边贸易体制发展面临瓶颈，各种不确定因素增多，充满了各种风险和挑战。在这样一个全球大背景下，中国食品添加剂工业应如何扬长避短，继续保持较好的增长势头，是实施三品战略的重要目标。近几年来，我国食品产业遵循“创新、协调、绿色、开放、共享”的发展理念，积极推进供给侧结构性改革，积极实施品牌战略，提升食品产业品牌形象；贯彻落实食品安全政策，在消费升级的推动下，保持行业健康稳定的发展态势。

（1）增品种　为满足消费者不断变化的需求，食品创新的特点之一就是要求口感新、风味新。这也要求食品添加剂不断地开发新产品。坚持技术创新，食品添加剂生产企业必须对食品生产配方和工艺流程深入了解和认真研究，在新产品和复配创新方面下功夫，这样才能在同质化产品中突出优势，形成不同于其他企业的核心竞争力。但另一方面也要看到，由于社会对食品添加剂的偏见还没有彻底消除，产品的创新和应用的拓展受到一定程度的影响。2018 年，经过对食品添加剂新品种的评估审查，国家卫生健康委员会（原国家卫生和计划生育委员会）批准了 L-苹果酸钠、壳聚糖酶等 4 种食品添加剂、酶制剂新品种和 1 种新的食用香料。

（2）提品质　食品添加剂和配料行业是食品工业体系中科技创新亮点频出、法规标准与国际接轨完善、生产经营监管较为严格的行业，一直走在食品工业技术进步和产品创新的前列，曾经荣获国家多项科技进步和技术发明奖项。近十年来，食品工业中获得国家级科技进步奖和发明奖的项目很多都与食品添加剂和配料相关，许多食品新产品的开发都离不开食品添加剂和配料的新品或新功能的出现。2016—2017 年，行业在科技创新和技术进步方面取得优异成果，由行业企业浙江新和成股份公司完成的《重要脂溶性营养素超微化制造关键技术创新及产业化》以及由行业企业山东龙力生物股份公司完成的《木质纤维生物质多级资源化利用关键技术及应用》两个项目均荣获国家技术发明奖二等奖。

这些奖项的获得不仅显示行业在科技创新和技术发明方面继续保持领先的优势，也说明行业在社会中的正面影响不断加强。

（3）创品牌　随着市场经济体制的不断完善，激烈的市场竞争和强大的技术变革使越来越多的食品添加剂生产企业意识到品牌的重要性，并将品牌建设提升到企业竞争战略的高度。特别是中小型企业，想要增强自身竞争力，在“做强”的基础上“做大”，品牌的提升就显得越来越重要。然而，对于绝大多数中小食品添加剂企业来说，对品牌的管理仍然停留在比较肤浅的阶段，没有根据行业和企业自身的实际情况进行分析，自主品牌培育不足。因此，中小生产企业如何制定适合自身发展的品牌提升战略以实现品牌的增值等是亟须解决的问题。食品添加剂企业在注重技术研发和产品质量的同时，也要注重品牌宣传，利用专业期刊广告、技术文章发表、展会活动等营销方式，扩大品牌知名度，树立品牌形象。创立并发展我国食品添加剂行业的民族品牌，才能与国际市场上食品添加剂大公司的产品进行竞争。

【案例】

山东百龙创园生物科技股份有限公司始建于2005年12月30日，是以生物工程为主导产业的高新技术企业，公司以“百龙创园”为主要品牌，先后开发出麦芽糖醇、低聚异麦芽糖、低聚果糖、聚葡萄糖、抗性糊精、低聚半乳糖等一系列产品，应用领域涵盖食品、医药、保健品、饲料等行业，年综合生产能力达30万t。经过十几年的发展，在食品行业中享有很高的知名度。

科技创新：公司以科技创新作为公司发展的核心动力，创新科技创新管理模式，建立了完整的科技创新管理制度，极大地提高了员工的工作积极性。公司核心产品为抗性糊精，该产品核心技术一直为国外企业所垄断，产品一直依赖进口，公司看到该产品未来广阔的市场前景，发挥全员创新能动性，历时2年终于攻克了该产品关键生产技术，成为国内第一家实现工业化生产抗性糊精的企业，当年就给公司贡献了近3000多万元的利润，占公司整体利润的一半以上，成为公司的核心拳头产品。

管理创新：管理出效率，管理出效益，管理出人才。山东百龙创园公司狠抓管理，严肃工作纪律，培养出了一支愿干事、抓落实、能成事的管理团队。公司尤其注重产品质量的管理，引进了行业内公认的最先进的生产设备和检测设备。从原料投料到产品灌装全部采用自动化，保证了自身在生产工艺和技术以及在产品质量控制上遥遥领先于同行业其他企业。以质量带动企业品牌的提升，以品牌推动企业的高质量发展。

10. 食品添加剂的智能制造与食品添加剂的包装和装备

食品装备是食品加工先进科学技术应用的载体，是实现食品产业工业化、标准化、营养健康化发展的重要装备支撑，在推动食品产业转型升级和可持续发展中发挥着重要作用。

对食品添加剂装备制造来说，“智能化”转型的目标有三个：在智能分析的基础上实现设计模块化、系列化、标准化，并逐步探讨研发中的建模与仿真；在实现工艺的全面数字化、结构化的基础上，对企业的工艺布置、制造链、供应链等进行优化，在保证产品可靠性不断提高的基础上，实现智能化的精益生产方式；一个更远期的战略目标，是建立智能维护系统，成为工业4.0智能信息服务体系的雏形。

我国已进入全面建设小康社会的关键时期，要以科技创新突破食品装备技术的瓶颈，保障食品加工的质量与高效率，保证食品的卫生安全，提升食品品质与营养质量。食品添加剂行业装备产业的科技创新与保障支撑面临着更高的要求和更大的挑战。

食品和包装机械行业是机械工业的一个重要分支，承担着为食品工业提供技术支撑和装备支持的重要任务，食品添加剂装备制造又是食品和包装机械行业的一个分支。近年来，我国食品和包装机械行业延续了全面快速发展的势头，同时食品和包装机械行业也存在“需求不旺、产能过剩、成本上升、创新能力薄弱”等主要问题。

中国食品添加剂和配料协会主办的第二届机械装备推动食品工业发展高峰论坛，是以技术装备的更新换代、推动行业企业技术创新和发展为主题的论坛。机械装备推动食品工业创新发展是装备制造业和食品工业共同关注的重点，主办方邀请国内权威行业专家纵论企业技术装备的更新换代情况，以促进企业产业升级，提高企业技术装备水平，推动行业企业技术创新和可持续发展。

二、行业面临的问题

2018 年，行业整体生产经营随着食品工业的发展而稳步向前，根据中国食品添加剂和配料协会各专业委员会和骨干企业所报情况来看，行业的生产经营同时也面临一些共性问题。

（一）政策与市场

1. 法规和标准在实施方面的问题

（1）食品添加剂制剂类产品没有国家标准，影响到这类产品的生产和销售，严重阻碍了这一类符合行业发展趋势的高端化、标准化和方便化产品的发展。很多企业只能按“复配食品添加剂产品”的要求设计配方和生产，对这类产品的应用范围有很大限制。另一方面，国内对只含一种食品添加剂和植物油的产品（即单一食品添加剂+食品原料）不能生产和销售，而国外进口的同类产品却可以销售，对国内企业很不公平。

（2）单一的食品安全国家标准无法满足行业的需求。按照现行法律法规的要求，对食品添加剂产品无法制定推荐性国家标准和企业标准，只能制定食品安全国家标准。但是，产品使用的原料、生产操作规程、工艺技术升级后产品质量指标提高却无法用标准带动行业提高等问题一直困扰行业，行业企业也一直在探寻解决问题的方式。根据行业的要求，并且社会对团体标准制定及执行的环境逐步成熟，中国食品添加剂和配料协会将通过制定相关团体标准的途径缓解行业的困惑。

（3）对于使用转基因来源的菌种生产酶制剂和涉及转基因的其他品种食品添加剂和配料，国家已明确由农业农村部牵头先对转基因来源菌种的安全性进行评价，安全性通过后再向国家卫生健康委员会进行新品种的申报。程序和责任单位已明确，但相关部门仍未出台具体细则，部分企业尝试申报也被要求退回申报文件，这让企业的新申报工作由于行政审批程序的问题而停滞不前，已严重影响了企业在中国市场的生产经营和创新发展。

（4）食品添加剂中有很多来源于天然原料的胶体，如果胶、卡拉胶、刺槐豆胶、瓜尔胶等，部分特殊规格的产品，其蛋白质含量和纤维素含量均很高，在最后产品中可以成为重要的蛋白质和膳食纤维来源。这一类产品的安全性都很高，都属于食品添加剂联合专家委员会（JECFA）评估结果每日允许摄入量（ADI）不限制的产品。在美国大多数产品都属于一般公认为安全（GRAS）管理，在中国台湾大多数产品现行的法规仍将其当作食品原料进行管理。而我国法规中一直按照食品添加剂进行管理，相对应的在标签和营养方面也有很多限制。

2. 环保高压下，企业面临挑战

国家和地方政府部门对环保监察力度不断加大，有些地方政府限于压力和自身政绩的需要，对本地企业不断提出更高环保要求，并以此为由随时要求企业停产限产，影响到企业的正常生产。环保达标是企业生存和可持续发展的基础，必须要解决好。近年来，行业企业按照要求在环保方面不断加大投入，投入必要的环保设施，以期达到相关的环保要求。但是，由于产品生产的特殊性和企业规模有限，环保设施不可能一步到位，有些涉及排放和污染治理的技术还需深入研究，

才能达到更好的治理效果。行业同时希望，政府部门在环保督查和管理方面还应实事求是，依法依标监管，避免一刀切，为企业营造一个良好的生存环境。

3. 行业企业生产经营稳定，但效益下降，困扰增大

2018 年，行业的产量有所增加，但销售额增长偏低，且行业涉及的化工类原料、农产品原料价格逐步走高，企业员工工资、能源成本等也都居高不下，企业的各项税费负担没有明显减轻，企业生产经营的成本持续上升，而产品价格因市场竞争激烈无法同步上涨，使得企业效益下降。近两年，受国内工业发展变缓的整体影响，行业企业普遍感到经营困难增大。由于食品添加剂和配料行业多为给终端食品产品提供辅料的企业，虽然受消费者市场波动的影响小一些，但因国内各种环境因素的制约，新品推出较为迟缓，新的增长点难以出现，使得行业只能保持现状，效益相比较而言有所下滑。

4. 产能过剩，同质化产品低价竞争现象依然存在

2018 年，部分食品添加剂产品仍然存在盲目扩产和投资的情况，使行业部分产品的产能过剩状态一直未能彻底改善，导致市场供大于求，产品价格下跌。一些新进入行业的企业为扩大市场份额恶意低价竞争，破坏了正常的市场秩序，造成行业一些产品产销量的大起大落，阻碍了行业的健康发展。到目前为止，一些产品如辣椒红色素、甜菊糖苷、三氯蔗糖、万寿菊浸膏、阿斯巴甜等还都存在产能过剩的情况。

（二）科技创新

目前，我国的食品添加剂需要申请审批才可生产使用，新品种的审批申报又十分复杂繁琐，从申报批准到国家标准制订完成，需要漫长的过程，对条件有限的企业是一种难以完成的工作。而且由于我国对食品添加剂认识的偏差，近年来食品添加剂新品种和使用范围、使用量的扩大很难得到批准，从而造成新产品的开发放缓，这给企业的科技创新造成很大影响，企业创新动力不足。

美国、欧盟、日本等国家和地区每年都有很多新品种被批准使用，中国也应鼓励食品添加剂的创新发展。所以，应简化食品添加剂新品种的审批申报程序。与此同时，在未来应构建稳固的产学研合作平台，建立良好的运作机制，充分发挥企业在科技创新中的主体地位作用，建立以企业为主体、市场为导向、面向生产的技术创新体系，开展共性关键技术和前沿技术攻关，推动相关产业实现重大技术突破，形成核心技术标准，支撑和引领产业技术创新，同时搭建好资源共享与信息交流平台，实现相关产业与标准、管理、监督等职能部门的良好沟通，从而促进食品添加剂产业增长方式的转变，增加食品添加剂新品种的研发。

（三）食品添加剂在食品中的不当标识问题

近年来，人为添加非食用物质造成的食品安全事件不断发生，由于消费者误解、媒体不当宣传，食品添加剂为此背了黑锅，并持续将其妖魔化，导致舆论产生的风险已大大超过食品本身的安全风险。此背景下，部分食品企业为追求经济利益，利用消费者对食品添加剂的忧虑心理，把“不添加或不含有食品添加剂”作为噱头，通过食品标识大肆进行炒作，愈演愈烈，乱象丛生。

食品添加剂是食品工业的“灵魂”，没有食品添加剂就没有现代食品工业。但有些食品企业，一方面享受食品添加剂给食品生产、储存、销售、食用带来的好处，一方面在抹黑食品添加剂，误导消费者，刻意标榜“零添加”，向消费者暗示食品添加剂不是好东西。这种食品添加剂反面标识（标注“不添加或不含有”字样）的泛滥，既加深了消费

者对食品添加剂的误解，也加深了消费者对中国食品状况的不满，严重侵害了消费者权益，扰乱了食品市场秩序，阻碍了食品添加剂产业的正常发展。这种行为不仅与客观事实相违背，也是对消费者不负责任的一种做法，应该明令禁止。所以，出台一个全面禁止这种行为的办法是食品添加剂行业迫切需要的。

三、发展趋势

食品添加剂行业是一个年轻但快速发展的行业，在今后的一段时间内，在逐步进入经济新常态下如何转变思维、增强素质、调整产业结构，正确面对市场、适应国际市场、创新发展，将成为我国食品添加剂行业发展的重中之重。

总体来说，预测 2019 年全行业总体运行将基本保持平稳，与 2018 年同期相比会保持一个平稳发展的态势。未来几年内，预计全球食品添加剂市场每年将以 3% ~ 5% 的速度增长。

随着经济的不断发展，人民生活水平的不断提高，人们对食品的追求有了新的要求，营养保健、绿色健康食品等已成为消费市场的新热点。然而，在这些食品中，食品添加剂仍然起着至关重要的作用。目前，食品添加剂工业正朝着天然、营养功能性、复配制剂化等方向发展。

1. 天然食品添加剂

虽然化学合成的食品添加剂经过严格的安全风险评估，而且相对于天然食品添加剂其纯度较高，但因公众的认知程度有限，人们普遍担心化学合成品的安全性，所以崇尚自然成为世界食品添加剂不可抗拒的发展潮流，天然提取的食品添加剂成为未来主要发展方向。

目前，我国允许使用的食品添加剂中，有很多是从动植物中提取的成分，安全无毒，受到人们的广泛欢迎，成为目前研究开发的重点。其中最具代表性的是天然色素、天然抗氧化剂、天然防腐剂、甜味剂等。我国地域辽阔，动植物资源丰富，有着几千年药食同源传统，所以发展天然食品添加剂有着独特的优势。目前，我国的天然抗氧化剂如茶多酚、天然甜味剂如甘草提取物和甜菊糖苷、天然色素辣椒红以及天然香料等天然提取物食品添加剂已普遍在国内外食品工业中使用。

在市场上，很多天然提取的食品添加剂的价格是化学合成的几倍以上，而且出口到发达国家和地区的食品有很多要求其中添加的是天然提取的添加剂品种，所以天然提取的食品添加剂出口前景十分看好。天然食品添加剂是食品添加剂工业新的发展趋势。

2. 营养和功能性食品添加剂

传统食品在营养方面并不一定均衡，适当添加或调整食品中的营养元素对提高食品的营养价值、合理利用食品资源、增进人民身体健康是非常经济有效的措施。例如，有些无机元素对人体是必不可少的，但人们摄取的食物中含量可能会很少，为了保证人体的需要，可以合理地添加营养强化剂来保证人体的健康。所以，食品添加剂营养强化也是一个重要的发展趋势。食品营养强化剂有维生素、氨基酸与矿物质等。

另外，功能性食品添加剂已成为各地企业和科教单位研究开发和选择课题的重点。我国食品添加剂发展的方向是天然、营养、多功能，且安全可靠。近年来，我国这类功能性食品添加剂和配料的品种和产量逐渐上升。虽然《食品安全国家标准　食品添加剂使用标准》（GB 2760—2014）分类中并没有功能性添加剂这一项，但确实有不少兼具生理活性的功能性食品添加剂，如着色剂红曲红、木糖醇等。随着我国健康产业的发展，功能食品添加剂和配料必然越来越多地被人们所重视，也将成为食品行业发展的主流。

四、政策建议

（一）完善食品添加剂的标准建设和管理制度，继续加强食品添加剂相关标准的制（修）订工作

（1）允许制定食品添加剂企业标准并能够备案。

（2）加快制定食品添加剂中使用食品添加剂的相关标准或管理办法，解决包括制剂类产品在内的一批产品的生产许可问题。

（3）加快研究食品配料中使用食品添加剂的问题，使食品配料中使用食品添加剂的情况能够规范并得到解决。

（二）加强对食品添加剂生产过程的监管，在行业内推广偏好操作规范（GMP）、危害分析与关键控制点（HACCP）等管理方法

建议政府有关部门加强对食品添加剂生产经营过程的监管，根据食品添加剂生产经营现状，制定相应的过程管理法规、标准和办法，进一步规范生产中的各个环节，改变事先严控企业生产许可发放，事后仅仅以产品检验结果定论的传统管理方式。与此同时，在行业企业中鼓励推广 GMP、HACCP 等行之有效的管理体系和方法，将产品生产的安全隐患控制在整个生产过程中。

国际上认可和接受的食品安全管理体系 GMP、HACCP 主要是对产品中微生物、化学和物理危害进行安全控制，也适用于食品添加剂的生产过程。尤其是 HACCP 强调识别并预防安全风险，控制生产环节中潜在的危害，克服了传统上仅通过对最终产品检测来控制食品安全的局限性。

（三）政策积极引导、加大科技投入、促进产业升级

引导食品添加剂行业进行产业结构调整，构建产学研联盟和集约化经营，支持行业重点项目建设和示范产业基地建设，扶持食品添加剂和配料行业龙头企业发展，带动行业整体提升，结合行业特点，给予这些中小企业一定的政策倾斜。

（四）严格禁止食品标签中对食品添加剂的不当标示，保证食品添加剂正常发展

经过近几年的广泛宣传和科普，社会以及政府有关部门对食品添加剂的理解趋于科学化和客观化，但社会环境仍然不容乐观，普通消费者对食品添加剂的存在和使用仍持怀疑态度，一些企业为迎合消费市场的需要，在产品上不正确地标识“不含食品添加剂”或声称产品不加食品添加剂。对此，行业始终认为应该正确引导，不应使消费者进入消费误区。

（五）开展有针对性的科普宣传教育，引导消费者正确认识食品添加剂

通过多种形式多种途径加大对消费者食品添加剂科普知识的宣传教育，使他们了解什么是食品添加剂、食品添加剂的作用和使用原则、食品添加剂行业的标准和监管体系，从科学层面上了解食品添加剂的真正含义，消除对食品添加剂的误解，引导消费者正确认识和理性对待食品添加剂和食品安全问题。

中国食品添加剂和配料协会

营养与保健食品制造业

在我国人均国内生产总值（GDP）已经处于中等偏上收入国家水平、健康中国上升为国家战略的大背景下，我国保健食品行业正处在快速发展的时期。2018 年，保健食品的销售额已达 5300 亿元，增长率 6.0%。由于我国目前并无营养食品的明确定义和相关法规标准，且统计分类和食品监管分类有所冲突，因此，本篇相关内容主要针对保健食品行业。

一、行业概况

（一）主要经济指标

保健食品行业是我国食品行业的重要支柱产业之一，已列入《“十三五”国家食品安全规划》，是促进我国健康服务业和养老产业发展的重要行业，也是推进健康中国建设、促进“大健康”产业发展的重要组成部分。随着《中华人民共和国中医药法》《“健康中国 2030”规划纲要》《国民营养计划（2017—2030 年）》等一系列政策规划的出台，多个部委颁布保健食品相关法规及征求意见稿，保健食品在国民营养健康中的作用日益增强。

根据中国保健协会的调查分析，2017 年我国保健食品销售额已达 5000 亿元，2018 年为 5300 亿元，增长率为 6.0%。在中国保健协会抽样调查的 1700 多家保健食品生产企业中，规模达到 100 万元以上的企业数量达到 79.9%，其中规模达到 1 亿元以上的企业数量达到 20.77%。

从 2018 年度保健食品企业业务收入百分比结果（图 1）可知，2018 年我国保健食品企业主营业务收入为 500 万元以上的企业占到被调查企业总数的 60% 以上，其中保健食品业务收入达 5000 万元以上的占 16% 以上。从 2018 年度保健食品销售额增长情况（图 2）可知，98.5% 的企业年销售额较 2017 年有所增长，其中增长率超过 20% 的企业占被调查企业总数的 6.5%。

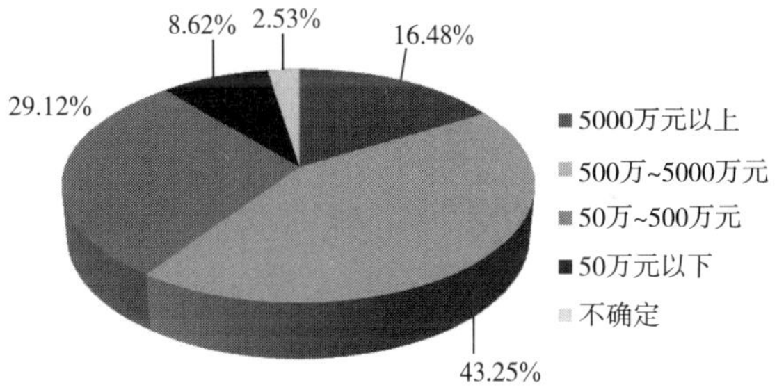

图 1　2018 年度保健食品业务收入百分比

数据来源：中国保健协会。

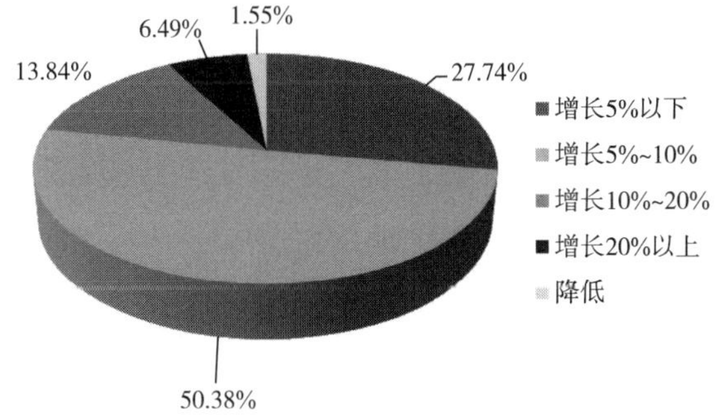

图 2　2018 年度保健食品销售额增长情况

数据来源：中国保健协会。

根据国家市场监督管理总局（原国家食品药品监督管理总局）的相关数据，截至

2018 年底，我国已审批保健食品产品 17470 件，其中，国产保健食品 16690 件，进口保健食品 780 件。近年来，国家进一步加强保健食品的管理，尤其在 2016—2017 年，随着 2016 年 7 月 1 日《保健食品注册与备案管理办法》的实施，国产保健食品注册制审批数量骤降，根据国家市场监督管理总局（原国家食品药品监督管理总局）的数据库统计，2018 年共批准国产保健食品 3 件，进口保健食品 0 件。究其原因，一方面可能是由于国家政府监管机构对保健食品的审批趋严，通过审核的保健食品较少；另一方面，2018 年 3 月份，国家政府机构改革，原国家食品药品监督管理总局被并入国家市场监督管理总局，受此影响，保健食品的注册进度明显降低。

根据各省（自治区、直辖市）市场监督管理局（原食品药品监督管理局）的数据，截至 2018 年底，国产保健食品备案数量达 1750 款，进口保健食品备案数量达 33 款。国产保健食品各省（自治区、直辖市）备案情况千差万别，其中广东省和山东省获得备案凭证的产品分别为 456 款和 332 款，获批数量位列第一和第二位，分别占据全国备案产品总量的 26.1% 和 19.0%。

但从大的环境看，保健食品行业未来十年、二十年是朝阳产业，投资机会非常多。未来几年，我国保健食品行业销售收入仍将保持高速增长态势。

（二）行业发展分析

1. 研发投入

中国保健协会调查了超过 1700 家保健食品企业，根据 2018 年度保健食品公司在研究与开发投入资金结果（图 3）可知，投资金额在 5000 万元以上的企业数量占 15.28%，投资金额在 500 万元～5000 万元的企业数量占 40.55%，投资金额在 50 万元～500 万元的企业数量占 31.71%，投资金额在 50 万元以下的企业数量占 9.59%。

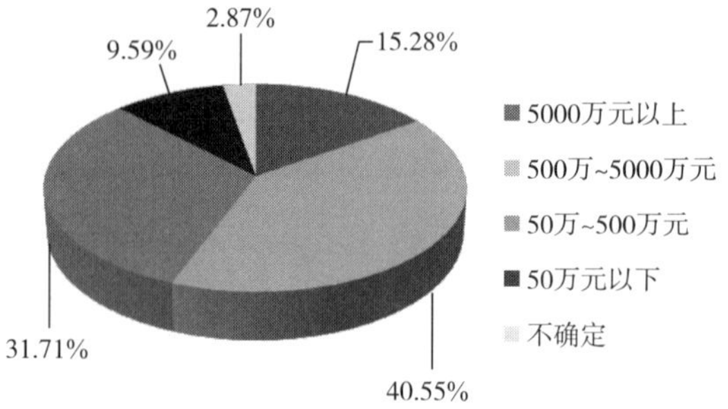

图 3　2018 年度保健食品企业研究与开发（R&D）投入资金

数据来源：中国保健协会。

2. 区域分布

从申请产品注册的企业所在地看，各省（自治区、直辖市）批准注册保健食品产品数量不均，主要集中在经济较为发达的地区，具体区域分布详见图 4。其中北京、上海、江西、广东明显高于其他省份，北京、上海、江西、广东四地注册总数占全国注册总数的 26.4%，北京位于榜首。该现象与这些地方经济发达、企业规模较大、居民收入高且消费能力强有重要联系，同样与消费者健康与保健意识较强密不可分。此外，我国保健食品生产厂家的分布状况具有南多北少、东多西少的特点，北京、上海、江西、广东、天津、浙江等省市分布居多，而其他省区，如新疆、西藏、甘肃等中西部地区分布较少。

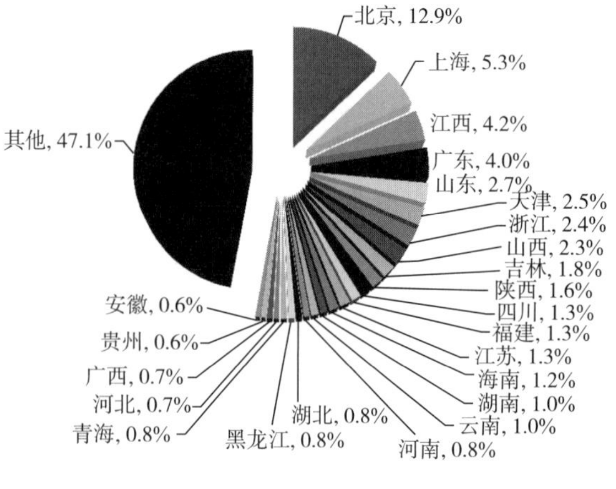

图 4　我国国产保健食品申报注册区域分布

数据来源：中国保健协会。

3. 进出口

进出口统计数据显示：2018 年中国营养保健食品进出口额达到 46.8 亿美元，同比增长 31.5%，创历史新高。

（1）进口　2018 年中国营养保健食品进口额为 30.1 亿美元，同比增长 37.7%。进口产品主要来自澳大利亚、美国和德国，进口额较大的省市分别是广东、浙江、上海和北京，上述地区经济发达，对健康产品的消费能力强，电子商务尤其是跨境电子商务发展迅速，来自澳洲的 Swisse、Blackmores（澳佳宝）等品牌产品进口额名列前茅。

从 2008—2018 年营养保健食品进口规模图（图 5）看，我国营养保健食品进口规模呈现逐年上升的趋势。进口额从 2008 年的 4.08 亿美元增长至 2018 年的 30.10 亿美元，10 年间年均复合增长率高达 22.1%。

在进口市场上，澳大利亚成为中国营养保健食品第一大进口来源国，其次分别为美国和德国，进口额分别为 6.7 亿美元、6.2 亿美元和 2.8 亿美元，同比分别增长 60.8%、39.6% 和 39.9%。

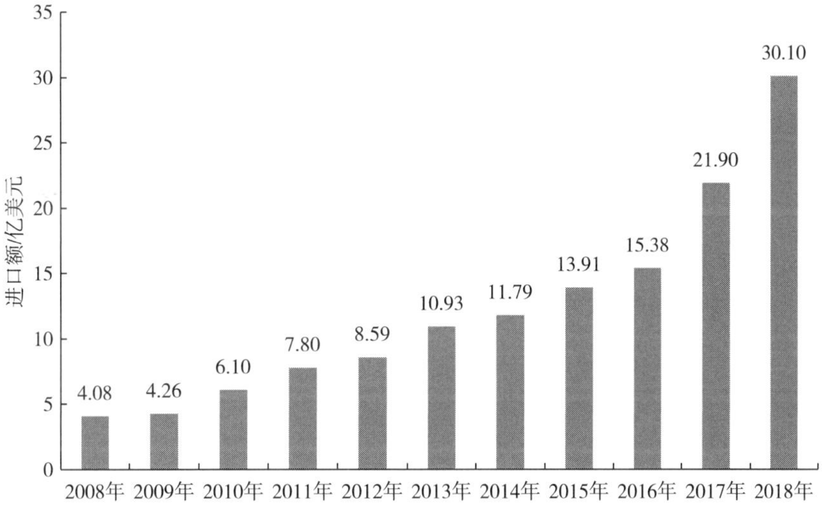

图 5　营养保健食品进口规模图

数据来源：根据海关数据整理。

（2）出口　2018 年中国营养保健食品出口额为 16.7 亿美元，比 2017 年同比增长 21.8%。出口的主要市场是美国、中国香港、日本、印度尼西亚等国家和地区，出口额较大的省市分别是江苏、广东、上海、山东及浙江，江苏艾兰得、仙乐健康和山东禹王位列公司出口前三甲。

从 2008—2018 年营养保健食品出口规模图（图 6）看，我国营养保健食品出口规模呈现逐年上升的趋势。出口额从 2008 年的 3.08 亿美元增长至 2018 年的 16.70 亿美元，10 年间年均复合增长率高达 18.4%。

4. 基本监管情况

（1）相关法规标准　2018 年，国家食品监管相关部门共发布了 24 项涉及保健食品的食品法规（表 1），5 项涉及保健食品的法规草案（表 2）。

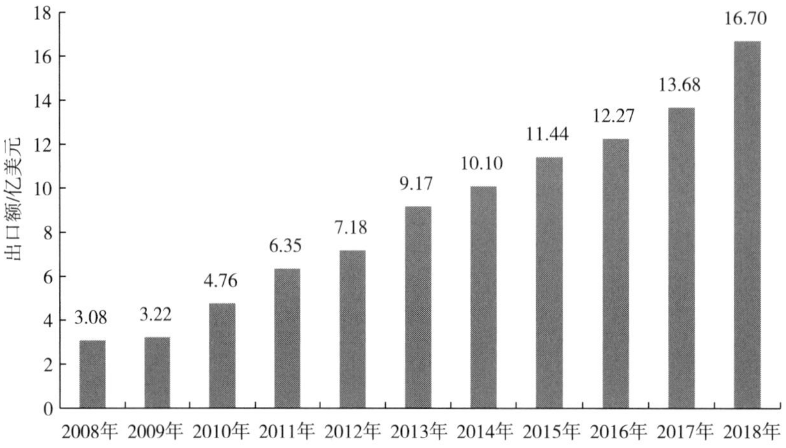

图6 营养保健食品出口规模图

数据来源：根据海关数据整理。

注：进出口部分依据海关针对营养保健食品数据进行整理。

表1 国家食品监管部门发布的保健食品法规汇总

法规标题	发布机构	发布日期
总局关于印发2018年食品安全抽检计划的通知	国家食品药品监督管理总局	2018-01-08
总局办公厅关于印发国家食品安全监督抽检实施细则（2018年版）的通知	国家食品药品监督管理总局	2018-01-24
关于印发国家食品药品监督管理总局2018年立法计划的通知	国家食品药品监督管理总局	2018-02-12
总局关于规范保健食品功能声称标识的公告（2018年第23号）	国家食品药品监督管理总局	2018-02-13
总局关于保健食品延续注册申请有关事项的公告（2018年第22号）	国家食品药品监督管理总局	2018-02-13
质检总局关于印发2018年度立法工作计划的通知	国家质量监督检验检疫总局	2018-03-07
关于国务院机构改革方案的说明	国务院	2018-03-14
国务院办公厅关于印发国务院2018年立法工作计划的通知	国务院	2018-03-14
总局办公厅关于印发食品及保健食品专项抽检监测工作方案的通知	国家食品药品监督管理总局	2018-03-21
总局办公厅关于保健食品延续注册审评期间注册证书有效期届满问题的复函	国家食品药品监督管理总局	2018-03-21
《关于规范保健食品功能声称标识的公告》（2018年第23号）有关问题的解读	国家市场监督管理总局	2018-04-17

续表

法规标题	发布机构	发布日期
国家药品监督管理局关于对食品药品投诉举报管理办法有关环节和时限认定的复函	国家药品监督管理局	2018-05-09
国家体育总局反兴奋剂中心再启保健食品申报兴奋剂检测	国家体育总局反兴奋剂中心	2018-05-24
国务院食品安全办召开食品保健食品欺诈和虚假宣传整治工作推进会	国家市场监督管理总局	2018-06-15
国家卫健委关于宣布失效第三批委文件的决定	国家卫生健康委员会	2018-07-04
市场监管总局关于发布《食品中那非类物质的测定》食品补充检验方法的公告	国家市场监督管理总局	2018-07-04
国家中医药管理局科技部关于印发《关于加强中医药健康服务科技创新的指导意见》	国家中医药管理局	2018-08-13
《中华人民共和国电子商务法》	全国人民代表大会常务委员会	2018-08-31
全国食品保健食品欺诈和虚假宣传整治工作领导小组办公室发布《食品保健食品欺诈和虚假宣传整治问答》	国家市场监督管理总局	2018-10-09
国务院常务会议决定延续和完善跨境电子商务零售进口政策并扩大适用范围	国务院	2018-11-21
商务部等部门关于完善跨境电子商务零售进口监管有关工作的通知	商务部	2018-11-30
关于调整跨境电商零售进口商品清单的公告	财政部	2018-11-30
市场监管总局关于保健食品注册人名称地址变更注册有关事宜的公告	国家市场监督管理总局	2018-12-04
全国人民代表大会常务委员会关于修改《中华人民共和国食品安全法》等五部法律的决定	全国人民代表大会常务委员会	2018-12-29

表 2 国家食品监管部门发布的保健食品法规草案汇总

法规标题	发布机构	发布日期	失效时间
关于公开征集 2018 年度食品安全国家标准立项建议的通知	国家卫生健康委员会	2018-04-04	2018-05-28
关于征求将党参等 9 种物质作为按照传统既是食品又是中药材物质管理意见的函	国家卫生健康委员会	2018-04-27	2018-05-30
国家市场监督管理总局办公厅关于征求《强制性国家标准管理办法（征求意见稿）》意见的函	国家市场监督管理总局	2018-10-15	2018-11-16

续表

法规标题	发布机构	发布日期	失效时间
国家市场监督管理总局办公厅关于公开征求《保健食品命名指南（征求意见稿）》意见的函	国家市场监督管理总局	2018-10-22	2018-11-16
市场监管总局办公厅公开征求2019年食品安全监督抽检计划意见	国家市场监督管理总局	2018-12-25	2019-01-02

（2）国家食品监管机构监管执行情况

为了加强对保健食品的监管，国家食品监管相关部门2018年共发布了10次涉及对保健食品违法广告或生产企业加强检查的通知，详见表3。

表3 国家食品监管机构发布的加强查处保健食品违法广告或生产企业加强检查的通知

通知名称	发布机构	发布日期
食品药品监管总局公安部印发关于加大食品药品安全执法力度严格落实食品药品违法行为处罚到人的规定的通知	国家食品药品监督管理总局	2018-01-26
总局关于发布2018年食品药品监管总局重点抽检食品生产企业名单的通告	国家食品药品监督管理总局	2018-02-23
工商总局等十一部门关于印发《整治虚假违法广告部际联席会议2018年工作要点》的通知	国家工商行政管理总局	2018-02-26
工商总局关于进一步做好严重违法失信企业名单管理工作的通知	国家工商行政管理总局	2018-03-07
总局关于打击食品生产销售违法犯罪的公告	国家食品药品监督管理总局	2018-03-21
市场监管总局关于开展反不正当竞争执法重点行动的公告	国家市场监督管理总局	2018-05-17
市场监管总局等部门关于印发2018网络市场监管专项行动（网剑行动）方案的通知	国家市场监督管理总局	2018-06-06
国务院食品安全办关于继续做好食品保健食品欺诈和虚假宣传整治工作的通知	国家市场监督管理总局	2018-06-27
市场监管总局办公厅关于做好药品、医疗器械、保健食品、特殊医学用途配方食品广告审查工作的通知	国家市场监督管理总局	2018-12-04
市场监管总局关于进一步加强保健食品生产经营企业电话营销行为管理的公告	国家市场监督管理总局	2018-12-20

2018年，国家市场监督管理总局（原国家食品药品监督管理总局）在全国范围内组织抽检了19102批次保健食品样品，其中检验合格样品18774批次，不合格样品328批次，样品合格率为98.2%。其中涉及保健食品的不合格指标包括质量指标（蛋白质、总皂苷、腺苷、钙等）、污染物超标（铅、汞）、微生物（菌落总数、大肠菌群、霉菌

和酵母）、非法添加（西地那非、他达拉非）等。

截至 2019 年 1 月 10 日，国家市场监督管理总局在其官方网站上共通报了 4 期查处的违法广告情况（表 4），其中有关保健食品的虚假宣传广告一区有 7 起。

表 4　国家市场监管总局有关违法广告的通告

通告标题	发布日期
国家市场监督管理总局公布 2018 年第一批典型虚假违法广告案件	2018-04-25
国家市场监督管理总局公布 2018 年典型虚假违法互联网广告案件	2018-07-20
国家市场监督管理总局公布 2018 年第三批典型虚假违法广告案件	2018-11-14
国家市场监督管理总局公布 2018 年第四批典型虚假违法广告案件	2019-01-10

2018 年，国务院食品安全办公室、国家市场监督管理总局联合工业和信息化部、公安部、商务部、海关总署、新闻出版广电总局、国家互联网信息办公室等部门，持续推进食品、保健食品欺诈和虚假宣传整治工作。各地查处了一系列违法案件。截至 2018 年 10 月底，各级市场监管部门查处违法案件 4.9 万件，货值金额 17.1 亿元，公安机关抓获犯罪分子 8900 人。

5. 发展新亮点、新增长点

在保健食品细分市场里，补充维生素矿物质类保健食品的销售依然在显著增长。由于人们生活品质的提高，对于日常饮食补充营养越来越重视，膳食补充类营养品在保健食品中占据绝对主流的位置，逐渐成为新的发展亮点和消费增长点。在中国的补充维生素矿物质类保健食品市场上，补充维生素矿物质类保健食品的销售收入占据全部保健食品销售收入的 50% 以上。此外，《2018 国民健康跨境消费趋势报告》显示，近三年，国民健康产品消费金额稳步提升，80 后、90 后成为消费主力，膳食纤维/果蔬纤维成为最热销保健食品类型，此类保健食品正在成为新的发展亮点和增长点。

随着《中华人民共和国中医药法》的发布，中医药保健产业也成为我国保健食品发展的新亮点和经济新增长点。中医药文化是中华传统文化的重要组成部分，是几千年来一脉传承的中华文化精髓，中医药是保健食品研制的重要理论基础和有效的物质来源，开发具有中国特色的保健食品可以促进民族产品和中医药现代化的不断发展。十九大报告高度重视发展健康产业，提出要“坚持中西医并重，传承发展中医药事业”。政策的推动，势必会加速中医药保健食品的发展，成为企业发展的新亮点和国家经济的新增长点。

6. “三品”战略实施情况

（1）增品种　2018 年，中国保健食品企业在国家政策法规的指引下，结合企业自身实际情况和市场发展情况，深度挖掘用户需求，适应和引领消费升级趋势，通过增加研发投入、扩大并购和技术转让、产学研结合等方式，开发新产品，为消费者提供了更多选择。

威海百合生物技术股份有限公司建立了稳定的质量保证体系，注重工艺技术改进，不断开发满足消费者多样性需求的高质量的营养保健食品，打破同质化保健食品运营困局，不断提高企业和产品竞争力。归因于其严苛的质量保证体系以及丰富的产品线，至今，百合生物已获批的备案保健食品达 120 余个，位居全国之首。同时，企业不断强化其核心产品的升级与创新，并取得显著成效。

根据调研数据和结果分析，其鱼油类产品在2016年、2017年和2018年的销量分别达到1.2亿元、1.5亿元和1.7亿元，连续三年位居国内同类产品首位。

（2）提品质　生产合格满意的产品，必须通过建立和落实严谨的质量控制体系来实现。营养保健食品公司积极采用先进的技术设备和严格的管理体系来提升产品的品质，以确保提供顾客满意的产品。

汤臣倍健的工厂通过ISO/IEC 17025《检测和校准实验室能力的通用要求》认可、《标准化良好行为证书》AAAA级认证、ISO 9001:2008《质量管理体系要求》认证以及瑞士SGS ISO 22000:2005《食品安全管理体系要求》认证。同时，严把物料入厂关及成品出厂关，对所有成品、原料、辅料及包装材料等物料，制定了严于国家标准规定的企业内控检验项目，全检合格后才能投入使用或出厂销售。

（3）创品牌　近年来，消费者对品牌的选择性不断增强，保健食品企业在创品牌方面的观念也日益提升。选择品牌化的产品，是市场的消费趋势。2018年，保健食品企业不断借力权威媒体增加品牌曝光及消费者信任，提升外部及内部新媒体应用与传播力度，并通过开展一系列活动、荣获一系列奖项来扩大品牌知名度和影响力。

2018年，无限极举办各类活动，不断增加媒体曝光度。4月份荣膺中国保健品十大公信力品牌；7月，荣获“年度最佳可持续发展企业将”；9月，荣膺“中华慈善奖”。此外，无限极经过多年的摸索和实践，形成了具有企业特色的“五个一”社会责任体系，为企业积极履行社会责任提供了指导。11月，与150多家企业一起参与评选，历时7个月，经过专家评审、网络投票和行业资深记者评分等环节，最终斩获“2018年最佳可持续发展企业”奖。这说明“无限极”品牌得到了权威财经媒体的认可，增加了品牌曝光度，其品牌的塑造登上了新的台阶。

二、行业面临的问题

（一）市场状况

目前，保健食品原料目录是以维生素、矿物质成分为主，备案制保健食品的生产企业在产品研发方面的人力和资本投入较少，技术水平低，产品同质化严重，导致生产企业的核心竞争力难以形成，行业竞争无序；此外，保健食品行业虚假宣传乱象严重，导致消费者对保健食品的不信任，这些都在一定程度上阻碍了行业整体的发展。

（二）生产经营中存在的问题

1. 保健食品欺诈和虚假宣传

目前，保健食品欺诈和虚假宣传现象严重，将一些非药物产品宣传为药物，称其有治疗作用，或将药物宣传为非药物，欺骗消费者。有些电视、广告、药店坐堂医生宣传某些产品可以治疗各种癌症，以产品中的部分有效成分来夸大产品的功能，其实这类产品只是并不具备治疗作用的保健食品。此外，有些销售人员借着年轻女性爱美的心理，将普通食品称为保健食品，在广告中宣传保健功能，并称产品“能使女性青春常驻”“有很强的补充治疗作用”，其中，一种可以延缓容颜衰老的雌性激素——大豆异黄酮，短期适量服用是安全的，但如果长期并大量服用容易引发宫颈癌、乳腺癌等妇科癌症，此类宣传隐蔽性较强，消费者极其容易上当受骗。

2. 利用讲座、会议等方式进行虚假宣传行为

保健食品是被列入可以以直销形式销售的物品之一。但是，部分直销企业会将生产的普通食品连同保健食品组合为套餐，以直销形式卖给消费者，尤其是老年人。不少消费者（尤其是老年人）对保健食品的了解程

度不高，对保健食品标志、保健食品允许声称的功能及类别认知模糊，对保健食品和普通食品的主要区别缺乏有效认知，直销销售人员通过讲座、会议等方式虚假宣传产品功效，误导消费者购买产品。由于消费者认知缺乏，有些严重的虚假宣传行为甚至会对消费者的生命造成危险。借义诊为名高价推销保健食品或者普通食品是近几年出现的保健食品推销中的新现象，花几千元买一盒牛初乳，花几百元买一瓶无用的“水”，花样各异。

3. 跨境电商渠道对一般贸易渠道的不公平

2018年8月31日，《中华人民共和国电子商务法》正式出台，对跨境食品的进出口有一定的影响，但是国家对跨境电商没有制定相应的监管政策，导致跨境电商销售的保健食品对一般贸易渠道销售的保健食品造成不公平的现象，主要体现在以下几方面：一、销售普通食品的商家通过跨境电商页面大肆宣传其食品具有保健食品功能，误导消费者购买，消费者食用后并未有宣传效果，导致消费者对保健食品不信任；二、由于按照一般贸易渠道进口的保健食品需要走审批注册流程，耗时长且花费多，但是跨境销售的保健食品无须走审批流程，很多商家就通过跨境电商渠道进入国内市场，在节省时间及成本的基础上，获得高额的销售额。

三、发展趋势

（一）中药类保健食品是未来的发展趋势

随着《中华人民共和国中医药法》的颁布实施以及《中医药发展“十三五”规划》《国民营养计划2017—2030年》等文件的出台，中药类保健食品将是保健食品未来发展的重要方向之一。2018年，国家市场监督管理总局发布《关于征求将党参等9种物质作为按照传统既是食品又是中药材物质管理意见的函》；2019年初，国家市场监督管理总局发布《关于公开征求辅酶Q10等5种保健食品原料目录意见的公告》，将扩大保健食品备案原料目录。在国家政策和战略措施的引导下，相信未来保健食品产品线将越来越丰富，中药类保健食品占据的比例将越来越高；加上我国进入人口快速老龄化阶段，大量有消费能力的老年人群也必然拉动中药类保健食品市场的需求。

（二）保健食品监管将更加严格

2018年，国家颁布了诸多保健食品相关法规，包括保健食品命名的征求意见稿等。2019年年初，国家市场监督管理总局开展联合整治“保健”市场乱象百日行动，切实解决群众关心的热点问题，确保人民群众消费安全。此外，针对保健食品，国家市场监督管理总局多次发布文件，以规范保健食品市场乱象。可见在保健食品行业健康发展的大背景下，未来国家对保健食品整个行业，尤其在监督管理方面将加倍重视，保健食品行业将迎来更大的市场空间。

四、政策建议

（一）加快保健食品审批速度

《保健食品注册与备案管理办法》实施以来，审批通过的保健食品数量屈指可数，且耗时较长、费用较高。国家相关审批部门应完善现有的保健食品审批制度及相关流程，降低注册成本、缩短注册时间，加快保健食品审批速度，鼓励保健食品企业积极参与，促进保健食品行业健康发展。

（二）加强保健食品跨境电商规范化管理

目前，我国对于跨境电子商务进口保健食品安全的监管还没有明确的规定，在互联网和国际物流贸易大发展的时代，建议相关政府部门在采取包容审慎的监管态度的同时，能够尽快明确我国跨境电商进口食品的监管制度，一方面保护消费者的人身健康和消费权利，另一方面促进保健食品行业的健康有序发展。

（三）提高准入门槛

国家相关部门应当提高保健食品行业准入门槛，从审核开始，杜绝未达标准的企业从事保健食品生产及销售，以规范由于部分中小型企业为追求短期利益而从事违法的事情；对于销售保健食品的人员，相关部门应当明确准入条件，要求其具备相关专业知识，实行职业资格考试制度，建立培训记录和从业档案。在完善保健食品经营企业档案的基础上，逐步对保健食品经营者实施分类分级管理。

（四）提高违法成本

国家相关部门应当建立市场监督、卫生健康、公安、城管执法及媒体等多部门联合协作机制，共同出击维护保健食品市场正常秩序，严厉打击不法行为。同时，建立相关的惩罚机制，提高保健食品企业违法成本，加大对保健食品涉嫌欺诈行为的执法力度，通过建立惩罚性赔偿制度等更严格的惩处措施，改变保健食品领域违法成本过低的现状。

（五）全面加强消费者教育，普及相关知识

保健食品作为特殊食品，与普通食品相比，专业知识含量高，普通消费者对于保健食品的真假以及质量缺乏甄别能力。建议由专业的营养师免费对广大人民群众，尤其是老年人多开展养生、疾病预防、保健品识别等讲座，帮助老年人掌握常用的保健知识，并宣讲虚假宣传的案例，提高老年人辨识力和认知度，引导老年人建立科学理性的消费观念和习惯，不断增强他们的自我保护能力，自觉防范和抵制保健食品销售中的虚假宣传、聚众营销等非法行为。

中国保健协会

罐头食品制造业

罐头行业是我国食品加工制造行业的重要分支，具有体量大、品类多、涉面广等特点。2018 年，我国罐头行业在生产、经营等各个方面继续保持稳定发展，以供给侧结构性改革为主线，坚持创新发展理念，在产品创新、生产机械化、智能化普及方面有所突破。

一、行业概况

（一）主要经济指标

对规模以上 807 家罐头企业统计的数据显示，2018 年我国罐头行业累计完成产量 1027.99 万 t，同比下降 0.07%，与 2017 年基本持平；全行业主营业务收入 1389.14 亿元，同比增长 4.70%；利润总额 76.98 亿元，同比增长 3.30%。

（二）行业发展分析

1. 价格

罐头产品的价格主要受原辅材料、汇率和人工成本影响。价格方面，2018 年由于天气原因导致部分果蔬原料价格有所波动，猪肉价格由于瘟疫原因先抑后扬，但总体原料价格大致平稳。近年来，罐头企业纷纷开始注重控制原料质量和成本，如发展冷冻猪肉作为原料储备、大力发展原料种植基地，规模化饲养和种植从源头上保障了原料价格的稳定，同时原料的质量也有所保障。2018 年，人民币汇率先升后降，下半年汇率下降较有利于出口。另外，面对国内不断攀升的人工劳动、环保成本，企业加大了对机械化、连续化和环保的投入，在生产中节能降耗，进一步抑制了成本价格的上扬，并取得了一定成果。但行业内部分品种市场依然存在着出口竞争中以压低价格打价格战的方式来争夺市场、去库存的现象。

根据海关数据计算，2018 年，我国罐头出口累计平均价格为 1809.05 美元/t，同比增长 6.56%（图 1）。

2. 市场

2018 年，我国罐头总出口量有所上升，同比增长 6.63%，出口总量占国内罐头总产量的 29%。2018 年，由于国际贸易不稳定因素过多，对出口罐头企业造成了一定的恐慌，企业愈发对国内市场重视。集团销售方面，餐饮及焙烤行业对罐头产品需求不断扩大；零售方面，虽有企业在国内市场取得了一定成果，但大部分原先以出口为主的企业在国内缺乏销售渠道，且如芦笋、金枪鱼、番茄酱等罐头产品的国内消费市场尚待培育，因此，内销罐头市场依然有潜力尚待发掘。

3. 投资

2018 年，全国规模以上罐头食品制造企业资产总计 900.63 亿元，同比增长 2.86%；行业流动资产总计 475.91 亿元，同比增加 2.31%。

不同品种产品市场发展不均衡，导致行业内投资分化较为严重。如番茄酱行业由于全行业当前产能过剩，处于洗牌阶段，基本无新增投资，而肉禽、水产类罐头产品由于市场较好，部分企业对生产线进行了扩建、升级改造，目前也有国外个别企业在中国新建工厂。果蔬类行业由于部分产品近年市场较好，又由于行业入行门槛较低，较易吸引

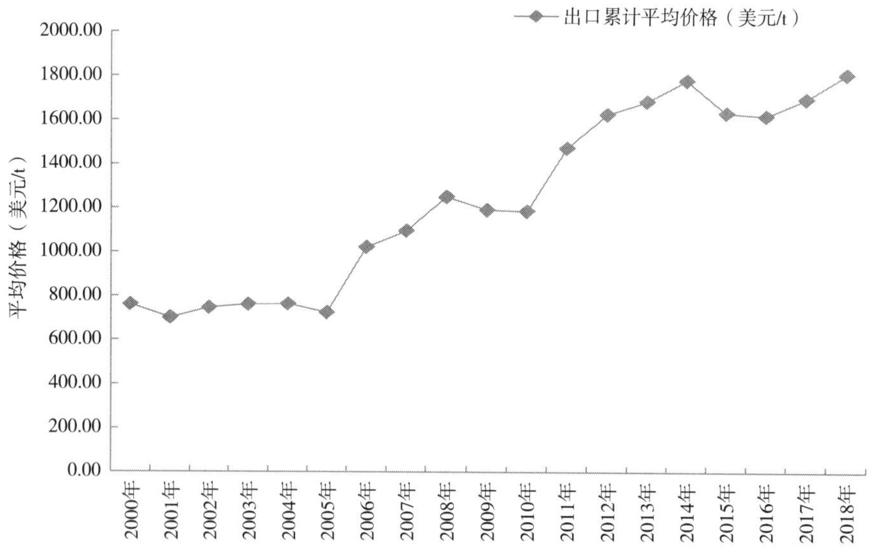

图 1　2000—2018 年我国罐头出口累计平均价格走势图

数据来源：中国海关。

小额投资办厂。另外，罐头企业在机械化改造和新品包装创新方面多有所投入。

4. 区域分布

我国罐头行业产量区域集中度非常高，2018 年福建省罐头产量 316.18 万 t，占全国罐头总产量的 26.54%，成为全国罐头产量最高的地区。另外，2018 年罐头产量排名前十的省区分别为福建、湖北、山东、湖南、新疆、安徽、浙江、四川、广东和广西。其中，前三省区罐头的产量占据全国产量的 52.29%，产量均超过 100 万 t。

由于罐头产品的主要原料在未经加工时不便于贮存、运输，因此，我国罐头企业分布主要与当地原料及市场优势有关。例如，我国水产品类罐头以广东、福建、浙江、辽宁等沿海地区为主产区；柑橘罐头以浙江、湖南、湖北等地为主产区；肉类罐头以上海、福建、四川为主产区；黄、白桃罐头以河北、山东、安徽和大连为主产区；蘑菇、芦笋罐头以福建、山东、河南为主产区；番茄酱以新疆、内蒙古、甘肃为主产区；竹笋罐头以浙江、福建、江西为主产区；粥类罐头主产区是浙江、福建和河北等地（图 2）。

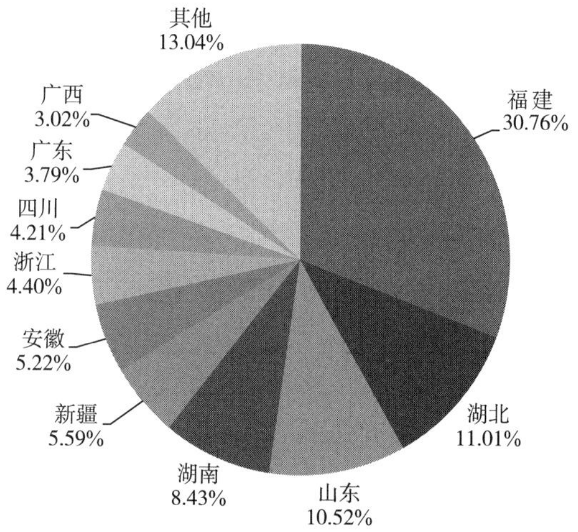

图 2　2018 年全国罐头产量地区分布

数据来源：国家统计局。

5. 行业集中度

我国罐头行业总体以中小企业居多，行业集中度普遍不高，主要由于加工原料供应、产品季产年销和人工劳动力的制约，难以形成规模效益。以柑橘、黄桃罐头为例，行业加工柑橘、黄桃罐头前十家企业加工总量不足行业 40%；番茄酱加工主要集中在新疆和内蒙古地区，由于原料较为充足和国际市场需求量大，行业集中度相对其他产品略高，行业前五家企业加工总量约占行业 70%；粥类罐头由于原料充足，可以实现全年生产，且机械化程度较其他品种高，是业内集中度最高的类别。2018年，由于国家对环保的重视，加大检查力度，逐步对落后企业进行淘汰，行业部分企业之间进行兼并重组，又随着个别品种行业进入洗牌阶段，企业在发展中逐步对品牌建设加大了重视力度，行业总体集中度较以往有所提升。

6. 进出口

（1）出口　据中国海关数据显示，2018年我国罐头出口总量为 299.88 万 t，同比增长 6.63%；出口总金额为 54.25 亿美元，同比增长 10.94%。

2018 年，我国罐头出口市场的基本格局并没有发生实质性变化，日本、美国、欧盟、韩国、俄罗斯仍是中国罐头的最大出口市场（图 3）。

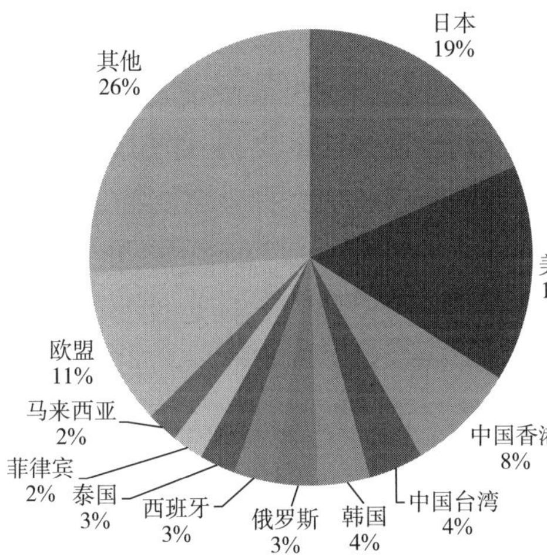

图 3　2018 年我国罐头出口主要国家和地区所占比例

（2）进口　2018 年，我国进口罐头产品总量为 13.41 万 t，同比增长 16.56%；进口额为 3.05 亿美元，同比增长 26.08%。

近年来由于国内市场不断向好，吸引国外罐头食品进入中国市场日益增加，填补了一部分高端罐头食品需求的缺口。另外一些针对外国人饮食习惯的罐头食品也逐渐出现在国内市场，主要针对有该类饮食需求的消费者，同时满足了一部分市场好奇需求，其特点为总体量不大，但价格稍高于国产同类罐头产品。

2018 年，国内进口罐头主要为果蔬和宠物类罐头，其中进口量较大的水果罐头品种为黄桃、菠萝和什锦罐头。进口黄桃罐头主要来自南非和希腊，由于其品质优良、色泽鲜艳，受到国内高端烘焙业和连锁快餐业的青睐。但在经历了前几年进口量高位增长之后，于 2017 年、2018 年均出现进口量下降的现象，主要由于国内相关生产企业根据市场需求改进了产品质量，及时填补了市场需求。2018 年国内市场菠萝罐头短缺，导致进口菠萝罐头激增。近年来，进口罐头产品累计平均价格逐年攀升，2018 年，我国进口罐头产品累计平均价格为 2276.16 美元/t，同比上升 8.17%。

7. 重点行业

罐头产品按原料分为肉、禽类罐头、水产类罐头、果蔬类罐头和其他类罐头，其他类罐头主要包括粥类、汤类、调味类以及婴幼儿辅食类等罐头产品（表 1）。

表 1　2018 年我国罐头各品类经济运行情况

项目	企业数量/个	主营业务收入/亿元	同比增长/%	利润/亿元	同比增长/%
肉、禽类罐头	102	285.41	7.67	16.97	25.97
水产类罐头	45	95.31	6.12	6.56	18.93
果蔬类罐头	589	903.62	2.96	44.14	-7.84
其他类罐头	71	104.79	11.23	9.30	21.91

数据来源：国家统计局。

各品类罐头主要产品情况如下所述。

（1）粥类罐头　粥类罐头是我国罐头品种中总量最大的单品，且行业集中度较高。根据国民饮食习惯，产品基本全部内销。粥类罐头生产的连续化和机械化程度高，能一年四季生产，所以产量较大，规模效益明显。粥类罐头同时也是罐头行业中创新率较高的品种，市场产品多样化较为突出。近年来部分粥类罐头如八宝粥罐头以零售为主，另外一部分粥类罐头供应餐饮集团消费。2018年，粥类罐头总体市场反应较好，有新兴企业介入。

（2）番茄酱罐头　美国、意大利和中国是世界上最主要的番茄酱罐头生产国。根据世界番茄加工委员会（WPTC）数据显示，2018年全球共加工3430万t番茄原料，比2017年减少9%，其中中国加工380万t。我国番茄酱罐头加工主要集中在新疆、内蒙古和甘肃地区，2018年总产量约为54万t，总产量下降较为明显，其中新疆41万t、内蒙古11万t和甘肃1.5万t。目前，我国番茄酱罐头行业总体处于产能过剩、行业洗牌阶段，另外由于受到环保政策以及市场因素的影响，部分企业于2018年停产，番茄加工总量相比2017年减少约40%。不过从长远来看，行业洗牌已接近尾声，目前行业产品库存也已基本清完，产能逐步回归理性。在市场方面，以往单纯依赖出口的局面也有所改善，企业近年来对国内市场进行深耕发展取得了一定成果，国内市场销售国产番茄酱产品取得了不错的效果。2018年我国内销番茄酱在10万t左右，估计今后还将继续增长。

2018年，据海关统计数字显示，全年出口番茄类罐头产品共计92.63万t，同比增长9.09%；出口额6.84亿美元，同比增长4.76%。其中大桶番茄酱（>5kg）出口量为54.30万t，同比增长15.59%，累计平均单价693.34美元/t，同比下降4.56%；小包装番茄酱（≤5kg）出口量34.21万t，同比下降3.19%，累计平均单价797.73美元/t，同比下降2.52%。总体来看，2018年，虽然我国出口番茄罐头总量实现了增长，但出口价格却持续下滑，主要由于2018年番茄酱罐头行业以清库存为主。预计今后我国的番茄酱出口量将向下有所调整，主要由于部分主要市场如俄罗斯自身生产番茄酱能力在不断提高，自给能力提高。另外，由于“一带一路”政策，我国番茄酱企业有可能搬入非洲等主要市场，以规避国际市场高额关税。短期行业总体尚不能走出产能过剩的阴影。

（3）桃罐头　我国桃罐头加工用原料及生产企业主要集中在安徽砀山、山东临沂和辽宁大连等地。近年来，全国桃产业和市场总体呈现上升趋势，黄桃种植规模逐年扩大，加工企业增加，国内市场持续增长。随着“三品”战略的实施，企业加大对品牌培养的投入，逐渐形成一批全国或区域市场的品牌企业。据中国罐头工业协会统计，2018年全国桃罐头年产量近80万t，稳居世界第一。近年来，由于市场需求旺盛，且原料种植面积不断扩大，导致黄桃罐头产量逐年提升，但产品质量良莠不齐，市场上以次充好现象较为突出，影响国产黄桃罐头市场口碑。今后，桃罐头行业一方面应谨慎增产，避免过度扩张导致产能过剩；另一方面企业应努力提升产品品质，维护产品形象，营造产品良好口碑。

我国桃罐头近四分之一用于出口。从国际市场看，我国桃罐头加工竞争对手主要是南非、希腊和阿根廷三个国家。国际市场基本稳定，全球主要生产国的总加工量大体保持在每年160万t左右的规模。2018年，我国桃罐头出口14.74万t，比2017年增长9.02%；出口额1.67亿美元，同比增长7.95%；累计平均价格为1133.98美元/t，略微有所下降，与上一年基本持平。主要出口国家依次是美国、日本、俄罗斯、墨西哥和加拿大，其中对日本出口白桃罐头占较大比例。在桃罐头国际贸易中，我国与希腊、南非等国家形成了此消彼长、互补共存的关系，我国出口产品有相当一部分是3kg大罐，供应集团消费或者用作食品工业原料。对于我国桃罐头出口而言，主要是原料和人工成本的不断上升，削弱了产品竞争力。此外，产品总体质量与国外同类产品存在一定差距，主要是由于我国栽培原料品种较国外落后很多，但近年来企业在原料栽培方面做出了努力，部分种植区域的加工用黄桃原料在改良方面取得了不错的成果。

（4）柑橘罐头　我国是世界上主要的柑橘罐头生产国，国际市场占有率一直保持在70%以上。2018年，我国柑橘罐头出口量为32.59万t，同比增长12.93%；出口额为3.95亿美元，同比增长27.66%；累计平均价格1212.78美元/t，同比上涨13.05%。主要出口国是美国、日本和欧盟。近年来，我国柑橘罐头在出口方面主要遇到美国一些技术性贸易壁垒问题和欧盟持续对我国产柑橘罐头实施反倾销以及贸易摩擦的关税问题，导致国际竞争力下降。

柑橘罐头近年来国内市场发展较好，销售规模稳中有升。企业近年来重视柑橘罐头的连续化、机械化生产，有利于控制产品生产成本，保证了企业效益。在产品方面，柑橘罐头产品在包装、口感方面不断改善，在稳定既有消费群体的条件下，努力开发新品并扩展新的消费群体，从而促进内销市场不断扩大。另外，在柑橘去皮设备、原料综合利用方面近年有所突破，助力行业向上发展。

（5）食用菌罐头　2018年我国食用菌罐头总产量约为53万t，主要集中在福建、四川和山东等省份。目前，产品约一半用于出口，2018年我国食用菌罐头总出口量为24.17万t，同比增长8.78%；出口额为5.76亿美元，同比增长55.11%；累计平均价格为2382.77美元/t，同比增长42.59%。目前，我国食用菌罐头在出口方面依然没有摆脱受到美国蘑菇罐头多年反倾销和多菌灵事件的阴影，造成我国出口美国的食用菌罐头受阻。食用菌罐头在国内市场上销售的主要为调味类食用菌罐头，另外针对西式餐饮、快餐连锁和星级酒店，销售近年来表现得较为抢眼，实现稳步增长。近年来，企业为确保原料质量，控制农药残留，均建立智能化食用菌原料种植基地，基地的建立引导了集中种植，不仅提升了原料质量，同时起到了节能、环保和降耗的效果。

（6）猪肉罐头　2018年我国猪肉罐头总产量近20万t，其中约三分之一用于出口，主要出口东南亚国家和中国香港地区。2018年，我国共出口猪肉罐头5万t，同比增长16.96%；出口额为1.50亿美元，同比增长14.66%；产品累计平均价格为3004.05美元/t，同比下降1.96%。在内销方面，猪肉罐头主要应用于餐饮行业，如猪肉午餐肉应用于火锅类餐饮。近年来，随着我国火锅餐饮业的迅速兴起，带动了猪肉糜类罐头产品销量的不断提升。2018年，我国猪肉罐头产品内、外销均有所突破，销量上升较为明显，企业提升产能积极性较高，市场发展较好；由于受到非洲猪瘟影响，虽然下半年猪肉价格震荡下跌，对加工较为有利，但对罐头生产、销售及运输造成一定影响。

（7）金枪鱼罐头　2018年，全球金枪鱼需求远高于供应，导致金枪鱼价格持续上涨，预计短期内该现象还将持续。2018年，我国金枪鱼罐头（含金枪鱼鱼柳）共出口10.58万t，同比增长19.42%；出口额为4.85亿美元，同比增长19.74%；产品累计平均价格为4582.12美元/t，与上一年基本持平。由于近年来国内消费者对金枪鱼罐头营养成分的认识逐渐清晰，产品在国内消费市场增长较快，另外金枪鱼罐头也主要应用于国内西餐餐饮中。

（8）鲭鱼罐头　2018 年，我国鲭鱼罐头出口量为 6.94 万 t，同比减少 5.94%；出口额为 2.10 亿美金，同比增长 0.40%；产品累计平均价格为 3023.87 美元/t，同比上涨 6.73%。鲭鱼罐头近几年国际市场发展较快，但 2018 年由于南美部分地区鲭鱼罐头产能逐步上升和我国鲭鱼罐头出口遭受贸易壁垒情况严重，对我国鲭鱼罐头行业向上发展造成影响，企业在逐步试水内销市场，在供应食品类鲭鱼罐头的同时，也开发生产了鲭鱼宠物食品罐头。

8．“三品”战略实施情况

2018 年是国务院办公厅发布《关于开展消费品工业“三品”专项行动营造良好市场环境的若干意见》的第三年，工业和信息化部消费品工业司也于 2018 年发布了《工业和信息化部办公厅关于印发 2018 年消费品工业“三品”专项行动计划的通知》。在国家有关部门的有效部署和指导下，罐头行业全行业积极开展增品种、提品质、创品牌的“三品”专项活动，促进了资源的有效整合，构建了适合需求结构的供给体系，用科技手段实施供给侧改革，提高产品附加值，从供给端入手，逐步推进罐头企业“三品”战略的实施。2018 年，罐头企业在“三品”专项行动中积极落实，行业以往产品单一、附加值低、相互抄袭模仿等现象初步有所改善，总体情况进展良好，并取得了不错的成绩，主要内容如下所示。

（1）增品种　在增品种方面，罐头行业在新产品、新工艺方面努力进行尝试，以产品多样化满足国内外市场需求，并取得了不错进展。浙江台州一罐食品有限公司成功研发三色水果、五色水果罐头并开发日本市场，将“吸吸果泥”推向澳大利亚市场，同时在功能性方面进行尝试，将能量胶、“吸吸果冻”（运动功能性营养食品）推向中国及东南亚市场，另外积极改善果冻罐头产品中所用天然色素的品质，以满足国际上素食消费者的需求。浙江丰岛食品股份有限公司研制开发了果汁、无糖和保健类柑橘、黄桃罐头，使产品多样化，同时在 2018 年研制上市了发酵果汁果肉系列饮品、陈皮酵素、发酵五果果泥、发酵果蔬浆等新品，系国家“863”计划重大科研成果，其产品将水果原料与乳酸菌发酵果浆完美结合，国内市场反馈情况较好。山东玉泉食品有限公司推出了“黄桃西米露”“桃恋小酸乳”“石膳比比芯”，分别在原水果罐头的基础上进行改进，加入西米、乳制品、膳食纤维丰富产品口感。杭州娃哈哈集团有限公司针对女性消费群体，开发了“四红粥罐头”。大连辽渔远洋食品有限公司成功研发 100g、200g 装南极磷虾罐头，成功占领俄罗斯市场。宁波佳必可食品有限公司开发宠物食品罐头，满足市场需求。正大食品企业有限公司生产的藤椒午餐肉罐头。利用 β-环状糊精的空心、柱状分子结构，用特殊工艺对藤椒的“麻味素”进行包埋，使产品在被加热或长时间煮制时，仍然保有藤椒的麻鲜味，满足了特定人群的消费需求。

（2）提品质　近年来罐头行业在产品提品质方面主要采用自建原料基地、严把原料质量关口、选用优质原料和提升工艺要求等手段，不仅提升了产品品质，同时满足了市场的高消费需求。福建同发食品集团有限公司为提高蘑菇罐头质量，从原料种植入手，投资建立食用菌原料工厂化种植基地，切实保障了原料在农药残留、重金属方面的安全。上海梅林食品有限公司推出的“小金罐”产品，以更加优质的原料，满足市场高消费需求。喜多多集团有限公司在椰果罐头方面，选用菲律宾自然发酵椰果，产品品质有所提升。正大食品企业有限公司自建原料基地以来，产品采用肉类原料均由集团自己生产，确保了原料满足农药残留、兽药残留和污染物限量的要求。同时，采用冷鲜猪肉为原料，制作各类午餐肉罐头，提升产品口感。浙江台州一罐食品有限公司连续多年通过KOSHER犹太食品认证、欧洲食品安全检测认证委员会（EFSIS）认证、国际食品标准（IFS）认证和物易购（TESCO）等机构的审核，引入并实施质量可追溯制度，建立田间管理档案，制订出生产种植指导手册，组成原料收购小组，在产前、产中、产后对农民培训指导，严把质量关，杜绝农户不规范操作行为，确保基地原料的可追溯性在掌控之中，2018 年共投入技术设备研发改造 850 多万元。浙江丰岛食品股份有限公司公司先后通过了 ISO 9001、ISO 22000、美国食品与药物管理局（FDA）、HACCP、英国零售商协会（BRS）等体系认证，2018 年通过了 ISO 24001 体系认证；公司与日本科研机构合作，开展了多项科研项目；公司发展了近万亩农产品无公害基地，开展了绿色产品认证和基地可持续性发展审核工作。

（3）创品牌　在创品牌方面，罐头行业企业实施内外发力，以产品质量、地域优势推动外销，打造产业品牌。秦皇岛海洋食品有限公司在创品牌方面努力融入互联网，借助视频、直播等社交软件，朝着更加年轻化、个性化的方向吸引新生代消费群体，“北戴河”罐头成为军事迷所追逐的对象。浙江台州一罐食品有限公司于 2018 年 5 月参加第 22 届波罗的海国际农业与食品业博览会（又称“立陶宛农业展”），展会期间，中国农业农村部部长韩长赋亲临公司展台向立陶宛政府官员们介绍说：“这是中国最著名的蜜橘之乡——黄岩蜜橘产地工厂生产的橘子罐头。”公司展示展出的产品得到了立陶宛总理斯克韦尔内利斯、议会议长维克托拉斯·普兰茨凯蒂斯和农业部部长吉埃德留斯·苏尔普利斯的“点赞”与关注。通过此次立陶宛农业展，中国企业与更多中东欧消费者有了零距离接触，为打造我国企业的国际品牌建立了良好基础。

9. 绿色制造、智能制造

近年，在国家有关部门的引导及大力支持下，绿色制造、智能制造已成为各个行业今后发展的必然方向，罐头行业也逐步进行转型升级，加大对绿色制造、智能制造方面的重视，积极响应绿色可持续发展。

在绿色制造方面，近年来行业在生产中推广在杀菌工艺中以水排气替代蒸汽排气和循环用水，如杀菌冷却时以冷却水内循环代替冷却水外循环，冷却水一直在系统内部循环，不与外界接触，不存在微生物污染的可能性，且冷却水用量少。另外，在杀菌过程中最大程度地减少蒸汽的无效排放，提高杀菌效率，节约能源。以上种种措施的实施，有助于在生产中起到节能节水、减少污水排放的作用。

在智能制造方面，行业立足自身特点，近年来不断推动智能化制造，在生产中注意智能改造，如自动称重、罐装机器、原料处理等设备的研发及投入使用等。原料基地在生产过程中，同样引进智能设备，如在蘑菇原料种植基地引进自动化智能设备，对基地内生产环境进行智能调节，实现了科技管理。

10. 包装与装备

（1）包装　罐头产品由于其独特的杀菌工艺，导致其对包装要求较高，产品包装主要分为硬（马口铁、玻璃、铝等）和软（高阻隔塑料、铝箔、利乐纸等）两种形式。

我国以金属、玻璃材料制罐的技术已日渐成熟，制罐装备生产已接近国际先进水平。在包装材料方面，金属减薄一直是金属罐的重要发展方向，作为金属包装的升级产品覆膜铁，由于其具有耐加工、耐腐蚀和阻隔性、安全性均较好的优点，受到业内普遍重视。目前，国外部分国家其覆膜铁技术已基本成熟并被大范围推广使用，国内方面虽涉猎企业多、研发积极性高，但技术方面还有待更进一步提高，在推广方面还需注意降低成本；另外，市场上利乐包装的罐头产品也逐渐从无到有，利乐包装以其安全、便于运输和外观新颖的特点，开始逐渐在罐头行业中出现。近年来随着食品接触类材料标准的要求逐渐严格，包装材料的内涂层也更加趋于安全的更高要求。在软包装方面，高阻隔塑料包装主要应用于水果罐头，水果类罐头由于其外观诱人，部分产品在销售中采用透明高阻隔包装材料，制成果杯或直立袋，携带方便且便于开启，如我国出口日本的水果罐头主要应用高阻隔塑料作为包装材料。不过果杯包装目前存在的主要问题是市场上高阻隔产品质量良莠不齐，不良包装产品会对罐头杀菌、封口乃至贮存和运输带来麻烦，影响食品质量。

（2）装备　罐头生产原料品种多、规格不一、加工期短等问题一直是制约我国罐头生产装备发展的障碍。随着国内人工成本的不断攀升，企业对机械化、智能化设备越来越重视。近年来罐头行业装备发展态势十分明显，高新技术得到逐步推广与应用。随着市场的需求和企业研发能力的增强，高新机械设备逐步替代以往人工操作，在罐头加工业中得到了较为广泛的应用，如原料分拣、芦笋去皮机、黄桃去核机等机械目前正在行业中被广泛推广使用。近年研发成功的柑橘去皮机，去皮率达到95%以上，每台机器可代替6个劳工，也逐渐被企业采用。在自动罐装和称重方面，行业相关企业也在加大研发和投入力度，部分较为成熟的产品在黄桃、柑橘和鲭鱼罐头等生产中均已逐步投入使用，大大减少了人工成本。另外，为提升产品品质，目前异物检测等设备也不断受到企业重视而被引进使用。特别是随着国外先进设备的引进和消化，以及罐头加工产品的出口，对产品的质量和加工技术水平要求较高，推动了高新技术的广泛引进和应用研究，原料装备落后制约生产自动化进程较以往有所缓解。

11. 发展新亮点、新增长点

（1）传统菜肴罐头化，罐头食品供应餐饮业增长较为明显　以往我国罐头产品主要以外销为主，自2008年我国罐头产品内销量首次超过出口量以来，产品内销量逐年递增，至2018年罐头内销量已是出口量的3倍多。内销量近年来持续增长，主要是由于国民经济水平日益提升，对罐头消费需求增加。由于罐头食品具有方便、安全、便于运输及储存的优势，在供应餐饮消费方面提升较为明显。以午餐肉为代表的肉类罐头，在火锅等餐饮消费总体提升的带动下，行业产销量逐年提升；粥类罐头由以往餐饮业直接熬制变为由企业集中制成罐头，销往各个餐饮店，为餐厅节省时间及能源，且在安全等方面更有所保障；蘑菇、芦笋、番茄酱、金枪鱼等罐头产品，由于国内西餐化的普及，带动了该类产品销量有所增加。另外，近年来由于罐头工艺的日渐成熟，与传统食品相结合，部分企业借助罐头工艺使部分传统中国菜肴工业化，如狮子头、红烧排骨、梅菜扣肉、面条、米饭罐头等产品均实现了工业化生产，带动了罐头产品多样化。

（2）自加热罐头产品以其新奇特点对消费者造成吸引　近年来随着旅游、出行的增多，罐头企业抓住商机，开发自加热罐头食品。自加热罐头食品具有食用、携带、操作方便，口味、营养均较好的特点，且以其新奇的食用方式引起诸多消费者的好奇心，产品在军需、救灾、差旅、日常等多方面均有消费需求，带动了罐头产业的消费升级。目前来看，自加热罐头产品在口味、加热方式、包装等方面均有提升空间，市场潜力尚待开拓。

二、行业面临的问题

（一）政策与市场

1. 季产年销果蔬类罐头产品受不合理销售规则制约，严重阻碍拓展国内市场

罐头产品由于其严谨的杀菌工艺和包装，使产品得以在常温下长期贮存而不影响质量，因此每年罐头行业消耗掉几百万吨甚至上千万吨当季难以储存的各种新鲜果蔬，在缺乏新鲜果蔬的季节或地区，罐头食品就能够发挥极大的膳食补充作用。果蔬类罐头产品属于典型的“季产年销”产品，在果蔬采收期加工制作成罐头，然后储存销售至次年果蔬采收期，在正常储运条件下，一般产品保质期均不低于 12 个月，其特性与寿命短、消费速度快的“快消品”是完全不同的，但目前由于国内大部分商超对罐头食品的不了解，将罐头视同“快消品”一类进行管理，采购进场时规定自生产日期起超过 2 个月的产品要拒绝收货，此种操作给罐头生产企业的正常生产和销售造成非常大的困扰。该现象不仅损害企业应有利益，并且对果蔬罐头企业发展国内市场造成严重制约。

2. 国内健康舆论向好，但彻底消除消费者对罐头产品的误解依然任重道远

国内部分媒体由于对罐头产品缺乏了解和调查，听信一些谣言误以为罐头产品在安全性、营养方面欠妥，便以讹传讹进行报道宣传，导致消费者对罐头误解很深，普遍认为罐头产品不够新鲜且营养价值不高或对人体有害。近年来，在国家有关政策的支持下，中国罐头工业协会和企业加大宣传科普力度，努力消除消费者对罐头产品的误解，对罐头产品的贮藏原理进一步进行科学解读，媒体舆论导向有所改善，虽然取得了一定效果，但目前看来仍需不断努力。

3. 受技术性贸易壁垒、反倾销、高额关税制约，国际市场开拓困难

近年来，我国罐头产品年出口量基本徘徊在 300 万 t 左右，近总产量四分之一。很多出口罐头品种如番茄酱、鲭鱼、芦笋、柑橘罐头等在国际贸易中占据主要位置，在国际市场上具有总体质量好、价格低、占比大等特点。但产品在国际贸易中频繁遭遇技术性贸易壁垒、反倾销、被主要市场国征收高额关税等问题，如我国鲭鱼罐头在出口南美、果蔬类罐头在出口美国时均遭遇技术性贸易壁垒问题；我国柑橘罐头出口欧盟地区自 2008 年起便遭遇反倾销仲裁，被征收高额关税；美国自 1998 年起便对我国出口蘑菇罐头征收高额反倾销关税，诸如此类等等。种种限制导致我国罐头产品虽然目前在国际市场占比较为庞大，但由于关税等原因导致利润极低，原有的价格优势无法体现，另外产品如遭遇技术性贸易壁垒被退柜，企业有可能遭受巨大损失，长此以往原先拥有的市场极有可能被他国所占据。

（二）科技创新

1. 企业新品研发力度加大，但总体创新力依然不足

2018 年罐头行业在市场消费升级拉动下，部分企业在新品研发、升级产品内容物、包装等方面均不同程度地较以往加大了创新力度，并针对市场不同需求，开发出针对不同消费群体需求的产品，满足各种消费需求，产品一经投放市场便取得了不错的反响，改善了以往罐头产品缺少新包装、新口味的市场形象。但目前行业总体创新力依然不足，市场上的产品大多在包装、口味等方面缺乏创新，产品同质化竞争严重，缺乏差异化、新奇化，这导致罐头国内市场对新生代消费群体的吸引力度不够，虽然产品物美价廉，但难以开拓新兴消费群体。不过近年来随着国际市场的饱和，企业不断重视国内市场，也对产品创新变得逐渐重视起来，并进行大胆尝试，如近年来市场上的功能糖类水果罐头、果冻类罐头、功能性罐头及方便

主食罐头等新口味产品，在包装上也推出很多包装精美的礼品包装。目前行业创新力正在逐步提升，也已取得部分成果，加大创新、进行品牌培养成为促进产业发展的关键因素。

2. 原料综合利用率总体不高，有待进一步提升

果蔬罐头在加工中普遍对原料废弃物的开发利用程度不够，而丢弃的加工废料如不快速处理，会导致环境污染，进而提升企业环保成本。在废弃物处理中如企业能利用科技手段提高原料综合利用率，一方面能够进一步降低生产成本，减少原料浪费，另一方面也有利于节能环保。目前，行业对原料综合利用方面很重视，如柑橘罐头生产中产生的废料柑橘皮，用来作为原料生产果胶、香精油、陈皮等产品，芦笋罐头的废料芦笋皮等用来制作芦笋汁饮料、芦笋酵素，均取得了不错的成果和市场效益。但行业目前总体废弃物利用率不高，科技支撑力度不够是当前废弃物利用率不足的主要原因。

三、发展趋势

2018 年，罐头行业的各个方面都在发生着深刻而积极的变化，预计在今后该现象还将继续保持。纵观国际市场，虽然不确定因素过多，但我国罐头产品在国际市场上的地位已基本稳定，以国产番茄酱、黄桃、柑橘、蘑菇、芦笋等罐头产品为例，其在国际市场上的占有率基本维持在前十位。国际市场已趋于饱和，在增加出口方面很难再有大的发展，不过今后企业需在推进产品国际品牌方面多做努力。内销方面，虽然近几年市场发展良好，产品销量逐年提升，但依然存在着产品同质化严重、创新不足、附加值低等问题。预计在 2019 年，随着国内全面“三品”行动的推动，罐头行业也将逐步进行产业升级，在产品开发、工艺改进、新包装应用、食品安全和品牌培养等方面进行推动，提高产品附加值，增加产品科技含量，适应市场多样化的需求并拓展行业发展空间。罐头行业将逐步摆脱以往低端、同质化、价格竞争的局面，转为以创新、品质取胜的良性竞争。

2018 年，随着国内有关政策以及市场的调整，行业全面加大对环保的重视和投入，随着环保方面对落后产能的调整，行业集中度有所提升，预计行业下一步发展方向也将重点在节能环保方面，发展节能降耗，加大环保和废物综合利用。同时一些能耗浪费较大、环保设备薄弱的企业也将进一步被淘汰，行业集中度在今后还将进一步有所提升。

品种繁杂、产品附加值低导致罐头行业在企业的机械化、智能化方面落后等情况在今后也将进一步改善，行业企业将加快机械化、智能化技术改造，提高生产效率，发展规模化、现代化的种植，建立自己的产业基地等。总之，今后罐头行业还将进一步发展壮大，行业集中度将进一步提升，企业机械化水平、产品附加值和知名度提高，行业将持续健康、平稳发展。

四、政策建议

（一）制定相关标准，促进国内罐头市场健康流通

根据罐头产品易于储存的特性，制定相关罐头产品流通类标准，对季产年销的果蔬类罐头产品在流通过程中的生产日期和临售保质期限加以阐释和规定，作为罐头食品销售中不同于“快消品”所遵循的依据。

（二）加大对罐头企业的科技支持力度，助力企业更好地解决开发产品、原料废弃物综合利用问题

通过政策扶持、资金奖励等综合手段，鼓励企业与科研单位、大专院校联合，组成产学研一体的研究体系，对大宗果蔬加工产品的废弃物再利用进行科研攻关，并将成果在行业内推广普及。

（三）以罐头便于贮存、运输等特性，改善部分地区人群营养摄入不均衡问题

结合当前国民营养相关计划，利用罐头产品营养、健康以及便于运输贮存的特点，有针对性地利用罐头弥补偏远及贫困地区人们某些果蔬、肉类摄入不足的情况，以罐头产品支援国家扶贫、补充个别地区群众营养摄入的不足。

（四）支持出口企业应对技术性贸易壁垒

在出口企业面对国际贸易中出现的技术性贸易壁垒时，联合相关行业协会，为企业提供必要的政策、技术、信息及资金等方面的支持，避免企业单打独斗。

中国罐头工业协会

焙烤食品糖制品行业

一、行业概况

据国家统计局统计及行业测算，2018年，国内焙烤食品糖制品行业（含糕点/面包、饼干、糖果巧克力、蜜饯、方便面和冷冻饮品）规模以上企业共2987家，主要产品产量合计约为2646.36万t（行业测算）；主营业务收入为5634.05亿元，同比增长6.12%；利润总额为513.21亿元，同比增长12.75%；出口交货值为179.65亿元，同比增长9.27%。

2018年，由于国家统计局加强统计执法，进一步规范规模以上工业企业统计范围，剔除重复计算和非工业生产经营活动剥离等原因，行业经济运行数据与2017年相比有所下降，但仍然处在良性发展轨道上。经过20多年的高速发展，焙烤食品糖制品行业进入转型升级的关键时期，变革与创新既是行业的需求，也是时代的需求。

行业发展具有以下几个特点。

（1）产业结构逐步优化，有序竞争的格局逐步成熟和稳定　焙烤食品糖制品行业是市场化程度较高的行业，随着改革开放的深入进行，外资企业、港澳台资企业、国有、集体、民营、股份制等多种体制企业共同发展的格局已经形成。产业结构在市场竞争中逐步优化，行业自律、有序竞争的格局逐步成熟和稳定。

（2）技术和装备水平得到大幅提高，现代管理意识逐步增强　全行业经过多年的积累和发展，业内许多骨干企业的生产设备、检测水平和生产环境都有了较大改善，规范化管理意识逐步增强，众多骨干企业引入了ISO 9000产品质量管理体系、ISO 14000环境管理体系以及HACCP管理体系等管理模式，为保证产品质量奠定了良好基础，也为向市场提供更多、更好、更安全的焙烤食品糖制品创造了先决条件，为持续发展奠定了较为坚实的基础。

（3）产品花色品种日益丰富，较好地满足了消费需求　自2008年6月1日《中华人民共和国食品安全法》实施后，广大人民群众的消费理念日益成熟，人们对焙烤食品糖制品的消费意识也在向着安全、营养、美味、时尚、个性化需要的方向转变。消费观念的更新推动了企业研发、生产、经营的新思路。五年来，市场上焙烤食品糖制品的花色品种越来越丰富，较好地满足了广大人民群众日益增长的高品质生活的消费需求。

（4）产品质量稳步提高，提供安全、优质的食品已成为行业共识　近年来，在国家加强食品安全管理的政策方针指导下，各级政府职能部门持续加大对食品安全的监管力度，相关食品安全法规和标准逐步完善，使得生产企业质量安全与诚信意识空前提高，尤其是知名品牌和行业骨干企业，均以保证产品质量安全为第一要务，管理体系进一步完善，而且投入了大量的人力和物力，以确保质量安全不出问题。近年来，在行业的共同努力下，焙烤食品糖制品行业基本没有大的食品安全事故发生，日常抽检的合格率也在不断上升，产品质量保持稳定提高。为消费者提供安全、优质的产品已成为行业共识。

（5）行业人才培养体制逐步健全，从业人员素质不断提高　近年来，行业逐渐认识到，企业要在激烈的市场竞争中站稳脚跟，持续发展，必须要引进和培养高素质的科技人才和管理人才。基于企业发展需要，行业内陆续开展了各种形式的行业技能、管理等方面的培训和交流活动。中国焙烤食品糖制品工业协会一直把提高行业从业人员素质作为一项重要工作来抓，每年都组织相关从业人员进行专业培训，举办全国性技能竞赛，营造全行业钻研技术的氛围。近年来，全行业的从业人员素质明显提高，为行业的持续发展奠定了较为坚实的人才基础。

（6）品牌消费趋势明显　近年来，随着消费者文化层次、收入水平、消费观念的不断提升，消费者获得高级需求的“品牌消费”的趋向愈加明显，“品牌消费”正在成为中国消费市场最明显的特征，食品领域的品牌消费趋势更加明显。

（7）互联网融入速度加快，销售渠道多样化　近年来，行业骨干企业都在积极拥抱互联网，融入新零售的时代浪潮。在互联网销售方面投入不断增加，经过不断探索，基本摸索出了适合自己企业发展的思路和做法。而互联网上的新品牌、网红产品也不断涌现，这些产品大多以独特的造型、新奇的口味、赏心悦目的包装来吸引消费者，这也是传统企业需要学习和借鉴的。

从以上行业数据及运行特点可以看出，虽然与前几年相比增长速度有所放缓，甚至某些子行业的数据略有下调，但全行业依然处在良性发展的轨道上，显现了本行业经过多年的发展，奠定了较为坚实的基础，也具备了一定的抗风险能力和持续发展的潜力。可以说焙烤食品糖制品行业依然是个充满活力的朝阳行业。

（一）主要经济指标

1. 主营业务收入

根据国家统计局提供的数据，2018 年，焙烤食品糖制品行业规模以上企业主营业务收入为 5634.05 亿元，同比增长 6.12%，增速回落 2.17%。从子行业来看，除蜜饯和冷冻饮品行业的主营业务收入有较明显的下降外，其余行业都表现出稳健的增长态势。

2. 利润

2018 年，焙烤食品糖制品行业规模以上企业实现利润 513.21 亿元，同比增长 12.75%，增速同比上涨 8.04%。其中糕点面包业实现利润 132.14 亿元，同比增长 9.04%，增速同比上涨 5.2%；饼干业实现利润 103.94 亿元，同比增长 21.1%，增速同比上涨 27.43%；糖果巧克力业实现利润 110.35 亿元，同比增长 14.63%，增速同比上涨 8.58%；方便面业实现利润 86.42 亿元，同比增长 27.39%，增速同比上涨 19.06%；蜜饯业实现利润 31.05 亿元，同比下降 3.86%，增速同比回落 27.04%；冷冻饮品业实现利润 16.74 亿元，同比增长 6.90%，增速同比回落 7.51%。从行业利润来看，除蜜饯与冷冻饮品业增速明显回落外，其他行业增速都较上年有所提高（表 1）。

表 1　焙烤食品糖制品行业 2018 年经济运行情况

行业		焙烤糖制品	糕点面包	饼干	糖果巧克力	蜜饯	方便面	其他方便食品	冷冻饮品
企业数量	累计	2987	903	731	415	358	143	266	171
	2017 年	3102	902	759	441	379	436		185

续表

行业		焙烤糖制品	糕点面包	饼干	糖果巧克力	蜜饯	方便面	其他方便食品	冷冻饮品
产量/万 t	累计	2646. 36	(407)	(647)	288. 34	(188)	699. 48	(177)	239. 54
	同比增长/%				5. 86		4. 19		-16. 05
主营业务收入/亿元	累计	5634. 05	1139. 71	1294. 89	1242. 82	376. 36	810. 69	496. 71	272. 88
	同比增长/%	6. 12	8. 94	6. 50	11. 33	-7. 95	6. 99	2. 10	-1. 68
利润总额/亿元	累计	513. 21	132. 14	103. 94	110. 35	31. 05	86. 42	32. 56	16. 74
	同比增长/%	12. 75	9. 04	21. 10	14. 63	-3. 86	27. 39	-9. 82	6. 90
出口交货值/亿元	累计	179. 65	13. 32	24. 70	69. 44	55. 18	4. 75	11. 09	1. 16
	同比增长/%	9. 27	-0. 91	8. 47	7. 89	15. 28	0. 03	7. 77	26. 37

数据来源：国家统计局规模以上企业数据统计（即年主营业务收入 2000 万元及以上工业法人企业）。

注：括号内数字是行业测算数据。

（二）行业发展分析

1. 价格

焙烤食品糖制品行业产品价格主要受原材料价格、流通成本、人工成本以及经营成本等因素的影响。2018 年度行业企业面临人员成本增加、原材料价格上涨、环保投入力度加大、运输成本以及经营成本增加等多重压力，行业产品价格呈持续上涨的态势。

当前，我国面临错综复杂的国内外形势，经济发展下行压力不容忽视，但长期向好的总趋势并没有改变。2019 年，党和国家陆续出台了民营企业融资优惠、减税降费、降低养老保险费率等多项政策，从政策层面给行业企业疏解了一定困难。伴随着人均收入的提高和消费升级的持续，消费者对食品的需求已发生了质的变化，食品消费已经从温饱升级为健康、享受的层次，对食品消费需求已经由物美价廉的阶段上升至“品质优先”的阶段，因此，焙烤食品糖制品行业产品价格出现一定幅度的上涨对市场影响不大。

2. 市场

全球化的深度融合改变了人们对于传统中式面点的消费习惯，消费者对于口感更丰富、款式更多样的焙烤食品青睐有加。在庞大消费需求的拉动下，焙烤食品糖制品行业市场规模呈现出快速发展的势头。随着 80 后、90 后成长为主流消费人群，年轻消费群体成为我国食品消费市场的主体，其饮食习惯也因工作节奏的加快、生活质量的提升发生着转变，人们对焙烤食品糖制食品等休闲零食的消费逐渐增多，焙烤食品糖制品行业的市场规模也随之稳步提升，在食品制造业中，焙烤食品糖制品行业已成为占比最大的行业，所占比例超过 25%。糕点、面包、糖果、巧克力、蜜饯、方便面、冰淇淋等休闲零食已成为人们日常消费中不可或缺的组成部分。

由于中国与西方国家饮食习惯的不同，西方国家多把面包、糕点等焙烤食品当作主食，而中国则以面食、大米等为主食，中国与西方国家之间饮食习惯存在较大差异。中国焙烤食品的人均消费还远低于西方国家，随着年轻一代生活习惯的改变，中国焙烤食品未来存在较大的增长空间。目前，中国人均焙烤食品消费量正在呈逐年升高的趋势。据行业不完全测算，2018 年，中国人均焙烤食品消费量接近7kg/人，远低于18.7kg/人的世界平均水平。与饮食习惯相近的日本（18.6kg/人）、中国香港（12.4kg/人）和新加坡（10.1kg/人）相比，中国内地的人均消费量仍具有很大的增长空间。

3. 投资

焙烤食品糖制品行业2018年发展平稳，与2017年相比企业的总体资产投资额增长4.85%，除蜜饯和其他方便食品行业投资额略有下降外，其余子行业保持稳定的略有增长状态，其中糕点面包行业投资额增长最高，为9.75%。2018年，焙烤食品糖制品行业规模以上企业数量2987家，亏损企业数量348家，亏损企业数量比2017年略有下降，亏损面11.65%；从子行业来看，冷冻饮品行业的亏损面最大，为18.71%（表2）。

表2 2018年焙烤食品糖制品行业资产及亏损变化情况

行业		焙烤糖制品	糕点面包	饼干	糖果巧克力	蜜饯	方便面	其他方便食品	冷冻饮品
企业数量		2987	903	731	415	358	143	266	171
资产总额/亿元	累计	4150.47	1024.09	820.63	787.68	296.3	673.16	337.92	210.68
	同比增长/%	4.85	9.75	4.33	1.94	-4.55	11.07	-1.23	7.90
亏损额/亿元	累计	21.55	8.40	6.52	2.60	0.85	0.96	1.21	1.01
	同比增长/%	20.29	37.56	16.83	17.54	-11.41	-30.91	68.95	5.92
亏损面/%		11.65	12.07	10.40	9.88	9.50	13.99	13.53	18.71

4. 行业集中度

（1）糕点、面包　由于行业门槛较低，糕点面包行业整体集中度较低，基本情况是规模以上大型企业占据一二线城市的中高端市场，占有较大市场份额，中小型企业的中低端产品通过批发流通渠道销往中小城镇和农村市场，覆盖全国各地。市场被众多中小品牌瓜分，不同层次品牌分割不同的市场。一线品牌如达利食品、盼盼食品、北京稻香村、桃李面包、好利来等年主营业务收入超过10亿元的大型企业市场占有率尚不足10%，剩下的份额被二线及众多的三线品牌瓜分。对比成熟的日本市场来看，其市场份额第一的山崎面包占有率达到30%以上。因此，我国糕点面包行业虽然初具规模且快速增长，但行业还存在着整体规模偏小、经营分散化等问题，未来糕点面包行业集中度还有较大提升空间，市场容量及发展前景巨大。

（2）饼干　饼干因其产品具有较长保质期的特点，具有一定的区域集中特征。2018年，饼干行业从主营业务收入上看，河南、湖北、山东、福建、河北、广东、上海位居前列，以上七省市主营业务收入占全国规模以上饼干行业主营业务收入总额的70%以上。

从市场占有率来看，外资企业和港台企业品牌占据市场的主要份额，如亿滋旗下的奥利奥、太平，顶新旗下的康师傅，雀巢旗下的徐福记等一线品牌市场占有率达到60%左右。

（3）果冻　我国果冻行业经过30多年的发展，目前已形成以喜之郎、蜡笔小新、亲亲等一批具有一定规模的骨干企业为主，以中小企业为辅的行业格局。这些大型企业注重经营理念的创新，在产品研发、加工技术和生产装备水平等方面不断提升。果冻行业中骨干企业的产量和销售额约占果冻总量的60%以上，市场集中度较高。

（4）蜜饯　蜜饯产品生产企业的地域性较强，有些产区的产品只在本地区和周边地区销售，市场集中度较低。但技术工艺的提升、新产品的开发促进行业发展较快，使行业充满活力。近几年，蜜饯行业的主营业务收入增长率持续保持在10%以上，2018年，受统计局数据调整的影响，首次出现下滑，但行业并没有大的波动，依然保持良好的发展势头。蜜饯行业同时为焙烤食品糖制品行业的整体出口交货值贡献了较大份额，近年保持较好的出口形势。从蜜饯行业市场消费来看，梅子系列的蜜饯产品购买频率最高，也是产品最丰富的品类。

（5）糖果　全国糖果品牌集中度较高，生产企业主要集中在福建省、广东省和上海市，全国各地的销售分布比较均匀。

（6）巧克力　目前，巧克力产品基本上是以外资品牌为主，占据绝对的中高端市场份额，国内巧克力生产企业主要以生产代可可脂巧克力产品为主，与大型外资企业相比不具有竞争力。

（7）膨化食品　一线城市销售的膨化食品基本以外资品牌为主，市场占有率达到70%以上，二线和三线城市，特别是批发市场销售的产品以地域品牌居多。

（8）冷冻饮品　冷冻饮品行业经过多年的发展，已经基本形成了以伊利、蒙牛等国内大型企业以及和路雪、雀巢等外资企业为龙头，遍布各地的中小型企业产品为辅的行业格局，行业集中度较高。

6. 进出口

近年来，进口食品销售在我国呈连年上升趋势，产品也从中高端消费逐渐向大众消费靠拢，焙烤食品糖制品也同样受到了进口同类产品的冲击。

在出口方面，我国焙烤食品糖制品行业的国际贸易状况一直不是很理想，出口量值始终不大。2018年，焙烤食品糖制品行业整体出口交货值有所上升，除糕点面包行业出口交货值略有下调外，其余子行业出口交货值都呈上升态势。

7. 重点行业

近年来，在国家加强食品安全管理的政策方针指导下，在相关政府部门的监督指导下，业内的食品安全理念和意识不断增强，而且经过多年的积累和发展，业内许多骨干企业的生产设备、检测水平和生产环境都有了较大改善，规范化管理意识逐步增强，为保证产品质量奠定了良好基础，使得产品质量稳步提高，为消费者提供安全、优质的产品已成为行业的共识。

（1）糕点面包业　糕点面包行业是焙烤食品行业的重点行业，其特点是生产厂家数量多，遍布全国各地，其中大多数是中小型企业，产业集中度不高。行业以工业化工厂和饼店（面包坊）两种生产经营模式为主。糕点工厂是传统生产经营模式，而饼店业是改革开放后发展起来的经营模式，现已成为我国焙烤食品行业的重要组成部分，经营形式也逐步由前店后厂的生产作坊转变为由中央工厂统一配送、门店售卖的连锁型企业。

2018年，全国规模以上糕点面包生产企业的总产量约为407万t（行业测算数据），主营业务收入1139.71亿元，同比增长8.94%，增速同比下降1.17%；利润总额132.14亿元，同比增长9.04%，增速同比上涨5.2%；出口交货值13.32亿元，同比下降0.91%，增速同比下降40.78%。从以上数据看出，2018年糕点面包行业保持了良好的发展趋势，除出口受挫外，主营业务收入和利润数据平稳上升。

总体看，我国糕点面包行业经过多年的积累，已经奠定了较为坚实的基础，形成稳中向上的发展格局。当然，行业整体规模偏小、经营分散化、产品同质化、缺乏创新活力等问题，也在困扰着糕点面包行业的发展。如何看待行业所面临的机遇和挑战，如何从大趋势中把握创新方向，成为行业共同面对的问题。

（2）饼干业　2018年全国规模以上饼干生产企业的总产量约为647万t（行业测算数据），主营业务收入1294.89亿元，同比增长6.50%，增速同比上涨1.2%；利润总额103.94亿元，同比上涨21.10%，增速同比上涨27.43%；出口交货值24.70亿元，同比增长8.47%，增速同比下降9.05%。从以上数据看出，饼干行业2018年是释放压力的一年，除出口交货值增速同比下降外，其余指标增速都出现上涨，尤其是利润总额，在连续2年出现下滑后，2018年发出较强的回稳信号，表现出行业成熟稳健的发展格局。

饼干行业的主要特点是外资企业和港台企业占据中高端市场的主导地位，领跑行业；内资企业发展不乏亮点，竞争实力逐步增强。外资和港台企业例如亿滋食品（上海）管理有限公司、康师傅控股集团，东莞徐记食品有限公司、好丽友食品有限公司等一些企业的产销量和市场占有率逐年增长，而且占据着国内饼干行业的高端市场，他们依托自身的雄厚实力和多年打造出来的品牌优势，不断加大投入力度，以占有更多的市场份额。国内的民营企业例如福建达利食品集团有限公司、广东嘉士利食品集团有限公司、北京美丹食品有限公司等都已经具备了持续发展的实力和基础。但我们也应看到，内资企业与外资企业和港台企业相比，在人才引进和使用、企业管理、新品开发和市场营销等诸多方面还存在较大差距，若想实现超越和突破，仍需不断努力，任重道远。

8.“三品”战略实施情况

2016年5月国务院办公厅印发了《关于开展消费品工业“三品”专项行动营造良好市场环境的若干意见》，部署开展消费品工业增品种、提品质、创品牌的“三品”专项行动，以便营造良好的市场环境，更好地满足和创造消费需求，不断增强消费拉动经济的基础作用，促进消费品工业迈向中高端。“三品”专项行动成为食品工业迈向中高端、满足更高层次消费需求的又一重大举措，必将对焙烤食品糖制品行业的发展带来新机遇。中国焙烤食品糖制品工业协会极为重视此项工作，积极宣传推动，部署开展增品种、提品质、创品牌的“三品”专项行动，以便营造良好的市场环境，更好地满足和创造消费需求，促进焙烤食品糖制品行业健康发展。

“三品”专项行动得到了行业的积极响应，也取得了较好的效果，总体来看，整个行业的变化主要体现在以下几方面。

（1）增品种　产品花色品种日益丰富，较好地满足了消费需求。随着消费理念的日益成熟，人们对食品的消费意识也在向着有利健康、安全营养、美味方便、适应个性化需要的方向转变。消费观念的更新推动了企业研发、生产的新思路。随着“三品”战略的推进，近年来，市场上焙烤食品糖制品的花色品种越来越丰富，较好地满足了消费需求。例如，北京好利来工贸有限公司近年不断加大对产品的研发、创新力度，积极与法国、日本顶尖蛋糕师合作，创新出“黑天鹅尊贵至美”蛋糕系列、半熟芝士系列蛋糕、英式法式下午茶系列等新品；国际顶尖研发团队的加入加快了好利来新品的研发速度，推出的新品迅速成为烘焙连锁店的网红产品，如2018年在烘焙市场率先推出小樽雪团、雪绒芝士、海盐玫瑰小酥、元气巧克力、冰山熔岩、晚熟芝士等，使我国消费者不用走出国门即能品尝到享誉国际的美味食品。杭州超达食品有限公司坚持以产品创新为核心驱动力，2018年加大研发投入量，上市22种泰式系列果干，新品整体销售额破亿。北京御食园食品股份有限公司累计投入科研经费过亿元，获得产品发明和外观设计专利17项，先后承担国家星火计划项目、北京市绿色通道项目等多个市级以上科技项目的科研工作，多个项目获得国家级、省级、市级及区级科技奖励，御食园产品研发中心还被批准设立为“北京市博士后（青年英才）创新实践基地工作站”。2018 年，御食园创新改良的无残留、无添加的“新概念果脯”被业界视为果脯产品的革命性创新。杭州知味观食品有限公司 2018 年共推出了 63 款新产品，包括 5 款速冻产品、12 款糕点产品、8 款真空包装肉制品、4 款青团产品、15 款粽子产品、18 款月饼产品和 1 款糕团产品。新品上市后，得到了市场的认可，累计实现销售额 2600 万元。广州酒家集团股份有限公司 2018 年研发新产品总数达到 180 余种，上市新产品近 100 种。

（2）提品质　产品质量稳步提高，生产经营安全、营养的优质食品已成为行业的共识。行业规范化管理意识逐步增强，骨干企业的技术设备、生产环境得到了较大改善。随着国家进一步强化食品安全的日常监管，行业对于食品安全的重视程度和风险意识都有了空前的提高。骨干企业陆续引入 ISO 9001 产品质量管理体系、ISO 14001 环境管理体系以及 HACCP 管理体系等管理模式，为保证产品质量奠定了良好基础，也为市场提供更多、更好、更安全的食品创造了先决条件，为今后的持续发展和走向国际化道路奠定了的基础。例如，北京好利来工贸有限公司吸纳和采用国际一流先进技术及硬件设施。北京、沈阳、天津等工厂车间全部严格按照 GMP 标准要求建造，特别是车间空气净化按制药行业十万级标准设计规划，是行业里率先采用 GMP 标准理念和最早引进国际现代化自动月饼生产的流水线，并最先研究使用月饼热包装工艺和引进日本“双吸”食品保鲜技术、“kop”保鲜包装材料的企业，带动和推进了行业的快速发展及行业的技术进步。公司共投资 500 万元，分别在沈阳、北京、天津、西安、成都建立了高标准的化验室，能够对原料、生产过程、终产品的重要指标进行严格把关，杜绝任何一个环节出现差错。2018 年，天冰冷饮集团产品战略向中高端迈进，研发上市了一系列中高端产品，如“小巧粒、齐分享”的 Piano（皮阿诺）小粒冰淇淋、高端冰品“鲜之榨”和“网红爆品”“桃桃乌乌”等。其中 100% 采用纯天然食材用心打造的“天香系列”产品，品质可媲美“哈根达斯”，得到了市场的充分认可。福建省晋江巧妈妈食品有限公司把战略目标定位在中国高端果冻布丁第一品牌，坚持国外研发国内转化生产的经营模式，与日本大洋的联合研究工艺是巧妈妈优秀品质和口感的保证，使用新西兰进口牛乳、智利进口植物海藻胶，天然乳酸菌发酵，确保了产品品质的稳定和口感。2018 年，巧妈妈在原有高要求的基础上加大了口感测试，新品研发期间，共进行内部测试 189 次，进行了 156 次产品改进；新品上市期，巧妈妈在中国、日本、韩国和欧洲四个国家和地区的 27 个城市进行全球性产品测试，共回收样本问卷 13664 份，好评率为 98.4%。

（3）创品牌　积极增强品牌意识，提高品牌竞争力，推进品牌国际化。广州酒家集团股份有限公司建立了强大的销售网络优势，在全国各地 10 多个省（自治区、直辖市）设立了 200 多个经销点，并在广州市内建立了 160 多家连锁门店，先后在美国、加拿大等国家和地区建立了经销网，形成了较为完善的销售网络，产品畅销国内多地并出口欧盟及美国、加拿大、澳大利亚、新西兰等国家和地区。沈阳德氏企业集团有限公司先后荣获“中国驰名商标”“国家免检产品”“辽宁省名牌产品”等一系列荣誉，2018 年企业不只布局全国，还将“德氏”品牌推向了世界。2019 年 2 月 21 日，德氏冷饮顺利登陆美国市场销售，成为第一个进入美国市场的中国冷饮品牌。杭州知味观食品有限公司积极培育推广“知味观”品牌，“知味观”牌绿豆糕被冠名为 2018 年第 14 届 FINA 世界游泳锦标赛（25m）品牌合作类特许产品；开展了一系列以“游西湖，享美食，就在知味观”和“游杭州，选特产，就在知味观”为主题的杭州名菜、杭帮糕点推广活动，提升了“知味观”品牌的认知度。北京御食园食品股份有限公司在立足皇家宫廷美食文化、京城美食文化的同时，结合现代时尚潮流，使文化创意成为御食园品牌年轻化、时尚化的重要推动力。在品牌传播上，从以品牌为中心转变为以消费者为中心，“御食园——我的御用小吃”成为深受年轻消费者喜爱的品牌传播语。2019 年，御食园全新打造的观光体验式工厂将正式投入运营，新工厂集生产线参观、品牌博物馆、手工体验、休闲购物等功能于一体，将成为北京市民和外地旅游人群了解皇家宫廷美食文化和御食园品牌文化的窗口，进一步拉近品牌与消费者的距离。

9. 包装与装备

（1）包装　行业内大型包装生产企业的综合实力逐渐增强，生产经营逐步走向专业化和大型化。骨干企业在引进国外先进生产设备的同时，对原有设备进行了技术改造和升级。目前，从包装生产企业的生产环境、装备水平以及管理能力等方面都有了较大提高，在保证食品安全、保鲜、保质的同时，也使得焙烤食品糖制品行业的包装实现了专业化、多元化的格局，许多新颖、独具特色的包装层出不穷。这也在一定程度上促进了行业的提升和发展。

（2）装备　经过多年的积累和发展，行业内的骨干企业近年来在技术、设备的引进和在现有企业基础设施的改造等方面都投入了相当大的热情和力度，其整体装备水平都有了较大提高。行业的生产设施、装备水准和技术水平的整体情况可分为三个层次：行业龙头企业、行业大中型骨干企业、行业中小企业。

行业龙头企业：主要包括一些大型外资或合资企业、港澳台资企业以及国内大型企业，这些企业的生产设备、技术水平与国际同行业水平相当，代表了行业中最先进的设备和技术水准，这些企业数量虽然不是很多，但他们的产能较大，高端市场占有率较高，市场份额较高。

行业大中型骨干企业：生产设施和装备仅次于少数龙头企业的是占比例较大的大中型内资企业，它们的生产环境已经得到了较大改善，装备水平是国产设备或部分进口设备，其设备技术水平较高，应用在产品生产上基本可以满足目前的消费需求，是目前行业装备水准的主流。与国际水准的外资企业相比，生产设施等硬件差距不是很大，主要是人员素质和技术管理水平差距较大，有待于逐步提高。

行业中小企业：行业中一些规模以下的中小型企业，特别是小型企业，其生产设备水平较差，人员素质偏低，主要市场在偏远地区的中小城镇和农村，市场份额较小。随着行业的发展，预计这些企业将在不远的将来或被淘汰，或被兼并，经过改造整合，得以提升和发展。

二、行业面临的问题

（一）产品同质化现象比较严重，差异化经营是行业的梦想，也是行业的痛点

焙烤食品糖制品行业门槛相对较低，企业固定资产投资相对较小，技术难度不高，市场消费受经济大环境影响不大。因此，导致小企业数量众多，众多中小企业甚至一些大企业创新乏力，奉行简单的拿来主义，仿冒跟风现象比较普遍，致使产品同质化现象比较严重。这必然导致市场的恶性竞争，面对市场竞争不断升级，企业机遇与挑战并存。目前我国焙烤食品糖制品行业尚处于发展阶段，与国外产品相比，在新品研发、口味多

样化、包装个性化等方面都存在较大差距。因此，随着行业竞争升级，市场对焙烤食品糖制食品提出了更高的要求，只有不断创新和走差异化道路才是行业健康发展的方向。差异化经营是行业的梦想，也是行业的痛点。

（二）企业经营成本持续增加，中小企业经营状况艰难

2018年，企业的原料成本、用工成本、运输成本以及经营成本呈持续上涨趋势，由于市场竞争激烈以及品牌劣势等因素，很难提高产品价格，使得绝大部分中小型企业利润明显下降，经营状况比较艰难，发展壮大更是困难重重。

（三）众多中小企业实力不足，品牌消费和品牌培育的矛盾凸显

目前，在我国焙烤食品糖制品行业中，中小型企业占行业企业总数90%左右。行业里为数众多的小型企业规模不经济，资源利用不合理，技术和管理水平不高，产品质量得不到可靠保证，人才相对缺乏，农产品价格及原辅料、交通、能源价格上涨，生产成本持续增加，小型食品企业获利艰难。另外，小企业信用等级低，信贷困难，普遍存在资金不足问题，严重制约企业技术创新的步伐。

随着品牌消费的理念越来越深入人心，大型跨国企业对中国市场的关注度和投入力度越来越大，市场占有率也日渐增加，对于近年来崛起的大批民营企业来说，品牌培育的难度和艰辛可想而知，品牌消费和品牌培育的矛盾是整个行业进步和发展的“瓶颈”之一。

（四）转型升级是行业的共识，但真正实现突破任重道远

对于焙烤食品糖制品行业来说，产品技术含量相对较低，真正创新难度较大，跨行业转型的难度和风险较大。近年来，屡屡出现跨行业投资转型失败的先例，使得许多行业企业对待跨界转型发展始终持谨慎乐观的态度。

近年来，随着我国人口结构变化及人力成本快速上升的影响，行业人工智能和自动化代替人工的经济性和安全性需求凸显。目前看，行业骨干企业在自动化升级改造方面投入逐年增长，但由于产品品类较多，单品产量较小，自动化人工智能升级难度较大。

转型升级是行业的共识，但真正实现突破难度较大，需要时间和探索，任重道远。

尽管如此，我们应该清醒地认识制造业转型升级的真正内涵。其实，企业发展过程本身就是一个持续转型升级的过程，转型升级也绝没有一个标准化的路径，它是基于本企业的现状，借鉴其他企业的成功经验，不断探索出来的个性化的唯一。落实到具体实践中，其实是从很多小步骤开始不断转变的，比如精益管理改善、经营方向转变、经营范围扩展等。至于到底转型升级到什么程度，还是要看企业自己的实际情况，不管是走一步，还是两步、三步，对企业来说都是在进步。

三、发展趋势

我国焙烤食品糖制品行业的发展将紧密结合消费者需求的个性化、全面化以及消费内容的科学性和文化性，积极引领和创造消费，引导健康消费和经营模式的创新。

品牌国际化程度、产业链控制水平、专用装备与生产线的自主化能力、自主创新的深度依然是行业综合实力的重要标志。加快焙烤食品糖制品行业健康、有序的发展，是满足、丰富、提高我国人民物质文化生活需求、增强国际食品市场竞争力的重要体现。追求安全、营养、美味、时尚依然是我国焙烤食品糖制品行业未来发展的主要方向。

总之，在可预见的未来，我国焙烤食品糖制品行业还将进一步发展壮大，在设备、技术、管理水平、从业人员素质以及自主创新能力等各个方面，将逐步缩小与发达国家

的差距，在国际消费品市场上，也将具有一定的竞争实力。

2019 年，我们将迎来新中国 70 周年华诞，2019 年也是决胜全面建成小康社会的关键之年，让人民生活过得越来越好，对食品生产企业的要求也会越来越高。在消费模式和经营模式发生重大变化的当下，我们将同时面临压力与机遇，焙烤食品糖制品行业要有适应新需求、迎接新挑战的决心和准备。

四、政策建议

1. 继续加强食品安全谣言防控和治理工作

应继续加强食品安全谣言防控和治理工作，及时制止和监管个别不良媒体和别有用心的组织、个人散布谣言或随意发布不利于食品安全监管和行业健康发展的信息。

2. 相关政策、法规、标准等制修订时，应给企业充分的准备和过渡时间

由于相关政策、法规和标准等制修订的变化，致使相关企业被迫对产品包装进行改版和更换，但企业在法规、标准等实施前不能提前执行，只能在实施日更换包装，这对相关企业造成了较大的损失。希望相关部门在发布和实施相关政策、法规和标准时，应给予企业充分的准备和过渡时间，以避免人为造成不必要的经济损失和资源浪费。

3. 继续加强网上销售食品的安全监管工作

近年来，随着网络科技的发展，在网上购买食品逐渐成为人们生活消费的又一重要方式，但由于网上销售食品渠道的特殊性，对其进货、贮存和加工等环节的全面监管难度较大。网上违法销售自制食品、进口食品、假冒伪劣食品的现象依然较多，存在较大食品安全风险隐患，建议有关部门继续加强和完善网上销售食品的安全监管工作。

中国焙烤食品糖制品工业协会

调味品制造业

2018年是我国改革开放40周年。调味品行业适应时代发展的要求，进一步深化改革，扩大开放，行业发展取得了令人欣喜的成果。行业规模不断扩大，效益保持稳定增长，新产品大量涌现，品牌集中度持续提高，智能制造等新技术的应用更加普遍。调味品制造业已经成为食品行业中最受关注的类别之一。

一、行业概况

（一）主要经济指标

根据国家统计局对规模以上企业统计的数据分析，2018年调味品行业主营业务保持增长，细分品类利润增长出现分化。酱油、食醋及类似制品制造利润增长达到12.3%，而其他调味品及发酵制品制造业利润同比下降3.5%（表1）。

表1　2018年调味品、发酵制品经济效益

类别	企业数量/个	主营业务收入/亿元	同比增长/%	利润总额/亿元	同比增长/%
味精制造	74.0	386.3	7.4	35.8	-8
酱油、食醋及类似制品制造	385.0	725.1	5.2	99.8	12.3
其他调味品发酵制品制造	778.0	1284.5	9.6	108.9	-3.5

资料来源：国家统计局。

根据中国调味品协会对著名品牌100强企业统计（100家）得知，2018年生产总量为1322.54万t，同比增长7.5%；销售总额为938.8亿元，同比增长10.8%。2018年总产量在10万t以上的调味品著名品牌企业有27家，占总数（100家）的27%；总产量在5~10万t的企业有24家，占总数（100家）的24%（图1，图2）。

2018年调味品著名品牌企业100强企业统计分析显示：调味品行业总产量与总销售收入均保持7%以上的增长率。百强企业生产产量的增速从2017年的9.4%下降到2018年的7.5%；销售收入的增速从2017年的9.5%提高到2018年的10.8%，行业转型升级初见成效。统计的12个分支产业中，除腐乳、香辛料及香辛料调味品产业产量下滑之外，其余产业产量均呈现上升趋势，其中增速较快的产业依次为鸡精（鸡粉）、蚝油、火锅调味料等分支产业（图3）。

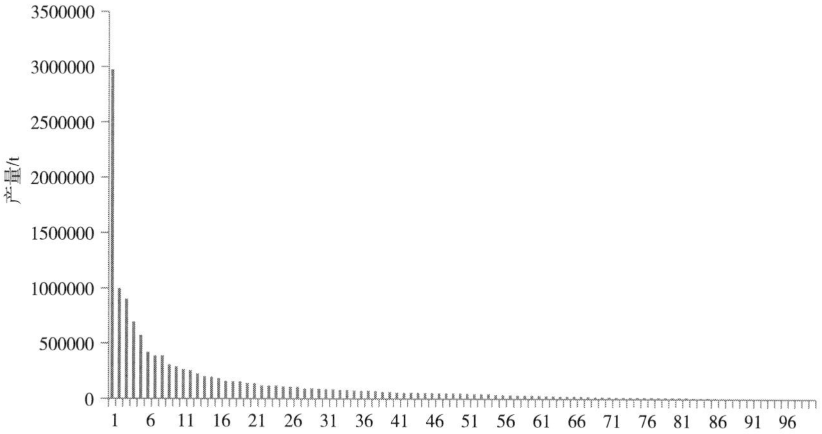

图 1　2018 年调味品企业生产产量

资料来源：中国调味品著名品牌企业 100 强 2018 年度数据统计汇总分析（100 家）。

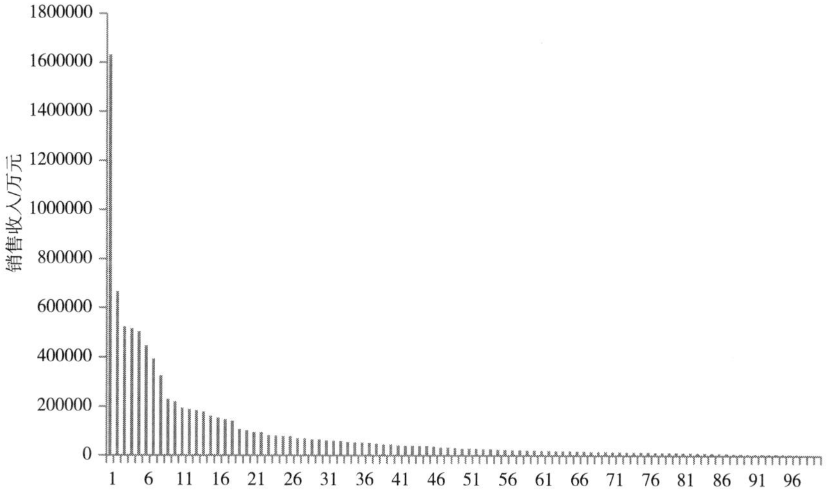

图 2　2018 年调味品企业销售收入

资料来源：中国调味品著名品牌企业 100 强 2018 年度数据统计汇总分析（100 家）。

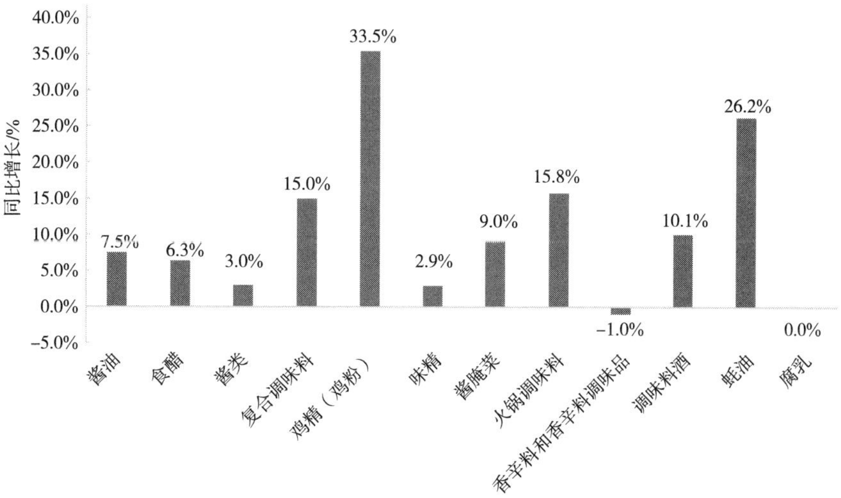

图 3　2018 年调味品行业重点细分产业产量增长率

资料来源：中国调味品著名品牌企业 100 强 2018 年度数据统计汇总分析（100 家）。

（二）行业发展分析

1. 价格

2018年，调味品产品的平均价格延续2017年的上涨趋势。行业内上市公司年报显示，酱腌菜、食醋、酱油、复合调味料、香辛料等主要调味品品类的价格都有不同程度的上涨。导致调味品价格上涨的原因主要有两方面：一方面，2018年调味品企业人工、包装以及物流、环保等各个环节的价格都有不同程度的上涨，生产成本的增加是造成调味品价格上涨的重要原因之一；另一方面，调味品企业适应消费升级的趋势，针对市场推出具有高附加值的产品，高端产品比例提高，推动了调味品的平均价格上涨。

2. 市场

调味品行业品牌意识不断增强，市场集中度不断提高。调味品龙头企业的营收和利润实现双增长。上市调味品企业中，颐海国际、佳隆股份和千禾味业2018年的净利润同比增长都超过60%。

调味品龙头企业业绩快速增长得益于以下几个因素。第一、供给侧结构性改革初见成效。不符合生产经营规范的调味品企业逐步退出市场，市场经营环境得到净化。第二，调味品产品平均价格上涨提升企业效益。调味品产品单价较低，调味品龙头企业具有消费定价权，同时龙头企业注重产品升级，高端产品比例提高，带动了产品平均价格的上升。第三，龙头企业积极开拓国际市场取得成效。调味品龙头企业在立足国内市场的同时，积极开拓国际市场。借助“一带一路”等国家战略走出国门，加快海外市场发展，加快走向国际。

3. 投资

调味品行业经营稳定，企业经营可预见性强，是价值投资的优选标的。海天味业等调味品上市公司的高估值产生的示范效应也推动了行业的投资热度。2018年6月，中国香港上市公司华宝国际与广东嘉豪食品订立买卖协议，收购其全部股权，代价约等于人民币44.66亿元——这是2018年度调味品行业内标的最大的一宗收购案；2018年5月，四川农牧业巨头新希望集团继收购金福猴食品之后，又并购了川娃子食品和成都国酿食品两家调味品企业；2018年6月，上市公司鲁银投资收购山东盐业70%股权；2018年11月，上市企业绝味集团旗下全资子公司网聚资本以40%的比例参股辣妹子；2018年12月，苏盐集团收购百味斋，占百味斋发行后总股本的51%。

4. 区域分布

据中国调味品协会企业数据库数据显示，调味品企业主要分布在华东、华北和华南地区，占比分别为30.1%、18.5%和15.4%。其中广东、四川、山东是调味品企业分布比较集中的省份。

各区域调味品优势细分产业有所差异。酱油、醋等大产业分布较广，而香辛料、调味品等产业各地差异较大。随着产业升级，各地的调味品小镇（园区）建设也逐渐形成规模。如成都安德镇、山西清徐县、广东阳西县、山东乐陵市、四川眉山市等地都建立了以调味品为支柱的产业基地。

5. 行业集中度

中国调味品行业近三年行业集中度提高明显，尤其是酱油、食醋、调味酱、复合调味料产业。大企业发展速度加快，中小企业的发展形势严峻。中国调味品著名品牌企业100强2018年度数据统计汇总分析显示，企业生产总量首次突破1300万t，产量在5万t以上的企业占51%；2018年度上市公司（14家）总销售收入为419.79亿元，占统计内企业总销售收入（100家）的44.72%，与2017年相比收入占比继续提高。

6. 重点行业

2018年，调味品行业的酱油、食醋、调

味酱、复合调味料等重点细分产业发展平稳。

（1）酱油　酱油产业是我国调味品行业的第一大产业，产销量和企业规模均居调味品行业首位，涌现出多家龙头企业。2018 年，酱油大型企业经营状况良好，产业集中度进一步提高。

2018 年酱油企业（33 家）生产总量达到 462.55 万 t，同比增长 7.5%。排名前三位的企业为佛山市海天调味食品股份有限公司、广东美味鲜调味食品有限公司和李锦记（新会）食品有限公司，产量分别为 191.6 万 t、78.6 万 t 和 37.0 万 t。湖北土老憨调味食品股份有限公司以 1370.6% 的增长率、湖州老恒和酿造有限公司以 38.9% 的增长率、千禾味业食品股份有限公司以 18.6% 的增长率位列酱油产量增长率前三位。13 家企业出现负增长，占总数的 39%（图 4，图 5）。

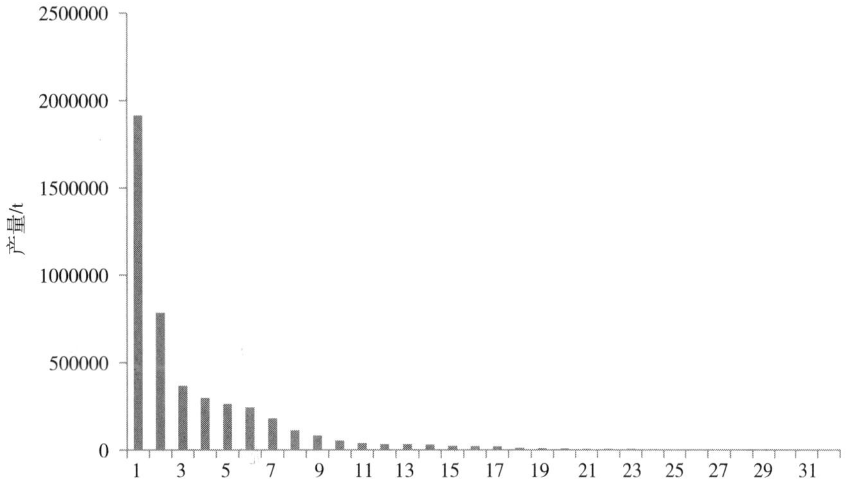

图 4　2018 年酱油产量

资料来源：中国调味品著名品牌企业 100 强 2018 年度数据统计汇总分析（100 家）。

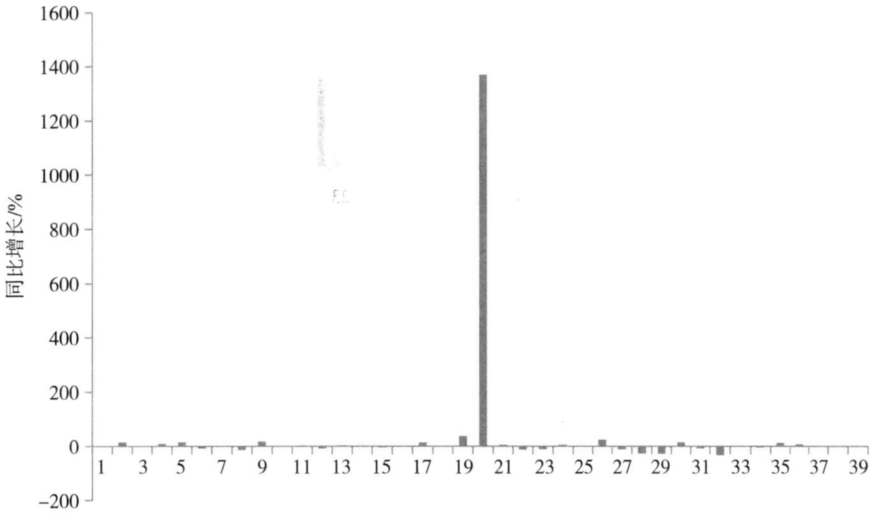

图 5　2018 年酱油产量同比增幅

资料来源：中国调味品著名品牌企业 100 强 2018 年度数据统计汇总分析（100 家）。

（2）食醋　食醋企业积极开展产品创新，从烹饪、佐餐向保健等方向发展。

2018 年食醋企业（38 家）生产总量为 164.9 万 t，同比增长 6.3%。排名前三位的企业为江苏恒顺集团有限公司、山西紫林醋业股份有限公司和山西水塔醋业股份有限公司，产量分别为 32.5 万 t、18.3 万 t 和 15.6 万 t。甘肃康元食品有限责任公司以 135.7% 的增长率、湖北土老憨调味食品股份有限公司以 50.0% 的增长率、山西兰花酿造有限公司以 50.0% 的增长率位列食醋产量增长率前三位。7 家企业出现负增长，占总数的 18%（图 6，图 7）。

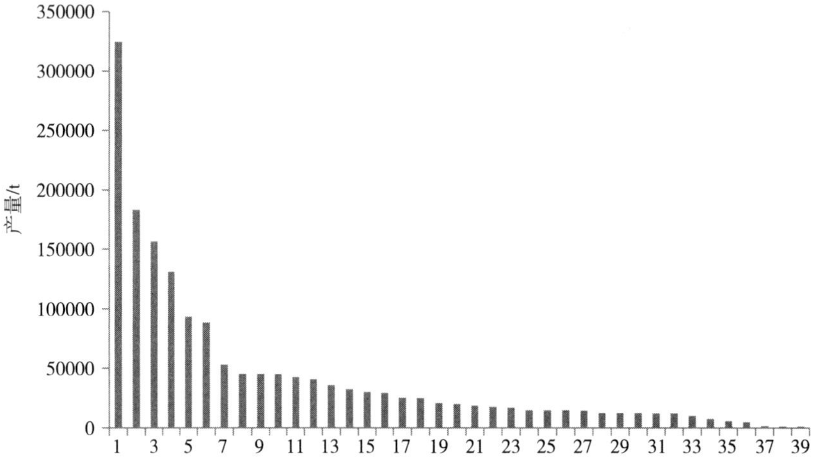

图 6　2018 年食醋产量

资料来源：中国调味品著名品牌企业 100 强 2018 年度数据统计汇总分析（100 家）。

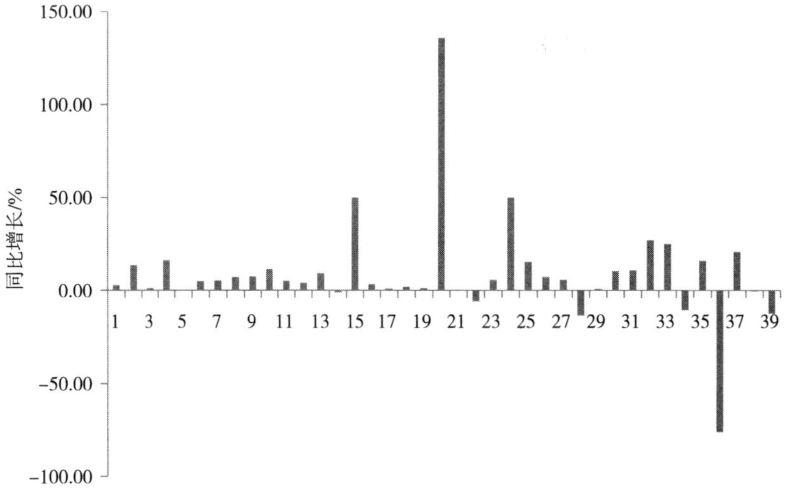

图 7　2018 年食醋产量同比增幅

资料来源：中国调味品著名品牌企业 100 强 2018 年度数据统计汇总分析（100 家）。

（3）酱类　随着社会的进步和人民生活水平的提高，消费者对于调味酱的需求正在从满足基本需要向追求更高品质转变。需求更加多元化、高端化。

2018 年酱类企业（30 家）生产总量为 67.8 万 t，同比增长 3.0%。排名前三位的企业为佛山市海天调味食品股份有限公司、天津市利民调料有限公司和黑龙江香其食品股份有限公司，产量分别为 24.2 万 t、11.0 万 t 和 6.3 万 t。上海太太乐食品有限公司以 82.8% 的增长率、宁波市金钟调味食品有限公司以 32.2% 的增长率、钟祥市罗师傅粮油食品有限公司以 20.0% 的增长率位列酱类产量增长率前三位。9 家企业出现负增长，占总数的 30%（图 8，图 9）。

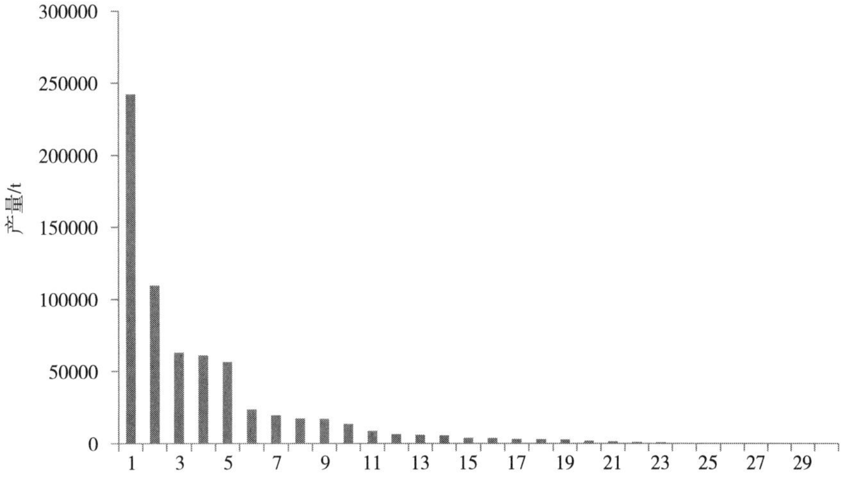

图 8　2018 年酱类产量

资料来源：中国调味品著名品牌企业 100 强 2018 年度数据统计汇总分析（100 家）。

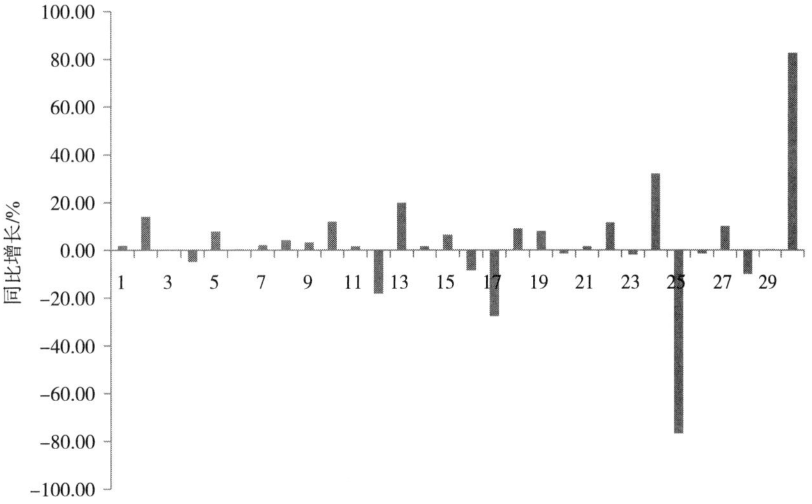

图 9　2018 年酱类产量同比增幅

资料来源：中国调味品著名品牌企业 100 强 2017 年度数据统计汇总分析（100 家）。

（4）复合调味料　复合调味料是近年来增长最快的调味品产业之一。随着人民生活水平的提高和生活节奏的加快，消费者对餐饮的多样化和便捷性都提出了更高的要求，复合调味料的发展正好契合这一市场发展趋势。

2018 年复合调味料企业（32 家）生产总量为 76.2 万 t，同比增长 15.0%。排名前三位的企业为李锦记（新会）食品有限公司、安徽强旺调味食品有限公司和河北鸡泽县天下红辣椒有限公司，产量分别为 11.3 万 t、8.4 万 t 和 7.8 万 t。上海味好美食品有限公司以 288.61% 的增长率、安记食品股份有限公司以 77.5% 的增长率、佛山市海天调味食品股份有限公司以 69.2% 的增长率位列复合调味料产量增长率前三位。3 家企业出现负增长，占总数的 11%（图 10，图 11）。

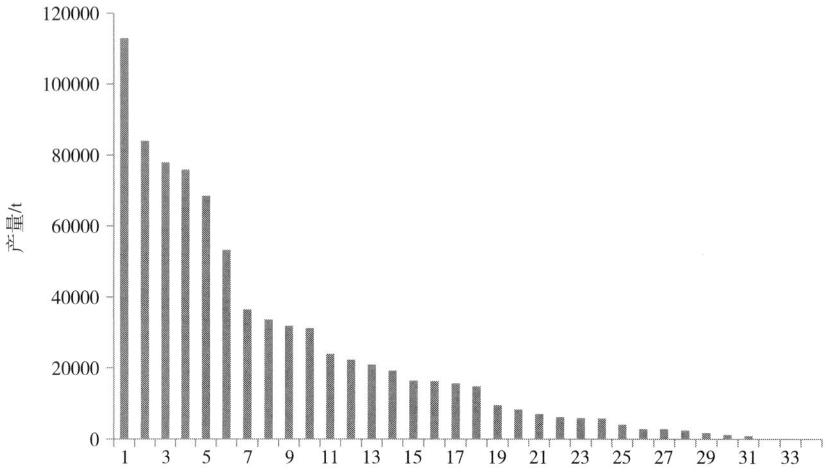

图 10　2018 年复合调味料产量

资料来源：中国调味品著名品牌企业 100 强 2018 年度数据统计汇总分析（100 家）。

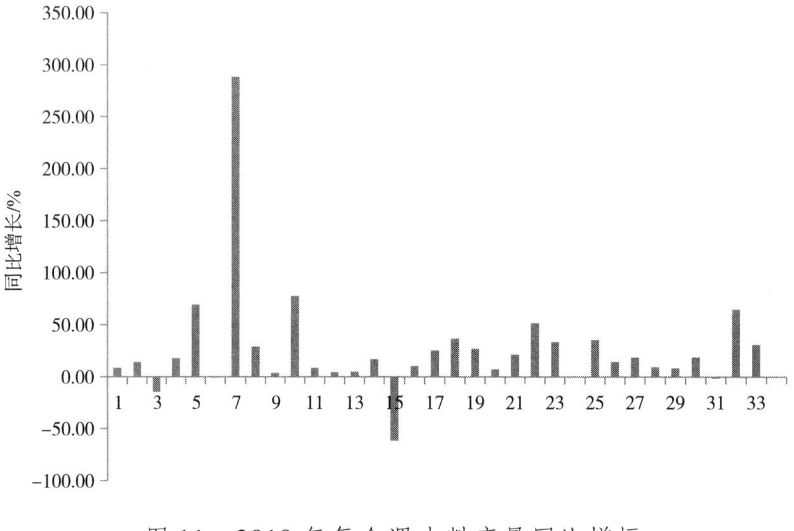

图 11　2018 年复合调味料产量同比增幅

资料来源：中国调味品著名品牌企业 100 强 2018 年度数据统计汇总分析（100 家）。

7. “三品”战略实施情况和典型案例

2018 年，中国调味品协会积极落实国家“三品”战略，通过展览、报告等多种形式推动行业内企业增品种、提品质、创品牌。

（1）增品种　2018 年中国调味品协会发布《调味品新品手册（2018 年）》，并面向全行业进行宣传和推广。手册收集行业新产品 200 余个，是调味品行业首次对新产品的系统整理，为分析行业新品发展趋势、指导企业进行新品开发提供了决策参考。手册数据显示，行业新产品研发力度加大。以恒顺醋业为例，2018 年企业进一步加大产品开发力度，上市 6 款新产品，储备 11 款新产品，对 12 个老产品进行了配方和工艺改进。

（2）提品质　提升产品品质既是国家对食品生产企业的要求，也是企业的核心竞争力。调味品行业企业在提升产品品质的过程中更加注重技术手段的应用。行业龙头企业已经开始从原料采购到产品销售全流程地应用信息技术，以保证从源头到餐桌的食品品质。海天味业利用大数据、互联网和内部的企业管理系统，做到从一颗黄豆进厂到产品出厂，使每一瓶海天产品后面都有一个大数据，全程利用设备和信息化技术进行跟进和分析，确保产品全程可追溯。恒顺醋业将重点放在了统一农业资源供应、统一技术管理上，通过产品生产过程的精细化质量管控，从源头上降低了食醋生产的食品安全风险，最终使公司真正建立了一整套从农田到餐桌的管理体系，消除了食品行业最大风险——质量安全风险。

（3）创品牌　经过多年的发展，调味品行业涌现出了不少家喻户晓的品牌。2018 年，行业龙头企业赞助投放的数量和金额明显增多。

海天味业面对媒介传播环境的多元化、多屏化、碎片化趋势，聚焦品牌头部资源投放，聚焦核心产品，配合营销网络策略、产品策略，持续推进品牌传播创新及实效。公司通过主流卫视平台头部综艺节目赞助投放，以及与网络端新媒介等主流网络综艺平台头部 IP 资源赞助合作，双管齐下，持续推进品牌及品牌产品在品牌核心消费人群、潜在主力消费人群中的持续传播及占位，品牌传播取得了良好效果，推动销售实现较快增长。

8. 智能制造

目前，绝大多数调味品行业大型企业都陆续引入智能化生产设备，通过高技术生产设备的使用，有效提高生产效率、稳定产品质量、降低能源消耗等，不仅综合生产水平不断提高，且有效实现了智能化的绿色生产。例如，海天味业从 2011 年开始引进先进的智能化制造设备，经过不断引进和升级改造，2018 年单位产值综合能耗下降为 0.0631t 标准煤/万元，下降 65%；单位产品能耗下降为：蚝油 17.34kgce/t，下降超过 35%，酱油类 34.2kgce/t，下降超过 50%。

恒顺醋业面对制造业新一轮的升级挑战，积极创新求变，加快公司信息化升级建设，加快推动企业向数字化、人工智能、智能制造方向转型，加快新技术与业务的融合应用，加快实现对生产、采购、销售等核心业务链的价值贯通。这项工作的逐步落实，不仅对 2018 年公司的生产均衡供货、品质稳定、成本降低、均衡销售等产生正向推动作用，还将对未来发展产生更为深远的影响。

9. 发现新亮点、新增长点

行业纵向产业链整合案例增多。调味品企业通过整合上下游资源，对产业链进行调整和协同，从而保证了产品质量，实现了效益最大化。例如恒顺醋业股份公司利用镇江独特的地理种植优势在镇江市周边建立了 3600 亩香陈醋专用糯米种植基地，并在江苏省建成了万余亩的食醋专用粮种植基地，采用“公司+基地+农户”的合作种植和定向采购模式，通过良好农业规范（GAP）体系认证，从源头保障食品安全。

二、行业面临的问题

（一）生产的自动化、智能化水平有待提高

近年来，调味品行业总体生产水平在提高，涌现出一批调味品龙头企业，在自动化、智能化水平上已经达到或接近国际先进水平。但总体而言，生产效率低下，自动化程度不高的调味品企业仍然占行业企业的大多数。

制约行业升级的因素很多，除了资金、

市场等因素外，传统生产工艺形成的独特口味如何在现代化生产中得以保留和发扬也是亟须解决的课题。

（二）社会化服务体系有待完善

调味品行业的招聘、培训、科技、法律、知识产权、营销策划等服务都主要围绕行业的大中型企业，适合调味品中小企业的社会化服务体系尚未建立。例如，近年来随着行业的发展，调味品行业人才的数量和质量都有所提高，但总体而言，调味品行业人才仍然比较匮乏，尤其是大量的中小企业更是存在招人难、留人难的问题。

（三）行业标准建设亟待加强

虽然调味品行业属于食品工业，但是调味品标准工作有其特殊性，专业性极强，由于种种原因，调味品行业标准工作已经严重滞后于行业发展。尤其自 2013 年开展国家标准、行业标准制定工作至今，大量已完成的国家标准、行业标准不能发布实施，很多亟须修订的国家标准和行业标准也不能根据行业的发展实际进行修订，已经对行业的发展造成了影响，甚至造成行业内认识上的混乱，严重制约了调味品行业快速健康发展。

三、发展趋势

未来我国调味品行业有很大的发展空间，但也面临巨大挑战，具体体现在以下几个方面。

（一）行业竞争愈加激烈，市场集中度进一步提高

近年来，行业龙头企业在不断扩大产能。以海天味业为例，2017 年年底启动高明 220 万 t 调味品扩建项目，扩建总规模为 220 万 t（其中酱油 150 万 t，酱 30 万 t，复合调味料 40 万 t），新建酱油产能在现有基础上接近翻倍。与此同时，调味品消费市场的增长速度仍保持平稳，未来极有可能出现供大于求的局面，市场竞争愈加激烈。

行业龙头企业利用自身规模和渠道优势，扩大市场占有率，挤占小微企业市场份额，市场集中度会进一步提高。

（二）健康调味品更受关注，低盐等产品前景广阔

科学研究已经证明，适当减少食盐的摄入对保持健康有积极的作用。国家相关部门也在大力推广减盐行动。越来越多的调味品企业适应消费升级的需求，推出低盐调味品。如低盐榨菜、薄盐酱油、低盐豆瓣、低盐泡菜等，已经形成了一个独特的具有广阔前景的产品研发方向。

（三）调味标准化趋势明显，餐调融合更加紧密

随着人民生活节奏的加快，快餐、外卖市场发展迅速，餐饮调味标准化，尤其是中餐调味标准化已经逐渐成为趋势。餐饮调味标准化不但可以满足消费者快节奏的需求，也推动了餐饮服务的标准化，提升了餐饮美食的质量。当前在火锅、麻辣烫、烧烤、焖锅等轻餐饮门类中，餐调融合已经十分紧密，未来调味品占餐饮成本的比重会继续提高。

（四）细分市场受到关注，定制研发形成规模

规模化和定制化是调味品发展的两个方向。调味品大规模的工业化生产并没有影响细分市场的发展。部分调味品企业开始针对不同消费群体研制并生产定制化调味品。定制化产品定位准确，更新速度快，产品附加值高，适应了消费者个性化消费趋势，也受到了市场的热烈欢迎。

（五）销售渠道更加多元化，传统渠道面临挑战

商超、农贸批发市场一直是调味品销售的最重要渠道。但随着互联网等新型渠道的兴起，渠道的多样化趋势非常明显，传统经销商的地位受到威胁。网上超市已经成为消费者购买调味品的重要渠道；大型商超的占比下滑，而社区便利店的占比上升；农贸批

发市场的地位虽然暂时还无可替代，但盒马鲜生、叮咚买菜、谊品生鲜、钱大妈、生鲜传奇等一批新渠道的出现必然会对其产生冲击；美团和美菜也在餐饮渠道领域发力。可以预见，未来调味品行业渠道将会更加多元化，各种渠道类型在相互竞争和学习中共同发展。

（六）调味品走出国门，国际化进程加快

长期以来，绝大多数调味品企业一直以国内市场销售为主，调味品出口占调味品销售的比例较低。但随着国家继续扩大对外开放，出国人数逐年增加，国外市场的重要性也在不断提升。国内调味品企业通过出口贸易、国外设厂等方式不断探索国际化模式，涌现出一批国际化的典型案例。可以预见，调味品企业的国际化进程必将随着国家影响力的不断提升而加快，成为世界餐饮文化的重要组成部分。

四、政策建议

（一）加强对新闻媒体的监督，杜绝不实报道

2018年10月，有媒体以“29款酱油不符合国标”“海天、李锦记上黑榜”等标题大肆报道某机构的产品检测结果。此类报道采用哗众取宠和夸张猎奇的“标题党”行为，引发了行业信任危机，伤害了真正做好产品的企业。

建议政府有关部门加强对媒体的监督，规范督促媒体客观报道。同时加强媒体与行业协会、企业的沟通互动，提升媒体报道的专业性。

（二）发展和完善行业社会化服务体系

发展和完善行业社会化服务体系是调动社会各方面力量，进一步推动调味品行业迅速发展的一项重要措施。调味品行业的发展离不开服务体系的完善。应该大力鼓励行业协会和企事业单位整合社会资源，通过采取加强行业人才队伍建设、健全公益性服务体系和信息化平台建设、完善教育培训、加大对专业组织扶持力度等多种措施，解决服务体系建设中的诸多问题。

服务体系的建设应该多元化，涵盖政策咨询、教育培训、科技服务、法律咨询、信息数据、设计咨询等多个领域，覆盖大中小型各类企业，满足行业企业尤其是中小企业的需求。对于相关平台的建设给予政策和资金的支持，提供补贴及减免税政策。

（三）规范调味品标准建设，促进调味品行业健康发展

标准工作有其特殊性、专业性、权威性和科学性，应进一步规范团体标准的制定流程，加强团体标准的统筹管理工作，在已有行业组织的情况下，应明确行业组织来制定本行业直接相关的团体标准，不能“越界”，杜绝团体标准制定过程的混乱状况。在团体标准的制定过程中，尤其是立项阶段，应将征集对应行业组织的意见作为关键的一个环节。避免因为一味的市场驱动，而使立项的团体标准计划、制修订的团体标准与行业认知相违背，造成行业混乱，影响行业发展。

中国调味品协会

茶加工业

2018年，受宏观经济下行压力影响，整体市场环境不佳，消费升降级彼此博弈，面对内销市场消费不振、贸易壁垒严重阻碍出口、产业效益提升进入瓶颈期的不利局面，中国茶业总体仍然保持稳中有进的态势。具体表现为茶叶生产平稳发展、茶类结构持续优化、质量水平稳步提升、绿色效益初步显现、优势品牌正在形成、产业融合效果明显、国内市场量价稳增、出口量额再创新高。

一、行业概况

（一）主要经济指标

1. 产业规模

（1）茶园面积稳中略增　据统计，2018年全国18个主要产茶省（自治区、直辖市）茶园面积4395.6万亩，同比增加123万亩，增长率为2.9%，比上年略有下降。其中，面积超300万亩的省份有贵州、云南、四川、湖北、福建；采摘茶园面积3400万亩，同比增加190万亩。江西、湖北、湖南、四川、云南、陕西等省结合精准扶贫，新发展茶园面积均达到10万亩以上。

（2）茶叶产量持续增加　2018年，全国干毛茶产量为261.6万t，比上年增加12.0万t，增幅4.8%。产量排名前五位的省份是福建、云南、湖北、四川、湖南；增产逾万吨的省份有四个，分别是贵州、湖南、湖北、四川。全国名优茶产量增加4万t左右，产业效益稳步提升。

（3）农业产值稳步提升　全国干毛茶总产值首次突破2000亿元大关，达到2157.3亿元，比上年增加207.7亿元，增幅10.65%。干毛茶产值逾200亿元的省份是贵州、福建、四川、浙江，产值增长超过30亿元的省份是贵州、四川。

2. 主营业务收入

据国家统计局数据显示，2018年，茶加工业规模以上工业企业为2161家，主营业务收入达到2088.7亿元，增长率为8.3%。

另外，根据中国茶叶流通协会2018年度行业调查，2018年度中国茶叶百强企业年主营业务收入总额达到470亿元。主营业务收入在10亿元以上的茶企达到10家，行业内企业发展势头猛，成长速度快。

3. 利润

据国家统计局数据显示，2018年，2161家茶加工业规模以上工业企业的利润为167.1亿元，同比增长12.5%。

另外，根据中国茶叶流通协会2018年度行业调查，茶加工业企业纳税形式以一般纳税人为主，百强企业年利税总额43亿元，企均4304万元，同比增长8.9%。年利税1亿元以上的茶企达到11家。七成以上百强茶企的年利润率超过5%，20%的企业年利润率在15%以上，加工企业总体盈利水平稳定向好。

（二）行业发展分析

1. 内销市场和价格

（1）国内市场量价稳增　2018年，中国茶叶国内销售量达到191.05万t，较2017年增长 9.3 万 t，增幅为 5.1%（表 1）；市场内销额达到 2661 亿元；销售均价为 139.3 元/kg，同比增长 5.2%。

表 1　2009—2018 年中国茶叶内销总量（不含进口茶叶）

年份	2018 年	2017 年	2016 年	2015 年	2014 年	2013 年	2012 年	2011 年	2010 年	2009 年
内销量/万 t	191.05	181.70	171.06	167.91	150.25	133.83	124.01	109.61	98.81	89.02

数据来源：中国茶叶流通协会。

（2）内销产品结构微调　2018 年，内销市场中各茶类板块轮动的局面有所改善，格局相对稳定（图 1）。绿茶仍是主导茶类，占比为 63.1%。黑、红、白茶发展迅速，其中，黑茶占比已达 14%，红茶占比近 10%，白茶占比 1.5%，并有占据更大市场份额的趋势。

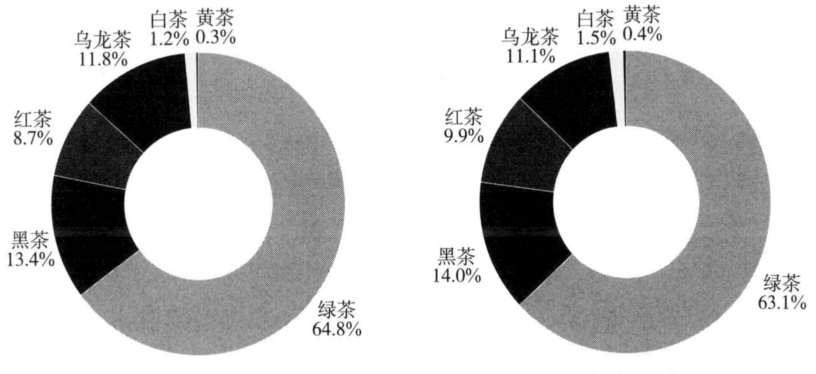

图 1　2017 年、2018 年全国茶类销量对比

数据来源：中国茶叶流通协会。

（3）品牌效应提升　茶叶品牌消费意识不断被强化，品牌茶叶延续了近几年的优势增长，市场占有率不断提高。2017 年品牌茶叶市场销售额首次突破 2000 亿元，实现 2085 亿元；非品牌茶叶市场销售额减少至 269 亿元。2018 年，品牌茶叶市场销售额达到 2394 亿元，接近茶叶市场销售额的 90%；而非品牌茶叶的市场份额压缩至 267 亿元。

（4）消费群体组成变化趋好　经过 2017 年、2018 年两年的稳定增长，我国茶叶消费群体已突破 4.9 亿人，尽管消费人群中老龄化和产区化特征依然存在，但中低年龄段消费群体比例增加趋势已十分明显。若将饮茶人口的范畴扩展至新式茶饮，则消费群体有望突破 6 亿人。此类消费者呈现出对优质茶饮与品牌的高黏性特征，为后续成为原叶茶消费者奠定了基础。在人均饮茶量方面，2018 年国内人均年饮茶量已达到 1.36kg/人，尽管仍在稳定增长，但涨幅已明显低于 2015 年之前，因此以饮茶场景与多元化方式吸引更多消费者是行业面临的重要课题。

2. 投资

2018 年，茶行业投资领域特征为增长下行趋势明显，市场主体投资较为平缓。具体情况如下所述。

（1）传统行业资本分散　从传统茶行业

的现状看，产业集中度较低，整个产业较为分散，没有形成一个完整的对资源进行整合的产业链，资本介入的形式也较为分散与随机。

（2）股权市场表现平平 在上市企业中，标明以茶叶为主业的仅有A股的深深宝A，以及港股的天福、龙润茶和坪山茶业。在中国香港首次公开募股（IPO）的仅天福控股一家，也是唯一一家盈利的企业——2018年中报显示每股收益0.11元。2018年度，新登陆“新三板”的涉茶企业有4家，但同时有6家已上板的茶企宣布主动停牌，这意味着2018年新三板涉茶企业数量出现了“负增长”。目前，新三板共有50家茶企。在新三板上市的涉茶公司大部分资产规模在亿元以上，但营收只有一家达到亿元级别，其余公司多在千万元级别。从茶企上市公司现状看，产业链资源缺乏有效整合，一、二、三产业之间相对割裂，使茶企上市公司总量很少、规模不大且业绩相对较差。挂牌公司平均净利率只有5.12%，比新三板制造业整体平均值还要低1.57%。

（3）新兴业态成为资本“宠儿” 以新式茶饮为代表的新兴业态在2018年度持续受到市场追捧。据不完全统计，2018年新中式茶饮的融资事件至少有11起，几乎每月一起，数额普遍较大，全年整体融资额超过20亿元，被注资的品牌估值动辄数十亿元量级。资本的进驻正在加速茶饮市场的更迭，头部品类迅速聚集，一线城市的品牌竞争日趋激化。

3. 区域分布

生产上，茶加工业企业主要集中于全国18个茶叶主产省（自治区、直辖市）中。在各级政府的扶持推动下，全国各主要产茶省（自治区、直辖市）均培育出一批大型茶叶加工企业。从2018年度百强茶企分布来看，基本覆盖了全国主要产茶省（自治区、直辖市），但数量上有着明显差距。福建、安徽、湖北三省的企业几乎占据了百强企业的半壁江山，其中安徽省百强茶企数量最多，达到23家；另有35%集中在湖北、湖南、浙江、四川、河南、广东等地区；其余分布于北京、广西、陕西等地。同时，近60%的百强茶企分布于长江经济带沿线，50%的百强茶企则位于服务“一带一路”战略的国内重点区域。

从消费市场分布看，广东仍居茶叶第一大消费省的地位，年消费量25万t；以山西、山东、东北三地为代表的北方市场消费群体继续呈上升趋势，村镇饮茶率明显上升；福建、安徽、浙江等茶叶主产省消费水平也在上升，产茶地区名优茶的外流比率有所下降。

4. 行业集中度

我国规模以上茶企近年来发展迅速，已达到2100多家，但由于茶企总数为6万余家，规模以上企业占比仅3.2%，行业中绝大多数为中小型企业，企业规模小、生产集中度差仍然是困扰茶加工业发展的实际问题。规模化茶叶企业生产资源占有率为6成，产品供应达到全行业的70%。百强茶企的产品供应量、市场销售量和市场销售额均占到行业的30%左右。

5. 进出口

（1）进口茶叶继续增加 据海关数据显示，2018年，中国进口茶叶量为3.55万t，比2017年增长18.84%；进口额为1.78亿美元，比2017年增长19.14%（表2）。其中，红茶仍为主要进口茶类，占比83.3%；其次是绿茶和乌龙茶，各占8.9%和6.5%（图2）。从进口均价来看，整体均价为5.03美元/kg，乌龙茶和花茶的均价较高，均超过13美元/kg（图3）。

表 2　2017—2018 年中国进口茶叶量和进口额对比

	2017 年	2018 年	同比增长/%
进口量/kg	29830738	35450102	18. 84%
进口额/美元	149773011	178435023	19. 14%

数据来源：中国海关。

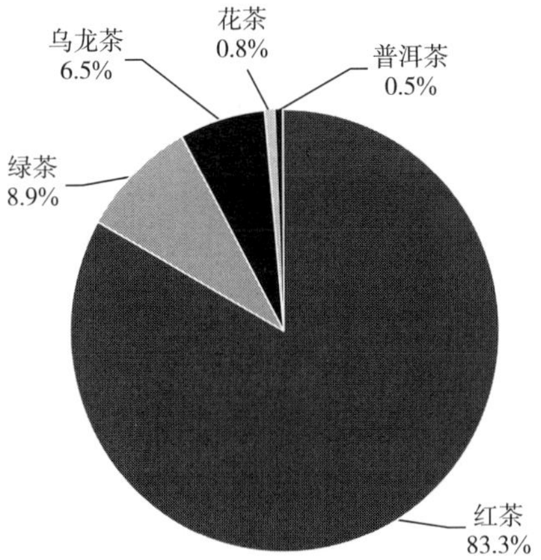

图 2　2018 年中国进口茶叶分茶类占比

数据来源：中国海关。

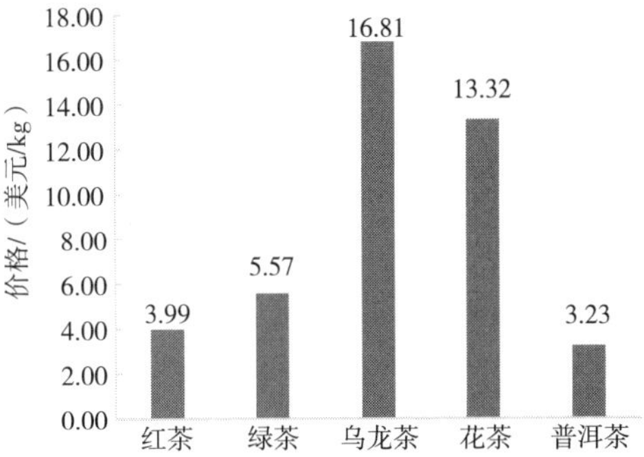

图 3　2018 年分茶类进口均价

数据来源：中国海关。

（2）出口再创新高

①总量略增，均价大幅提升。2018 年，中国茶叶出口总量达 36. 5 万 t，同比增长 2. 66%；出口均价 4. 87 美元/kg，同比增长 7. 27%；出口额达 17. 8 亿美元，同比增长 10. 1%。

从出口量看，除红茶出口量为 3. 30 万 t、同比减少 7. 2% 外，其他茶类出口量均有不同幅度增长；绿茶继续雄踞榜首，达到 30. 29 万 t；乌龙茶涨幅高达 17. 2%，居涨幅之首。在出口均价方面，普洱茶是唯一下降的茶类，其均价为 9. 44 美元/kg，降幅为 13. 0%；而乌龙茶的出口均价则为 9. 52 美元/kg，涨幅高达 30. 7%（表 3）。

表 3　2018 年中国茶叶分茶类出口量、出口额和出口均价统计

茶类	出口量/万 t	同比增长/%	出口额/亿美元	同比增长/%	出口均价/（美元/kg）	同比增长/%
花茶	0. 69	12. 31	0. 66	30. 09	9. 57	15. 83
绿茶	30. 29	2. 80	12. 23	7. 47	4. 04	4. 55
乌龙茶	1. 90	17. 19	1. 80	53. 22	9. 52	30. 74
普洱茶	0. 30	9. 10	0. 28	-5. 03	9. 44	-12. 95
红茶	3. 30	-7. 21	2. 81	0. 72	8. 50	8. 54
合计	36. 47	2. 66	17. 78	10. 13	4. 87	7. 27

数据来源：中国海关。

②市场稳定，绿色壁垒犹存。2018年，中国茶叶出口至128个国家和地区。进口中国茶叶超过万吨的国家和地区有12个，与2017年持平；排名前20的国家和地区占到总出口量的82.4%，集中度较高。备受关注的中美茶叶贸易并未受到两国贸易摩擦的影响。数据显示，2018年，中国出口到美国的茶叶量和出口额均比2017年有所提升。

③东强西弱，发展空间广阔。2018年，中国茶叶出口量居前五位的省份是浙江（16.85万t）、安徽（5.92万t）、湖南（3.64万t）、福建（2.41万t）、江西（1.34万t）。从出口量增减来看，增长量超过4000t的省份为浙江、福建、江西，浙江省的增长量甚至超过5500t；而上海市的出口量则减少了1360t，湖南省的出口量也减少了1177t。

在出口额方面，排名前五位的省份是浙江（5.23亿美元）、福建（3.46亿美元）、安徽（2.47亿美元）、湖北（1.45亿美元）、湖南（0.95亿美元）。从出口额增减来看，福建省增加额超过1亿美元，其他省份的增加额则均在0.3亿美元以下；而广东省的出口额减少了2400万美元。受茶类出口均价影响，福建省的出口额排名第二（出口量第四），江西省出口额排名第八（出口量第五）。

7. 重点行业

（1）茶叶　2018年，绿茶在保持茶叶主体地位的同时占比略有萎缩；黑茶是近几年茶叶消费市场的热点茶类，近年来发展迅速，已成为市场第二大茶类；乌龙茶处于低迷期，茶类内部岩茶类热度不断上升，成为拉动市场发展的最主要乌龙茶类，北方销区对其接受度上升；红茶经过连续几年震荡后市场趋于稳定，传统红茶市场相对稳定增长，新兴产区产品逐步被市场认知认可，但面临进口茶威胁；白茶经过几年热销之后，市场认知和产销规模均有大幅提升；小茶类黄茶仍在摸索市场切入点，中国茶叶流通协会筹备组建黄茶专业委员会将有效助力黄茶行业资源整合，实现其更快发展。

（2）茶配套业　随着前几年我国茶叶行业的发展，茶配套产业也在发展中不断壮大，整个茶配套产业的年产值甚至超过了茶叶。尤其是在福建等产茶大省，不断涌现出新颖独特的配套产品。而许多包装、家具等企业也加入到了茶配套的行业中，茶配套产业从小变大，取得了长足发展。具体来看，茶具、茶家具等行业规模以上的企业数量不断增加，行业集中度逐渐提高，但中高端市场还未有强势的品牌出现；茶包装行业受2014年绿色环保标准提高影响，近年来行业风格越来越趋于简约化，但行业企业也存在缺乏创新性的问题，自主设计意识较淡薄。

（3）服务业　在新时代背景下，以茶馆业为代表的传统茶叶服务业正面临消费群体的变化，传统运营模式已经无法同新生代核心消费人群进行对话。目前茶馆的销售模式正逐步走向圈子经济，许多茶馆开始思“变”，拓宽经营范围，调整盈利模式，茶餐馆、茶饮快销店等形式应运而生。而以新式茶饮为代表的现代茶叶服务业正蓬勃发展，作为近20年来发展出的新型服务业，新式茶饮业在经历市场洗礼后呈现出高速发展的态势，并逐渐回归品质、回归品牌，整个行业渐趋理性与成熟。

（4）精深加工业　开展茶叶深加工是实现茶叶资源高效利用、提高茶叶附加值、促进茶产业转型升级、拓展茶叶消费领域的重要突破口。随着国家颁布多项政策，我国茶叶精深加工业近年来有了长足发展——深加工技术正在由传统工艺向绿色、节能、安全、高效的技术方向发展，产品从茶叶提取物向高附加值的功能性终端产品迈进，围绕茶叶深加工终端产品开发的配方与制剂技术也在快速发展。

（5）三产融合　茶文化旅游是茶产业三产融合发展的典型代表。经过这几年的发展，“茶文化旅游”在挖掘茶文化深厚内涵的同时，根据各景区特点设计不同旅游产品，形成多层次消费，培育出一批有品位的茶文化爱好者，带动了更多的人了解喜爱茶文化。但当前我国茶文化旅游市场仍处于初级阶段，茶文化产品开发、接待方式、旅游路线设计、游览时间、人均消费等方面还有很大提升空间。

8. “三品”战略实施情况

近年来，我国茶产业强势发展，茶叶品种不断增加，产品品质稳定提升，品牌建设不断推进，产业集群逐步形成，连续多年实现企业增效、茶农增收、财政增税、产业持续发展、全行业盈利的良好局面。目前，我国茶叶及其相关制品已形成了覆盖面广、品类丰富、结构相对完整的产品体系，原茶制品具体包括：绿茶、白茶、黄茶、乌龙茶、红茶、黑茶六大基本茶类及其再加工茶类；茶相关制品则涉及茶内含成分提取物、浓缩液、茶粉及其后衍生用品等。我国是名副其实的茶叶制造和消费大国，茶叶生产加工对稳增长、促改革、调结构、惠民生发挥了重要作用。自国务院开展消费品工业增品种、提品质、创品牌“三品”专项行动至今，我国茶加工业积极贯彻实施“三品”战略思路，中国茶叶流通协会积极引导行业培育新品种，多次发文号召行业把好产品质量关，通过行业调查、建立“中国茶叶品牌集群联盟”等多种方式助力茶行业的品牌打造。2018 年，茶叶行业“三品”战略持续稳定推进，取得了明显效果，具体体现在以下几个方面。

（1）增品种　2018 年，各地立足自身优势，因地制宜抓好茶产业发展，加强茶树良种选育及繁育推广，整体提升全产业链发展水平，除传统六大茶类外，茶叶深加工产品、茶叶衍生品也不断推陈出新，通过生产适销对路的产品，更好地满足了不同层次消费者的需求。

湖南省茶业集团不断加大科研创新投入，增强品种供给能力。2018 年，该公司开发适销新产品 60 多款，推出经销商（电商）定制产品 20 余款。新款“轻轻茶”“白沙溪原生态千两饼”“吉祥 1958 花砖”“湘益茯茶历程 60 周年纪念茶”“旺旺福茯茶”“君山秀峰”等产品相继上市。该公司全年共开展“黑茶提质增效关键技术转化与推广”等重点科研项目 20 多项，其中“夏秋茶资源高效综合利用关键技术创新与产业化应用”成果荣获湖南省科技进步二等奖；主导和参与制订国家标准 4 项，其中《茶产业项目运营管理规范》（GB/Z 35045—2018）为我国首个茶产业扶贫指导性文件的国家标准。

（2）提品质　近年来，随着国家对于食品安全的高度重视，在政府部门、行业组织等多方努力下，我国茶叶行业食品安全意识快速提升，茶叶质量安全工作也得到企业的积极参与，茶叶产品质量稳步提升。2018 年，农业农村部（原农业部）按季度组织开展了 4 次国家农产品质量安全例行监测（风险监测），监测范围进一步扩大，重点增加了农药和兽用抗生素等影响农产品质量安全水平的监测指标，监测参数由 2017 年的 94 项增加到 2018 年的 122 项。据农业农村部（原农业部）公布的抽检数据显示，茶叶 2018 年度监督抽检合格率为 97.2%，茶叶质量安全水平稳定向好。

2018 年，宜昌萧氏集团与全球顶尖茶机制造商日本川崎机工株式会社合作研发打造茶叶智能化加工“无人工厂”，该工厂已于 2019 年 4 月正式投产，是目前世界上单体投资规模最大、科技含量最高的智能化茶叶加工厂。厂内新建名优绿茶、红茶生产线 3 条，改建名优茶自动化智能生产车间 $10000m^2$，可年加工茶叶2000t。同时，利用了“一种茶叶鲜叶清洗机”“一种茶叶揉捻机”“一种茶叶滚筒式萎凋机”“一种箱式自动发酵机”“一种旋转静置萎凋机”“一种能够存放的丰富内含物的新型绿茶加工方法”“一种能够存放的丰富内含物的新型绿茶加工装置”等7项国家发明专利。从鲜叶到成品，茶叶加工全程数控自动化，自控率达98%，清洁加工能源使用率达100%。实现生产全过程茶叶不经人手、不落地，24h连续化作业，有效保证了茶叶品质恒定如一、洁净安全。

（3）创品牌　目前，我国茶叶品牌体系建设在各方的积极推动下，已建立起公共品牌、企业品牌协同发展格局，其中公共品牌在各级政府和行业组织的大力宣传推动下，发展迅速。企业是推动产业发展的重要引擎，作为生产和贸易流通的中坚力量，企业更承载着创新驱动产业供给侧结构性改革的重要使命和任务，近年来茶行业企业品牌建设水平不断提升，行业品牌的消费者认知度逐步增强。

2018年，各地多措并举，多层次、多角度、多形式宣传推介，加快打造特色区域公用品牌和企业品牌。湖南省打造“五彩湘茶”，重点推介湖南红茶；江西省整合“四绿一红”区域品牌，形成狗牯脑、婺源绿茶、庐山云雾、浮梁茶、宁红茶联动；贵州省树立“贵州绿茶”“贵州红茶”“贵州抹茶”“贵州黑茶”核心品牌，成立遵茶集团，为产业发展注入新动能。

企业品牌方面，“小罐茶”沿着把复杂的中国茶做简单、把传统的中国茶做时尚、把繁琐的品饮变简便、把产地品类思维导向品牌思维的思路，开启了茶行业的标准化、品牌化、年轻化之路，品牌效应逐步显现，小罐茶也被第十四届中国茶业经济年会评为“2018中国茶业品牌传播力十强企业”。

9. 绿色制造、智能制造

德国、英国、日本等发达国家从20世纪初期开始研制生产农产品加工机械装备，至今已形成一套完整的农产品加工机械装备制造体系。他们的农产品加工装备的专业化、机械化、连续化、自动化水平都很高，生产规模及处理量都很大。生产线采用计算机程序智能控制，具有自动检测、自动分析、自动调整、自动诊断等功能，有力地保证了生产的高质量、高效率、低成本，增强了产品的市场竞争力。

我国大部分企业采用人工或者半自动机械化生产方式，茶叶生产规模化、自动化程度较低，造成茶叶整体经济效益也较低。能够适应全过程机械化加工的企业非常少，其中又只有极少部分龙头企业开发应用了流水线生产设备，但与国外的装备性能相比，其自动化、智能化以及标准化的程度还有待提升。

如今，随着“中国制造2025”的推进实施，茶行业企业越来越重视生产线的智能化发展，一些行业龙头企业在近几年纷纷推动智能化生产线、无人工厂等项目，不少已经建成投产。通过对传统的加工过程进行智能化的优化改造，提高茶叶生产效率，促进茶业转型升级。

未来，茶业全球竞争力与全球市场的占有能力取决于三个因素：一是面向市场需求的个性化制造能力；二是整体经营体系不断优化与综合经营成本降低的能力；三是产品制造面向市场需求变化的快速反应与实现能力。要实现三个能力的发展目标，必须推进茶业加工的智能化，创建智能产业，实现智能制造。首先，要实现茶业的信息化。其次，要实现茶叶加工工艺流程的智能化，打造智能装备创新优势。一是从鲜叶分拣到原料加工，实现全自动化工艺流程制造；二是依据市场需要，在产品类别、产品形态、原料拼配、包装形式方面实现面向市场个性化需求的智能化产品生产。以推进智能茶业为平台，大力推进智能装备在茶制造业全产业链中的广泛应用，提升我国智能装备的全球优势。广泛应用现代物联技术，大力发展茶产业物联智能连接，实现茶业与社会经济生活智能的互联互动。

10. 包装与装备

产品包装呈现出重特色、绿色化、多功能的发展趋势。对包装特色的挖掘成为高端茶叶产品创新的重要方向。以“小罐茶”等单泡、单罐包装的茶叶产品为代表，包装趋势的变化体现出高端产品包装材质的精益求精和整体密封性、观赏性、便携性的提升。绿色化是大众消费产品包装发展的主要方向，牛皮纸等纸质材料成为新兴材质，具有自封口功能、适宜日常自饮消费产品的小规格自封袋伴随着中低端产品消费量的上涨成为新的主流包装，原先多在传统高端礼品中出现的木质、皮质大礼盒则逐渐退出包装市场。部分产品加大了以包装为媒介对消费者日常生活的渗入力度，兼具笔记本、笔筒、纸巾盒甚至盆栽等功能的包装成为产品丰富消费体验的另一途径。

11. 发展新亮点、新增长点

（1）多家茶企试水新零售　新零售的概念始于 2016 年，并在 2017 年引起全社会的关注。茶叶行业对新零售的试水同样始于 2017 年，龙润茶业将其在昆明长水机场的体验店建成线下线上联动的新零售茶店。根据阿里巴巴公布的信息，茶行业电商成交的渗透率在 5% 左右，线上消费市场潜力巨大，因此茶叶行业成为新零售关注的重点领域。2018 年 3 月，天猫全国首个新零售茶馆“西湖茶叶”落地杭州，门店的智能设备包括自动派样机、云货架、新一代智能零售贩卖机等，同步推出了基于数据分析的茶点推荐及试吃服务。同时，易泡、茶密等智能化泡饮设备也相继加大了宣传力度，将茶叶行业对消费者的智能化服务拓展至“销售后”。

供需不对等、难以激发消费潜力是近年来茶叶行业产业升级的痛点。以此来预估，新零售给茶产业带来的不仅仅是消费市场扩张，更重要的是通过智能化设备与技术的应用，行业将与消费者形成更为紧密的联系和互动，更为真实地捕捉消费者的需求和实际想法，从而借助以上信息构建和改造产业，建设“拉式供应链”，形成以消费者需求为核心的新式经营理念。因此，尽管茶叶行业的新零售并不普及且尚处于试水阶段，但其背后的意义更为深远。

（2）新式茶饮崛起　经历过茶旅游、大师茶等热点后，2017—2018 年，茶叶消费的热点移动到市场高速增长的新式茶饮。截至 2018 年第 3 季度，全国现制茶饮门店数达到 41 万家，一年内增长 74%。2017 年开始，以“喜茶”“奈雪的茶”“茶颜悦色”为代表的茶饮品牌开始成为新的休闲、社交、话题聚焦点，在社交媒体和资本范畴均引发高热关注，占据“C 位”。区别于前几年喜茶等个别品牌的爆发，现阶段新式茶饮形成了目标市场多元化、各具特色的齐整阵营，并建立起严格的品控程序，包括加盟商筛选、培训机制、标准操作程序（SOP）等标准化流程，彻底颠覆了传统奶茶店的形象。

《第一财经周刊》问卷调查显示，多达 88% 的被调查对象每个月至少消费 1 次新式茶饮，44.59% 的受访者每周要喝两到三次新式茶饮，将近 80% 的调查对象最常购买的是超过 15 元的茶饮。以上的市场规模，加上茶饮店的轻资产模式形成低进入壁垒，吸引了大量创业公司和跨界企业聚焦这一领域。据美团点评统计，全国饮品店开张数量自 2015 年下半年陡然上升，在 2017 年达到 18 万家，当前新式茶饮的市场规模将近千亿元。

（3）电子商务蓬勃发展　阿里平台数据显示，2017 年茶叶网上销售额达 219 亿元，已接近茶叶年销售额的10%。根据2017年、2018年两年“双11”的数据，茶叶电子商务领域的优势品牌已与线下呈现高度重叠。从企业视角观测，电子商务的发展已不再视为对线下的挤压，而是有效补充。从我国茶叶行业整体销售收入和电商销售收入的对比情况来看，网络交易额占行业总体规模的比重逐年增加。2011年，茶叶行业网络零售额占行业销售总额比重接近2.27%，2017年在电子商务业务蓬勃发展的背景下，线下门店借助智能设备等全新商业基础设施，强化与消费者产生的链接和互动，向智能化发展、全面赋能产业链是大势所趋。新兴业态和传统业态融合发展成为当前消费方式多样化的重要体现。

二、行业面临的问题

（一）政策与市场

在内销方面，销售压力持续加大。近年来，受宏观经济环境影响，消费提振乏力，部分企业库存增大，加之全国茶叶产量逐年增加，产能过剩问题已日益凸显。此外，据农业部门粗估，2018年未开采茶园达900多万亩，未来2~3年将集中进入丰产期，使市场销售面临巨大压力。

在出口方面，绿色贸易壁垒严重阻碍发展。近年来，中国茶企在出口贸易中遭遇的最突出问题就是各种技术性贸易壁垒，每年受其影响的经济损失高达200亿美元左右；不仅使中国茶叶出口规模明显减少，出口成本增加，更严重地影响了中国茶叶的产品形象。

（二）科技创新

长期以来，受产业发展模式影响，茶叶生产加工技术水平和科研转化的整体布局不够合理，科技应用转化速度快，但新科技研发速度跟不上产业发展步伐；企业创新能力不强，行业整体知识产权意识弱，新产品互相模仿抄袭现象时有发生，导致产品同质化严重，抑制了产品创新热情。

科技是第一生产力。茶叶行业要充分认识到技术创新对提高竞争力的作用，主动借鉴互联网优化社会资源配置的成熟经验，借助互联网和科技创新，革新加工技术整体，引入先进加工设备，注重软技术的消化吸收和自主创新，从根本上实现自动化生产，提高产业效率。

（三）生产方式转型

在生产方面，绿色发展任务艰巨：尽管绿色防控、统防统治、配方施肥等绿色生产技术加快推广，但多数地区的技术规范落实不到位、产品质量不达标，影响了茶叶产品品质的提升；效益提升难度加大：目前，中国25年以上的老茶园约占茶园面积的1/4，这些茶园品种老化、植株郁闭、营养失调，产量较低，品质也较差，加上机械化水平提升缓慢，采工季节性短缺困扰名优茶生产，用工成本增加严重影响夏秋茶等中低档茶叶效益。

（四）消费场景升级

新零售概念提出后，消费品行业和零售业均积极调整，茶行业被甩在了队尾。商场的数字化变革重新激活了这一业态，但茶行业的“百货商场”——销区茶城却未能及时跟上。同样，茶叶专卖店改造的推进速度也并不理想。新消费群体的电商购茶方式和场租成本的不断高企正在严重冲击实体店经营。因此，茶企如何充分利用茶叶从生产制造到产品流通环节产生的大量数据，通过数字化赋能，实现实体店的全面升级，形成差异化经营是今后茶行业亟待解决的另一问题。

三、发展趋势

（一）生产重心战略性调整

中国茶产业发展重心或向中西部地区进行战略性调整，西部茶区正在国内茶叶消费市场中逐步崛起。

（二）消费更趋合理

2019年将成为中国茶叶消费进入良性恢复期的拐点，今后政企采买和市民采购将共同成为消费主体，但消费更趋理性，对质量安全、品牌品质的性价比综合要求将成为首选因素。

（三）产业稳步升级

汇总估算，2019年全国茶叶总产量约在270万t，农业产值将突破2300亿元，内销量接近200万t，销售额突破2800亿元，出口量和出口额再现盘整格局，销售均价继续微增。在“互联网+”的推动下，传统茶产业的组织形式、商业规则、产业链条、竞争格局、销售模式等将发生变化，许多新的商业模式将陆续涌现。

四、政策建议

（一）全面推进产业链升级转型

应以推进农业供给侧结构性改革为主线，加快产业转型升级，促进茶产业高质量发展。稳定茶园面积，巩固提升优势区、发展特优区。推进绿色发展，加快选育适销对路的优良茶树品种，建设无性系良种繁育基地。加快推广绿色防控、有机肥替代化肥等农药减施增效技术，集成组装绿色生产技术模式，促进茶叶生态化种植。推进融合创新，积极培育新型经营主体，扶持生产性服务组织，开展种苗统育统供、病虫统防统治、肥料统配统施等服务，提高生产组织化程度。要鼓励发展茶+旅游、茶+文化、茶+电商等新业态、新模式，全力促进产业融合。

（二）注重茶叶品牌创建与扶持

受宏观环境影响，当前我国茶叶市场正处于恢复调整期。相关品牌政策的制定应以市场为导向、消费者为中心、效率优先为原则，注重品牌打造，树立产业形象，提升产业竞争力，在企业品牌与区域品牌发展上下功夫、寻找平衡点，加快推动茶产业品牌向中高端迈进，推进品牌创建，鼓励各产区创建地域特色突出、产品特性鲜明的区域公用品牌，引导龙头企业创新产品、提升质量档次、塑造核心价值。

（三）为中国茶业国际化创造条件

建议国务院税则委员会增列黑茶、白茶的海关税则号列（HS编码），推动中国全茶类出口的步伐。结合茶业扶贫工作，积极发挥中西部新兴茶区的后发优势，大力推进茶叶出口基地向中西部转移。加快推进中国茶叶标准与国际接轨，提升中国茶叶种植专业化、集约化、规范化水平，通过自身发展突破绿色贸易壁垒。坚持扩大开放，搞好双边和多边茶叶经贸关系。加强出口产品宣传力度，树立“中国茶”的正面国际形象，积极开拓国际市场，扩大出口，寻找经济技术合作伙伴，向全世界营销中国茶。发挥行业社团的带头作用，组织品牌企业抱团出海，打造中国茶叶出口“新航母”，既应优势互补、发挥协同效应，又要协调竞合关系，规避内部恶性竞争，并不断增强集群品牌企业共同抵御风险的能力。

中国茶叶流通协会

淀粉加工业

淀粉加工是农产品加工的重要方面，发展淀粉加工业对推进农业产业化、发展现代农业、促进粮食增产、拉动内需、带动农民增收和改善城乡居民生活具有重要意义。2018 年，在国家政策导向及生产补贴的双重引导下，淀粉深加工产量及新增产能继续得到释放，行业竞争格局发生转变，集中度进一步提升，淀粉及深加工行业的产品品质和生产技术都有大幅提高，行业整体景气度有所提升。

一、行业概况

（一）主要经济指标

1. 总产量

2018 年，淀粉加工业继续保持快速、平稳发展。据中国淀粉工业协会年报统计，全国各类淀粉总产量为 3009. 30 万 t，同比增长 10. 02%；淀粉深加工产品总产量为 1632. 68 万 t，同比增长 12. 54%（图 1）。

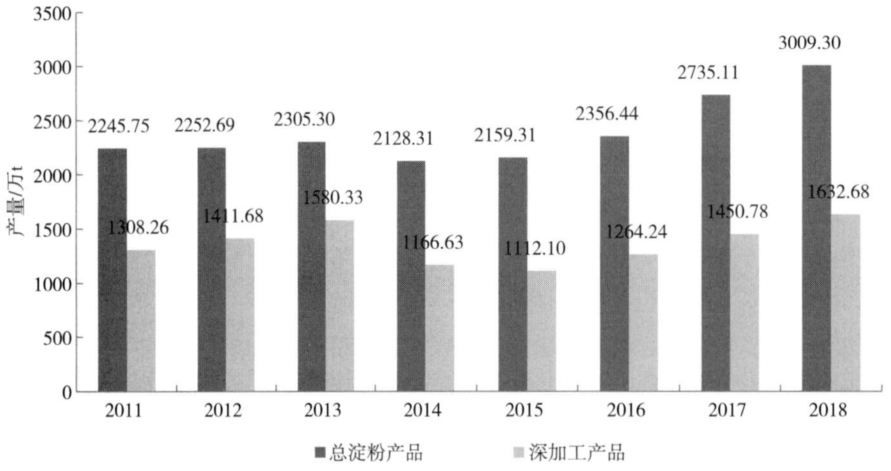

图 1　2011—2018 年中国淀粉及深加工产品产量示意图

数据来源：中国淀粉工业协会。

淀粉产品中，玉米淀粉产量 2814. 91 万 t，同比增长 8. 47%，产量占淀粉总产量的 93. 54%，；马铃薯淀粉、木薯淀粉、甘薯淀粉及小麦淀粉等产量分别为 59. 20 万 t、26. 27 万 t、25. 57 万 t 和 83. 34 万 t，其中木薯淀粉产量出现下滑，其他品种均实现快速增长。

深加工产品中，淀粉糖产量 1354. 64 万 t，同比增长 15. 39%，产量占深加工产品总产量的 82. 97%；变性淀粉产量 165. 87 万 t，同比减少 2. 74%；糖醇产量 112. 17 万 t，同比增长 9. 91%（表 1）。

表1　2018年淀粉及深加工主要产品产量

类别	产量/万t	同比增长/%
玉米淀粉	2814.91	8.47
马铃薯淀粉	59.20	10.24
木薯淀粉	26.27	-20.23
甘薯淀粉	25.57	-2.77
小麦淀粉及其他	83.34	207.55
总淀粉产品合计	3009.30	10.02
淀粉糖	1354.64	15.39
其中：F42果糖	73.18	10.26
F55果糖	377.04	14.82
麦芽糊精	86.22	-16.18
结晶糖	406.71	45.44
变性淀粉	165.87	-2.74
糖醇	112.17	9.91
其中：山梨醇（70%）	78.96	12.43
总深加工产品合计	1632.68	12.54

数据来源：中国淀粉工业协会

2. 出口量

受益于政策及成本回归优势，出口保持增长。2018年，我国淀粉产品出口贸易量保持增长。在出口退税政策鼓励下，国内玉米淀粉出口继续放量，2018年出口量增长至51.90万t，同比增长103.37%；淀粉类产品出口总量约56.41万t，同比增长89.41%。

2018年，我国淀粉深加工产品出口量为175.76万t，同比减少5.55%。主要原因是淀粉糖出口受部分国家进口政策限制影响，出口量出现大幅减少，淀粉糖出口量152.48万t，同比减少9.36%；其他深加工产品出口量大幅增长，糖醇及变性淀粉出口量增幅分别为45.71%和12.84%。

（二）行业发展分析

1. 价格

原料成本支撑，淀粉及深加工产品价格同比增长。

（1）玉米淀粉　2018年，玉米淀粉价格仍以玉米成本定价为主，伴随玉米价格的持续走高，玉米淀粉价格也基本保持上涨态势。2018年玉米淀粉价格在2100~2800元/t区间震荡上行，产区玉米淀粉平均价格2445元/t，销区价格在2641元/t左右，同比上年分别增长15.22%和14.45%。

从生产区域的价格来看，华北黄淮地区2018年玉米淀粉平均价格2445元/t，同比增长13.35%；西北地区因种植业结构调整，玉米价格持续攀升，导致玉米淀粉价格在三大主产区内最高，平均价格为2586元/t，同比增长14.60%；东北地区玉米淀粉平均价格2303元/t，近两年东北地区养殖业产能逐渐释放，饲料用玉米量增加，导致玉米价格增幅高于其他区域，同比增长17.65%（图2）。

（2）淀粉糖　因国内玉米和淀粉价格维持高位，对淀粉糖成本有一定支撑，淀粉糖价格普遍略高于2017年。其中，果葡糖浆价格走势保持相对平稳，在原料成本支撑下，价格高于2017年，稳定在2600元/t左右；麦芽糖浆价格在2150~2270元/t震荡波动，价格呈现明显的季节性变动；麦芽糊精价格在7月之后有大幅增长，主要是大厂开工不足及出口旺盛，导致国内供应不足，价格攀升，2018年麦芽糊精价格波动区间为2900~3900元/t（图3）。

（3）其他淀粉及深加工产品　其他淀粉品种价格变化特点各异。2018年，全国马铃薯淀粉产量继续保持增加，由于原料供应充足且价格低迷，马铃薯淀粉市场价格持续走低，企业出厂价格在6000元/t左右。

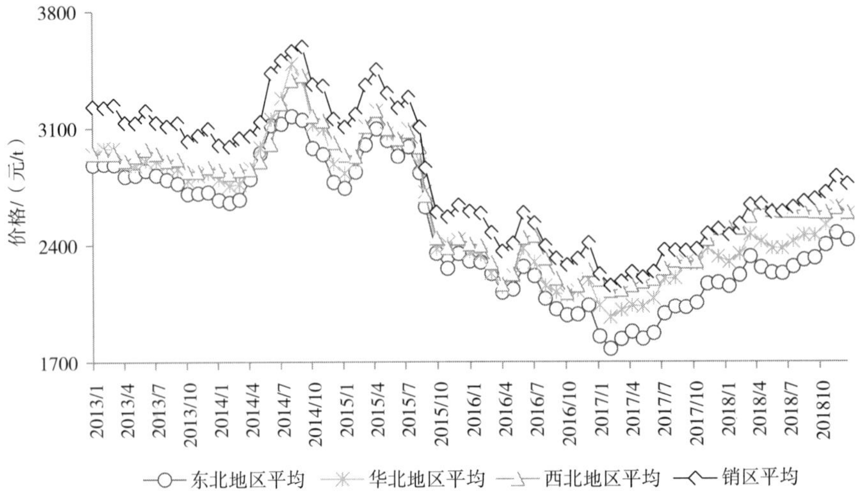

图 2　2013—2018 年中国主要区域玉米淀粉价格

数据来源：中国淀粉工业协会。

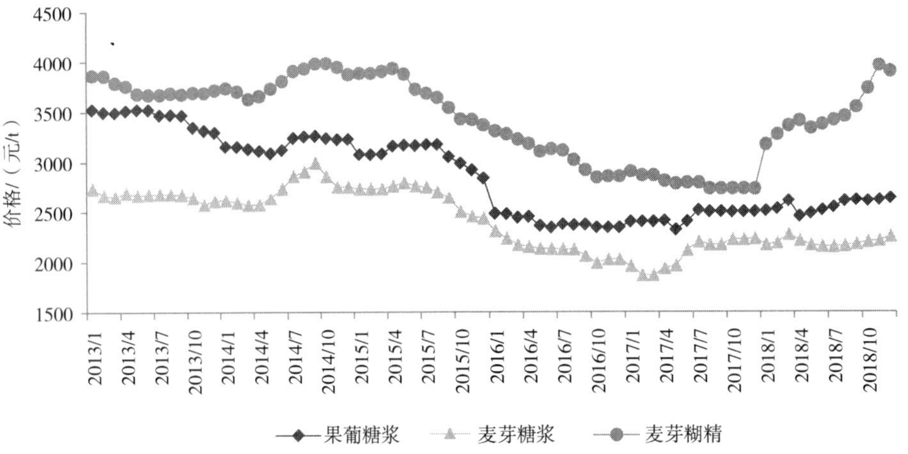

图 3　2013—2018 年中国淀粉糖主要产品价格走势

数据来源：中国淀粉工业协会。

近两年，木薯淀粉因国内木薯种植面积持续萎缩、原料紧缺而供应紧张，国产木薯淀粉价格持续上涨。2018 年，国产木薯淀粉价格持续保持高位，在 4400 元/t 左右；进口木薯淀粉价格因东南亚木薯减产整体呈增长态势，由年初的 3500 元/t 增长至 4100 元/t，后期因主产国产量恢复性增长而价格有所回落。

甘薯淀粉由于原料成本较高、环保压力加大，部分甘薯淀粉加工企业关停并转，甘薯淀粉市场供应略有减少，价格小幅上涨。2018 年甘薯淀粉平均出厂价格 7530 元/t，每吨同比上涨 300 元。

其他深加工产品，如变性淀粉因产品类别、规格、用途及品质不同，价格差异较为明显。据中国淀粉工业协会年报统计，2018 年变性淀粉销售价格在 3000～20000 元/t 不等，平均销售价格约 5733 元/t，比 2017 年减少 3.50%。糖醇生产受环保等方面压力影响，生产成本上升，2018 年销售价格普遍高于 2017 年。其中，山梨醇企业销售价格在 2850～3850 元/t。每吨价格上涨 50 元左右；甘露醇价格在 15000～20000 元/t，与 2017 年持平；

木糖醇价格在 24000～33000 元/t，每吨价格上涨 3000 元左右。

2. 市场

玉米淀粉及其制品市场供求均大幅增加。

（1）玉米淀粉　2018 年玉米深加工产能逐渐释放，与此同时，玉米深加工企业平均利润虽然低于 2017 年，但仍保持较好水平。其中，东北及华北黄淮主产区淀粉加工企业的平均收益达到 82 元/t，略低于 2017 年 100 元/t 左右的水平，但仍可支持企业开工率的继续提升。2018 年，我国玉米淀粉行业平均开工水平在 60% 以上，玉米淀粉产量达到 2814.91 万 t，较上年增加 8.47%。

消费方面，玉米淀粉是食品、化工、医药等行业的重要原料，可进一步加工生产淀粉糖、变性淀粉、味精、有机酸及化工醇等产品。其中，淀粉糖是玉米淀粉最主要的消费去向，约占玉米淀粉消费总量的 56%，其后依次是造纸约占 13%，食品加工约占 8%，啤酒、变性淀粉、化工各占 5% 左右，医药占 4%。近年来，造纸行业对玉米淀粉需求明显增长，2016—2018 年年均消费增量都超过 100 万 t。这主要是因为家电、物流行业的快速发展，对包装用纸需求快速增加；另外，东北地区玉米原料价格仍低于进口木薯价格，继续挤占木薯淀粉在造纸业的使用量。

（2）淀粉糖　2018 年淀粉糖市场产销两旺。供给方面随着新增产能的不断投产，国内淀粉糖产量保持 15% 的增长。消费方面，国内含糖食品尤其是碳酸饮料产量持续保持增长，拉动淀粉糖的消费增长。2018 年碳酸饮料产量 1744.56 万 t，同比增长 8.14%（国家统计局数据），增速高于其他含糖食品；同时，食糖与淀粉糖仍保持着 3000 元/t 左右的价差（图 4），淀粉糖成本优势明显，2018 年淀粉糖产品消费保持 18% 的增长速率。

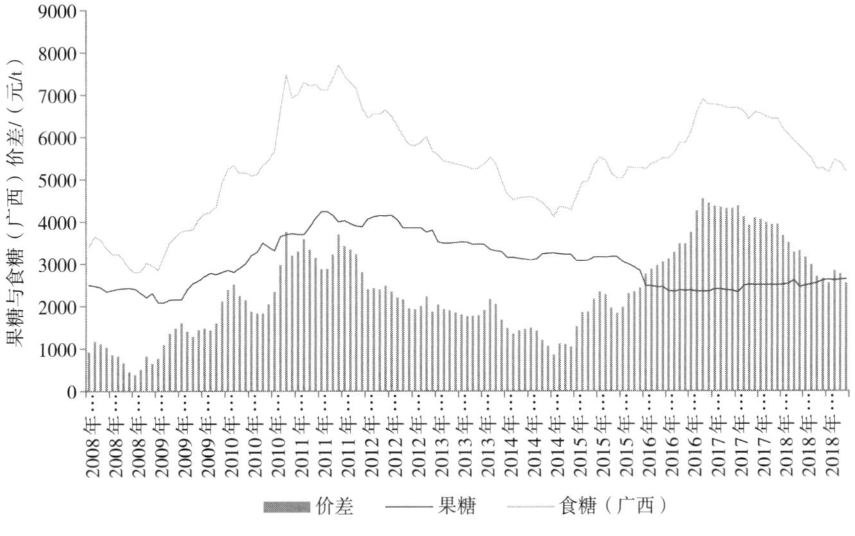

图 4　2008—2018 年中国果糖与食糖（广西）价差走势

数据来源：中国淀粉工业协会。

（3）其他淀粉及深加工产品

①马铃薯淀粉：随着环保力度的不断加大，马铃薯淀粉企业数量不断减少，部分中小企业关停并转，行业集中度进一步提升。2018 年，马铃薯淀粉产量仍保持 10% 左右的增长，产量为 59.20 万 t。因供给增加，市场消化能力增加有限，下游需求没有明显的增长。

②木薯淀粉：由于木薯种植面积不断萎缩，使得国内原料供应不断减少，近年国内

木薯淀粉产量持续下降。2018 年，国产木薯淀粉产量 26.27 万 t，同比减少 20.23%。与此同时，国内对优质木薯淀粉的需求量保持波动增长态势。我国木薯淀粉存在巨大的供应缺口，进口量逐年增加，2018 年木薯淀粉对外依存度高达 88%。进口木薯淀粉及玉米淀粉等逐渐挤压国内木薯淀粉市场，企业数量逐渐减少，国内木薯淀粉产业逐渐萎缩。

③甘薯淀粉：原料成本较高，玉米淀粉、木薯淀粉、小麦淀粉等替代品凭借价格优势抢占市场，导致甘薯淀粉消费增长动力偏弱。此外，随着新环保法实施的逐步深入，环保执法力度加强，甘薯深加工企业污水排放量大，是环保执法监控的重点行业，特别是缺乏环保处理设备的作坊式淀粉加工厂家是国家重点整治产业。2018 年，甘薯淀粉加工厂家开机率处于低位，甘薯淀粉市场供应略有减少，下游需求稳定，价格小幅上涨。

④变性淀粉：产量受原料、环保等条件限制波动变化。2018 年，变性淀粉产量为 165.87 万 t，同比减少 2.74%。变性淀粉的需求量整体上呈现增长的趋势，近七年的复合增长率约 3%。我国变性淀粉品种开发落后于欧美发达国家，在高端产品和下游多领域应用开发仍有不足，限制了对国产变性淀粉的消费。

⑤糖醇：糖醇产业保持稳定增长，2018 年全国糖醇总产量为 112.17 万 t，比 2017 年增长 9.91%。从生产来看，我国糖醇产品规模和技术已经达到世界领先水平，其中木糖醇、山梨醇产量为世界第一，合成法甘露醇产量也位于世界前列，众多产品进入国际市场，我国成为糖醇生产大国。而目前糖醇产品的国内应用仍然是以功能性为主的小产品，随着人们生活水平的提高，人们对健康食品以及功能性食品需求的增长，使我国糖醇的发展有着广阔的市场空间。

3. 投资

东北三省成为玉米淀粉及深加工投资重点区域。

近三年来，国内玉米深加工行业整体保持稳健增长的态势，玉米深加工龙头企业以及规模以上企业积极扩大产能、降低成本、改善资金与现金流管理。2018 年国内玉米深加工行业产能扩张明显，虽然开工率较 2017 年有小幅下调，但深加工玉米消费量依然呈快速上涨的趋势，其中玉米酒精和玉米淀粉增长明显，未来深加工行业产能会继续不断释放。

据不完全统计，2018 年我国新建/扩建玉米深加工产能约 1223 万 t，其中玉米淀粉及淀粉糖新建/扩建玉米加工产能总计约 615 万 t，约占新增产能的 50%。从地域分布情况来看，东北地区尤其是黑龙江省成为新的玉米淀粉及深加工投资热土，国家的补贴政策与当地政府的积极扶持政策助力了当地产业的强劲发展。2018 年东北三省新增玉米淀粉及淀粉糖加工产能约 305 万 t，占总量的 50%；其中黑龙江省新增产能高达 230 万 t，占总量的 37%。其他省区如山东、河北、内蒙古、山西和安徽新增产能分别占总量的 16%、16%、8%、5%和 5%（图 5）。

4. 区域分布

山东是淀粉及深加工产品主产区，占据半壁江山。

玉米淀粉是我国最为主要的淀粉品种，其产量占淀粉总产量的 95% 以上。玉米淀粉生产主要集中在山东、吉林、河北、黑龙江、宁夏和河南等玉米种植区，这六个省区产量占全国总产量的 90.16%（2018 年，如图 6 所示）。山东省是玉米淀粉生产大省，占全国总产量的 47.43%，因近两年国家给予东北玉米深加工企业补贴政策刺激，山东省所占份额被东三省挤占，2018 年山东省玉米淀粉所占份额较上年相比减少 2 个百分点，同期东北三省玉米淀粉产量同比增长 21.76%，占比达 25.03%，同比上年增长 2 个百分点。2019 年东北三省仍有部分新建或新增的产能即将投产，届时东北产能集中度将继续提升。

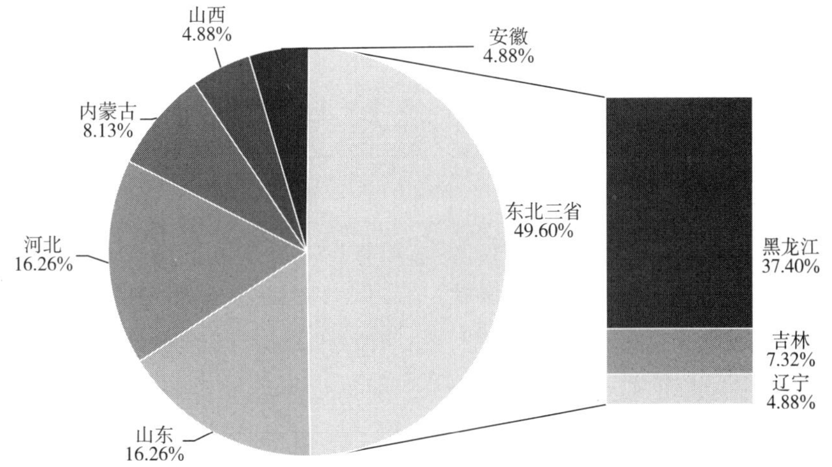

图 5　2018 年中国分区域新增玉米淀粉及深加工产能

说明：数据截至 2018 年年底已建成或投产的玉米深加工项目，为不完全统计。

数据来源：中国淀粉工业协会。

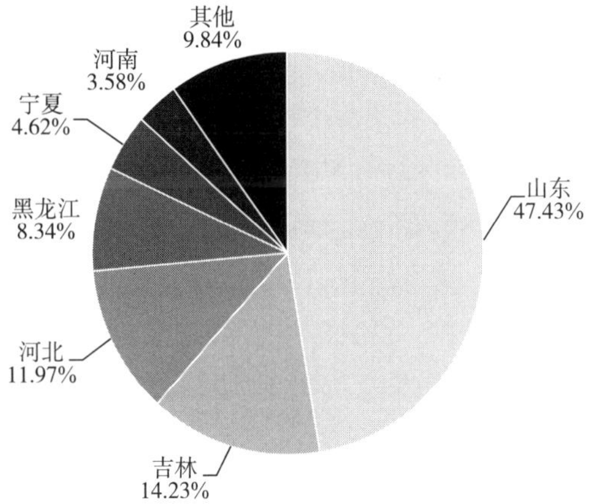

图 6　2018 年中国玉米淀粉产区分布

数据来源：中国淀粉工业协会。

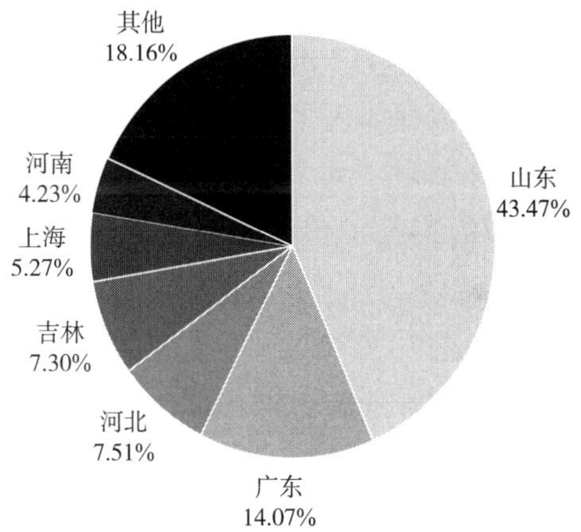

图 7　2018 年中国淀粉深加工产品产区分布

数据来源：中国淀粉工业协会。

淀粉深加工生产主要集中在山东、广东、河北、吉林、上海、河南等省市，这六省市淀粉深加工产品产量占总产量的 81.84%。其中山东省深加工产品产量占比最大，约占总产量的 43.47%（图 7），与上年同比持平。

5. 行业集中度

随着产业结构的调整，行业的不断变化，淀粉及深加工行业逐步淘汰落后产能，产业集中度普遍有所提高。2018 年，玉米淀粉加工业产量 10 万 t 以上的企业（集团）38 家，合计产量 2759.11 万 t，占全国玉米淀粉产量的 98.02%。其中，产量 100 万 t 以上的企业（集团）8 家，合计产量 1432.11 万 t，占全国总产量的 50.88%；产量 2 万 t 以上的变性淀粉企业 23 家，合计产量 143.10 万 t，占全国产量的 86.27%；产量 10 万 t 以上的淀粉糖企业 29 家，合计产量 1282.81 万 t，占全国产量的 94.70%；糖醇生产企业 10 余家，其中产量排名前三的企业占总产量的 75.91%。

6. 进出口

（1）玉米淀粉　我国是玉米淀粉的净出

口国。我国玉米淀粉进口量较少，且多为一些具有特殊用途的玉米淀粉，主要是因为国外玉米淀粉商品化率较低，多直接作为原料进一步深加工。2018 年我国进口玉米淀粉 2525.92t，比 2017 年小幅增长 222.71t。出口方面，2018 年我国玉米淀粉出口量为 51.91 万 t，比 2017 年增加 26.43 万 t，增幅 103.73%，出口量达到近十年来的最高水平，主要因为东南亚木薯产量连续两年下降，玉米淀粉需求增加；出口价格平均 362.53 美元/t，比 2017 年的 307.75 美元/t 增长 17.80%。

（2）马铃薯淀粉　中国淀粉工业协会多次组织反倾销、反补贴调查，2017 年 9 月 15 日，国务院关税税则委员会根据调查机关的建议做出决定，自 2017 年 9 月 16 日起，对原产于欧盟的进口马铃薯淀粉继续征收反补贴税，实施期限 5 年，有效降低了欧盟低价马铃薯淀粉倾销的影响，控制了马铃薯淀粉的进口数量。2018 年马铃薯淀粉进口量为 4.87 万 t，比 2017 年减少 1.36 万 t，减幅达 21.77%；平均进口价格为 842.13 美元/t，比 2016 年的 767.91 美元/t 上涨 9.67%。近年来我国马铃薯淀粉出口量相对较小，一直维持在 2000t 以下的水平，主要是因为我国马铃薯淀粉生产成本较高。

（3）木薯淀粉　我国是木薯淀粉净进口国，木薯淀粉也是我国贸易量最大的淀粉品种，且进口量呈持续增长趋势。究其原因，一方面我国木薯种植面积持续萎缩，难以满足国内市场需求；另一方面，自 2010 年起中国-东盟自由贸易区全面启动，木薯淀粉实行零关税，促使进口量持续增长。2018 年，我国木薯淀粉进口量为 200.88 万 t，比 2017 年减少 13.83%，主要是因为进口单价大幅上涨，2018 年我国木薯淀粉平均进口价格为 466.32 美元/t，比 2017 年的 329.52 美元/t 上涨 41.51%。

（4）淀粉糖　2018 年我国淀粉糖产品出口量 152.48 万 t，同比 2017 年减少 9.36%，主要是因果糖出口量减少导致。2018 年因出口量占总量一半以上的菲律宾采取限制中国果糖进口措施，导致我国果糖出口量减少 44.68%，至 30.24 万 t。葡萄糖出口 74.35 万 t，同比增长 10.30%。其他固体糖出口量 46.63 万 t，同比增长 4.54%。进口方面，淀粉糖进口总量 2.79 万 t，同比增长 22.97%。

（5）变性淀粉　我国是变性淀粉净进口国，主要是从欧美等国家进口高档变性淀粉以及从泰国、越南进口低价变性淀粉。2018 年变性淀粉进口量 41.99 万 t，同比增长 7.83%；进口单价 954.22 美元/t，同比增长 10.84%。2018 年国内变性淀粉出口价格继续回落，出口至东南亚国家和地区竞争力增强，出口量大幅增长，变性淀粉出口量 9.46 万 t，同比增长 12.82%；出口单价 855.37 美元/t，同比减少 5.66%。其中，出口至菲律宾 2.07 万 t，同比增长 321.52%。

（6）糖醇　2018 年 2 月 1 日起，国家质量监督检验检疫总局取消涉及食品添加剂的 90 个海关商品监管条件，检验检疫部门不再实施出境检验检疫，其中包括木糖醇和甘露糖醇。此项措施加快了企业出口报关速度，降低了相关费用，利于糖醇企业相关产品出口。2018 年糖醇类产品出口总量同比大幅增长 45.65%，至 13.83 万 t。其中，木糖醇和山梨醇出口量分别为 4.63 万 t 和 8.29 万 t，分别同比增长 42.66% 和 56.00%；甘露醇出口量 9051t，同比减少 2.93%。糖醇类进口总量达 2818t，比 2017 年增长 14.61%。

7. “三品”战略实施情况

2018 年在以国家可持续发展战略、五大发展理念等宏观政策的指引下，以中粮生化等为首的行业骨干和领军企业通过不断深入挖掘下游产业及客户需求，从供给端加大科技投入以提升产品的品种、品质、品牌，为行业带来新的发展驱动力。

（1）增品种　企业瞄准行业规模效益上的差异越来越小、大宗产品质量趋同、市场上对产品的个性化需求在急速增加的大趋势，针对客户差异化市场需求开拓市场应用领域，开发行业中高端客户，细化客户需求产品线，为客户提供新品种和系统化的技术解决方案，在规模和效益上实现均衡发展。

在专用淀粉方面，以应用端需求为导向，进行不同领域的细分。中粮生化陆续开发了低水分淀粉、低菌淀粉、面粉专用淀粉、饲料专用淀粉、造纸专用淀粉（表面施胶与黏合剂）、挤压专用淀粉等多个应用领域的特种淀粉，以充分满足下游不同应用领域对产品品质、工艺、成本等多方面的需求。2018 年相关产品累计实现销售 10.8 万 t，增效 1200 万元。

在淀粉糖配料方面，中粮生化形成销售、市场、生产与研发的组合式攻关团队，基于市场及客户需求，研究开发面包专用糖浆、月饼专用糖浆、植脂末专用糖浆等专用淀粉糖配料，并通过市场分析研究、应用技术开发、应用技术支持和营销策略协同的定制化解决方案模式，深挖特种糖浆在不同应用领域的功能特性，服务客户实现产品品质提升和成本降低。

生物新材料方面，近年来随着石油化纤和塑料的大规模应用，白色污染问题日趋严重，生物新材料行业正在快速发展。企业根据市场的需求和技术研发应用的不断进展，推动了乳酸、聚乳酸和生物尼龙等新材料产品的生产。目前，国内聚乳酸生产产能已超过 10 万 t，其中丰原生化 3 万 t，山东巨能金玉米 1.5 万 t 和中粮生化 1 万 t。山东巨能金玉米在生物尼龙新材料新产品的研发方面已取得突破，成功生产出了合格的生物尼龙“56 盐”产品。

（2）提品质　在产品质量上，淀粉行业注重产品质量的提升，以装备制造促进产品质量的提升。2018 年马铃薯淀粉行业生产设备及工艺技术水平有了进一步提高，特别是宁夏地区，由政府主导的淘汰落后产能工作取得了成效，目前现存企业 18 家，企业的马铃薯淀粉生产加工能力都在 1 万 t 以上，企业设备的升级为质量水平的提升奠定了基础。

2018 年以中粮生化为首的行业骨干大型企业实行订单农业，从原料的种子和种植端质量把控的源头出发，采用蜡质玉米生产出质量稳定、加工特性优异的高支链天然特种淀粉，再进一步基于客户需求深入研究其在面制品、烘焙制品、速冻食品中的应用。此外，针对聚乳酸行业一直以来存在的成本高、耐热性差等诸多限制其大量应用的技术瓶颈，中粮生化经过多年研发攻关，3 万 t/年聚乳酸聚合项目于 2018 年全面投产。该项目开发了聚乳酸聚合用高效复合稳定剂、连续聚合新装置及脱挥新工艺，制备的聚乳酸切片色值中的 b 值降低了 78.0%，分子质量多分散指数降低了 8.8%，丙交酯单体残留降低了 58.5%；实现了高品质聚乳酸切片的产业化生产，为聚乳酸下游制品的产业化生产提供了高品质原料保障。在此基础上，基于差别化、功能化聚乳酸改性技术制备的产品，如膜袋、油瓶、餐具、咖啡胶囊、酸奶杯、雪糕托盒等，部分产品聚乳酸含量达到 99%，耐热性高达 130℃，耐低温-20℃，扩宽了聚乳酸应用于高温、低温及高附加值产品的领域。

（3）创品牌　品牌建设一直受到企业的重视，把创品牌融入生产、管理、服务的每一个环节。在产品营销上，从单一只卖产品，转变成为客户提供一系列的解决方案，打造优质品牌。

马铃薯淀粉行业品牌优势明显，如华欧、北大荒、威思顿、蓝天的福景堂、云淀等中国马铃薯淀粉行业龙头企业名优品牌在高端市场占有率较高；区域性品牌也不断涌现，如东北地区的家良淀粉，华北地区的泓辉淀粉、鑫华淀粉、科鑫源淀粉，西北地区的利华淀粉、华尔晶淀粉、宏达淀粉，规模化、品牌化凸显。

2018 年，山东寿光巨能金玉米开发有限公司通过了知识产权贯标体系审核，为公司品牌建设提供了依据支持。经专家评审、技术机构测算、品牌评价发布工作委员会审定，公司品牌强度为 884.7，品牌价值为 7.44 亿元。

福洋生物通过多方面举措打造国际和国内两个品牌。一是做优技术，通过成本控制和质量提升工程树品牌，打造市场核心竞争力。二是强化知识产权保护，仅在葡萄糖酸钠领域，公司申请国家专利20 多项，其中10 余项已授权；公司在美国、日本、韩国、印度等10 多个国家申请马德里商标，打入国际市场，保护品牌，提升品牌影响力。三是强化服务铸品牌，公司提出建设包括生产、技术、品控、销售等部门在内的大服务体系，多位一体联合攻关市场、服务客户，通过强化“产品应用服务、延伸服务和增值服务”来提升品牌含金量。

8. 绿色制造、智能制造

为全面推行绿色制造，进一步整合行业资源，加强环保、工艺、设备先进技术的研究和推广，推进绿色制造标准化工作，不断推进行业创新发展，2018 年 7 月中国淀粉工业协会成立绿色制造专业委员会，同时召开了绿色制造发展论坛。论坛围绕绿色制造的发展和绿色制造的新技术、新工艺、新设备，进行了广泛的交流沟通，探讨了行业绿色发展、智能发展的瓶颈。

同年，协会与清洁生产中心共同制定了《淀粉行业绿色工厂评价要求》（T/SIACN 02—2019）的团体标准，经过立项、征求意见、修改，并通过相关专家评审，标准于 2019 年 3 月 1 日发布实施。该标准规定了淀粉行业绿色工厂评价的指标体系、程序及要求。实施绿色制造有助于在行业内树立标杆，引导和规范工厂的生产行为。该评价要求的发布，可有效解决制造业发展过程中的资源和环境问题，通过对生产过程中各环节的把控减少资源消耗，实现节能减排的目的，推动淀粉行业的可持续发展。借助《淀粉行业绿色工厂评价要求》标准，已有很多企业通过行业协会或当地政府积极申请绿色园区、绿色工厂、绿色产品的认定。

中国淀粉工业协会与中国轻工业清洁生产中心共同编制了《马铃薯淀粉工业有机肥水农田利用技术规范》（T/SIACN 01—2018）团体标准，规范了我国马铃薯淀粉加工有机肥水农田利用方式及施用量，防控还田过程对土壤、地下水、地表水、面源污染的风险，对行业可持续发展具有重要意义。

9. 包装与装备

国内大型玉米淀粉加工厂所用的通用设备为凸齿磨、针磨、胚芽分离器、除砂器、压力曲筛、重力曲筛、碟片离心机、蒸发器、挤压机、管束干燥机、板框压滤机、真空转鼓、风机、袋滤器、包装机、十二级洗涤旋流器、滚筒筛、斗提、刮板、螺旋、机泵等。在这些设备中，只有碟片离心机在调整产能、分离效率及制造材料上和国外同等设备还存在一定差距，其他设备从目前使用情况来看，国内与国外制造设备几乎没有差距。

虽然国产设备的使用效果良好，但也存在一些不足。随着国内玉米淀粉加工厂的规模不断扩大，相应设备逐渐无法匹配企业大型化、规模化生产的需求，只能通过设备的累加来达成产能的扩大，所以目前亟须大型化、智能化设备提升淀粉行业的整体加工能力。

10. 发展新亮点、新增长点

（1）散粉智能配送新模式降本增效　中

粮生化集团与广东至富实业有限公司于2018年共同推出“散粉智能配送”模式，并新建了国内首个“散粉智能配送中心”。“散粉智能配送”是从生产端到用户端采用封闭式自动装卸、智能配送的系统，该模式节省人力成本，集装箱内衬袋循环使用，可避免损失、避免安全事故及污染，大大缩短了装柜时间，每吨可节省成本百余元。按年商品淀粉物流量1600万t计算，如实现50%的需求量使用“散粉智能配送”，每年可节省上下游费用近十亿元。“散粉智能配送”改变了传统的淀粉包装配送模式，解决了多年来淀粉行业在运输过程中的包装、搬运、装卸等环节的损失和浪费，实现了淀粉行业上下游降本增效。

（2）聚乳酸全生物降解地膜推广应用　聚乳酸全生物降解地膜因在自然界中能被微生物完全分解，最终降解为水和二氧化碳回归生态圈，故可有效减少白色垃圾。2018年由中粮生化开发的聚乳酸全生物降解地膜已在黑龙江、吉林、新疆生产建设兵团成功推广大田应用2万亩。

（3）“双反”成功为国内马铃薯淀粉发展带来机遇　2019年2月1日，商务部第4号《关于对原产于欧盟的马铃薯淀粉反倾销措施期终复审裁定的公告》标志着马铃薯淀粉“双反”案六次战役取得了完全胜利。国家强有力的贸易扶持和救济措施，使进口马铃薯淀粉得到控制，极大地保护了贫困地区马铃薯产业的健康、可持续发展；同时部分高端餐饮业用的马铃薯淀粉进口受阻，给国内淀粉企业在高端产品领域发展带来机会，引领国内马铃薯淀粉产业向精深加工的方向发展。

（4）马铃薯淀粉“肥水还田”标准指导行业绿色发展　2018年9月由中国淀粉工业协会、中国轻工业清洁生产中心编制并发布了《马铃薯淀粉工业有机肥水农田综合利用技术规范》（T/SIACN 01—2018）团体标准，标志着我国马铃薯淀粉加工业“肥水还田”有了全国的标准和规范。此项标准的制定进一步规范了我国马铃薯淀粉工业有机肥水循环利用的方式及施用量，对农业面源污染、土壤污染、地下水污染进行风险防范，为马铃薯淀粉工业有机肥水还田提供依据和方向，对行业绿色、可持续发展具有重要意义。

二、行业面临的问题

（一）政策与市场

1. 农产品收购的税务问题加重企业负担

淀粉及淀粉深加工产业是以农产品为主要加工原料的，但我国特有的自给自足的小农经济导致农民用于交售的农产品数量有限，且农民自己往工厂交售农产品有诸多不便；现有的农产品加工企业大都实现了现代化、规模化生产，每天农产品的加工量达数千吨至数万吨，单纯依靠小农经济的零散交售农产品根本无法满足现代化生产和现代化物流的需求。根据《中华人民共和国增值税暂行条例》及《中华人民共和国增值税暂行条例实施细则》的规定，仅农业生产者自产自销的农产品才可免税，否则不允许企业抵扣进项税；同时，对销售者要求一户一证、一车一票，并有数量限制，否则要征收流通环节的增值税。这些政策严重影响了企业的正常经营，加重了企业的负担，造成农产品加工企业税负的不公平，已客观地反映出税收政策与市场经济发展不相适应的矛盾。

2. “薯类淀粉”认定初级加工的限制性条件不合理

我国将薯类初加工列入了农产品初加工目录，但附加了“年产量在一万吨以上”的限制性条件，在实际生产中发现，此限制条件存在诸多不合理因素。首先，农产品初级加工受气候、原料供应、资金、市场等多种因素影响，产量不稳定。如马铃薯淀粉的大型加工企业，因自然灾害严重（干旱、冻灾、晚疫病）造成原料短缺的情况，实际产量均不足万吨，产业受到灾害影响反而无法使用政策，增加了企业税负。其次，初级加工产品范围的认定应该是由农产品的加工工艺、产品性质决定的，不应由加工企业产量的大小决定。另外，因农产品企业靠天吃饭，产品产量无法稳定，也给税务部门实际执行造成困难。

3. 玉米淀粉未列入农产品初加工目录，无法享受同等税收优惠政策

玉米淀粉加工是将玉米浸泡后，经过破碎、分离、洗涤、脱水、烘干制成玉米淀粉、玉米蛋白粉、玉米胚芽、玉米纤维等产品，整个生产过程是简单的物理加工过程，与其他粮食加工产品有相似之处，属于初级农产品加工范畴。在财税〔2011〕26号《关于享受企业所得税优惠的农产品初加工有关范围的补充通知》中，本应将全部淀粉产品列入农产品初加工之中，因当时玉米加工正处于宏观调控之中，除玉米淀粉外，薯类淀粉均被列入农产品初加工目录。如今，在国家放开玉米加工行业限制、大力支持玉米加工行业发展的大环境下，应将玉米淀粉产品列入农产品初加工目录，与其他产品一样享受同等的相关优惠政策。

4. 投资新建集中上马，产能过剩日益突出

近三年来，在玉米临储政策退出、价格市场化、政府补贴及地方政府扶持政策吸引下，我国淀粉及深加工产业产能扩展迅速。据不完全统计，2017—2019年玉米淀粉新增包括计划新增产能达850万t，淀粉糖类新增产能677万t，分别占现有产量的30%和50%，而下游新领域需求和新产品开发不足，并没有明显增长。产业供给高速增长与需求平稳之间的矛盾逐渐凸显，上游原料竞争引起的高价采购和下游产品同质化竞争引起的低价销售将逐渐挤压企业的加工利润，行业可能将面临新一轮的整合。

（二）科技创新

虽然我国淀粉及深加工产业投资不断增加、规模不断扩大，但仍未改变产业大而不强的局面；相关产品产量不断增长，出口规模不断扩大，却仍然以提供初级加工产品为主，即便是出口产品也仅是为国外企业精深加工提供低附加值的原料。

淀粉产品中，除玉米淀粉深加工比例在70%左右，其他薯类淀粉仍以初加工为主，产业链短、技术滞后。小品种淀粉存在研发和科技投入不足、生产自动化程度低、加工工艺落后、能耗大、产品提取率低、环保措施不到位等问题。发展较为成熟的玉米淀粉及深加工产业也存在核心技术和关键设备依赖进口的情况。主要原因是企业的自主创新能力较弱，大中型淀粉加工企业研发经费投入较少，不能自主研发新产品；科技成果转化率低，跟不上产业发展速度；对新产品、新技术、新材料、新装备的重视程度不够。

三、发展趋势

（一）未来东北地区将成为玉米淀粉及深加工产业新的产业基地

随着国内玉米市场化的推进，依靠丰富的原料供应与储备、辽阔的土地资源、低廉的成本与能源优势，在政策补贴以及当地政府扶持政策的吸引下，越来越多的大型企业在东北地区投资建厂并逐渐投产。未来东北地区将会凭借在土地潜力、原料供给与储备、机械化程度高以及人工成本等多方面的优势，成为新的玉米深加工产业基地。

（二）延伸下游，布局全产业链将成为常态

行业内新建或筹备新建产能逐渐向下游配置，以单一布局生产淀粉的企业将逐步退出历史舞台，未来传统的淀粉产品将只占龙头企业全产品链的小部分，取而代之的是全产业链模式，越来越多的企业重视下游深加工产品的开发与生产，企业产品逐渐向类型

更为丰富、附加值更高的精深加工类产品发展。

（三）产能结构性过剩凸显，行业整合即将拉开序幕

随着新增产能超过市场需求的增长空间，淀粉加工产能过剩和原料供应紧张问题将逐渐凸显，行业运行面临原料价格上涨和产品竞争加剧的双重风险，企业亏损，行业兼并、重组、整合将拉开序幕。从企业规模来看，将淘汰一批中小规模企业（如 30 万 t/年以下），大型企业集团、单厂规模超过 300 万 t 的企业数量将增加，超 1000 万 t 级现代化企业集团将成为行业的中坚力量。

（四）环保治理为行业可持续发展提供动力

环保治理已成为行业发展的头等大事，是企业生存和发展的必要条件。2018 年 7 月西王集团有限公司获得由国家生态环境部统一编号颁发的排污许可证，这也是全国淀粉行业第一张排污许可证，标志着淀粉企业排污许可证审核和发放工作拉开了序幕，对淀粉企业排污许可证核发工作起到了引领和示范作用。全行业将积极参与到排污许可与环保治理等一系列措施中来，通过环保治理整顿企业生产秩序、促进企业提升生产工艺、改善企业生产环境，为行业健康、可持续发展提供动力。

四、政策建议

（一）新形势下与时俱进，调整加工企业农产品收购税收政策

认真研究新时代、新形势下加工企业的农产品收购政策，从政策上鼓励农产品收购中间环节的发展，改善农产品收购中间环节的发展环境，与时俱进，调整已过时的、不适应市场经济和现代化加工企业运营的相关政策规定。

（二）完善产业政策，去除对薯类淀粉规定的产量限制

农产品加工企业大多是初级加工，特别是薯类加工企业，基本靠天吃饭，产量不稳定，利润微薄。但是这些产业直接联系着三农和扶贫产业，在提高农业综合效益、增加三农收入和地方财政收入、扩大就业等方面发挥着重要作用，急需要稳定的、科学的产业政策扶持。建议完善产业政策，去除对薯类淀粉初加工认定条件中关于产量的限制，以切实保证惠企惠农政策的落实。

（三）将玉米淀粉列入农产品初加工目录

玉米淀粉是粮食深加工的基础，是众多深加工产品的原料，对引导农业结构调整、促进农民增收、农业增效、改善人民生活、推动经济发展起到了积极的作用。基于玉米淀粉产品特性和生产过程，建议将玉米淀粉加工产品列入农产品初加工目录，享受与其他农产品初加工企业相同的减、免、退税政策，从而促进玉米淀粉加工业的稳定发展。

（四）重点扶持规模企业，引领产业转型升级

在资金和政策上重点扶持现代化规模企业，树立典型企业标杆，鼓励企业在新产品、新技术、新材料、新装备等方面的研发投入，尤其是在绿色制造和智能制造等薄弱环节，鼓励加工企业不断增强自身的技术创新能力，提高产品科技含量，降低产品能耗，减少污染物排放，实现行业绿色可持续发展；对带动力大、有突出贡献的企业进行投资补贴，增强企业的科研开发力量，促进其技术改造，带动全行业的转型升级。

中国淀粉工业协会

食品装备业

2018年，中国食品工业以新动能推动的产业升级为主线，从2015—2016年的深度调整中逐步恢复，在新增投资和产线改造方面延续了2017年的发展惯性。在此背景下，中国食品装备行业2018年总体表现积极，装备产业结构性调整与食品装备新的增长点是两大亮点。

一、行业概况

整体来看，2018年我国的食品装备行业仍保持了高于食品工业平均水平的增长速度，全国规模以上食品装备企业共完成主营业务收入1184.94亿元，同比增长8.68%。其中，食品、酒、饮料及茶生产专用设备制造和商业、饮食、服务业专用设备制造两个细分领域较2017年有较大的增长，而农副食品加工专用设备制造和包装专用设备有小幅的调整。这一方面显示了自动化和智能化较高的食品加工领域正在加速推动以数字化、智能化为主要特征的产业升级，另一方面也证实了传统食品领域正在借助现代化的装备实现产业发展。

（一）主要经济指标

2018年1—12月食品装备行业主要经济效益见表1。

表1　2018年我国食品装备行业主要经济效益数据

分类名称	企业数量/个	主营业务收入/亿元	同比增长/%	利润总额/亿元	同比增长/%
食品装备行业总计	1073	1184.94	8.68	86.34	5.27
包装专用设备制造	319	310.46	6.14	23.54	1.33
食品、酒、饮料及茶生产专用设备制造	269	298.27	14.27	19.93	6.83
烟草生产专用设备制造	59	102.14	13.26	7.79	24.07
农副食品加工专用设备制造	388	430.35	5.89	32.66	4.32
商业、饮食、服务业专用设备制造	38	43.72	8.99	2.42	-5.33

（二）行业发展分析

1. 行业新增长点拉动我国食品装备行业整体增长

2018年，食品装备行业增长主要来自两方面，一是乳制品、饮料、酒类、肉类等自动化、智能化程度较高的细分领域以数字化转型和智能制造为主要推动力，以传统生产线的改造升级为主要形式，对智能装备和智能生产线的需要越来越大。从乳制品和饮料行业来看，对既有工厂和产线的升级改造占到了行业投资的 70% 左右。而这些升级改造普遍以智能化和可追溯性为目标，这就要求至少实现数字化制造，以此推动的智能化装备的新一轮创新和发展是食品装备 2018 年的重要标志特征。

细分来看，乳制品行业近年来普遍加大对低温产品的投入，在产品研发、装备等方面投入较大，并且低温产品对物流的要求较高，也推动了低温立体库、食品安全追溯、供应链体系的装备发展。可预期的是，未来五年，与低温乳制品相关的装备产品将继续保持稳定的增长。

饮料方面，一方面国内市场瓶装水继续保持稳定增长，大容量瓶装水市场继续扩大，为瓶装水相关装备提供了稳定的市场；另一方面，以 1.5L 及以上的大包装、家庭装、商务用水等为典型的产品增速很快，推动大容量灌装包装设备市场保持高速增长。此外，以植物蛋白饮料、乳酸菌饮料为代表的饮料增量市场依然有一定的增长惯性，此领域中小型加工和包装装备保持良好的增长。

中央厨房、果蔬加工、自动化酿造、精酿啤酒等领域的技术装备发展水平高于其他食品装备的发展水平，显示出这些领域正在实现快速的产业升级。其中，以餐饮行业大规模新建中央厨房工厂为主要形式，如紫燕百味鸡、海底捞等。主食产业方面正大已经深耕多年，益海嘉里正在快速布局，区域性知名企业如首农集团、湘粮集团等快速新建扩建工厂和产线为中央厨房、传统食品以及主食产业装备注入一针强心剂。

酿造设备方面，白酒和调味品的自动化智能化酿造装备经过人们一段时间的摸索，已经开始进入大规模应用阶段，尤其是以小曲清香为主的产品，从智能酿造到智能包装已经非常成熟。而以泸州老窖和五粮液为代表的浓香产品，智能化酿造也正在全面实验摸索阶段。中国主要白酒企业普遍开始了新建或者改造智能酿造工厂或者车间的步伐。

调味品方面的智能化升级主要体现在酿造和包装两个方面。2018 年调味品行业在智能包装方面的投入占比最高，其次是智能立体仓储的升级改造，这也符合调味品产业快速升级的阶段特征。

总体来看，食品装备行业以智能生产线投资和改造为主要动力，行业统计数据也印证了这一点。食品、酒、饮料及茶生产专用设备制造和商业、饮食、服务业专用设备制造两个细分领域较 2017 年有较大的增长，规模以上企业主营业务收入分别比 2017 年同比增长 14.27% 和 8.99%。从 2019 年第一季度的数据来看，这两个细分领域延续了 2018 年的增长态势。

2. 食品装备产业集中度越来越高

2018 年，食品制造业已经开始逐步摒弃低价低质的行业竞争氛围，我国食品装备行业整体提升与行业转型升级的趋势明显。在这样的行业发展背景下，食品制造业在各细分领域渐次出现由同质化的低价恶性竞争逐步转变为以技术创新、高性价比、资本密集投入为导向的错位行业竞争态势。

在以乳制品、啤酒、饮料为代表的酒类装备、乳制品装备、饮料装备、肉类加工、后端包装等细分领域已经开始出现非常明显的马太效应。即一到两家技术水平较高、市场运营和服务能力好的食品装备企业逐步扩大市场份额，成为细分领域的标杆产品，开始掌握行业的定价和标准。这是市场经济自然竞争的结果，其他企业应逐步找准自己的定位，提供更加个性化或者长尾化的产品或解决方案，才能在激烈的市场竞争中立足。

我国主营啤酒技术装备的企业数量已降到 100 家以内，企业的产品开始错位竞争，产品的技术创新逐渐向业内龙头企业聚集，在各细分领域实现了诸多创新型的上市企业，如乐惠、威海远航等在各自领域实现行业集中优势的竞争局面。饮料装备方面，随着饮料行业的不断转型升级，供给侧改革的不断深入，饮料装备以达意隆、新美星为代表的初具国际竞争力的行业优秀企业，其灌装产品、均质产品、数字化调配等整体解决方案日益科学完善。乳制品装备领域，以杭州中亚、山东碧海、上海普丽盛为代表的行业骨干企业，在酸乳制品、液态乳无菌灌装、乳酸菌饮料等领域形成了较为全面的装备供应体系；虽然在诸多高端、高速、数字化程度较高的前处理方面依然涉足不多，但是国内的企业已经开始发力，在国内加工材料、加工工艺水平、研发创新等方面不断提升的前提背景下，不断提升产品的品质，不断切分市场。白酒类装备方面，自动化、智能化酿造、白酒智能包装等细分领域正在由同质低价的恶性竞争向质量稳定、服务能力强、整线解决方案方向转变。未来，在白酒机械化、自动化、智能化不断升级的大背景下，白酒装备将逐渐呈现错位竞争，以科技创新为导向的行业竞争格局将出现，一大批缺乏核心竞争力的企业将被兼并或者在市场上消失，在白酒装备领域即将出现10亿元左右的上市公司。

未来的几年，在肉制品装备、面食机械、烘焙装备、白酒酿造及灌装、调味品等细分领域，将不断渐次出现这样的竞争态势，并以啤酒、饮料、乳制品为参考蓝本，行业的集中度将进一步提高。

3. 食品和包装机械出口

统计数据显示，2018年中国食品和包装机械出口总额117.34亿元，比上年同期增长5.15%；食品和包装机械行业整体出口总额90.88亿元，比上年同期增长21.81%；农副食品加工专用设备制造出口总额20.50亿元，比上年同期下降9.72%；商业、饮食、服务业专用设备制造出口总额5.95亿元，同比增长1.26%。

在食品和包装机械行业细分行业中，包装专用设备制造出口总额47.14亿元，比上年同期增长15.39%；食品、酒、饮料及茶生产专用设备制造出口总额42.03亿元，比上年同期增长32.25%；烟草生产专用设备制造出口总额1.72亿元，比上年同期下降13.42亿元。

从以上数据中可以看出，农副食品加工专用设备制造和烟草生产专用设备制造出口总额平均下降达11.57%，这两类设备占食品和包装机械出口总额的18.94%，比上年同期的23.92%下降4.98%。这两类设备属于农产品直接加工设备，受进口国农产品影响很大。

2018年1—12月食品和包装机械行业出口数据见表2。

表2　2018年食品和包装机械行业出口数据

分类	出口总额/亿元		同比增长/%
	2017年	2018年	
农副食品加工专用设备制造	22.70	20.50	-9.72
商业、饮食、服务业专用设备制造	5.88	5.95	1.26
包装专用设备制造	40.85	47.14	15.39
食品、酒、饮料及茶生产专用设备制造	31.78	42.03	32.25
烟草生产专用设备制造	1.98	1.72	-13.42
合计	103.19	117.34	5.15

4. “三品”战略实施情况

2018 年，食品装备企业在贯彻落实“三品”战略中更注重信息化和工业化的融合和智能制造。

杭州中亚将技术创新作为核心驱动力，重视加大科技研发投入，近三年技术研发经费占营业收入的比例均在 7% 左右。同时，2016 年、2017 年、2018 年连续三年乳品包装机械市场占有率列国内同行第一，成为引领行业发展的中国乳品包装的龙头企业。

江苏新美星作为中国食品工业智能制造试点示范企业，2018 年坚持关键共性技术的研发定位，突破一些行业共性技术瓶颈，在提高数字化、网络化和智能化水平，为高端智能制造提供坚实可靠的保障方面，在通过大数据分析实现前瞻性管理、全生命周期管理、提高工业制造效率方面都有创新研究，其无菌冷灌装技术、无臭氧矿泉水生产技术、80000 瓶/h 吹灌旋一体机、8～20L 超大瓶吹灌旋一体机、智能工厂管理系统和智能立体仓库等先进的技术和产品受到用户的欢迎。新美星在以更多创新产品和技术助力食品饮料制造企业实现效率提升、柔性生产和人员优化等需求，推动产业持续发展方面有很大进步。

泸州老窖作为一个创新型企业，非常注重大数据和智能制造，提出了要充分利用互联网，形成新发展战略的思路。2018 年，泸州老窖公司对发展战略进行了全面的总结和梳理，与装备制造企业共同研究，以破解酿造工艺工业化的技术难题。在国家科技部的支持下，泸州老窖公司建立了一个核心的数据系统，智能制造的项目已经开始全面推进。并应用大数据驱动生产，驱动与消费者的信息互通，驱动找寻消费者的需求动力，建立供给侧结构性改革下传统企业新的发展模式。

武汉奋进智能机器有限公司制造的奋进上甑机器人是聚焦传统行业应用机器人技术的典型范例，通过红外成像等技术实现轻撒匀铺、探汽压汽的工艺要求，每台机器人相当于 2～4 个劳动力，操作时间比人工快 5～8min，出酒率大幅提高。武汉奋进为白酒行业量身打造出国内第一台“工匠机器人”产品——上甑机器人，获得中国机器人设计“红星奖”，并取得了国家权威的中国机器人高技术产品认证（CR 认证）证书。上甑机器人解决了行业痛点，能代替上甑工匠实现“探汽上甑”，推动了白酒行业酿造自动化升级，实现了新旧动能转换。目前已经在劲酒、习酒、洋河、六尺巷、口子窖、劲牌、茅台、老村长、十里香、青稞等酒厂上线应用。

5. 绿色制造、智能制造

2018 年，食品装备行业企业对未来的食品工业生产将是高度自动化、信息化、智能化生产模式的集合有了更为深刻的认识。2018 年行业不少企业家走出国门，学习和了解国外绿色制造和智能制造的研究成果，感受当今世界最前沿的技术发展脉搏，取长补短。2018 年行业骨干企业重点开展了智能技术创新、质量提升和环保节能工作；从出售新设备和新生产线转到出售智能服务，提高食品装备行业的可靠性服务、运行性服务和新技术服务的水平和质量；加强食品装备与食品加工工艺的契合度。行业一线领军企业已经在研发食品机械制造数字化、模块化管控技术、食品生产整线中机器人应用技术、食品生产整线智能供应链系统、食品制造节能环保智能控制技术、食品安全的全流程追溯系统等，以满足未来工业互联网、大数据、云计算等智能化工业生产环境和高质量装备发展的需要。

（1）新零售等食品产业创新推动了食品工业数字化转型　2018 年，食品工业新零售是一个重要的行业发展方向。新零售不仅仅是一次商业模式的创新和革命，更是助推传统食品工业转型升级的历史机遇。当前，无人超市、盒马鲜生、小程序、共享经济等新概念和新模式发展迅速，传统的“制造业+”供应链模式正在快速蜕变，或者产品的生产与消费之间更为扁平化，或者通过各种互联网新技术使生产和消费之间更加信息对称，或者产品由集中生产变为分布式包装流通，或者由分散式变为集中式。总之，传统的生产与销售路径正在发生各种变化，这就为传统食品工业的转型升级提供了前所未有的战略机遇期。这就需要食品工业从工厂到消费者的所有环节都必须实现数字化管理。

（2）食品工业智能制造为食品工业数字化提供了保障　食品装备智能化水平的不断进步是支撑我国食品品质提升的重要前提。从食品工业未来发展需求的角度来看，食品装备与信息化融合成为当前推动食品工业产业转型升级的重要支撑，能推进数字化改造，加快构筑全流程、全产业链、全生命周期的工业数据链接，推动设备、生产线的自动化、数字化改造，进一步提升工业企业关键工序数控化率和数字化生产设备联网率，推动升级企业信息化系统。

当前，工业互联网、大数据以及人工智能实现了群体突破和融合应用，以新一代人工智能技术为特征的信息化开创了制造业数字化、网络化、智能化制造的新阶段。在这个新阶段，食品工业的智能制造可以归纳出三种基本范式。

一是数字化制造，是智能制造的第一种基本范式，也可以称之为第一代智能制造。20世纪下半叶以来，以数字化为主要内容的信息技术广泛应用于制造业，形成数字一代创新产品、数字化制造系统和数字化企业。

二是“互联网+”制造，实际上是“互联网+”数字化制造，是智能制造的第二种基本范式，也可以称之为第二代智能制造。互联网技术开始广泛应用，网络将人、流程、数据和事物联系起来，重塑了制造的价值链。过去几年，食品工业领域大力推进“互联网+”制造，一批数字化制造基础较好的企业实现了转变。

三是新一代智能制造，这是智能制造的第三种基本范式。新一代人工智能技术和先进制造技术的深度融合形成了新一代智能制造，这是真正意义上的智能制造，将从根本上引领和推进食品工业进入到新一轮工业革命中。

6. 发展新亮点、新增长点

（1）传统食品装备成为行业未来潜力最大的领域　2018年，我国传统食品装备行业的一大亮点是传统卤肉制品、传统焙烤食品、传统面食、中央厨房、休闲食品、调味品等众多领域的装备出现了高速甚至超高速发展，自动化甚至智能化装备包括智能酿造、智能发酵、前处理装备、智能卤制装备、炒制装备、智能烘烤装备、各种创新包装装备和包材等领域出现了超过行业平均水平的高速增长。未来，传统食品的复兴伴随着工艺标准化、装备定型化和模块化会越来越快，越来越安全，传统食品装备领域将成为一个蓝海。

从行业现状来看，我们梳理了几个细分领域。

①传统酿造领域：传统白酒的酿造方面，国内劲酒等企业在清香型白酒工艺方面已经摸索出一条智能化较高的生产技术装备体系；以南通裕盛等代表的企业在白酒自动化酿造方面已经积累了众多工艺并有技术装备创新。调味品生产方面，宁波长荣酿造等在酱油酿造领域已经取得了众多科技成果；在酱类、腐乳类的灌装方面，潍坊现代等企业已经实现了规模化应用。

精酿啤酒装备方面，我国精酿啤酒市场发展已经呈现出发展迅速的态势。目前已有嘉士伯、喜力等大品牌啤酒巨头对中国一些优质精酿品牌进行了收购，并让旗下精酿品牌进入国内市场。精酿啤酒行业的快速发展促进了精酿啤酒装备市场的逐步扩大、技术的逐步成熟。目前，宁波沪港、宁波中乳、乐惠国际等国内精酿装备企业已将产品出口至美洲、欧洲及东南亚等国家和地区。在行业增长的态势下，精酿啤酒装备的技术标准正在制定中，精酿啤酒设备质量也在提升。

随着精酿啤酒装备的发展，小型精酿工厂出现明显增长趋势。在国家有关部门在产业结构调整目录中取消“限制生产 18000 瓶/h 啤酒瓶灌装生产线”“淘汰 12000 瓶/h 以下啤酒瓶灌装生产线”的条款出台以后，未来小型工厂配套的精酿啤酒灌装生产者的制造将是行业发展的新增长点。

②肉制品领域：在传统肉制品加工领域，传统风味的腊肉、禽类肉制品的标准化、工业化生产已经形成产业规模，其中杀菌技术的不断成熟已经解决了保质期的问题，也带动了诸城等地区杀菌板块的崛起。当前亟须解决的是不规则肉制品的自动化包装，尽管我国在真空包装领域已经很成熟，但是面对不规则肉制品的自动化包装，目前还没有较为成熟的解决方案。

③面制品领域：2018 年，面食制品进行工业化生产已经形成庞大的产业规模。目前各大电商平台销售的各类型即食型和半成品型的面食产品种类繁多，各种自动化、智能化面食装备也如雨后春笋，哈尔滨金美乐、河南万杰、石家庄晓进等都是业内成熟的企业。

④烘焙制品领域：中低端的各类烘焙炉种类繁多，但行业内急需的智能化、数字化程度较高的高精度烘焙自动化产线，国内还不能形成有效的满足。

⑤调味品领域：在食品工业领域，调味品是一个种类异常繁多的细分领域，有工业化程度较高的味精、鸡精等生产线，也有大量酱类、火锅调料类的手工业作坊。随着食品消费需求的全国化和全球化，各类食品调味品也相继进入工业化生产阶段，如郫县豆瓣传统生产模式的工业化路径如何选择，四川火锅底料的中央厨房化生产，这都需要食品装备企业的技术创新。

（2）传统食品的休闲化助推食品装备创新发展　休闲食品的发展是近年来我国食品工业发展的热点，2018 年随着消费者对即食食品的需求越来越大，范围越来越广，区域性特色食品的即食化成为食品工业亟须解决的问题。食品装备行业在杀菌装备、给袋式包装机、各类型真空包装机领域出现的爆发式增长也从另一个方面印证了传统食品休闲化的行业需求。

休闲食品装备的升级换代助推了休闲食品的发展。从各类型农副产品深加工装备到烘干、均质、调配、烟熏、膨化、烘焙、腌制、挤出、杀菌、真空包装、充气包装、各类型二次包装、码垛、智能物流等技术装备都有了长足的进步。

随着传统食品的休闲化进程不断加快，对食品装备的创新也提出了越来越多要求，如工业化腌制设备的定制需求、不规则食材的自动化包装需求、各种食材的杀菌机等需求，要求食品装备行业提供更多创新的装备产品。这也给行业提供了前所未有的发展机遇，在各个细分领域深耕的企业应当抓住历史机遇，以定制化+模块化的发展思路为引导，为食品工业提供更多更好的产品和服务。

（3）食品安全技术装备稳步发展　食品工业对品质控制、在线控制、追溯等技术与设备的需求越来越大，涵盖的范围越来越广，技术等级的要求也越来越高。食品安全技术与装备领域在我国发展非常快，信息技术、激光技术、机器人技术、物联网技术等在食品安全领域的创新应用也越来越广泛。

食品安全检测大致分为两个领域：检测和追溯。其中食品安全检测包含在线检测、实验室检测和快速检测三个细分方向。

食品安全实验室检测包括重金属残留、农药残留、兽药残留、食源性致病菌、真菌毒素、违法添加非食用物质和滥用食品添加剂、包材检测等内容，主要通过色谱、质谱、光谱等实验室仪器做检测。这个领域包括实验室仪器、耗材、检测服务、规划报告等产业在内。

快速检测领域，随着快检技术的不断进步，很多传统的实验室检测技术已经大量转化为快速检测仪器，快速检测的内容基本上与实验室检测一致，只是检测的仪器便携化、快速化，但精度还有待于进一步提高。快速检测的整体市场规模在200亿元左右。

在线检测方面，通过高速相机识别、激光、X射线以及各类传感器技术的应用，对产品的内容物、外包装等进行品质分级、数据传输和分析处理等，提高了检测的效率和可靠性。目前，食品在线检测市场增长非常快，尤其在液态领域，国内明佳、浩克等企业可以提供很多技术装备。此外，发展较快的休闲食品领域也逐步开始应用在线检测仪器。

食品安全的另一大领域是食品安全追溯。由于信息技术、传感器技术、控制系统、大数据等最新技术的快速应用，使得食品安全追溯领域的发展非常快，在液态食品、生鲜、肉类、土特产等食品领域成效显著。

二、行业面临的问题

（一）缺乏对食品核心技术装备的掌握与研究

当前，与国际顶尖企业相比，我国的食品装备企业无论在规模还是在科研创新方面都存在巨大差距。当前国内的装备企业普遍处在追赶阶段，通过推出国际市场较为成熟的产品以满足中国市场的需求。在不断追赶的过程中，国际企业通过庞大的研发资金投入，在新技术创新、系统集成方面已经有了下一代产品，形成代差垄断，造成了国内高端食品装备依然需要大量进口。

究其原因，国内食品装备企业规模和研发投入相对较小，致使大量的食品装备产品仅仅停留在能仿制、能设计出产品的水平上，其结果是相同的产品与国外相比，质量、性能和可靠性都存在明显差距，也就更难谈上赶超。从根本上讲，对食品装备的研究内容分类、层次、作用及目的不明确，对许多新技术、新装备缺乏从机制和本质上深入、全面的认识，势必在市场上处于被动追赶的局面。

食品装备在很多细分领域都涉及材料、控制、加工精度、工艺等基础共性领域的瓶颈问题，这些瓶颈在短期内国内还是无法解决。

（二）食品工艺与食品装备脱节

2018年食品装备行业越来越明显的一大趋势就是食品工艺和食品装备存在脱节，究其原因，在于我们国家的食品装备从一开始就是依靠引进、消化、吸收入手，将满足食品企业生产需求作为目标，也就是说我们的装备可以用就行，对工艺的理解是从引进国外的技术装备开始的。

我们国家的食品加工工艺开始逐步转入到消化、吸收阶段，在一些领域已经开始了工艺创新，在传统食品加工包装领域也出现了很多创新的技术装备。但总体来看，我国食品装备行业中，大多数企业基本没有自己的核心研发力量。近年来，高校与科研院所在工艺方面的研究有一定的进展，但是在以体系复杂、高精度、数字化等为特点的食品加工和包装领域依然建树不多。

（三）食品装备与信息化融合发展认识不足

当前，食品装备已经开启了数字化和智能化路径，越来越多的智能终端装备应用到食品生产工业领域。互联网技术与智能装备的迅速融合正在将智能生产变为现实，而这种智能生产不仅仅体现在生产线的自动化程度，还体现在以云计算、大数据等技术为支撑的柔性生产、定制生产、智能产线。

互联网技术推动的食品工业变革还体现在生产资源要素的组织上，从生产工厂的产线组织与优化到生产物料的在线调配和在线订单采购，从底层智能装备的全生命周期管理到人力资源计划的科学调配，以指数增长的互联网技术一旦进入应用，工厂生产效率也将是指数级的提升。

食品机械的智能化为智能生产线和智能工厂提供了可能，在此基础上，诸多信息系统和应用加速部署到食品工业的生产、仓储、物流、线上线下销售等环节，信息流的高效加快了产品流和资金流循环，快速提升了从生产到消费的效率。

国内的装备企业对这一发展趋势认识不足，或者精力不够，致使国内装备企业无缘国内很多大的食品项目，或者仅仅配套一台单机。

（四）国产食品装备对能耗和效率重视不够

提高资源的综合利用率，降低资源的损失，是食品行业发展的重要方向之一。国际上，许多节能新技术得到重视和应用，在研发过程中将节能降耗技术与装备的生产性能有机结合起来，使得许多节能降耗的技术在食品生产领域应用，成为国际装备企业一个很好的竞争优势。

国内装备企业普遍意识不到，或者即使意识到，限于技术和工艺水平，现阶段也无法提升装备的能耗水平，或者是综合提升食品原料的综合利用水平。

（五）食品装备技术专业化集成能力弱

我国食品装备行业大型企业较少，技术力量缺乏。很多领域，限于对工艺的理解不深、不透，难以形成完整的工艺流程技术包，也很难出现大型的食品生产集成商。部分企业在某一领域的技术优势刚刚确立，难以形成整体优势，而大多数中小型食品装备企业又未能集中力量向专、精、深方向发展，只能作为单机配套产商。

例如，在国内乳制品领域，在前处理工艺方面，国际厂商GEA公司和SPX公司有着国内企业难以企及的整线工艺设计集成高度，所以国内大型乳制品生产线集成商几乎很难在这个领域涉足，只能在一些较小的生产线项目上做做文章。

（六）食品装备领域的研发资金投入不足

无论是产品的加工与装备还是创新开发，都需要大量资金和人才投入。我国食品装备企业规模普遍较小，2017年德国液态装备提供商克朗斯公司全球营收36.91亿欧元，约合人民币290亿元人民币，而我国最大的食品装备提供商——杭州永创智能2017年全年营收仅为13.76亿元人民币，差距之大可想而知。规模较小，利润无法保证，企业在研发方面的投入自然就较少，创新实力较弱，科研机构与食品加工产业和食品装备产业的横向联合相对较弱，长此以往，将会使国内企业与国际先进水平之间的差距越来越大。

（七）高端装备和高速产线的技术突破依然需要时间

液态食品高速灌装与贴标、乳制品的前处理工艺集成和高速无菌灌装、大型高端智能屠宰生产线、智能烘焙设备、创新的果蔬加工工艺技术等细分领域依然需要时间去突破。这里面既有技术本身的门槛和壁垒，又有食品企业客户的接受度等问题，形成的过程和解决的方法都需要时间的积累。可参照成功的细分领域如PET吹灌旋高速一体机，目前已经达到或者接近国际先进水平。

三、发展趋势

（一）食品装备单机和整线向智能化方向发展

从全球食品技术装备发展来看，无论是单机还是生产线，智能化是最明显的发展趋势。这是由未来食品消费的发展趋势所决定的。一方面，高速、智能的大规模产线是保证食品大宗产品规模化生产的要求；另一方面，柔性和个性化生产装备保证了未来食品消费个性化的需求。

其中单机智能主要体现在两个方面。一方面，单机更加智能地执行系统的命令，如以更适合的运转速度和更低的能耗达到产线的生产要求；另一方面，更加智能和全面的反馈装备本身的运行信息和易损、易耗配件的使用情况，为装备自身的生命周期管理提供了全面支持。

产线智能方面，基于对细分食品领域技术工艺的深入研究和历史数据分析，产线的智能体现在可根据系统提供的订单信息以更适合的整线运行速度来完成生产任务，此外还体现在对产线生产效率的提升和对产线能耗的降低上。

无论是单机智能还是整线智能，基础是基于信息化技术的大数据和云技术的大范围深入应用，此外，基础智能装备的物联化也是重要的推动作用。

（二）食品装备柔性制造趋势明显

随着消费者对食品产品的需求越来越个性化，全球食品装备及其产线柔性化趋势越来越明显。

例如，在2017年德国杜塞尔多夫国际包装展上，欧洲厂商就发布了基于即时印刷的个性化包装技术，可以为消费者提供个性化的食品产品。

还比如，欧洲克朗斯在几年前就发布了LineXpress技术柔性产线，可以在非常短的时间内完成一条一次性PET瓶水线或者碳酸软饮料灌装线的转换：只需10min停机时间，就可以完成一次短时间的中间冲洗，并可完成更换瓶盖颜色、商标和包装膜的工序。即使还要改变瓶型以及包装的格式和形式，生产线也能在30min中断后重新投入生产。这种顺畅的流程不仅提高了饮料生产线的生产效率，还为企业创造了更高的灵活性。通过缩短转换时间，可以更加频繁地生产小批量的同种商品。

（三）新技术应用越来越广泛而深入

基于长期在食品各细分领域加工工艺的研究，国际一流的食品技术装备提供商已经积累了庞大而复杂的工艺包或者工艺模块，通过最新的技术不断对工艺包或者工艺模块进行更新和优化，使得食品加工和食品包装技术装备源源不断地推陈出新，在使食品原料越来越多地保留原营养成分的同时，使其更加高效便捷地包装和运输。

在食品加工领域，以冷冻粉碎、冷冻浓缩、冷冻干燥及冻干技术等为代表的食品冷冻加工技术已经成为国际上主流的加工方式。其中冷冻干燥及冻干技术是在低温条件下，对湿物料冻结，再在较高真空度下加热，使固态冰升华，脱去物料中的水分。该技术加工的产品具有最大限度地保持产品原有风味、各种芳香物质损失小的特点，特别适合热敏性食品物料的干燥处理；同时，真空冷冻干燥处理的食品复水快、食用方便，可长期保存。国内已经开始用于具有高附加值食品产品的生产。

食品非热力杀菌技术：如光照杀菌、瞬时高电压脉冲杀菌、高压杀菌、超声杀菌等技术装备在国外已经开始广泛采用，国内一些装备企业已经研究并开始应用于伊利等乳制品企业。

超临界萃取技术：在发达国家，该项技术已被广泛应用于天然食用色素、香料、香精、油脂、系列添加剂、药用动植物和中草药等的萃取加工。萃取物不含有机溶剂的残留成分，保持了萃取物的天然性，不产生“三废”（废水、废气和固体废弃物）污染环境。

超声均质细化技术：传统的高压式均质

机已发展到了极限，即不可能再靠提高压力的方法来取得进一步细化物料的效果，且一味提高压力对纤维状结构和脂肪球的破碎效果不理想。

挤压熟化技术：挤压过程具有高温短时挤压熟化的特点，能连续将输送、压缩、混合、蒸煮、变性、脱水、杀菌、成型、膨化等多种操作同时完成，对食品原料进行机械和热力处理。其实，这一技术在国内早有应用，如当前发展迅速的辣条等休闲食品就是挤压熟化技术的具体应用，只是国内的挤压技术装备始终停留在经验应用阶段，还没有上升到对挤压过程工艺系统研究的阶段。国外已开始尝试采用双螺杆挤压机将酪蛋白转化为酪蛋白盐；还可用于生产氧化淀粉、交联淀粉、酯化淀粉和醚化淀粉等变性淀粉产品。

此外，超高压食品加工技术、超滤与膜分离技术、微波加热技术等也是最新的食品加工新技术、新工艺。

在食品包装领域，食品包装材料复合化是国际上重要的发展趋势，各种纸、聚乙烯膜、铝膜等材质的复合材料越来越多地满足各种食品包装要求，各种基于纸质的复合材料在食品各细分领域都有广泛应用。

包装领域的另一大发展方向就是可降解和低能耗，如PET瓶的轻量化技术，通过高速吹瓶系统的不断优化，使得每个PET瓶子的质量越来越小，并且还要满足拉伸强度、阻隔性等要求。此外，可降解材料，如纸类包装，在广泛性和深度性上都要比国内高出很多，对减少对环境的污染和降低能耗都意义重大。

从包装技术来看，食品包装装备在高速稳定性方面始终高出国产装备很多，一方面是不断有很多新材料和新技术的应用，另一方面很多关键共性基础配件的质量也存在较大差距。

（四）食品加工工艺与技术装备融合发展越来越快

由于国际主要发达国家食品来源和食品种类较为一致（亚太地区除外），食品加工工艺已经进入了种类齐全、工艺完整、装备模块化的发展阶段。工艺和装备的融合推动又加快了两者更快的发展，进一步推动了整个食品加工和包装领域形成庞大的技术和工艺壁垒，要想在这些领域追赶上世界领先水平，还需要很长时间的积累。

工艺和装备的数字化又加速了这一进程，当克朗斯和KHS联合西门子已经发布了未来液态食品智能工厂方案时，我们国内的食品装备企业还停留在努力将食品单机的性能对标到国外的中端产品，数字化无疑又拉大了原来本已缩小的差距。

从国际上来看，对食品加工工艺的理解始终是食品装备厂商最为核心的门槛，国内企业自始至终无法追赶上世界水平，最大的问题是我们始终将满足食品企业够用作为第一标准，当然这也和现在国内食品装备企业所处的发展阶段有关。

四、政策建议

（一）加大对中小食品装备企业出口产品的政策支持力度

建议统筹当前各项扶持政策，以行业协会为组织单位，抽选专家组成评审专家组，对食品装备企业真正用于补短板领域的装备研发进行直接补贴。

加大对食品装备行业中小企业“一带一路”发展的支持力度。在资金、信息、人才、配套等方面给予扶持政策。贯彻落实“一带一路”发展战略，加大食品装备产品出口力度，提高食品装备的整体实力和利润水平，逐步建立起适宜我国出口的食品机械制造体系，发挥出口食品机械物美价廉的优势，实现食品加工和机械制造的出口发展方向。

（二）更大程度发挥行业组织的作用

建议在部委出台和执行相关政策时，更多地让行业协会参与进来，对政策尤其是行业政策的科学性、有效性和前瞻性进行探讨，更有利于各项政策推出的适时性并保障行业的长远健康发展。

此外，行业组织可以更好地发挥产、学、研在关键共性食品技术装备上的协调合作作用，推动食品技术装备在基础性和前瞻性两个关键领域开展长效的工艺、技术、装备科研与应用工作。

（三）建议加大军民融合的支持力度

建议发挥食品装备企业现有的资源优势，扩大其产品服务领域。支持企业通过军民融合项目，提高企业的技术研发水平和企业实力，争取在更广范围、更高层次、更深程度上把国防和军队现代化技术与食品装备结合起来。

目前，我国军民融合的食品装备项目在军用野战饮食中已有体现，如功能性饮料、新型速食包装食品、食品保鲜技术等已经发展到很高的水平。通过技术转让、技术投入、技术合作等形式，一些军民融合企业已经在市场上获得良好的经济效益。但在食品装备的高端应用上仍缺少技术转换，如在食品装备的装箱、码垛等方面都需要工业机器人的应用，如果可以实现军转民，可大大加快国内的技术发展，提升我国食品装备技术水平的发展，带来巨大的经济效益和社会效益。

建议国家可以在政策上给予支持，在项目上给予鼓励，加快国防军工技术与食品机械现代化装备的结合，将军品创新科技转化到民品部门，增强我国食品装备的科技含量，这会给食品装备出口带来巨大的机会，也是新一轮高质量发展的强大动力。

中国食品和包装机械工业协会
中国轻工机械协会

附 录

附录一　食品行业重大法律法规和管理文件

中华人民共和国环境保护税法（主席令第六十一号）

中华人民共和国电子商务法（主席令第七号）

国务院办公厅关于推进电子商务与快递物流协同发展的意见（国办发〔2018〕1号）

国务院关于加强质量认证体系建设促进全面质量管理的意见（国发〔2018〕3号）

国务院办公厅关于推进农业高新技术产业示范区建设发展的指导意见（国办发〔2018〕4号）

国务院办公厅关于印发国务院2018年立法工作计划的通知（国办发〔2018〕14号）

国务院办公厅转发商务部等部门关于扩大进口促进对外贸易平衡发展意见的通知（国办发〔2018〕53号）

国务院办公厅关于印发完善促进消费体制机制实施方案（2018—2020年）的通知（国办发〔2018〕93号）

国务院关于印发优化口岸营商环境促进跨境贸易便利化工作方案的通知（国发〔2018〕37号）

国务院办公厅关于聚焦企业关切进一步推动优化营商环境政策落实的通知（国办发〔2018〕104号）

国务院食品安全办　农业部　食品药品监管总局关于进一步加强“双安双创”工作的意见（食安办〔2018〕3号）

国务院食品安全办关于继续做好食品保健食品欺诈和虚假宣传整治工作的通知（食安办〔2018〕7号）

国家标准委等十部门关于培育发展标准化服务业的指导意见（国标委服务联〔2018〕18号）

农业部办公厅关于印发《2018年畜牧业工作要点》的通知（农办牧〔2018〕6号）

农业部关于印发《2018年兽药质量监督抽检和风险监测计划》的通知（农医发〔2018〕3号）

农业部办公厅关于印发《农业部畜牧业统计监测工作考评暂行办法》的通知（农办牧〔2018〕8号）

农业部办公厅关于印发《畜牧业统计调查制度》的通知（农办牧〔2018〕10号）

生猪定点屠宰厂（场）应当按照国家规定的肉品品质检验规程进行检验……（中华人民共

和国农业农村部公告　第 10 号）

关于防止匈牙利非洲猪瘟传入我国的公告（海关总署　农业农村部公告 2018 年第 35 号）

关于为做好非洲猪瘟疫情防控工作，加强生猪运输车辆监管的公告（中华人民共和国农业农村部公告第 79 号）

农业农村部关于印发《非洲猪瘟疫情防控八条禁令》的通知（农牧发〔2018〕14 号）

农业农村部办公厅关于开展 2018 年全国渔业安全生产督查工作的通知（农办渔〔2018〕47 号）

农业农村部办公厅　公安部办公厅　市场监管总局办公厅关于开展打击私屠滥宰防控非洲猪瘟保证生猪产品质量安全专项治理行动的通知（农办牧〔2018〕72 号）

《关于取消不适用食糖保障措施国家（地区）名单的公告》（商务部公告 2018 年第 58 号）

商务部　发展改革委　财政部　海关总署　税务总局　市场监管总局关于完善跨境电子商务零售进口监管有关工作的通知（商财发〔2018〕486 号）

关于《出入境检验检疫机构实施检验检疫的进出境商品目录（2018 年）》调整的公告（质检总局　海关总署　联合公告 2018 年第 21 号）

关于修改《出入境检验检疫封识管理办法》附件的公告海关总署公告（海关总署公告 2018 年第 43 号）

关于《出入境口岸食品卫生监督管理规定》部分附件内容进行修改的公告（2018 年第 37 号）

供港澳活羊检验检疫管理办法（国家出入境检验检疫局令第 3 号）

关于优化出口货物检验检疫监管的公告（海关总署公告 2018 年第 89 号）

关于对 2018 年进口原产于澳大利亚的牛肉实施特殊保障措施的公告（海关总署公告 2018 年第 210 号）

关于 2019 年关税调整方案的公告（海关总署公告 2018 年第 212 号）

关于发布出入境检验检疫行业标准的公告（海关总署公告 2018 年第 216 号）

关于食品工业用酶制剂新品种果糖基转移酶（又名 β-果糖基转移酶）和食品添加剂单，双甘油脂肪酸酯等 7 种扩大使用范围的公告（2018 年第 2 号）

关于发布《食品安全国家标准　食品添加剂　聚氧丙烯甘油醚》（GB 1886.297—2018）等 27 项食品安全国家标准的公告（2018 年第 5 号）

关于（±）-1-环己基乙醇等食品添加剂新品种的公告（2018 年第 8 号）

关于黑果腺肋花楸果等 2 种新食品原料的公告（2018 年第 10 号）

质检总局关于印发 2018 年度立法工作计划的通知（国质检法〔2018〕60 号）

市场监管总局关于开展反不正当竞争执法重点行动的公告（2018 年第 4 号）

市场监管总局关于发布《食品中那非类物质的测定》食品补充检验方法的公告（2018 年第 14 号）

总局关于保健食品延续注册申请有关事项的公告（2018 年第 22 号）

工商总局等十一部门关于印发《整治虚假违法广告部际联席会议 2018 年工作要点》的通知总局关于规范保健食品功能声称标识的公告（2018 年第 23 号）

市场监管总局关于进一步加强保健食品生产经营企业电话营销行为管理的公告（2018 年

第 33 号）

国家食品药品监督管理总局关于打击食品生产销售违法犯罪的公告（2018 年第 35 号）

市场监管总局办公厅关于做好药品、医疗器械、保健食品、特殊医学用途配方食品广告审查工作的通知（市监广〔2018〕87 号）

总局关于印发 2018 年食品安全抽检计划的通知（食药监食监三〔2018〕1 号）

总局办公厅关于印发国家食品安全监督抽检实施细则（2018 年版）的通知（食药监办食监三〔2018〕14 号）

总局办公厅关于印发食品及保健食品专项抽检监测工作方案的通知（食药监办食监三〔2018〕41 号）

食品药品监管总局　公安部印发关于加大食品药品安全执法力度严格落实食品药品违法行为处罚到人的规定的通知（食药监法〔2018〕12 号）

关于印发国家食品药品监督管理总局 2018 年立法计划的通知（食药监办法〔2018〕19 号）

市场监管总局办公厅关于加强冷藏冷冻食品经营监督管理的通知（市监食经〔2018〕58 号）

市场监管总局关于加强认证检测市场监管工作的通知（国市监认证〔2018〕173 号）

市场监管总局办公厅关于开展网络餐饮服务食品安全专项检查的通知（市监食经〔2018〕63 号）

市场监管总局等部门关于印发 2018 网络市场监管专项行动（网剑行动）方案的通知（国市监食〔2018〕67 号）

市场监管总局关于加快推进食品经营许可改革工作的通知（国市监食经〔2018〕213 号）

总局办公厅关于保健食品延续注册审评期间注册证书有效期届满问题的复函（食药监办特食管函〔2018〕202 号）

国家药品监督管理局关于对食品药品投诉举报管理办法有关环节和时限认定的复函（药监办函〔2018〕32 号）

国家认监委关于发布绿色产品认证标识的公告（2018 年第 13 号）

附录二　食品标准技术规范

一、肉类加工行业

GB/T 19478—2018　《畜禽屠宰操作规程　鸡》

GB/T 19477—2018　《畜禽屠宰操作规程　牛》

GB/T 37061—2018　《畜禽肉质量分级导则》

GB/T 21171—2018　《香料香精术语》

GB/T 36392—2018　《食品包装用淋膜纸和纸板》

NY/T 3224—2018　《畜禽屠宰术语》

NY/T 3227—2018　《屠宰企业畜禽及其产品抽样操作规范》

NY/T 3225—2018　《畜禽屠宰冷库管理规范》

HJ 860. 3—2018　《排污许可证申请与核发技术规范　农副食品加工工业—屠宰及肉类加工工业》

二、水产品加工业

GB/T 21290—2018　《冻罗非鱼片》

GB/T 36395—2018　《冷冻鱼糜加工技术规范》

GB/T 36187—2018　《冷冻鱼糜》

GB/T 36192—2018　《活水产品运输技术规范》

GB/T 36193—2018　《水产品加工术语》

GB/T 35375—2017　《冻银鱼》

GB/T 34747—2017　《干海参等级规格》

SC/T 3207—2018　《干贝》

SC/T 3403—2018　《甲壳素与壳聚糖》

SC/T 3035—2018　《水产品包装、标识通则》

SC/T 3311—2018　《即食海蜇》

SC/T 3310—2018　《海参粉》

SC/T 3406—2018　《褐藻渣粉》

SC/T 3405—2018　《海藻中褐藻酸盐、甘露醇含量的测定》

SC/T 3052—2018　《干制坛紫菜加工技术规程》

SC/T 3051—2018　《盐渍海蜇加工技术规程》

SC/T 3221—2018　《蛤蜊干》
SC/T 3212—2017　《盐渍海带》
SC/T 3301—2017　《速食海带》
SC/T 3114—2017　《冻鳌虾》
SC/T 3050—2017　《干海参加工技术规范》

三、饮料工业

QB/T 5341—2018　格瓦斯发酵饮料

四、制糖工业

HJ 942—2018　《排污许可证申请与核发技术规范　总则（发布稿）》
GB/T 317—2018　《白砂糖》
GB/T 1445—2018　《绵白糖》
GB/T 10496—2018　《糖料甜菜》
GB/T 35836—2018　《甘蔗耐寒性鉴定技术规程》
GB/T 35879—2018　《甘蔗螟虫综合防治技术规程》
GB/T 35883—2018　《冰糖》
GB/T 35884—2018　《赤砂糖》
GB/T 35885—2018　《红糖》
GB/T 35886—2018　《食糖分类》
GB/T 35887—2018　《白砂糖试验方法》
GB/T 35888—2018　《方糖》
GB/T 35920—2018　《低聚糖通用技术规则》
GB/T 35998—2018　《甘蔗和蔗渣的蔗糖分、锤度及纤维分测定》
GB/T 36232—2018　《绿色工厂评价通则》

五、罐头食品制造业

GB/T 36003—2018　《镀锡或镀铬薄钢板罐头空罐》
QB/T 5261—2018　《水果饮料罐头》
QB/T 5218—2018　《罐藏食品工业术语》

六、茶加工业

序号	标准号	标准名称	标准类别
1	GB/T 23776—2018	茶叶感官审评方法	方法标准
2	GB/T 8313—2018	茶叶中茶多酚和儿茶素类含量的检测方法	方法标准
3	GB/T 35026—2018	茶叶籽油	产品标准
4	GB/Z 35045—2018	茶产业项目运营管理规范	指导规范
5	GB/T 24690—2018	袋泡茶	产品标准
6	GB/T 14456.2—2018	绿茶　第 2 部分：大叶种绿茶	产品标准
7	GB/T 21726—2018	黄茶	产品标准

续表

序号	标准号	标准名称	标准类别
8	GB/T 32719.5—2018	黑茶　第5部分：茯茶	产品标准
9	GB/T 18798.2—2018	固态速溶茶　总灰分测定	方法标准
10	GB/T 35810—2018	红茶加工技术规范	方法标准
11	GB/T 35825—2018	茶叶化学分类方法	基础标准
12	GB/T 35863—2018	乌龙茶加工技术规范	技术规范

七、淀粉加工业

序号	标准号	标准名称	发布日期	实施日期
1	GB/T 20880—2018	食用葡萄糖	2018/3/15	2018/10/1
2	GB 1353—2018	玉米	2018/7/13	2019/2/1
3	HJ 860.2—2018	排污许可证申请与核发技术规范　农副食品加工工业-淀粉工业	2018/6/30	2018/6/30
4	HJ 986—2018	排污单位自行监测技术指南　农副食品加工	2018/12/4	2019/3/1
5	HJ 996.2—2018	污染源源强核算技术指南　农副食品加工工业—淀粉工业	2018/12/25	2019/3/1
6	T/SIACN 01—2018	马铃薯淀粉工业有机肥水农田利用技术规范	2018/9/20	2018/9/20

附录三　2018 年发布的食品安全国家标准清单

序号	标准号	标准名称	标准类别
1	GB 1886.297—2018	食品安全国家标准　食品添加剂　聚氧丙烯甘油醚	食品添加剂
2	GB 1886.298—2018	食品安全国家标准　食品添加剂　聚氧丙烯氧化乙烯甘油醚	食品添加剂
3	GB 1886.299—2018	食品安全国家标准　食品添加剂　冰结构蛋白	食品添加剂
4	GB 1886.300—2018	食品安全国家标准　食品添加剂　离子交换树脂	食品添加剂
5	GB 1886.301—2018	食品安全国家标准　食品添加剂　半乳甘露聚糖	食品添加剂
6	GB 1903.28—2018	食品安全国家标准　食品营养强化剂　硒蛋白	食品营养强化剂
7	GB 1903.29—2018	食品安全国家标准　食品营养强化剂　葡萄糖酸镁	食品营养强化剂
8	GB 1903.31—2018	食品安全国家标准　食品营养强化剂　醋酸视黄酯（醋酸维生素 A）	食品营养强化剂
9	GB 1903.32—2018	食品安全国家标准　食品营养强化剂　D-泛酸钠	食品营养强化剂
10	GB 1903.34—2018	食品安全国家标准　食品营养强化剂　氯化锌	食品营养强化剂
11	GB 1903.35—2018	食品安全国家标准　食品营养强化剂　乙酸锌	食品营养强化剂
12	GB 1903.36—2018	食品安全国家标准　食品营养强化剂　氯化胆碱	食品营养强化剂
13	GB 1903.37—2018	食品安全国家标准　食品营养强化剂　柠檬酸铁	食品营养强化剂
14	GB 1903.38—2018	食品安全国家标准　食品营养强化剂　琥珀酸亚铁	食品营养强化剂
15	GB 1903.39—2018	食品安全国家标准　食品营养强化剂　海藻碘	食品营养强化剂
16	GB 1903.41—2018	食品安全国家标准　食品营养强化剂　葡萄糖酸钾	食品营养强化剂
17	GB 31645—2018	食品安全国家标准　胶原蛋白肽	食品产品
18	GB 31644—2018	食品安全国家标准　复合调味料	食品产品
19	GB 31646—2018	食品安全国家标准　速冻食品生产和经营卫生规范	生产经营规范
20	GB 31647—2018	食品安全国家标准　食品添加剂生产通用卫生规范	生产经营规范

续表

序号	标准号	标准名称	标准类别
21	GB 2716—2018	食品安全国家标准　植物油	食品产品 代替 GB 2716—2005《食用植物油卫生标准》、GB 7102.1—2003《食用植物油煎炸过程中的卫生标准》
22	GB 8537—2018	食品安全国家标准　饮用天然矿泉水	食品产品 代替 GB 8537—2008《饮用天然矿泉水》
23	GB 2717—2018	食品安全国家标准　酱油	食品产品 代替 GB 2717—2003《酱油卫生标准》
24	GB 2719—2018	食品安全国家标准　食醋	食品产品 代替 GB 2719—2003《食醋卫生标准》及第 1 号修改单
25	GB 25595—2018	食品安全国家标准　乳糖	食品产品 代替 GB 25595—2010《食品安全国家标准　乳糖》
26	GB 19304—2018	食品安全国家标准　包装饮用水生产卫生规范	生产经营规范 代替 GB 19304—2003《定型包装饮用水企业生产卫生规范》和 GB 16330—1996《饮用天然矿泉水厂卫生规范》
27	GB 8953—2018	食品安全国家标准　酱油生产卫生规范	生产经营规范 代替 GB 8953—1988《酱油厂卫生规范》
28	GB 2763.1—2018	食品安全国家标准　食品中百草枯等 43 种农药最大残留限量	通用标准
29	GB 23200.115—2018	食品安全国家标准　鸡蛋中氟虫腈及其代谢物残留量的测定　液相色谱-质谱联用法	农兽残检验方法
30	GB 23200.114—2018	食品安全国家标准　植物源性食品中灭瘟素残留量的测定　液相色谱-质谱联用法	农兽残检验方法

续表

序号	标准号	标准名称	标准类别
31	GB 23200.113—2018	食品安全国家标准　植物源性食品中208种农药及其代谢物残留量的测定　气相色谱-质谱联用法	农兽残检验方法
32	GB 23200.112—2018	食品安全国家标准　植物源性食品中9种氨基甲酸酯类农药及其代谢物残留量的测定　液相色谱-柱后衍生法	农兽残检验方法
33	GB 23200.111—2018	食品安全国家标准　植物源性食品中唑嘧磺草胺残留量的测定　液相色谱-质谱联用法	农兽残检验方法
34	GB 23200.110—2018	食品安全国家标准　植物源性食品中氯吡脲残留量的测定　液相色谱-质谱联用法	农兽残检验方法
35	GB 23200.109—2018	食品安全国家标准　植物源性食品中二氯吡啶酸残留量的测定　液相色谱-质谱联用法	农兽残检验方法
36	GB 23200.108—2018	食品安全国家标准　植物源性食品中草铵膦残留量的测定　液相色谱-质谱联用法	农兽残检验方法

附录四　2018年食品工业统计数据

表1　2018年食品工业经济效益指标和投资情况

行业	主营业务收入/亿元	同比增长/%	利润总额/亿元	同比增长/%	主营业务收入利润率/%	成本费用利润率/%	投资同比增长/%
食品工业总计	80903.1	5.3	5770.9	10.8	7.1	7.7	—
农副食品加工业	47263.1	3.6	2124.4	5.6	4.5	4.7	0
食品制造业	18348.2	7.3	1552.2	6.1	8.5	9.2	3.8
酒、饮料和精制茶制造业	15291.9	8.7	2094.3	20.8	13.7	16.6	-6.8

表2　2018年食品工业主要产品产量

产品名称	产量	同比增长/%
小麦粉/万t	8874.96	-0.82
大米/万t	9784.36	4.08
精制食用植物油/万t	5066.00	4.18
成品糖/万t	1553.99	10.94
鲜、冷藏肉/万t	2729.32	1.28
冷冻水产品/万t	663.53	-0.28
糖果/万t	288.34	5.86
速冻米面食品/万t	310.16	7.23
方便面/万t	699.48	4.19
乳制品/万t	2687.10	4.43
液体乳/万t	2505.59	4.34
乳粉/万t	96.80	-0.74
罐头/万t	1027.99	-0.07
酱油/万t	575.65	4.30
冷冻饮品/万t	239.54	-16.05
发酵酒精（折96度，商品量）/万kL	646.63	3.24

续表

产品名称	产量	同比增长/%
白酒（折 65 度，商品量）/万 kL	871.20	3.14
啤酒/万 kL	3812.24	0.50
葡萄酒/万 kL	62.91	-7.36
碳酸型饮料（汽水）/万 t	1744.56	8.14
包装饮用水/万 t	8282.19	9.48
果汁和蔬菜汁类饮料/万 t	1589.22	-2.51
精制茶/万 t	223.00	1.12

表 3　2018 年食品工业主营业务收入及其地位与其他行业的比较

行业	主营业务收入/亿元	占比/%
总计	1022241.1	100
煤炭开采和洗选业	22660.3	2.2
石油和天然气开采业	8436.6	0.8
黑色金属矿采选业	3276.3	0.3
有色金属矿采选业	3682.7	0.4
非金属矿采选业	3383.2	0.3
开采辅助活动	1741.9	0.2
其他采矿业	30.8	0.0
食品工业	80903.1	7.9
烟草制品业	9291.2	0.9
纺织业	27242.3	2.7
纺织服装、服饰业	17106.6	1.7
皮革、毛皮、羽毛及其制品和制鞋业	12092.5	1.2
木材加工和木、竹、藤、棕、草制品业	9165.4	0.9
家具制造业	7011.9	0.7
造纸和纸制品业	13727.9	1.3
印刷和记录媒介复制业	6386.7	0.6
文教、工美、体育和娱乐用品制造业	13315.9	1.3
石油加工、炼焦和核燃料加工业	46296.9	4.5
化学原料和化学制品制造业	70147.5	6.9
医药制造业	23986.3	2.3
化学纤维制造业	7989.6	0.8
橡胶和塑料制品业	24427.1	2.4

续表

行业	主营业务收入/亿元	占比/%
非金属矿物制品业	48445.8	4.7
黑色金属冶炼和压延加工业	64006.5	6.3
有色金属冶炼和压延加工业	49996.6	4.9
金属制品业	33681.5	3.3
通用设备制造业	37688.9	3.7
专用设备制造业	29126.8	2.8
汽车制造业	80484.6	7.9
铁路、船舶、航空航天和其他运输设备制造业	11661.2	1.1
电气机械和器材制造业	62675.5	6.1
计算机、通信和其他电子设备制造业	105966.2	10.4
仪器仪表制造业	8091.6	0.8
其他制造业	1665.1	0.2
废弃资源综合利用业	4047.4	0.4
金属制品、机械和设备修理业	1087.6	0.1
电力、热力生产和供应业	61568.8	6.0
燃气生产和供应业	7271.2	0.7
水的生产和供应业	2473.3	0.2

表 4　2018 年食品工业各行业构成情况

行业	主营业务收入/亿元	同比增长/%	占比/%	利润总额/亿元	同比增长/%	占比/%
食品工业总计	80903.1	5.3	100	5770.9	10.8	100.0
农副食品加工业	47263.1	3.6	58.4	2124.4	5.6	36.8
稻谷加工	5460.0	3.5	6.7	243.3	11.3	4.2
小麦加工	2751.9	0.7	3.4	130.8	10.3	2.3
玉米加工	74.3	46.4	0.1	3.6	66.8	0.1
杂粮加工	122.0	-0.1	0.2	5.4	-6.2	0.1
其他谷物磨制	276.9	7.1	0.3	8.2	-12.5	0.1
宠物饲料加工	671.0	7.3	0.8	44.1	24.5	0.8
其他饲料加工	8734.2	4.2	10.8	397.7	4.5	6.9
食用植物油加工	7279.6	-0.6	9.0	250.4	21.1	4.3
非食用植物油加工	160.6	1.1	0.2	4.2	-12.2	0.1
制糖业	1150.7	6.5	1.4	55.7	-49.9	1.0

续表

行业	主营业务收入/亿元	同比增长/%	占比/%	利润总额/亿元	同比增长/%	占比/%
牲畜屠宰	3434.3	4.6	4.2	132.2	10.9	2.3
禽类屠宰	2236.8	11.1	2.8	58.8	26.4	1.0
肉制品及副产品加工	3718.8	5.3	4.6	224.5	10.4	3.9
水产品冷冻加工	2433.5	0.7	3.0	116.2	4.7	2.0
鱼糜制品及水产品干腌制加工	580.9	7.5	0.7	27.6	-2.8	0.5
鱼油提取及制品制造	35.0	-2.0	0.0	1.6	6.6	0.0
其他水产品加工	155.8	9.6	0.2	9.8	9.9	0.2
蔬菜加工	2340.8	1.9	2.9	138.1	3.0	2.4
食用菌加工	401.3	14.3	0.5	22.7	-4.2	0.4
水果和坚果加工	1252.7	0.5	1.5	73.2	-8.6	1.3
淀粉及淀粉制品制造	1974.1	4.8	2.4	58.4	-0.3	1.0
豆制品制造	722.7	9.9	0.9	42.5	11.6	0.7
蛋品加工	258.8	12.9	0.3	13.5	9.3	0.2
其他未列明农副食品加工	1036.3	4.9	1.3	61.6	16.9	1.1
食品制造业	18348.2	7.3	22.7	1552.2	6.1	26.9
糕点、面包制造	1139.7	8.9	1.4	132.1	9.0	2.3
饼干及其他焙烤食品制造	1294.9	6.5	1.6	103.9	21.1	1.8
糖果、巧克力制造	1242.8	11.3	1.5	110.3	14.6	1.9
蜜饯制作	376.4	-8.0	0.5	31.0	-3.9	0.5
米、面制品制造	896.6	5.3	1.1	47.4	5.4	0.8
速冻食品制造	736.0	5.2	0.9	47.6	24.9	0.8
方便面制造	810.7	7.0	1.0	86.4	27.4	1.5
其他方便食品制造	496.7	2.1	0.6	32.6	-9.8	0.6
液体乳制造	2721.4	9.1	3.4	183.0	-7.9	3.2
乳粉制造	514.1	18.6	0.6	37.4	39.5	0.6
其他乳制品制造	163.4	14.3	0.2	10.1	23.6	0.2
肉、禽类罐头制造	285.4	7.7	0.4	17.0	26.0	0.3
水产品罐头制造	95.3	6.1	0.1	6.6	18.9	0.1
蔬菜、水果罐头制造	903.6	3.0	1.1	44.1	-7.8	0.8
其他罐头食品制造	104.8	11.2	0.1	9.3	21.9	0.2
味精制造	386.3	7.4	0.5	35.8	-7.9	0.6
酱油、食醋及类似制品制造	725.1	5.2	0.9	99.8	12.3	1.7

续表

行业	主营业务收入/亿元	同比增长/%	占比/%	利润总额/亿元	同比增长/%	占比/%
其他调味品、发酵制品制造	1284.5	9.6	1.6	108.9	-3.4	1.9
营养食品制造	546.1	3.4	0.7	59.6	2.0	1.0
保健食品制造	787.5	9.1	1.0	139.0	10.5	2.4
冷冻饮品及食用冰制造	272.9	-1.7	0.3	16.7	6.9	0.3
盐加工	174.1	-0.4	0.2	15.0	8.8	0.3
食品及饲料添加剂制造	1543.0	5.3	1.9	104.9	-10.4	1.8
其他未列明食品制造	846.7	14.5	1.0	73.7	20.2	1.3
酒、饮料和精制茶制造业	15291.9	8.7	18.9	2094.3	20.8	36.3
酒精制造	512.8	13.6	0.6	10.8	-50.8	0.2
白酒制造	5363.8	12.9	6.6	1250.5	30.0	21.7
啤酒制造	1474.5	7.1	1.8	121.8	5.6	2.1
黄酒制造	167.5	5.4	0.2	17.2	-7.2	0.3
葡萄酒制造	288.5	-9.5	0.4	30.6	-9.5	0.5
其他酒制造	315.6	0.8	0.4	45.5	14.5	0.8
碳酸饮料制造	728.3	10.7	0.9	38.3	19.6	0.7
瓶（罐）装饮用水制造	1020.9	9.2	1.3	81.9	1.4	1.4
果菜汁及果菜汁饮料制造	788.3	6.3	1.0	55.4	7.5	1.0
含乳饮料和植物蛋白饮料制造	978.3	3.6	1.2	116.7	5.1	2.0
固体饮料制造	618.8	7.0	0.8	45.1	9.0	0.8
茶饮料及其他饮料制造	945.8	3.7	1.2	113.4	47.3	2.0
精制茶加工	2088.7	8.3	2.6	167.1	12.5	2.9

附录五　参与编写单位简介

中国食品科学技术学会

中国食品科学技术学会（Chinese Institute of Food Science and Technology）是中国食品科技工作者的学术性群众团体，是中国科学技术协会的组成部分。

历史

中国食品科学技术学会于1980年11月成立。1984年9月以有代表性的全国性学会名义参加国际食品科学技术联盟（IUFoST），成为正式成员，为中国食品科技界在国际食品科学技术联盟中的唯一代表。

活动

中国食品科学技术学会作为国家食品科技界的唯一代表，参与组织有关中国食品工业与科技发展的政府决策咨询、科技评价、科技奖励等工作，同时深度参与中国食品安全的风险评估与风险交流，是食品科技学术交流的主渠道；食品科普工作的主力军；民间食品国际交流的主要代表。目前下设20个分会、5个工作委员会，对分布于全国各省（自治区、直辖市）的地方学会具有业务上的指导关系。

出版物

中国食品科学技术学会编辑出版《中国食品学报》，合作编辑出版《中外食品》《食品与机械》等。受工业和信息化部消费品工业司委托，按年度牵头组织出版《食品工业发展报告》。

秘书处联系方式

地址：北京市海淀区阜成路北三街8号9层

电话：010-65265375，65265376

电子邮箱：cifst@ vip.126.com

网址：http://www.cifst.org.cn

中轻食品工业管理中心

中心概况

中轻食品工业管理中心是经中央机构编制委员会批准，于2001年成立的事业单位（简称食品中心）。食品中心的主要职能是配合政府部门开展食品行业管理、协调和服务工作，即组织制定食品工业的产业规划、开展食品工业管理基础工作，对各食品行业协会工作进行规范和指导；为协会服务，研究和协调解决协会工作中的共性问题。中国轻工业联合会代管中轻食品工业管理中心。

组织机构

根据工作需要，食品中心共设立办公室（行政人事、财务）、生产科技处、行业管理处、咨询服务处、食品企业融资服务办公室和食品企业电商服务办公室等。除直属处（室）之外，食品中心还负责联络八个食品行业协会、一个学会和八个食品标准化技术委员会。

八个食品行业协会包括：中国酒业协会、中国糖业协会、中国生物发酵产业协会、中国食品添加剂和配料协会、中国焙烤食品糖制品工业协会、中国罐头工业协会、中国乳制品工业协会、中国饮料工业协会。

一个学会：中国食品科学技术学会。

八个食品标准化技术委员会包括：全国食品工业标准化技术委员会（TC64）、全国食品标签标准化技术委员会（TC473）、全国酿酒标准化技术委员会（TC471）、全国白酒标准化技术委员会（TC358）、全国制糖标准化技术委员会（TC373）、全国饮料标准化技术委员会（TC275）、全国乳制品标准化技术委员会、中国焙烤食品糖制品工业协会法规与技术委员会。

业务范围

1. 组织提出食品行业发展规划和相关政策、法规建议；开展食品行业信息统计，收集、调查、分析和发布行业信息，实行行业指导，为食品企业服务。

2. 接受委托参与制定、修订食品行业的有关国家标准、行业标准和行业管理规范以及产品生产许可证、质量认证和环境认证方面的工作；组织食品企业贯彻、实施标准和管理规范，配合有关部门对执行情况进行监督检查。

3. 接受委托为食品企业发展、重组和兼并提供投融资服务。

4. 开展食品行业特色区域和产业集群共建活动。

5. 组织食品企业负责人培训。

6. 开展国际经济技术合作与交流活动，组织食品行业的国内外专业展览会、订货会，参与培育国内市场。

7. 发布食品行业产品质量信息，推荐行业名优、新特产品。

8. 承担各食品行业协会外事工作的综合、初审和申报工作。

9. 接受委托组织对食品行业重大项目进行评审和推荐，对食品行业新技术、新产品进行鉴定。

10. 接受委托承办专家选拔、推荐和专业技术职称、工人技术等级以及其他职业资格的考核评审工作。

11. 完成有关部门交办的其他工作。

网址：www. nfmccli. org
电话：010-68396507
传真：010-68396507
邮箱：manage@ nfmccli. org
地址：北京市西城区阜外大街乙 22 号
邮编：100833

中国食品工业协会

中国食品工业协会，简称中国食协，英文名称 China National Food Industry Association，缩写为 CNFIA，是经国务院批准于 1981 年 10 月 29 日成立的全国食品工业的自律性行业管理组织。主要职能和任务综合为：统筹、规划、协调、指导、服务。多年来，中国食协密切联系食品工业企业，在推动我国食品工业持续、稳定、协调发展等方面做了大量卓有成效的工作。

中国食品工业协会的最高权力机构为会员代表大会，其日常执行机构为理事会。

主要工作

(一) 履行统筹、规划职能

(二) 发布运行信息，引导行业发展

(三) 推动食品工业科技进步

(四) 与地方政府合作共建，推动食品工业特色园区发展

(五) 努力抓好产品质量和食品安全

(六) 参与食品安全法律法规和标准体系建设

(七) 健全行业规范，加强行业自律

网址：http://www.cnfia.cn

电话：010-63265394　63315494

地址：北京市丰台区太平桥东里 5 号

邮编：100073

中国食品发酵工业研究院

中国食品发酵工业研究院（以下简称研究院）成立于1955年，为世界500强企业——中国保利集团所属中国轻工集团全资子公司，是我国食品行业历史最悠久、规模最大、综合实力最强的国家级国有研究机构，1999年转制为中央直属十二家大型科技型企业之一，2017年12月完成公司制改制。拥有国家一级学科硕士学位授予点和博士后工作站，是国家高新技术企业和创新型试点企业。

研究院现有员工258人，其中研究生及以上学历人员153人，占员工总数的59.3%；高级专业技术职称以上人员97人，占员工总数的37.6%。设有食品工程、发酵工程、传统发酵（酿酒）工程、食品质量安全检测、食品质量安全与快检技术、标准信息、国际合作和功能肽产业化8个研发部、特殊医学配方食品研发中心和信息中心2个中心以及5个职能管理部门，拥有14个国家或省部级科技创新基地、3家全资子公司，业务范围涵盖食品安全检测与诚信保障、食品技术研发与产品创新、国际交流培训与贸易和行业战略研究与信息等领域。

建院以来，研究院共完成国家、省部级项目1000余项，荣获国家、省部级科技奖240余项，获得国家和国际发明专利授权160余项，制订国家和行业标准700余项。作为我国食品行业综合实力最强的技术研发基地，研究院积极围绕食品新资源和功能性配料开发应用、食品工业微生物资源利用、传统酿造工程技术、食品安全保障技术和标准化技术等重要领域，开展科研攻关、产学研合作、国际合作、科研成果转化和产业化，在行业共性技术和关键性技术集成创新、成果工程化方面优势突出；在传统食品发酵与代谢调控、食源性功能肽开发、传统白酒色谱指纹图谱分析和食品真实性鉴伪、食品工业微生物资源利用、传统酿造工程技术、食品新资源和功能性配料开发、食品安全保障技术和标准化技术等领域居国内领先地位；在国家食品安全预警和突发事件处置、食品市场准入和食品标准制订等方面发挥了重要的作用，拥有不可替代的行业影响力。

研究院将秉承“创新发展、服务行业”的理念，建设国内领先、国际同步的应用型研究开发机构，为行业发展提供全产业链的技术支撑和解决方案。

网址：www.cnif.cn
电话：010-53218288
传真：010-53218297
邮箱：office@ cnif. cn　ffkj@ cnif. cn
地址：北京市朝阳区酒仙桥中路24号院6号楼
邮编：100015

中国电子信息产业发展研究院

中国电子信息产业发展研究院（赛迪工业和信息化研究院），是直属于国家工业和信息化部的一类科研事业单位。成立二十多年来，一直致力于面向政府、面向企业、面向社会提供媒体传播、研究咨询、评测认证与技术研发等专业服务。形成了政府决策与软科学研究、传媒与网络服务、咨询与外包服务、评测与认证服务、软件开发与信息技术服务五业并举发展的业务格局。

赛迪工业和信息化研究院总部设在北京，并在上海、重庆、广州、深圳等地设有分支机构。现有员工2000余人，其中各类专业技术人员1200余人（含高级职称人员110人）。

赛迪工业和信息化研究院旗下的赛迪智库贯彻“面向政府，服务决策”的宗旨，围绕工业化和信息化领域的热点、难点和重点问题，开展基础研究、预先研究和对策研究，致力于为政府提供高水平决策咨询服务。赛迪智库下属消费品工业研究所成立于2011年，是专业从事消费品行业重点、热点问题研究的智库型研究机构。研究所依托政府及行业资源，以开展前瞻性、战略性、综合性研究为目标，以扎实的行业研究能力为基础，以强大的媒体平台和丰富的数据来源为支撑，凭借实践经验丰富的研究团队，致力于为中央及地方政府部门提供有关行业发展的政策建议，为行业协会和消费品生产企业提供相关发展战略、规划服务等，研究领域覆盖食品、医药、轻工、纺织的多个行业。消费品工业研究所以业界资深专家为顾问，研究人员多数拥有博士及以上学历，专业涉及产业经济学、管理科学与工程、国际贸易、技术经济、纺织工程等领域，形成了一支实力雄厚、实践经验丰富的研究队伍。目前，研究所承担并完成了多项重大项目，为政府部门建言献策、为消费品企业出谋划策。

网址：www.ccidgroup.com
电话：010-88558855
传真：010-88558833
地址：北京市海淀区紫竹院路66号
邮编：100048

中国肉类协会

中国肉类协会是经中华人民共和国民政部批准注册登记的全国性肉类生产流通行业社团组织。英文译名 CHINA MEAT ASSOCIATION，缩写 CMA。

中国肉类协会成立于 1992 年 5 月，是由中华人民共和国境内与肉类生产经营相关的企业组织、事业单位、社会团体和个人自愿结成的全国性、行业性、非营利性社会组织。协会会员涵盖全国畜牧养殖、畜禽屠宰、肉类加工、冷链物流、肉食销售，以及机械装备、肉食配料、包装物料等全产业链各个环节。2014 年，中国肉类协会被世界肉类组织推选为副主席单位。2018 年，再次当选副主席单位。

中国肉类协会宗旨：为全体会员服务，为行业发展服务，为满足人民群众肉食消费需求服务。

中国肉类协会业务范围：参与行业治理；反映行业诉求；加强行业建设；组织行业交流；提供行业服务；协调行业关系；促进行业发展；维护会员权益；建设行业文明；保障肉食安全。

中国肉类协会下设 16 个分支机构。

12 个分会：猪业分会、牛羊业分会、禽（蛋）业分会、天然肠衣分会、机械装备分会、包装分会、肉类食品配料分会、冷链物流分会、休闲肉制品分会、发酵火腿分会、进出口商分会、牛人俱乐部分会。

3 个工作委员会：投诉调处工作委员会、食品安全工作委员会、行业信用体系建设工作委员会。

1 个专业委员会：科技与标准化工作委员会。

中国肉类协会下设 9 个职能部门：

秘书处办公室、产业政策研究室、会员部、国际交流部、信息咨询与事业发展部、会展交流部、培训部、财务部、法务部。

地址：北京市朝阳区东土城路 12 号怡和阳光大厦 C 座 704 室

电话：010-84119709

传真：010-66033686

电子信箱：chinameat@ sina.com

网址：www.chinameat.org　　中国肉类协会网

www.cimie.com　　中国肉类协会会展交流网（中英文）

www.info-cma.org　　中国肉类协会信息交流网

www.chinameat.org.cn　　中国肉类食品行业诚信建设网
www.qscccma.com　　中国肉类协会产品质量答疑网
电子信箱：chinameat@ sina.com
chinameat@ hotmail.com

中国乳制品工业协会

中国乳制品工业协会是经原中华人民共和国轻工业部批准，1994 年 7 月 6 日获准在中华人民共和国民政部登记注册，并于 1995 年 6 月 6 日正式成立的行业性社会团体。业务上接受国家发展和改革委员会、中国轻工业联合会的指导。

中国乳制品工业协会是跨地区、跨部门，不分经济性质的全国性行业组织，目前拥有 580 多个会员，基本包括了中国所有大中型乳制品加工企业。中国乳制品工业协会广泛开展国际合作，已于 1995 年正式加入国际乳品联合会（International Dairy Federation，IDF），成为该组织的正式成员。协会还与国际上许多乳品发达国家，如澳大利亚、新西兰、丹麦、荷兰、芬兰、德国、法国、瑞典、美国、日本等十几个国家的有关组织保持密切的合作关系。

中国乳制品工业协会编辑出版的期刊有：《中国乳品工业》杂志、《中国乳制品工业通讯》（内刊），定期向会员单位提供国内外乳业发展的有关政策和信息。协会编制的年度公报和《乳制品企业经济技术指标汇编》是行业内重要的参考资料。协会举办的年会、乳品技术精品展示会和多个专业会议已成为我国乳制品行业规模最大、最权威、最重要的行业活动。

多年来中国乳制品工业协会在国家主管部门的领导下，在广大会员单位的支持下，认真开展工作，努力为行业、企业和政府服务。协会的凝聚力、知名度逐步得到加强和提高，协会的力量不断得到发展和壮大，为我国乳制品工业的健康、快速发展起到了积极的推动作用，做出了自己应有的贡献。

网址：www.cdia.org.cn
电话：010-68396513
传真：010-68396665
邮箱：ruzhipin@ 163. com
地址：北京市西城区阜外大街乙 22 号
邮编：100833

中国水产流通与加工协会

中国水产流通与加工协会成立于1994年，隶属农业农村部，是由全国范围内从事水产品生产、加工、流通的企业以及为水产业服务的相关机构和渔业工作者自愿组成的社团组织，是依法登记的非营利性的独立法人社团。在民政部2013年度社会组织评估工作中被评为4A级协会；2015年被民政部授予全国先进社会组织称号。

协会以“关注会员利益、强化服务职能、引领行业发展、促进产业升级”为办会宗旨，不断提升能力建设，务实高效，助推水产行业健康发展。协会秘书处设立办公室、财务部、会员管理部、分支机构管理部、国际合作部、展览交流部、信息部、质管部、项目部、外联部10个办事机构，先后成立了贝类分会、对虾分会、水产品市场分会、鱼粉鱼油分会、银鱼分会、海参分会、水产资源高值化利用工作委员会、水产品出口贸易分会、墨鱼分会、鱼糜及其制品分会、罗非鱼分会、水产冻品分会、鲨鱼保护与利用工作委员会、大菱鲆分会、卤虫分会、鲶鱼产业分会、内陆天然水域产销分会、鲍鱼分会、石斑鱼分会、三文鱼分会、小龙虾产业分会、鳄鱼产业分会、蛤仔分会、海鲈分会、生鲜供应链分会、帝王蟹分会、河豚鱼美食文化分会27个分支机构。

网址：www.cappma.org
电话：010-65064827
传真：010-65005270
地址：北京市朝阳区麦子店街40号富丽华园A-403室
邮编：100125

中国饮料工业协会

中国饮料工业协会成立于1993年，是饮料及相关行业的企事业单位自愿参加的非营利性、全国性社团组织，是民政部批准的国家一级协会，办公地点位于北京，活动区域为全国。协会现有会员单位500余家，其饮料总产量占全国总产量的80%以上。2013年，经全面考核，中国饮料工业协会被民政部授予4A级社会组织。此外，中国饮料工业协会作为国际饮料协会和国际瓶装水协会理事会成员，还积极参与国际间的行业工作与活动。

协会的定位为服务、引导。饮料协会是企业与政府的桥梁和纽带，是企业与消费者的桥梁和纽带。饮料协会以促进中国饮料行业健康发展为宗旨，以为消费者生产安全健康的饮料为己任，以引导全行业提升社会责任为目标，为企业服务、为消费者服务、为政府服务。

协会接受民政部的业务指导和监督管理，在各项工作中遵守国家法律、法规及各项政策，遵守社会公德。

协会下设包装饮用水分会、天然矿泉水分会、果蔬汁分会、碳酸饮料分会、固体饮料分会、供应商分会、咖啡和茶饮料专业委员会、技术工作委员会等分支机构。

网址：www.chinabeverage.org
电话：010-84464668
传真：010-84464236
邮箱：zyx@ chinabeverage. org
微信：中国饮料工业协会
地址：北京市朝阳区东三环北路丙2号天元港中心B1702室
邮编：100027

中国糖业协会

中国糖业协会是1992年6月在民政部注册登记的社团法人组织，1992年10月8日正式成立。

中国糖业协会以农民增收、企业增效、行业稳定发展为己任，以做好协调、服务工作为宗旨。团结全体会员，为企业服务，反映会员愿望，维护会员的合法权利；根据行业发展的实际情况，向国务院有关部委提出行业发展意见和建议，协助政府进行宏观调控与决策；积极贯彻国家发展糖业的方针、政策、法令。成立25年来，中国糖业协会在建立产销衔接机制、加强食糖市场宏观调控、推动糖业结构调整、实施糖业扭亏解困、加强国际交流与合作、促进全行业技术进步、发展循环经济、限产限销高倍化学合成甜味剂、扩大食糖消费、打击食糖走私、促进食糖产销体制改革等方面做了大量卓有成效的工作，得到了全体会员单位和国务院有关部委的一致好评。

中国糖业协会的最高权力机构是会员代表大会。理事长领导下的理事会对代表大会负责。秘书处是协会的常设机构，负责协会的日常工作。

中国糖业协会设甘蔗糖专业委员会、甜菜糖专业委员会、综合利用多种经营专业委员会、糖机设备应用专业委员会、食糖消费促进工作委员会、原糖进口加工专业委员会等。受政府有关管理部门委托，设立全国糖精产销协作组办公室，负责糖精限产限销管理协调工作。

中国糖业协会的会员包括工、农、商、贸、科研、教育、设计安装、设备制造、投资公司等与糖业有关的企事业单位，现有会员单位466家，其中有336家甘蔗、甜菜制糖和原糖进口加工企业，61家商业流通企业，15家制糖科研机构、设计院及设有制糖专业的大专院校，12家糖机制造厂，其他42家。

中国糖业协会现有工作人员17人，分设会员管理部、财务部、办公室、信息部、国际合作部、科技装备部、糖精产销协作办公室（临时）等部门。

电话：010-58568971　58568972　58568984
传真：010-58568983　58568974
E-mail：csa@chinasugar.org.cn
地址：北京市西城区月坛北街26号恒华国际商务中心C座1801-1805
邮编：100045

中国生物发酵产业协会

中国生物发酵产业协会，英文：China Biotech Fermentation Industry Association，英文缩写：CBFIA，前身是中国发酵工业协会，经国家民政部于1990年1月批准成立，2011年3月，根据行业发展需要，经国家民政部批准，更名为中国生物发酵产业协会。中国生物发酵产业协会是由应用现代生物技术的发酵生产企业及科研院校等相关单位自愿参加、共同组成的全国性非营利性社会组织，是跨地区、跨部门、不分所有制形式的全行业组织，是会员利益的共同代表，是具有独立法人资格的社会团体。

中国生物发酵产业协会在政府主管部门的指导和企业的支持下，发挥桥梁和纽带作用，接受政府委托，反映行业愿望与要求，搞好行业管理，促进行业自律，推动全行业健康快速发展。

生物产业是国家重点支持的战略性新兴产业，中国生物发酵产业协会将致力于提高全行业整体创新能力、转变生产方式、优化产业结构，淘汰落后产能，促进产业升级，进一步加快节能减排、资源综合利用步伐，推动资源节约型、环境友好型企业建设。为此，中国生物发酵产业协会愿意与世界各地的相关行业组织、生产企业以及科研机构等取得广泛联系，开展技术交流与合作，增进相互了解，创造商贸机会，为建设生物制造强国而共同努力奋斗。

目前，中国生物发酵产业协会下设氨基酸分会、有机酸分会、淀粉糖分会、多元醇分会、酶制剂分会、酵母分会、功能发酵制品分会、酵素分会、微生物育种分会、装备与环保分会、发酵工程技术工作委员会等分支机构以及技术标准部、科技发展部等业务部门。随着产业规模的不断扩大和延伸，为了更好地服务行业，今后，中国生物发酵产业协会还将根据社会和行业发展的需要，适时调整内设机构。

网址：http：//www. cbfia. org. cn
电话：010-68396504
传真：010-68396561
邮箱：cbfia@ cfia. org. cn
地址：北京市西城区阜成门外大街乙22号
邮编：100833
官方微信：中国生物发酵产业协会

中国酒业协会

中国酒业协会（社证字第3266号），英文名称：China Alcoholic Drinks Association（英文缩写CADA），原名“中国酿酒工业协会”，是由应用生物工程技术和有关技术的酿酒企业及为其服务的相关单位自愿结成的行业性的全国性的非营利性社会组织。于1992年6月22日经原中华人民共和国轻工业部审查同意，由中华人民共和国民政部登记注册成立。2012年4月，经中华人民共和国民政部批准，原“中国酿酒工业协会”更名为“中国酒业协会”。协会接受登记管理机关中华人民共和国民政部和业务主管单位国务院国有资产监督管理委员会的业务指导和监督管理。

中国酒业协会秘书处下设酒精分会、啤酒分会、白酒分会、黄酒分会、葡萄酒分会、果露酒分会、科教设计装备委员会、饲料及综合利用委员会、技术委员会、市场专业委员会、啤酒原料专业委员会、名酒收藏委员会和文化委员会13个分支机构，以及办公室、信息部、会员部、政策研究室等职能部门。中国酒业协会自1992年成立以来，至今已有二十余年。长期以来，协会严格按照党和国家经济建设的总方针，结合本行业特点和具体情况，紧紧围绕扩大就业、繁荣市场、服务三农、促进区域经济建设和带动相关产业发展的指导思想，研究行业发展过程中的问题，向政府部门提出产业政策及行业立法建议，制定行业发展规划，引导行业发展方向。在开展行业调查统计、信息咨询和发布，参与行业标准、国家标准制修订及宣贯，参与行业科技成果评价，组织行业培训鉴定工作，培育市场、维护会员合法权益，组织国内外行业展会、开展国际交流与合作等方面开展了大量工作。为推动行业进步、促进行业发展、维护会员利益作出了应有的贡献。

网址：www.cada.cc

电话：010-57811300

传真：010-57811309

邮箱：office@ cada. cc

地址：北京市海淀区三里河路11号6层

邮编：100831

中国食品添加剂和配料协会

中国食品添加剂和配料协会（原名中国食品添加剂生产应用工业协会）是经国家批准注册的全国食品添加剂和食品配料行业唯一的全行业组织，是由食品添加剂、食品配料行业的科研、生产、经销、应用企事业单位自愿组成的非营利性的社会团体。1994 年在北京成立。现有国内会员单位 800 多个，国外会员 100 个。

协会以为食品添加剂和食品配料行业服务为宗旨，以促进行业稳定、健康发展为目的，发挥政府与企业之间的桥梁与纽带作用。主要职责和任务是：协助政府制定行业法规和产业政策；受政府委托制定行业发展规划，对重要项目进行论证，为政府决策提供服务；协助政府制订各种标准；协助政府进行质量监督和市场准入等项工作；协调制定行规行约；倾听会员意见，反映会员要求，代表行业利益与有关方面沟通与交流；促进新技术、新产品的开发和应用，推动行业的创新与发展；促进国内外食品添加剂和配料行业的交流与合作。

协会下设十二个专业委员会，每年定期开展的主要活动包括：每年分别召开各个专业委员会的行业大会，研究行业发展和自律等重要问题，反映会员单位呼声，维护行业和会员的权益，推动行业创新发展。组织制定食品安全标准，协调各行业生产及市场运行机制。每年春季在中国上海举办食品添加剂行业世界知名的品牌展会——中国国际食品添加剂展（FIC）。每年秋季轮流在不同城市举办全国秋季食品添加剂和配料展（FIC-秋季展），春秋两季的展会形成了本行业中国会展经济的主流。每年组织中国企业到国外参加专业展览，并与有关国际组织和国外同行交流，推动行业出口和国际合作的开展。编辑出版国内外公开发行的双核心期刊《中国食品添加剂》杂志并为会员提供的《中国食品添加剂快报》，二者形成了促进产品的研发、生产、应用和行业健康发展的有效交流平台。

网址：www.cfaa.cn
电话：010-59795833
传真：010-59071335
地址：北京市朝阳区朝外大街甲 6 号万通中心 3 座 1402 室
邮编：100020

中国保健协会

2003年11月4日，经卫生部、民政部审核并报国务院批准，中国保健科技学会正式更名为中国保健协会。

中国保健协会是由中国健康产业内具有代表性的大中型企业为核心组成的行业机构，是真正由企业自己当家做主维护行业自身权益的组织。中国保健协会将坚持“服务政府、服务企业、服务消费者”的宗旨，致力于健康产业的发展和科技的进步，在法律规范、产品研发、市场管理、行业自律及标准化建设等各个方面为中国的健康产业提供全方位的服务，成为代表行业公信力的权威机构。

协会的业务范围包括：多方面为会员企业服务；自律、协调、监督和维护会员企业合法权益；协助政府部门加强行业管理，具体业务如下所述。

①开展行业、市场调查，研究本行业国内外发展情况，分析行业形势，提出行业发展和技术进步规划或预测方面的意见和建议；②接受政府委托承办或根据市场和行业发展需要举办与本行业相关的展览、论坛、经政府有关部门批准的表彰和奖励等活动；组织人才、技术、职业培训、开展咨询；依照有关规定创办刊物；③帮助企业改善经营管理；④接受委托组织开展行业信用等级评价及维护行业信誉等工作；⑤经政府有关部门批准组织科技成果评价、鉴定和推广应用；⑥开展国内外有关保健技术的交流与合作；⑦制定并监督执行行规行约，规范行业行为，协调同行价格争议，维护公平竞争；协助会员开展反倾销、反垄断申诉应诉，以及相应的调查工作；⑧反映会员要求，协调会员关系，维护其合法权益；⑨经政府部门委托，参与制订行业规划，对行业内重大的技术改造、技术引进、投资与开发项目进行论证；⑩受政府部门委托，参与制定、修订国家标准和行业标准，组织贯彻实施并进行监督；⑪经政府部门授权参与行业生产、经营许可证发放的有关工作，参与资质审查；⑫承担政府部门委托的其他任务等。

网址：http：//www. chc. org. cn/
电话：010-59817438
传真：010-59817468转6133
地址：北京市朝阳区潘家园南里19号人卫大厦B座6层
邮编：100021

中国罐头工业协会

中国罐头工业协会（简称 CCFIA）成立于 1995 年 8 月 28 日，是在民政部注册登记的 3A 级独立社团法人组织，是中国罐头行业的唯一全国性行业组织，包括全国主要的罐头生产、经营企业以及科研、检测、设备制造、相关材料供应和管理部门等单位。中国罐头工业协会最高权力机构是会员代表大会，理事长领导下的理事会对代表大会负责。常设机构为秘书处，会址在北京。

协会以全体会员单位共同利益的代表，宗旨为促进中国罐头工业发展，为罐头行业和全体会员服务。

主要职能有：

开展行业、地区经济发展调查研究，提出有关经济政策和立法方面的意见和建议；工厂代号的发放与管理；进行行业统计，收集、分析，发布行业信息；创办刊物，开展咨询，组织人才、技术、职业培训；组织展销会、展览会，指导、帮助企业改善经营管理；参与制定、修订国家标准和行业标准，参与质量管理和监督工作，科技成果推广应用；开展国内外经济技术交流与合作；制定并监督执行行规行约，规范行业行为，协调同行价格争议，维护公平竞争；反映会员要求，协调会员关系，维护其合法权益；发展行业和社会公益事业。

罐头在中国是主要出口产品，行销世界许多国家。中国罐头产品质优价廉，进一步扩大出口的潜力巨大。目前，中国罐头行业正在努力开发国内市场，帮助企业生产适合中国市场的产品。为促进罐头工业的发展，中国罐头工业协会愿意与世界各地的相关行业组织、商会、生产和经营企业，以及科研机构等取得广泛的联系，开展经常性的交流和合作，增进相互了解，进行信息和技术交流，创造贸易机会，为人类社会奉献卫生、营养、健康的罐头食品。

网址：www.topcanchina.org
电话：010-68396414
邮箱：bj6839@ 163. com
地址：北京市西城区阜外大街乙 22 号
邮编：100833

中国焙烤食品糖制品工业协会

中国焙烤食品糖制品工业协会（简称：中焙糖协），英文名称：China Association of Bakery and Confectionery Industry。协会于1993年12月经国家民政部批准登记注册成立，是由饼干、面包、糕点、糖果巧克力、冷冻饮品等生产企业及相关食品机械、原辅材料、科研院所等企事业单位及个人自愿结成的全国行业性、非营利性社会团体，国家一级协会。协会接受登记管理机关国家民政部和业务主管单位国务院国有资产监督管理委员会的业务指导和监督管理。

目前，协会下设20个专业委员会。现有企业会员单位1400多家，基本涵盖了国内焙烤食品糖制品行业大中型骨干企业。

协会的宗旨是维护会员的合法权益，维护行业的全局利益，促进全行业经济技术和管理水平的不断提高，推动全行业健康发展。

协会的业务范围是：对行业的重大问题进行研究，向政府提出有关产业政策、经济技术政策、立法等方面的意见和建议。开展政策法规、知识产权保护等方面的咨询和服务工作；受政府部门委托，参与制定行业规划和计划；推动行业内外多种形式的联合，协调行业内部企业间关系，促进行业的技术进步和经营管理水平提高；根据授权进行行业统计，做好信息交流和发布工作。依照有关规定办好协会刊物和网站；为行业培训各类专业人才，提高科技、经济管理人员的素质；开展国内外相关合作、交流，举办展览展销等活动；经政府部门授权，组织或参与相关食品标准，以及与本行业有关的法律、法规及管理办法等的制修订工作；经政府部门委托，开展行业诚信体系建设，组织制定行规行约，建立行业自律机制，维护行业公平竞争，维护行业整体利益和会员的合法权益；反映会员要求，组织发展行业公益事业，承担政府及会员单位委托的其他工作；经政府有关部门批准，开展行业内评比、评选、表彰等活动。

网址：www.china-bakery.com.cn

电话：010-68396530

传真：010-68396567

地址：北京市西城区阜外大街乙22号

邮编：100833

中国调味品协会

中国调味品协会由全国酱油、食醋、酱类、酱腌菜、腐乳、烹调料酒和各种调味料生产经营及相关的企业、事业单位组成，是跨地区、跨部门、不分所有制的全国性、非营利性行业组织，是国家一级协会，具有法人资格的社会团体，业务上归国务院国有资产管理委员会指导。它是根据自愿参加、平等互利的原则组成，按照民主协调原则开展工作。

协会的宗旨是：在国家方针、政策指导下，为促进调味品工业生产经营和科技进步、管理水平的提高，振兴中国调味品工业做贡献。

协会的主要任务是：在政府主管部门的指导下开展工作，在协会会员和政府之间发挥桥梁和纽带作用，既反映调味品行业的愿望和要求，为企业服务，又接受政府部门委托做好行业管理工作，推动调味品行业发展。

协会的目标是：在社会主义的计划经济向市场经济的转变过程中，承前（部门管理）启后（行业管理），理清思路；承上（各级政府）启下（各类企业），理顺关系。千方百计做好调味品行业管理工作，为中国调味品工业的发展振兴和走向世界奋斗。

协会的会训是：立足行业、凝聚会员、面向市场、服务企业。

总机：010-51921726/28/51921215/59/73

传真：010-51921087

单位地址：北京市海淀区复兴路47号天行建商务大厦605室

中国茶叶流通协会

中国茶叶流通协会成立于1992年，是原商业部茶畜局适应当时改革需要而组建的全国性茶叶行业组织。目前，中国茶叶流通协会现有会员3000多家，涉及茶行业各个领域，会员每年的茶叶销售额占到全国茶叶行业的70%以上，控制的茶叶资源占到全国的60%左右。2005年，协会加入国际茶叶委员会，成为唯一代表中国茶叶行业的成员单位；2009年被民政部评定为第一批“国家4A级行业社团组织”；2010年被民政部评为“全国先进社会组织”；2014年协会边茶委被国务院授予“全国民族团结进步模范集体”。

中国茶叶流通协会以“发挥行业中介职能，服务中国茶叶事业”为宗旨，密切联系茶叶行业，团结广大会员，大胆改革，努力创新，积极探索协会服务的新模式，不断加强协会的制度建设、队伍建设和能力建设。服务范围包括：代表行业利益，维护行业合法权益；负责茶叶行业的协调和管理工作，协助和承担政府主管部门委托的部分行政管理职能；向国家有关部门反映茶叶生产、流通各个环节的新情况和存在的问题，编制本行业的发展规划，提出制定行业方针、政策、制度、法规等方面的意见和建议；组织商品交易，拓展茶产品市场，协调和增进会员之间的联系，促进行业内部各种形式的合作和经济联合；组织收集、整理和传递国内外茶叶经济信息和科学技术信息，进行市场分析、预测，开展信息交流活动和咨询服务，为企业的生产和经营提供决策依据；组织茶叶技术交流、产品质量论证和科技项目论证，组织技术技能竞赛和产品推荐，促进行业技术进步，提高企业管理水平；组织茶叶质量审评，茶艺茶道、茶叶生产、加工等专业技术、技能培训和企业管理人员培训，提高从业人员素质；组织制（修）定国家茶叶标准，并对质量标准执行情况进行自律性管理；编辑、出版《茶世界》及书刊，普及茶叶商品知识、宣传茶叶饮用价值，弘扬祖国茶文化。自2009年起开始向全国推出《中国茶叶行业发展报告》；参与和承担协调加入WTO后茶叶国际贸易中遇到的问题，开拓市场，增强竞争能力，并加强与国内外同行业组织的联系，组织国内外茶叶企业开展各种交流活动。

目前协会内设5个部门，拥有包括茶叶质量安全工作委员会、边销茶专业委员会、茶馆专业委员会、名茶专业委员会、茶叶市场专业委员会等18个分支机构，已经建立起决策民主、制度健全、服务高效、网络健全的服务体系。

地　　址：北京市西城区复兴门内大街45号
邮　　编：100801
联系电话：010-66095015/5013
传　　真：010-66018165
电子邮箱：ctma_ tid@ 163. com
网　　址：http：//www. ctma. com. cn

中国淀粉工业协会

中国淀粉工业协会是1992年经民政部批准成立的跨地区、跨部门的全国性行业组织，是由淀粉、淀粉糖、淀粉衍生物及为其服务的企事业单位和有关部门自愿组成的非营利性社会组织，下设玉米、马铃薯、木薯、甘薯、变性淀粉、淀粉糖和糖醇七个专业委员会。现有会员300余家，其中常务理事单位36家，理事单位106家。

协会以加强行业管理、规范会员单位的生产经营、促进淀粉工业科学发展为己任，充分调动产学研协同创新，转变经济发展方式，进一步支持新技术、新产品的开发与应用，扩大和延长淀粉产业链条，加强节能环保、绿色健康，提升质量和效益，逐步淘汰落后产能，并制定和修订相关标准，维护会员合法权益，为我国经济发展做出新的更大贡献。

行业经过30多年的发展，一批现代化集团企业成长为行业中坚力量，淀粉产量提高了60多倍，位居亚洲首位。其中：商品淀粉产量居世界第一；结晶葡萄糖、淀粉糖和功能性糖醇等主要产品的产量均实现数十倍的飞跃式增长；聚乳酸、1,3-丙二醇、聚羟基脂肪酸酯等基于生物技术的新产品不断涌现，成为行业新增长点。淀粉及其衍生物的快速发展也促进了我国食品、医药、生物、化工等领域产业的进步，通过精深加工提高了农产品附加值，延长了产业链条和价值链的提升，有效调动了农民种粮积极性，对引导农业结构调整、促进农民增收、农业增效、改善人民对饮食安全营养健康的需求、确保食品安全、推动我国经济发展起到了积极的作用。

实施创新驱动，推动淀粉加工业转型升级，促进农村一二三产业融合发展，这是人民的愿望、时代的要求、历史的必然，更是我们淀粉人的使命。我们要以时不我待、只争朝夕的精神，锐意进取、撸起袖子加油干，为推进淀粉加工业兴旺发达、实现人民对美好生活的向往做出新的更大贡献！

网址：www. siacn. org
电话：010-85966807
传真：010-85983697
邮箱：dfxhbgs@ aliyun. com
地址：北京市东城区建国门内大街8号中粮广场A座七层
邮编：100005

中国食品和包装机械工业协会

中国食品和包装机械工业协会（CFPMA）是经中华人民共和国民政部批准登记的国家级社团组织，总部及常设机构设于北京。

CFPMA是由跨部门、跨地区的食品机械和包装机械制造厂、公司、科研院所、大专院校、新闻单位、地方社团自愿组织起来的全国性行业组织，具有社会团体法人资格。

CFPMA的宗旨：在国家方针、政策、法律、法令的指导下，坚持为食品机械和包装机械行业单位服务，促进全行业的发展。并在政府与企事业单位之间、行业单位与用户之间、国内外同行业企事业之间发挥桥梁纽带作用。

CFPMA的职责：受政府委托，承担全行业情况的调研，规范行业行为，反映企业意见和要求，制定行业标准，行业发展规划，对重大设备技术改造、引进、投资与开发项目进行论证；为政府宏观决策提供信息、统计数据、分析报告，为企业提供技术咨询；举办国际性食品加工和包装机械展览会、展示会、信息发布会、研讨会、技术交流会，开展国际交流活动。

CFPMA是国际包装机械协会联盟（C.O.P.A.M.A.）成员，同美、英、德、法、意、日、韩、西班牙、荷兰、瑞士、捷克、俄罗斯、澳大利亚等十三个国家的同行业协会建立了双边或多边的合作关系。共同商讨行业中的国际性问题。

CFPMA现有团体会员六百多家，下设机构有：包装机械委员会、食品机械专业协会、专家委员会、肉类加工机械专业委员会、薯类食品加工机械专业委员会、纸浆模机械及制品分会、冷食机械分会、纸容器机械分会、方便食品机械分会、饮料灌装机械分会、果蔬保鲜加工机械分会、自动售货机分会等。

CFPMA办事机构有：秘书处、财务部、对外联络部、企业发展部、会员管理部、展览部、信息部（编辑部）。

CFPMA愿与海内外热心发展食品和包装机械行业的各界人士、各国同行业的制造业人士、有关团体和经销代理商建立广泛联系，为生产、技术和贸易方面的交流与合作提供各项服务。

网址：www.chinafpma.org
电话：010-68518589　64883972　64883974
传真：010-68533077
邮箱：cfpma@263.net
地址：北京市朝阳区北沙滩一号48信箱